登科記考補正

〔清〕徐　松　撰
孟二冬　補正

下　冊

中　華　書　局

登科記考補正卷二十五

後梁太祖神武元聖孝皇帝

開平元年丁卯(907)，即唐天祐四年。

四月甲子，皇帝即位。戊辰，大赦，改元。《新五代史》本紀。
《舊五代史》本紀云："帝初受禪，求理尤切，委宰臣搜訪賢良。或有在下位抱負器業、久不得伸者，特加擢用。有明政理得失之道、規救時病者，可陳章疏。當親鑒擇利害施行，然後賞以爵秩。有晦跡邱園、不求聞達者，令彼長吏備禮邀致，冀無遺逸之恨。"

七月，《册府元龜》作"六月"。敕："近年舉人，當秋薦之時不親試者，號爲拔解。今後宜止絶。"《舊五代史·選舉志》、《五代會要》。

進士。按梁以四月受禪，進士二月放榜。此年進士已見唐天祐四年。

二年戊辰(908)

正月癸酉，諸道貢舉一百五十七人，見於崇元門。《舊五代史·梁紀》

七月癸巳，以禪代已來，思求賢哲，乃下令搜訪牢籠之，期以好爵，待以優榮，各隨其材，咸使登用。宜令所在長吏，切加搜訪，每得其人，則疏姓名以聞。如在下位不能自振者，有司薦導

之。如任使後顯立功勞，別加遷陟。《舊五代史·梁紀》

　　進士十八人：

崔邈，狀元，見《玉芝堂談薈》。

陳沆，

鄭希閔，《永樂大典》引《莆陽志》：“開平二年，陳沆、鄭希閔同第進士。”

廖澄，《十國春秋》“廖澄，順昌人。少負忠義，舉梁開平二年進士。”○孟按：《閩書》卷一○三：“五代梁進士：開平二年，廖澄。”

韋洵美，《侍兒小名錄》引《燈下閑笑》：“韋洵美先輩，開平歲及第，受鄴都從事辟焉。”按洵美所寵素娥，爲羅紹威所奪。紹威於開平三年冬已病，開平元年又無榜，故載於此。

　＊謝諶，《閩書》卷八十一《英舊志·泉州府·晋江縣·五代進士》：“後梁開平二年戊辰：謝諶。”四庫本《福建通志》卷三十三《選舉一·五代科目》：“梁開平二年戊辰崔邈榜：晋江縣謝諶。”又［乾隆］《泉州府志》卷三十三、［乾隆］《晋江縣志》卷八皆同上。按胡補據《福建通志》錄入。

　＊任贊，

　＊劉昌素，

　＊高總，

　＊盧損。《舊五代史·盧損傳》：“損少學爲文，梁開平初舉進士，性頗剛介，以高情遠致自許。與任贊、劉昌素、薛鈞、高總同年擢第，所在相詬，時人謂之‘相罵榜’。”按天祐四年（907）四月改元開平，進士二月放榜，開平元年進士見天祐四年，此稱“開平初”而不稱“天祐”，當爲開平二年榜。亦見陳補。按此言薛鈞與盧損等同年，誤。詳下年考。《册府元龜》卷九三九《總錄部·譏誚》：“盧損爲太子少保致仕。損梁開平初與任贊、劉昌素、薛均、高摠同年擢第，所在相詬，時人謂之相罵榜。”又同書卷九四五《總錄部·附勢》：“梁盧損進士擢第。左丞李琪嘗善待損，琪有女弟眇，長年婚對不集，乃以妻損。損慕琪聲稱，聞其眇，納之。及琪爲輔相，致損仕進。”

　　諸科五人。

　　＊知貢舉：禮部侍郎盧文亮。徐松原著於本年知貢舉著録"中書舍人封舜卿"。按封舜卿已移正至下年（開平三年），詳下年考。

　　孟按：《補遺》册七，第169頁，《唐故羅林軍□銀青光禄大夫行尚書兵部侍郎知制誥上柱國范陽縣開國□食邑三百户盧公（文亮）權厝記并序》："公諱文亮，字子澄，范陽涿人也。……一舉擢進士上第，□□□宏詞殊科。……時以貨籍之重，論者僉其才可，乃拜春官。振滯□才，頗叶於公議。然有唐三百年，無盧氏主文闈者，公始闢之矣。俄轉右轄。一入禁苑，十有五年，揚歷三署，華顯十資。所謂稽古之人也。洎右轄歸南官，兼判二銓，加馭貴之階，開上等而食邑。復爲五兵侍郎，佐丞相□史筆，仍總選部東銓事。同光初，王師收復中原，六合混一。是時内制缺官，復詔人掌誥。密勿之地，平闚霄漢。無何，杯影疑蛇，床閴鬭蟻，竟爲二竪之所用。同光二年正月十六日，薨于福善里私第，享壽五十有二。"按誌文所載，文亮爲春官主文之後，入"禁苑"爲官凡一十五載。以其卒年同光二年（924）正月前推十五年，爲梁太祖開平二年（908）。是年文亮三十七歲。又據誌文"拜春官"語，知文亮是以禮部侍郎知貢舉也。

三年己巳（909）

　　＊四月，敕賜劉斤同進士及第，仍編入今年榜内第八人。《五代會要》。　孟按：此段文字原列上年，"斤"作"斥"。今檢《五代會要》卷二十二實作"梁開平三年四月敕"，參下段引文。今移正。

　　＊五月，敕："禮部所放進士薛鈞，是左司侍郎薛廷珪男。方持省轄，固合避嫌，其薛鈞宜令所司落下。"《五代會要》。　孟按：此段文字原列上年，徐氏注云："《册府元龜》載於二年五月，今從《會要》。"今檢《五代會要》卷二十二、《册府元龜》卷六五一《貢舉部·謬濫》並作"梁開平三年"，今移正。

　　十一月己酉，搜訪賢良。《新書五代史·梁紀》。　按《册府元龜》載三年制曰："自開創以來，凡有敕書、德音，節文内皆委諸道搜訪賢良。尚慮所在長吏，未切薦揚。其有卓犖不羈，沈潛用晦，負王霸之業，蘊經濟之謀，究古今刑政之源，達禮樂質文之奧，機籌可以制變，經術可以辨疑，一事軼群，一才拔俗，並令招聘，旋具奏聞。然後試其所長，待以不次。所貴牢籠俊傑，採擴英翹。"當即是年詔書。

是年，敕條流禮部貢院，每年放明經及第不得過二十人。《册府元龜》

進士十九人：

* 鄭致雍（鄭雍），狀元。　原列開平二年（908）進士科下第四人，作"鄭雍"，徐氏注云："一作'鄭致雍'，似因陳致雍而誤。"又考云："《玉堂閒話》：'鄭雍學士未第時，求婚於白州崔相公遠。纔允許而博陵有事，女則隨例填宮。至朱梁開平之前，崔氏在内托疾，敕令出宮，還其本家。鄭則復托媒氏致意，選日親迎。士族婚禮，隨其豐儉，亦無所闕。尋有莊盆之感，又杖經期周，莫不合禮。士林以此多之，美稱籍甚，場中翹足望之。一舉甲科，封尚書榜下脱白，授秘書，兼内翰。'"　孟按：鄭致雍原緣座主封舜卿而繫於開平二年，今既知舜卿非知二年舉，而爲本年知貢舉者（詳下），故致雍亦當移正至本年。又，《舊五代史·封舜卿傳》、《册府元龜》卷九三九、《廣卓異記》卷十三俱作"鄭致雍"，故當以"鄭致雍"爲正。孟又按：《南部新書》卷七："鄭致雍未第，求婚於白州崔相遠，初許而崔有禍，女則填宮。至開平中，女托疾出本家。致雍復續舊好，親迎之，禮亦無所闕。尋崔氏卒，杖經期周，莫不合禮，士林以此多之。場中翹首，一舉狀頭，脱白授校書郎，入翰林，與丘門同敕，不數年卒。"此言"狀頭"，與《廣卓異記》卷十三所載同；"入翰林，與丘門同敕"，亦與《舊五代史·封舜卿傳》所載'舜卿仕梁爲禮部侍郎，知貢舉。開平三年，奉使幽州，以門生鄭致雍從行。復命之日，又與致雍同受命，入翰林爲學士"同。按"丘門"，座主之謂也（《記考》卷二十五天成五年六月下引《册府元龜》：天成五年中書門下奏："時論以貢舉官爲邱門、恩門。"），此指封舜卿。又《翰苑群書》卷八載蘇易簡《續翰林志》上："梁開平中，以前進士鄭致雍爲學士。"

* 劉斤同。《五代會要》卷二十二《進士》："梁開平三年四月敕：賜劉斤同進士及第，仍編入今年榜内第八人。"按徐松原於上年進士科著録"劉斤"，係據《五代會要》，參見本年四月敕文注，今删移並正名。

* 落下進士：

＊薛鈞（薛均）。《册府元龜》卷六五一《貢舉部·謬濫》："梁太祖開平三年五月敕：禮部所放進士薛鈞，是左司侍郎薛延珪男，方持省轄，固合避嫌，其薛鈞宜令所司落下。"又見《五代會要》卷二十二《進士》條，惟"薛鈞"作"薛均"，"薛延珪"作"薛延規"。

諸科四人。

博學宏詞科二人：

余渥，見《册府元龜》。

李愚。見《册府元龜》。

＊知貢舉：禮部侍郎封舜卿。孟按：本年知貢舉者原闕考。徐氏原列封舜卿於開平二年（908）知貢舉下，署"中書舍人封舜卿"，考云："《舊五代史·封舜卿傳》：'舜卿仕梁爲禮部侍郎，知貢舉。開平三年，奉使幽州，以門生鄭致雍從行。復命之日，又與致雍同受命，入翰林爲學士。致雍有俊才，舜卿雖有文詞，才思拙澀。及試五題，不勝困弊，因托致雍秉筆。時以爲座主辱門生。'按舊史《梁紀》，開平元年十月有中書舍人封舜卿。又言工部侍郎張策轉禮部侍郎。二年四月，張策始爲刑部侍郎，則舜卿知舉時爲中書舍人，未爲禮部侍郎也。本傳誤。"按胡考云："宋樂史《廣卓異記》卷十三《座主與門生同在翰林》云：'封舜卿，鄭致雍。右按《五代史》，禮部侍郎封舜卿，梁開平三年知貢舉，放鄭致雍狀元及第，後舜卿與致雍同授命入翰林爲學士。致雍有俊才，舜卿才思拙澀。及試五題，不勝困弊，因托致雍秉筆。當時議者以爲座主辱門生。'"胡考又云："徐松此説均據封舜卿開平三年知貢舉立論，非是。因封舜卿知舉時，狀元爲鄭致雍，而開平二年狀元爲崔邈，互不相和。又《舊五代史·梁紀》，開平元年十月有中書舍人封舜卿，二年四月張策由禮部侍郎轉刑部侍郎，正與封舜卿於開平三年知舉合，蓋舜卿在張策二年四月轉刑部侍郎後即由中書舍人轉爲禮部侍郎，年底抵知貢舉任，三年二月即放榜，狀元爲鄭致雍，知貢舉後即奉使幽州，鄭致雍從行，無不與開平三年知舉相合。是封舜卿知舉應移置於開平三年，並爲禮部侍郎，而非中書舍人。"

四年庚午（910）

九月甲午，詔曰：“朕聞歷代帝王，首推堯、舜；爲人父母，孰比禹、湯？睿謀高出於古先，聖德普聞於天下，尚或卑躬待士，屈己求賢。俯仰星雲，慮一民之遺逸；網羅巖穴，恐片善之韜藏。延爵禄以徵求，設丹青而訪召，使其爲政，樂在進賢。蓋緜國有萬機，朝稱百揆，非才不治，得士則昌。自朕光宅中區，迄今三載，宵分輟寐，日旰忘餐，思共力於廟謀，庶永清於王道。而乃朝廷之内，或未盡於昌言；軍旅之間，亦罕聞於奇策。眷言方岳，下及山林，豈無英奇，副我延佇！諸道都督、觀察、防御使等，或勳高翊世，或才號知人，必於塗巷之賢，備察芻蕘之士。詔到，可精搜郡邑，博訪賢良，喻之以千載一時，約之以高官美秩。諒無求備，惟在得人。如有卓犖不羈，沈潛自負，通霸王之上略，達文武之大綱，究古今刑政之源，識禮樂質文之變，朕則待之不次，委以非常。用佐經綸，豈勞階級。如或一言拔俗，一事出群，亦當捨短從長，隨才授任。大小方圓之器，寧限九流；温良恭儉之人，難誣十室。勉思薦舉，勿至因循。俟爾發揚，慰予翹渴。仍從別敕處分。”《舊五代史·梁紀》　按《新書五代史·梁紀》：“四年九月辛亥，搜訪賢良。”疑即此詔而日互異。

十二月，兵部尚書、知貢舉姚洎奏曰：“近代設詞科，選胄子，蓋所以綱維名教，崇樹邦本者也。曩時進士，不下千人，嶺徼海隅，偃風嚮化。近歲觀光之士，人數不多。加以在位臣僚，罕有子弟，就其寡少，復避嫌疑，實恐因循，漸爲廢墜。今在朝公卿親屬、將相子孫，有文行可取者，請許所在州府薦送，以廣毓才之義。”從之。《册府元龜》、《五代會要》（孟按：《五代會要》作“開平元年”）。《舊五代史·選舉志》載於開平元年四月。按二年知舉爲封舜卿，非姚洎，故不從薛史。

進士十五人。

諸科一人。

乾化元年辛未(911)

五月甲申朔，大赦，改元。《新五代史·梁紀》

　　進士二十人：

　　＊孟□。徐鉉《騎省集》卷二十三《廣陵劉生賦序》："楚人孟賓于爲予言，其叔父工爲詞賦，應舉入洛，贊文於學士李公琪，公爲之改定數處。時中書舍人姚公洎知舉，謂人曰：'孟生賦，李五爲改了，不煩更看也。'遂擢上第。"按姚洎是年知貢舉。此條亦見陳補，陳補又云："本年爲姚洎知舉，但官守爲兵部尚書。開平四年知舉缺人，頗疑爲姚洎以中書舍人知。因無的據，故仍收本年。"

　　諸科十人。

　　知貢舉：兵部尚書姚洎。見上。

二年壬申(912)

六月，太祖遇弑，友珪自立。《新五代史·梁紀》

進士十一人。

諸科一人。

知貢舉：尚書左僕射楊涉。《册府元龜》："乾化元年十二月，以尚書左僕射楊涉知禮部貢舉，非常例也。"

後梁均王

乾化三年癸酉(913)

正月甲子，郢王友珪大赦，改元鳳曆。《通鑑》

二月，均王友貞誅友珪，即帝位，復稱乾化三年。《通鑑》

　　進士十五人：

王易簡，《宋史》本傳："易簡字國寶，京兆萬年人。曾祖朏，祖遠，父貫。易簡少好學工詩，梁乾化中邵王友誨鎮陝，易簡舉進士。詣府拔解，友誨贈錢二十萬，明年遂擢第。"《唐詩紀事》："易簡，唐末進士，梁乾化中及第。名居榜尾，不看榜却歸華山。尋就山釋褐，授華州幕職。後召入，拜左拾遺，又辭官歸隱。留詩一絕曰：'泪没朝班愧不才，誰能低折向塵埃。青山得去且歸去，官職有來還自來。'"　按四年停舉，故附此年。

皮光業，《吳越備史》："光業字文通，世爲襄陽人。父日休，爲蘇州軍事判官、太常博士。光業生於姑蘇，十歲能屬文。及長，以其所業謁武肅，累署浙西節度推官，賜緋。命入貢京師，梁後主特賜進士及第。"　按賜及第，蓋非登第也。事在貞明前，當附是年。　鄧名世《古今姓氏書辨證》云："皮日休，蘇州刺史，生光業。光業生元帥府判官文燦。"

*程大雅。陳補："《浯田程氏宗譜》卷二載七十三世：'大雅字審己。按《祁譜》云：少愛文學，通《春秋》、《詩》、《禮》、《易》，淮南楊太傅薦之梁朝，遊太學有俊譽，乾元三年侍郎蕭頲下擢進士第。'後仕南唐。末云：'後歸本朝，除太子洗馬。'知猶宋時舊文。'乾元'爲'乾化'之誤，'蕭頲'爲'蕭頃'之誤。《舊五代史》卷五八《蕭頃傳》云：'頃入梁，歷給諫、御史中丞、禮部侍郎、知貢舉，咸有能名。自吏部侍郎拜中書門下平章事，與李琪同輔梁室，事多矛盾。'同書卷九《末帝紀》載貞明四年四月頃自吏侍拜相。《增修詩話總龜》卷四四引《郡閣雅談》云王易簡爲'蕭希甫下及第'，亦蕭頃之訛。徐《考》錄本年爲鄭珏知舉，誤，詳貞明二年考。"

*知貢舉：禮部侍郎蕭頃。原作"禮部侍郎鄭珏"，徐氏考云："《舊五代史·鄭珏傳》：'珏入梁爲補闕、起居郎，召入翰林。累遷禮部侍郎充職。'《通鑑》：'貞明二年十月丁酉，以禮部侍郎鄭珏爲中書侍郎、同平章事。'《侯鯖錄》：'唐末五代，權臣執政，公然交賂，科第差除，各有等差。故當時語云：及第不必讀書，作官何須事業。'"按參上程大雅考，知本年貢舉者當爲蕭頃。

四年甲戌(914)

停舉。

貞明元年乙亥(915)

十一月乙丑,改元。《新書五代史·梁紀》

　　進士十三人。

　　諸科二人。

　　＊知貢舉:禮部侍郎鄭珏。孟按:原闕,詳下年考。

二年丙子(916)

　　進士十二人:

何澤,《通鑑》注引薛史曰:"何澤,廣州人。梁貞明中,清海節度使劉陟薦其才,以進士擢第。"《摭言》:"何澤,韶陽曲江人也。父鼎,容管經略,有文稱。澤乾寧中隨計至三峰行在,永樂崔公即澤之同年丈人也,聞澤來舉,乃以一絶贈之曰:'四十九年前及第,同年惟有老夫存。今日殷勤訪我子,穩將驀鬣上龍門。'時主文與奪未公,又會相庭有所阻,因之敗於垂成。後漂泊關外。梁太祖受禪,澤假廣南幕職入貢,敕賜及第。"

　　＊程遜,陳補:"《浯田程氏宗譜》卷二:'遜字浮休,弱冠善屬文。……梁貞明二年鄭珏下擢進士第。盧文紀持憲綱,奏爲監察御史,孔勍帥河陽,請爲記室參軍,尋徵拜膳部員外郎知制誥,遷中書舍人,召入翰林充學士,自兵部侍郎丞(當作'承旨')授太常卿。'天福二年使吳越,歸途没於海。《舊五代史》卷九六《程遜傳》前半缺,僅存'召入翰林'以下文字;《册府元龜》卷九五一僅載出使溺死事。《宗譜》叙事,與二書大致相同,疑即録《舊五代史》文字。"

　　＊聶嶼,原列本卷乾化三年(913)進士科,徐氏考云:"《舊五代史》本傳:'嶼,鄭中人。少爲僧,漸學吟詠。'"　孟按:詳下陳補。

　　＊趙都。原列本卷乾化三年(913)進士科,徐氏考云:"《册府元龜》:'乾化中,翰林學士鄭珏連知貢舉,鄭中人聶嶼與鄉人趙都俱隨鄉薦。都納賄於珏,人報翌日登第。嶼聞不捷,訴來人以嚇之。珏懼,亦俾成名。'"按陳補云:"聶嶼、趙都,據《册府元龜》卷六五一,此二人皆'乾化中翰林學士鄭珏連知貢舉(原誤作'學')'時及第。徐氏因據以乾化三年。乾化凡

四年,元年姚洎、二年楊涉,皆見徐《考》;三年蕭頃,已見前考;四年停舉。乾化中無一年爲鄭珏知舉,更何談‘連知’。今按:《資治通鑑》卷二六九貞明二年十月下《考異》引《唐餘錄》云:‘貞明二年十月丁酉,禮部侍郎鄭珏爲中書侍郎平章事。’參前程遜條,可確定本年爲鄭珏知舉。《册府元龜》‘乾化中’云云,當爲‘貞明中’之誤。此推測如不誤,則貞明元年亦應爲鄭珏知貢舉。”

　　　　諸科一人。

　　　＊知貢舉:禮部侍郎鄭珏。孟按:原闕,見上考。

三年丁丑(917)

　　　　進士十五人:《唐詩紀事》:“貞明三年,薛廷珪以《宮漏出花遲》爲詩題。”

　　　　和凝,《舊五代史》本傳:“凝字成績,汶陽須昌人。曾祖敵,祖濡,父矩。凝幼而聰明,姿狀秀拔,神采射人。少好學,書一覽者咸達其大義。年十七,舉明經至京師,忽夢人以五色筆一束與之,謂曰:‘子有如此才,何不舉時士?’自是才思敏贍,十九登進士第。”以周顯德二年卒、年五十八推之,貞明二年爲十九歲。然是年進士十二人,凝不得云十三人及第,蓋登三年之榜也。　　按《東都事略》、《邵氏聞見錄》、《西谿叢語》、《澠水燕談》皆言和凝第十三人及第。《舊五代史》本傳作第五人,誤。

　　　　崔梲,《舊五代史》本傳:“梲字子文,博陵安平人。曾祖元受,舉進士,直史館。祖銖,安、濮二州刺史。父涿,刑部郎中。梲少好學,梁貞明三年舉進士甲科,爲開封尹王瓚從事。”

　　　　張鑄。《宋史》本傳:“鑄字司化,河南洛陽人。曾祖居卿,祖禓,父文蔚。鑄梁貞明三年舉進士,補福昌尉。”

　　　　諸科二人。

　　　　知貢舉:禮部尚書薛廷珪。《贈太尉葛從周神道碑》題云“銀青光禄大夫、禮部尚書、權知貢舉、上柱國臣薛廷珪奉敕撰。”　按碑立於貞明二年十一月,是廷珪知三年舉矣。○孟按:《澠水燕談錄》卷六《貢舉》:“和魯公凝,梁貞明三年薛廷珪下第十三人及第。”

四年戊寅(918)

進士十二人：

陳逖。《玉芝堂談薈》載貞明某年狀元陳逖，未知其年，附此俟考。《太平廣記》引《稽神錄》：“泉州文宣王廟庭中有皁莢樹，每州人將登第則生一莢。梁貞明中，忽然生一莢有半，其年州人陳逖進士及第，黃仁穎學究及第。仁穎恥之，復登進士舉。至同光中，舊生半莢之所復生全莢，其年仁穎及第。”

明經科：

黃仁穎。見上。

諸科二人。

五年己卯(919)

進士十三人。

諸科一人：

尹拙。《宋史·儒林傳》：“尹拙，潁州汝陰人。梁貞明五年，舉三史，調補下邑主簿。”

六年庚辰(920)

五月，詔曰：“有進士策名，累年未釋褐者，與初任一官已釋褐者，依前資叙用。”《舊五代史·梁紀》

進士十二人：

許鼎，《唐詩紀事》：“鼎，唐末詩人。至梁貞明六年始登第。”

李京。《唐詩紀事》：“京，唐末詩人。至梁貞明六年登第。

諸科三人。

龍德元年辛巳(921)

正月丙戌朔，改元。《通鑑》

停舉。

二年壬午(922)

進士十四人：

黃損，《十國春秋》："黃損字益之，連州人。登龍德二年進士第。"○孟按：《詩話總龜》前集卷十引《雅言雜載》："唐黃損，龍德二年登進士第。"陶岳《五代史補》卷二《後唐》"黃損不調"條："黃損，連州人。少有大志，其爲學務於該通。嘗上書三書，號曰《三要》，大約類《陰符》、《鬼谷》。同光初，應進士，以此書投於公卿間，議者以爲有王佐才。洎登第歸，會王潮南稱霸，損因獻十策，求入幕府，其言多指斥切權要，由是衆疾之。然以其掇朝廷名第，不可坐廢，逾年始授永州團練判官。"按此言"同光初，應進士"，誤。黃損登龍德二年進士第，又見《明一統志》卷七十九、日本藏［萬曆］《粵大記》卷十七、《唐音統籤》卷八〇一《戊籤》四十六。又按：吳考亦云："《十國春秋》等據《雅言雜載》所記損登龍德二年(922)進士第，實較可信。"

趙瑩，《舊五代史》本傳："瑩字玄輝，華陰人。曾祖溥，祖孺，父居晦。瑩風儀美秀，性復純謹。梁龍德中，始解褐爲康延孝從事。"

顏衍。《宋史》本傳："衍字祖德，兗州曲阜人，自言兗國公四十五世孫。梁龍德中擢第，解褐授北海主簿。"○孟按：上引《宋史》本傳"梁龍德中擢第"句前脫"少苦學，治《左氏春秋》"語，則衍之擢第似爲明經科，錄此俟考。

＊明經科：

＊麻希夢。《宋太宗實錄》卷四十四：端拱元年閏五月乙未"以前青州錄事參軍麻希夢爲工部員外郎致仕。希夢北海人也，梁龍德二年擢明經第，累居宰字之任。素有吏幹，凡所踐歷，皆有能名。以老退居臨淄，有美田數百頃，積資巨萬，年九十五齒髮不衰。上聞其眉壽，召致闕下，對於便殿，面賜金紫，因有是命。放歸別墅，逾年而卒。"知麻希夢卒於宋端拱二年(989)，享年九十六。則其擢明經第時爲二十九歲。亦見羅補。

諸科二人。

後唐莊宗光聖神閔孝皇帝

同光元年癸未（923）

四月，晉王即皇帝位，大赦，改元。制曰：“内外文武官及諸色人任封事，兼有賢良方正，抱器懷能，或利害可陳，無所隱諱，直言極諫，將一一行之。亦委諸道長吏，具姓名申奏。其貢舉之道，誘導爲先，切要便行，貴申獎士。委中書門下速商量聞奏。或所在有藝行頗高，爲鄉閭所推者，並仰准例舉選，所司量才任使。”《册府元龜》

十月己卯，滅梁。《新五代史·唐紀》

十一月己丑，大赦。詔曰：“側席求賢，將臻至理；懸旌進善，式贊鴻猷。應名德有稱，才藝可取，或隱朝市，遁跡林泉，並委逐處長吏遍加搜揚，津致赴闕，朕當量才任使。兼僞庭僭逆已來，凡有冤抑沈滯之人，並宜特與申雪，仍加遷陟。”《册府元龜》

停舉。

二年甲申（924）

二月己巳朔，有事於南郊，大赦。制曰：“事主之道，以立節爲先；致理之方，以賞善爲本。應懷才抱器，不事僞朝，衆所聞知，顯有節行，仰所在官吏將所著事狀，具姓名聞奏。當加甄獎，兼授官秩。堯鼓明懸，貴聞進諫；舜旌旁建，比爲來賢。是當廣納話言，庶箴闕政。洎僞梁人滋澆薄，朝掩忠良，蔑聞投水之規，莫識從繩之路。此後應内省文武常參官並前資草澤之士，有謀分利害，事合機宜，並許上表敷陳，朕當選長旌録。”《新五代史·唐紀》、《册府元龜》。

三月，敕：“選、舉二門，仕進根本，當掄擇於多士，全委仗於有司。苟請托是從，則踰濫斯極。況方行公事，已集群材，須行戒勵之文，俾絕倖求之路。宜令吏部、禮部，翰林考藝，必盡於精詳，滅私徇公，無從於請托。仍委三銓貢院榜示省門，曉告中外。"《册府元龜》

五月，中書奏："凡有進狀乞官及諸州府初奏請判官，薦舉前資，自詣中書求官等，竊聞所稱頭銜，多有踰越。中書既無舊案，除授何以爲憑？起今後，凡有諸色前資若命官者，除近曾任朝官及有科第外，清資官爲衆所知，並須追到前任告敕，中書點檢後，方可進擬。貴絕虛授，以杜僥求。"從之。《册府元龜》

十月，中書門下奏："獻可效忠，前經之令典；因時建議，有國之明規。道既務於化成，事亦敷於競勸，敢裨宸聽，輒罄芻言。伏惟陛下，業茂經綸，功成理定。五材七德，威冠於伐謀；百氏三墳，義彰於知教。爰自中興啟運，下武膺期，照臨而日月光華，鼓舞而乾坤交泰。英明取士，睿哲崇儒，誠宜便廣於搜羅，豈可尚令於淹抑？但以今春貢士，就試不多，即目選人，磨勘未畢。宗伯莫臻於俊义，天官難辨於妍媸。況已過秋期，將行公事，側聞道路，悉是家貧。比及到京，多踰程限，文闈、選部，皆礙條流。伏請權停貢選一年，俟遷鶯者更勵進脩，希干祿者益加循省，然後精求良幹，博採異能，免有遺賢，庶同樂聖。"敕："舉、選二門，國朝重事，但要精確，難議權停。宜准常例處分。"《舊五代史·選舉志》、《册府元龜》、《五代會要》。

　　進士十四人：釋齊己《同光歲送人及第東歸》曰："西笑道何光，新朝舊桂堂。春官如白傅，内試似文皇。變化龍三十，升騰鳳一行。還家幾多興，滿袖月中香。"按言"龍三十"。似及第者三十人矣。而同光中無進士三十人，俟考。

崔光表，宋韓魏公《安陽集·故尚書工部侍郎致仕贈工部尚書崔立行狀》："曾祖光表，清河大房休之後十二世孫也。後唐同光初舉進士第一，終右補闕，直史館。"　按進士第一，當是狀元。同光元年停舉，則光表爲二年狀元矣。《舊五代史》:"崔周度,父光表,舉進士甲科。"

　　張礪,《舊五代史》本傳:"礪字夢臣,磁州滏陽人也。祖慶,父寶,世爲農。礪幼嗜學,有文藻,唐同光初擢進士第。尋拜左拾遺,直史館。會郭崇韜伐蜀,奏請礪掌軍書。"　按伐蜀在同光三年九月,時礪已爲拾遺,當於此年登第。○孟按:《增修詩話總龜》前集卷十八《紀實門》引《郡閣雅談》:"裴皞官至禮部尚書,放三榜,四人拜相:桑維翰、竇正固、張礪、馬裔孫。"説見下考。

　　* 竇貞固。原列卷二十七《附考·進士科》,徐氏考云:"《宋史》本傳:'貞固字體仁,同州白水人。父專。貞固同光中舉進士,補萬全主簿。'"按陳補云:"乾隆《陝西通志》卷三○作同光初及第。《宋史》本傳作同光中,徐氏入附考。按《增修詩話總龜》卷十八引《郡閣雅談》云:'裴皞官至禮部尚書,放三榜,四人拜相:桑維翰、竇正固、張礪、馬裔孫。'徐《考》錄皞知同光三年、四年及天成二年貢舉,恰爲三年。正固即貞固,宋人諱改。貞固似應爲皞第一榜及第。但《册府元龜》卷六四四載同光三年所放進士四人之名,並無貞固。又張礪同光三年九月郭崇韜伐蜀時,已官左拾遺,是及第不當遲於三年。徐《考》因收入二年。考二年三月知貢舉趙顗卒,'以中書舍人裴皞權知貢舉'。徐氏以爲顗卒於放榜後,恐誤。推測此年放榜較遲,應爲裴皞權知時始放。如此,則於貞固、礪皆可稱爲皞門生。《廣卓異記》卷十九云皞放同光二、三、四年三榜。但天成二年四月皞始自禮侍改户侍。據推應爲四年,然《舊五代史》本傳錄皞本人詩有'三主禮闈年八十',亦祇云三年。今推測有兩種可能:一是自同光二年至天成二年間有一年非皞知舉;二是同光二年榜爲趙顗所定。未及放而卒,裴皞權知始放,但並非由其主試禮闈,《舊五代史》本傳僅列馬胤孫,桑維翰爲其所取,而不及《郡閣雅談》所舉張、竇二人,原因殆即在此。二者相較,似以後説爲長。"

　　* 明經科:

　　* 馬縞。張補云:"《舊五代史》本傳:'馬縞少嗜儒學,以明經及第,登拔萃之科。'《新五代史》本傳亦云:'少舉明經,又舉宏詞。'《弘治保定郡志》卷十一:'同光二年明經諸科八十八人。舉明經、宏辭二科,馬縞,唐人。'"　孟按:《續唐書》本傳所錄同《新五代史》。《册府元龜》卷六五

○《貢舉部·應舉》：“馬縞少嗜學，以明經及第，登拔萃科。”

諸科二人：

郭忠恕。同光二年，童子登科，見《册府元龜》。《五代史補》：“郭忠恕，七歲童子及第。”王禹偁《五哀詩》故國子博士郭公忠恕詩云：“在昔舉神童，廣場推傑出。《尚書》誦在口，《何論》落自筆。總角取科名，弱冠紆纓紱。”注云：“公應舉時，口念《尚書》，手寫《論語》。”

知貢舉：户部侍郎趙顧。《舊五代史·唐紀》：“三月，户部侍郎、知貢舉趙顧卒，以中書舍人裴皞權知貢舉。九月戊申，以中書舍人、權知貢舉裴皞爲禮部侍郎。”按顧卒於三月，是在放榜後也。

三年乙酉（925）

三月，《舊五代史·唐紀》作“四月癸酉”。敕：“今年新及第進士符蒙等，宜令翰林學士承旨盧質就本院覆試，仍令學士使楊彦珣監試。”《册府元龜》。《五代會要》云：“時以新及第進士符蒙等尚干浮議，故命盧質覆試。”

其月，敕禮部貢院：“今年新及第進士符蒙、成僚、王澈、桑維翰四人，國家歲命春官，首司貢籍，高懸科級，明列等差，廣進善之門，爲取士之本。所重者藝行兼著，鄉里有稱，定才實之淺深，振聲名於夷夏，必當得雋，允副旁求。爰自近年，寖成澆俗，多聞濫進，全爽舊章。朕自興復丕圖，削平僞紀，方作事以謀始，盡革故以鼎新。蓋欲窒弊正訛，去華務實，誠爲要道，無切於斯。今據禮部奏，所放進士符蒙等四人，既慊輿情，頗干浮論，須令覆試，俾塞群言。又遣考詳，貴從精核。及再覽符蒙、成僚等程試詩賦，果有瑕疵。今若便有去留，慮乖激勸；儻無升降，即昧甄明。況王澈體物可嘉，屬辭甚妙，細披製作，最異儕流。但應試以效成，或求對而不切。桑維翰差無紕繆，稍有功夫，止當屬對之間，累失求妍之美。須推事藝，各定否臧，貴叶允平，庶諧公共。其王澈改爲第一，桑維翰第二，符蒙第三，成僚第四。禮部侍郎裴皥在掄材之際，雖匪阿私；當定名之時，頗虧優劣。但緣符蒙等既無絀落，裴皥特議寬容，勿負憂疑，已從釋放。自今後，應禮部常年所試舉人雜文策等，候過堂日，委中書門下准本朝故事，細加詳覆，方可奏聞。不得輒徇人情，有隳事實。"《册府元龜》。　《册府元龜》又云："時命盧質覆試，於翰林院試《君從諫則聖賦》，以'堯舜禹湯，傾心求過'爲韻；《臣事君以忠詩》。是歲試進士科者數十人，裴皥精選其文，惟得王澈輩。或譖毀於宣徽使李紹宏曰：'今年新進士，不繇才進，各有阿私，物議以爲不可。'紹宏訴於郭崇韜，因奏令盧質覆試。質爲賦韻五平聲，三側聲，且踰常式。覆試之日，中外騰口，議者非之。"《舊五代史·盧質傳》："改兵部尚書，知制誥，翰林學士承旨。會覆試進士，舊例賦韻四平、四側，質所出韻乃五平、三側，由是大爲識者所誚。"

　　按彭叔夏《文苑英華辨證》載唐時賦韻之制，八韻者以四平、四側爲定格。然亦有三平、五側者，有五平、三側者，有二平、六側者，有六平、二側者。《册府元龜》、薛史似未詳考。

　　五月，禮部貢院奏："當司准流內銓牒，應請定冬集舉人，內有前鄉貢童子者，三銓已前團奏冬集，皆署前鄉貢童子。伏惟格文，只有童子科，此無鄉貢字。銓司先爲請定冬集舉人九經張仲宣等，內有前鄉貢明經童子成光誨。遂檢尋《六典》及蘇冕《會要》，又無本朝書，子細檢討，惟有十三年閏十二月敕，諸道應薦萬言及童子，起今後不得更有聞薦。據此童子兩字皆由諸道表薦，固無鄉貢之名；又無口義、帖經，亦不合有明經之字。進則止於暗誦，便號神童，此外格文，別無童子，其成光誨，銓司准格，只收署前童子團奏。去二月十五日具狀申留司宰臣取裁，奏例准申者。伏緣三銓見團奏冬集，右內有鄉貢及明經字，已依成光誨例，准格只署童子團奏，次諸左。伏以院司常年考試，皆憑諸道表薦，降敕下到當司，准格考試，及格者便放及第。其同光二年童子郭忠恕等九人，皆是表薦，童子敕內並納到家狀，並有鄉貢兩字，院司檢勘，同便榜示。引試及第後，先具白關牒報吏部南曹,續便團奏。春關奏狀下到中書省,追當司元下納家狀,檢點同覆奏放。敕經過諸處,敕下後方始到當司,備錄黃關牒報御史臺、尚書省並吏部南曹。今准流內銓牒,伏緣院司承前,皆憑敕命施行,童子敕內並有鄉貢兩字。若使落下,恐涉專擅者。"奉敕:"起今後,宜准開成三年敕文,凡有官者並詣吏曹,未仕者皆歸禮部。其童子則委本州府依諸色舉人例考試。結解送省,任稱鄉貢童子。長吏不得表薦。若無本處解送,本司不在考試之限。"《册府元龜》

八月,敕條例諸道州府,不得表薦童子。《册府元龜》

九月庚子,魏王繼岌、郭崇韜伐蜀。《新五代史·唐紀》

十一月己酉,蜀王衍降。《新五代史·唐紀》

進士四人:

王徹,(孟按:徹爲本年狀元,詳下考)《宋史·王祐傳》:"大名莘人。父徹,舉後唐進士,至左拾遺。" 按即宋王旦之祖,亦見旦傳。《玉芝堂談薈》作"澈",又謂是王旦曾祖,皆誤。○孟按:四部叢刊本《歐陽文忠公文集》卷二十一《尚書度支郎中天章閣待制王公(質)神道碑銘并序》:"公諱質,字子野,其先大名莘人。自唐同光初,公之皇曾祖魯公舉進士第一,顯名當時,官至右拾遺,歷(原注"一有仕字"。)晉、漢、周。"則徹爲是年狀元。《宋太宗實錄》卷四十二:"(王)祐字景叔,魏郡人也。父徹,唐同光初與桑維翰同年登進士第,授晉昌軍節度推官,拜右拾遺。祐少孤,篤志詞學,性倜儻而俊急,遇事輒發,中無所隱。洎維翰入相,祐以父同年門生裁書自陳。維翰奇之,禮待甚厚。自是文價日重。"又宋祝穆撰《古今事類文聚》前集卷二十九《仕進部》"待年家子"條:"五代王祐父徹,同光與桑維翰同年登第。"

桑維翰,《舊五代史》本傳:"維翰字國僑,洛陽人也。父珙。維翰性明慧,善詞賦,唐同光中登進士第。"《春渚紀聞》:"桑維翰試進士,有因嫌其姓黜之。或勸勿試,維翰持鐵硯示人曰:'鐵硯穿,乃改業。'著《日出扶桑賦》以見志。"《洛陽搢紳舊聞記》:"桑魏公父珙爲河南府客時,桑魏公將應舉。父乘間告齊王張全義曰:'某男粗有文性,今被同人相牽欲取解,俟王旨。'齊王曰:'有男應舉好,可令秀才將卷軸來。'魏公之父趨下再拜。既歸,令子侵早投書啟,獻文字數軸。王請見魏公,父教之趨階,王曰:'不可。既應舉,便是貢士,可歸客司。'謂魏公父曰:'他道路不同,莫管他。'終以客禮見。王一見奇之,禮遇頗厚。是年,王力言於當時儒臣,由是擢上第。"《舊五代史·陳保極傳》:"初,桑維翰登第之歲,保極時在秦王幕下。因戲謂同輩曰:'近知今歲有三個半人及第。'蓋其年收四人,保極以維翰短陋,故謂之半人也。"

符蒙,《書録解題》:"符蒙,同光三年進士。同年四人,蒙初爲狀頭,覆試爲第四。"　按諸書或作"符蒙正","正"字衍文。蒙第三人,陳氏以爲第四人,誤。

成僚。皆見上。

＊明經科:

＊胡昌翼。張補云:"《弘治徽州府志》卷六:'婺源人,以明經登後唐同光乙酉進士第。'"　孟按:此言以明經登進士第,未當。[嘉靖]《新安名族志》上卷《胡姓·婺源·考水》載:"在邑北三十里,其先出隴西李唐宗室之後。朱温篡位,諸王播遷,曰昌翼者逃於婺源,就考水胡氏以居,遂從其姓。同光乙酉以明經登第,義不仕。子孫世以經學傳,鄉人習稱爲明經胡氏。"是知爲明經擢第。又《江南通志》卷四十一《輿地志·祠墓》:"明經墓在婺源縣考川,祀唐胡昌翼。"

　　知貢舉:禮部侍郎裴皞。○孟按:宋孫逢吉撰《職官分紀》卷十《禮部侍郎》"不迎送門生"條:"五代後唐同光初,裴皞拜禮部侍郎,前後三知貢舉。晋高祖時宰相桑維翰亦成名於裴皞榜下。"又,宋祝穆撰《古今事文類聚前集》卷二十八《仕進部》"受門生謁"條引《郡閣雅談》:"桑維翰亦裴皞之門生。"

四年丙戌(926)

正月,五科舉人許維岳等一百人進狀言:"伏見新定格文,三禮、三傳每科只放兩人。方今三傳一科五十餘人,三禮三十餘人,三史、學究一十人。若每年只放兩人及一人,逐年又添初舉,縱謀修進，皆恐滯留。臣伏見長慶、咸通年放舉人，元無定式。又同光元年春榜，亦是一十三人。請依此例，以勸進修。"敕："依同光元年例，永爲常式。"《册府元龜》、《五代會要》。　按同光元年停舉，此言春榜十三人者，蓋指元年春所放之榜而言。其實爲龍德二年榜也。

二月癸丑，中書門下奏："僞蜀官員，先有赦旨黜降。近者員數極多，相次到闕，並是未承前敕，慮抱憂疑。宜令御史臺具所到官員出身、歷任、三代家狀，約僞官品秩，准前敕次第，當擬同正官奏復。如是僞蜀將相，家屬稍多，即于山東州府安置。如位卑家屬少者，或是本朝舊人，有骨肉見在班行，即任便居止。或是三川居人，願還本土，亦俟三兩日放歸本處。或有本朝曾登科第，歷任班行，材器爲衆所知，可以甄録，即續具人才，酌量奏擬。"從之。是時僞蜀宰相王鍇、庾傳表、張格，皆本朝衣冠之後也。豆盧革、韋説素知之，既聞歸欵，意欲處之善地，故有是條奏，以俟其來。《册府元龜》

四月丁亥，莊宗崩。丙午，皇帝即位於柩前。《新五代史·唐紀》

甲寅，改同光四年爲天成元年。制曰："力學登第，承蔭出身，或欠文書，侵成踰濫。先遭没毁，幾至調選無人。州縣多是攝官，爲弊滋甚。宜令銓選，別爲起請。止除僞濫，餘復舊規。"《册府元龜》

八月，敕："應三京諸道今年貢舉人，可依常年例取解。仍令隨處量事，津送赴闕。"《舊五代史·選舉志》、《册府元龜》、《五代會要》。

進士八人：

王歸樸，狀元。簡州人，見《玉芝堂談薈》。

韓熙載，《十國春秋》："韓熙載，同光中擢進士第。"徐鉉《韓熙載墓誌》："熙載字叔言，其先南陽人。曾祖均，太僕卿。祖殷，侍御史。考光嗣，秘書少監、淄青觀察支使，故又爲齊人。公始弱冠，遊於洛陽，聲名藹然，一舉擢第。"熙載奔吳，上行止狀云："熙載本貫齊州，隱居嵩岳。雖明科第，且晦姓名。"其末題云："順義六年七月，進士韓熙載狀"。按順義六年即同光四年，熙載不稱前進士者，或其時因國難未過關試也。熙載生於唐景福元年，是時已三十餘。墓誌言弱冠，誤。考光嗣，《通鑑》作叔嗣，誤。○孟按：《唐音戊籤·餘》二十："韓熙載，字叔言，北海人，後唐同光中登進士第。"

　　＊張文伏，陳補："光緒《仙居志》卷二三：'張文伏，字德昭，號曲江，西門人。天成元年進士。授淮東安撫奏議。'又見《三臺詩録》卷一及民國《臺州府志》卷二十二引萬曆《仙居志》。"　孟按：四庫本《浙江通志》卷一二三《選舉一·進士》："後唐明宗天成：張文伏，仙居人，大中大夫。"同書卷二三八《陵墓四·仙居縣》："唐安撫使張文伏墓。《仙居縣志》：在縣南兆墺，子昺祔葬。文伏字德昭，天成元年進士，授淮東安撫使，壽八十三卒。"

　　＊馬胤孫（馬裔孫）。原列本卷天成二年（927）進士科，徐氏考云："《廣卓異記》：'裴皞放馬胤孫及第後，未踰九年，胤孫自翰林學士、禮部侍郎知貢舉，放進士十三人。'　按清泰三年進士十三人。胤孫以清泰二年知舉三年，自清泰二年逆數至天成二年爲九年，故曰未踰九年也。"　孟按：洪邁《容齋五筆》卷七"門生下見門生"條云："後唐裴尚書（皞）年老致政。清泰初，其門生馬裔孫知舉，放榜後引新進士謁謝於裴，裴歡宴永日，書一絶云：'宦途最重是文衡，天與愚夫作盛名。三主禮闈今八十，門生門下見門生。'時人榮之。事見蘇耆《開譚録》。予以《五代登科記》考之，裴在同光中三知舉，四年放進士八人，裔孫預焉。後十年，裔孫爲翰林學士，以清泰三年放進士十三人，茲所書是已。"按徐氏所考僅以年數推斷，無確據；洪氏所記有確據，且與《記考》同光四年（926）"進士八人"、"知貢舉：禮部侍郎裴皞"相吻合。故當據此移馬胤孫至本年。按作"裔孫"者，蓋避宋太祖諱改。亦見胡補。

　　諸科二人。

　　知貢舉：禮部侍郎裴皞。

後唐明宗聖德和武欽孝皇帝

天成二年丁亥(927)

正月二十七日,尚書禮部貢院奏:"五經考試官,先在吏部日長定格合請兩員,數年係屬貢院。准新定格文,祗令奏請一員,兼充考試。伏緣今年科目,人數轉多,却欲依舊請考試官各一員。如蒙允許,續具所請官名銜申奏。"奉敕"宜依"。《册府元龜》

三月,太常丞段容奏請國學五經博士各講本經,以申橫經齒胄之義。從之。《册府元龜》

四月二日,按下言"今月六日",則"二日"當有誤。中書門下奏:"尚書禮部貢院申,當司奉今月六日敕,吏部流内銓狀申,據白院狀申,當司先准禮部貢院牒稱,據成德軍解送到前進士王蟾狀,請罷攝深州司功參軍,應宏詞舉。前件人准格例應重科,合在吏部。其王蟾並牒,解送吏部,請准例指縱按"縱"疑當作"揮"。者。當司遂具狀申堂,奉判送吏部分析近年事例如何者。伏緣近年別無事例,今檢《登科錄》内,於僞梁開平三年應宏詞登科二人,前進士余渥、承旨舍人李愚;考官二人,司勳郎中崔景、兵部員外郎張貽憲者。再具狀申堂,奉判送吏部准例指揮。其前進士王蟾應宏詞,考官、試官合在流内銓申請者。前進士王蟾請應宏詞,伏自近年以來,無人請應。今詳格例,合差考官二人。又緣只有王蟾一人獨應,銓司未敢懸便奏請差官者。奉中書門下牒,奉敕,宜令禮部貢院就五科舉人考試者。伏以舉選公事,皆有格條,准新定格節文,宏詞、拔萃准長慶二年格,吏部差考試官二人,與知銓尚書、侍郎同考試聞奏。又准格節文内准大和元年十月二十三日敕,應禮部諸色貢舉人及吏部諸色科目選人,凡無出身及未有官,只合於禮部應舉。有出身有官,方合於吏部赴科目選。其應請宏詞舉前進士王蟾，當司當年放及第後，尋已關過吏部訖。若應宏拔，例待南曹判成，即是科選，選人事理合歸吏部。況緣五科考試官只考學業，難於同考宏詞者。"奉敕："王蟾宜令吏部准往例，差官考試。"《册府元龜》

十二月，敕："新及第進士有聞喜宴、關宴，今後逐年賜錢四十萬。"《舊五代史·唐紀》、《册府元龜》　"四十萬"，《五代會要》作"四百貫"。

　　進士二十三人：

　　黄仁穎，狀元，見《玉芝堂談薈》。　按仁穎於梁貞明中學究及第，至是年復登進士第。見前陳逖條下。

　　王蟾，見上。

　　盧士衡，《書録解題》："後唐盧士衡，天成二年進士。"

　　李濤。《宋史》本傳："濤字信臣，京兆萬年人，唐敬宗子郇王瑋十一世孫。祖鎮，父元。朱梁革命，元以宗室懼禍，挈濤依馬殷。濤從父兄郁上言濤父子旅湖湘，詔殷遣歸京師。後唐天成初，舉進士甲科。"王禹偁《懷賢詩》李兵部濤云："兵部事晋朝，文學中甲科。"　孟按：《永樂大典》卷八六四七"李濤"："按國史本傳：濤，梁末爲河陽令，後唐天成初狀頭及第。"與《玉芝堂談薈》異，未詳孰是，俟考。

　　諸科九人。

　　知貢舉：禮部侍郎裴皥。《舊五代史·唐紀》："天成二年四月，禮部侍郎裴皥轉户部侍郎。"蓋放榜後改官也。《舊五代史·裴皥傳》："皥累知貢舉，稱得士。宰相馬胤孫、桑維翰，皆其所取進士也。後胤孫知貢舉，引新進士謁皥，皥喜爲詩曰：'宦途最重是文衡，天遣愚夫受盛名。三主禮闈年八十，門生門下見門生。'當時榮之。"　按《廣卓異記》云："同光二年、三年、四年，禮部侍郎裴皥連放三榜。"蓋首年知次年舉，故皆先一年也。

三年戊子(928)

二月十日，禮部貢院奏："當司據鄉貢九經劉英甫經中書陳狀：請對經義九十道，以代舊格帖經。奉堂判，令詳狀處分者。
當司伏准格文，九經祇帖九經書各一十帖，並對《春秋》、《禮記》
口義各一十道。今准往例，並不曾有應排科講義。九經若便據
送到引試排科講義，即恐有格例者。"奉敕："劉英甫請以講義便
代帖經，既能鼓篋而來，必有撞鐘之應。宜令禮部貢院考試。"
《五代會要》

七月四日，工部侍郎任贊上言曰："伏以聖代設科，貢闈取
士，必自鄉薦，來觀國光。將叶公平，惟求藝行。蓋廣搜羅之理，
且非喧競之場。伏見常年舉人等，省門開後，春榜懸時，所習既
未精研，有司寧免黜落？或嫉其先達，或恣以厚誣，多集怨於通
衢，皆取駭於群聽。頗虧教本，却成亂階，宜立新規，以革前弊。
自今後，伏請宣下諸州府，所有諸色舉人，不是家在遠方水陸隔
越者，望令各於本貫選藝學精通賓僚一人，一例分明比試。如非
通贍，不詐妄薦。儻考核必當，即試官請厚於甄酬；若薦送稍私，
並童子盡歸於竄逐。冀彰睿化，免紊儒風。庶絕濫進之人，共守
推公之道。"敕："宜令今後諸色舉人，委逐道觀察使慎擇有詞藝
及通經官員，各舉所業考試。及格者，即與給解。仍具所試詩
賦、帖經通粗數，一一申省。未及格者，不得徇私發解。兼承前
諸道舉人，多於京兆府寄應，例以洪固鄉、冑貴里爲户，一時不
實，久遠難明。自此各於本道請解，具言本州縣某、鄉某、里某爲
户。如或寄應，須具本貫屬入狀，不得效洪固、冑貴之例。文解
到省後，據所稱貫屬州府，户籍内如是無名，本人並給解處官吏
必加罪責。京百司給解，就試准前指揮，兼下貢院。其本朝舊
格，諸色舉人每年各放幾人及第，到日續更詳酌處分。"《册府元
龜》、《五代會要》。

是月，敕："應將來三傳、三禮、三史、《開元禮》、學究等，考試
本業畢後，引試對策時，宜令主司須於時務中採取要當策題，精
詳考校。不必拘於對屬，須有文章。但能詞理周通，文字典切，

即放及第。如不及此格，雖本業粗通，亦須黜落。應九經、五經、明經、帖書及格後，引試對義時，宜令主司於大經汎出問義五道，於簾下書於試紙，令隔簾逐段解説。但要不失疏注義理，通二、通三然後便令念疏。如是熟卷，並須全通，仍無失錯，始得入策。亦須於時務中選策題，精加考校。如粗於筆硯留意者，則任以四六對，仍須理有指歸，言關體要。如不曾於筆硯致功，即許直書其事，申明利害，不得錯使文字。其問義、念疏、對策，逐件須有去留。"《册府元龜》、《五代會要》。　《册府元龜》云："天成三年春，趙鳳知貢舉，場中利病，備達天聽。因敕進士帖經，通三即可。五科試本業後，對策全精即可。諸經學帖經及格後，於大經汎問五義，書於試紙，令直解其理，通三即可。對策並須理有指歸，言關體要。"　按此敕當即趙鳳條奏之事。

　　是月，敕："近年諸道解送童子，皆越常規。或年齒漸高，或精神非俊，或道字頗多訛舛，或念書不合格文。主司若不去留，貢部積成乖弊。自此後，應諸道州府，如公然濫發文解，略不考選藝能，其逐處判官及試官並加責罰。仍下貢院，將來諸道應解送到童子，委主司精專考較。須是年顏不高，念書合格，道字分明，兼無蹶失，即放及第。仍依天成三年例，主司未出院間，便引就試。與諸科舉人同日放榜，不得前却。"《册府元龜》

　　十月三日，敕："訪聞每年及第舉人，牒送吏部關試，判題雖有，判語全無，祇見各書未詳，仍或正身不至。如斯乖繆，須議去除。此後應關送舉人，委南曹官吏准格考試。如是進士並經學及第人，曾親筆硯，其判語即須緝搆文章，辨明治道。如是無文章，許直書其事，不得祇書未詳。如關試時正身不到，又無請假字，即牒貢院，申奏停落。"《五代會要》

　　十二月戊午，禮部貢院以諸色及第人失墜出身，請同年一人充保，次年及第二人充保，即重給春關。《册府元龜》

　　己未，以近令進士帖經，通三即放，慮非所知，致今年令，不

及通三亦放。來年秋賦，詞人並令對義。《册府元龜》

　　進士十五人：

　　郭晙，狀元，見《玉芝堂談薈》。　《玉堂閒話》："郭俊應舉時，夢見一老僧屐於卧榻上踏跚而行。既寤，甚惡之。占者曰：'老僧，上座也。著屐於卧榻上行，屐，高也，君既巍峩矣。'及見榜，乃狀元也。"　按"俊"當即"晙"之誤。

　　陳保極。《淳熙三山志》："保極字天錫，閩縣人，郭晙榜進士。終禮部、倉部員外郎，賜金紫。"《舊五代史》本傳："保極好學，善屬文，後唐天成中擢進士第。秦王從榮聞其名，辟爲從事。"《三山志》又云："唐自神龍迄後唐天成三百有三年，福州擢進士者三十六人。"○孟按：《全唐文》卷一一四晉高祖《復陳保極官制》："朝散大夫衛尉寺丞陳保極，夙蘊才名，早登科第。"

　　諸科四人。

　　知貢舉：兵部侍郎趙鳳。《舊五代史·趙鳳傳》："朱守殷以汴州叛，馳驛賜任圜自盡。既而鳳哭謂安重誨曰：'任圜，義士也，肯造逆謀以仇君父乎？如此濫刑，何以安國。'重誨笑而不責。是年，權知貢舉。"　按殺任圜在二年十月，其年知舉，即知三年之舉也。又按《舊五代史·唐紀》："天成二年二月，趙鳳以户部侍郎改兵部侍郎。四年，以兵部侍郎改門下侍郎。"則知舉時正爲兵部侍郎。○孟按：《全唐文》卷一〇六後唐明宗《授趙鳳門下侍郎制》："端明殿中大夫尚書兵部侍郎上柱國賜紫金魚袋趙鳳……洎朕承基，復資演誥，俄遷居於秘殿，嘗密贊於宏圖，實賴謀猷，每嘉經濟。爰司貢部，俾選儒徒，果無遺逸之名，足見搜羅之道。"

四年己丑(929)

　　二月，貢院雖鎖，未試舉人，敕先往雒京，赴本省就試。《册府元龜》。　按《通鑑》，明宗於二年十月如大梁，四年二月庚午還洛陽。

　　中書舍人、知貢舉盧詹進納春關狀，內漏失五經四人姓名，罰一月俸。《册府元龜》。　按此條不載月日，言進春關狀，當在四月矣。

　　七月戊子，禮部貢院奏："今年諸色及第人中，有曾攝州縣官及有御署攝牒，兼或有正授官及曾在賓幕赴舉者。諸條格中，書奏及第人先曾授職官者，宜令所司於守攝文書内，署重應舉及第年月日，或改名不改名，分明印押。懼其轉賜於人，假資冒進也。其中曾授正官、御署並佐幕者，仍約前任資序，與除一任官。如自中興以來，諸科及第人曾授職官者，並令所司追納文書。到日，准今年及第人例處分。已授官者，不在此限。兼勒貢院，將來舉人納家狀内，各分析曾爲官及不曾爲官，改名不改名。其曾爲職官者，先納歷任文書。及第後，准例指揮。"從之。《舊五代史》、《册府元龜》、《五代會要》。

　　是月，敕："應今年新及第人給春關，並於敷政門外宣賜。"慮所司邀頡故也。《册府元龜》、《五代會要》。

　　十月一日，中書門下條流貢舉人事件如後："一，應諸道州府解送諸色舉人，須准元敕，差有才藝公正官考試及格，然後給解。仍具所試詩賦義目帖繇送省。如逐州府解内，不署書前件指揮事節，所司不在引試之限。禮部貢院考試諸色帖經舉人，今後據所業經書對義之時，逐經須將生卷與熟卷中半考試，不得依往例祇將熟卷試問。一，今後主司，不得受内外官寮書題薦托舉人及安排考試官。如或實講一作"語"。如按"講如"二字，疑皆衍文。〔趙校：《五代會要》卷二十三作"如或實在知"，疑是。〕有才學精博者，任具奏聞。若受書題屬托，致有屈人，其主司與發書人並加黜責。其所舉人，別行朝典。三銓南曹，亦不得受諸色官員書題薦托選人。如違，並准前指揮。一，應諸色落第人，此後所司具所落事繇，別張懸文榜，分明曉示。除諸州府解送舉人外，餘有於河南府寄應及宗正寺、國子監生等，亦須准上指揮。其中有依托朝臣者，於解内具言在某官、某姓名門館。考試及第後、並據姓名覆試。一，諸色舉人，至入試之時前五日内，據所納到試紙，本司印署訖，即送中書門下取中書省印印過，却付所司，給散逐人就試。

貢院合請考官、試官，今後選學業精通、廉慎有守者充。若在朝臣門館人，不得奏請。"奉敕"宜依"。《册府元龜》、《五代會要》。

是月，兵部尚書盧質奏請逐年諸色貢舉人，州府取解之時，選强明官考試，具詩賦義目送省。從之。《册府元龜》

十二月戊戌，詔應授官及封贈官誥舉人，冬集等所費用物，一切官破。《舊五代史·唐紀》

是月，國子監奏："伏以國家，開設庠序，比要教授生徒。所以日就月將，知討論之不廢；卜禘視學，明考較之有程。先生既以親臨，學士豈宜他適？蓋以頃者監名雖補，各以私便無嘗。且居閱離群，則學能敬業；終成孤陋，誰爲琢磨？但希托跡爲梯媒，只以多年爲次第。罔思蟻術，惟俟鶯遷，忍淹違養之時，徒積觀光之歲。今國家化被流沙漸海，政敷有截無疆，大扇素風，恢張至道。是以重興數仞，分設諸官，教且有嘗，業成無忒。而況時物甚賤，館舍尤多，諒無懸磬之虞，足得撞鐘之問。但自學徒所好，可以教亦隨機，既欲成名，必須精業。如有好《春秋》者，教之以屬辭比事，三體五情，尊王室而討不庭，昭沮勸而起新舊。其所異同者，則引之以二傳也。如有好《禮》者，則教之以恭儉莊敬，長幼尊卑，言揖讓而知獻酬，明冠昏而重喪祭。其所沿革者，則證之以二禮也。如有好《詩》者，則教之以溫柔敦厚，辨之以草木蟲魚，美盛德而刺淫昏，歌《風》《雅》而察正變。如有好《書》者，則教之以疏通知遠，釋之以訓誥典謨，思帝德而敬王言，稽古道而統皇極。如有好《易》者，則教之以潔净精微，戒之以躁動競進，體十翼而分交爻，應凶吉而先擬議也。至於歷代子史，備述變通，既屬異端，誠非教本。但以適當凝凍，將近試期，欲講小經，以消短景。今已請《尚書》博士田敏講勘《論語》、《孝經》，行莫大於事親，道莫逾於務本。如有京中諸官子弟及外道舉人，況四門博士趙著見講《春秋》，若有聽人，從其所欲。顥俟放榜，别啟諸經。既溫故而知新，惜寸陰而輕尺璧。顥經者若能口誦，碩

學者又得指歸，自然縻好爵以當仁，策科名而得俊。幸不孤於選士，冀有益於化風。"從之。《册府元龜》

進士十三人。

諸科二人：

＊趙美（趙匡贊），原作"趙匡贊"，徐氏考云："《舊五代史·唐紀》：'四年正月，幽州節度使趙德鈞奏："臣孫贊年五歲，默念《論語》、《孝經》，舉童子，汴州取解就試。"詔曰："都尉之子，太尉之孫，能念儒書，備彰家訓，不勞就試，特與成名。宜賜別敕及第，附今年春榜。"'《宋史·趙贊傳》：'贊字元輔，本名美，後改焉，幽州薊人。初德鈞，父延壽。贊七歲誦書二十七卷，應神童舉。明宗詔賜童子及第，仍附長興三年禮部春榜。'按《宋史》與薛史異，今從薛史。按贊本名匡贊，後避宋太祖偏諱改。則登第時當作'匡贊'。"　孟按：《册府元龜》卷七七五《總錄部·幼敏第三》："趙美，幽州節度使德鈞之孫。天成四年，德鈞奏美年五歲，默念何《論》、《孝經》，令於汴州取解就試，敕：封尉之孫，能念儒書，備彰家訓，不勞就試，特與成名，宜賜別敕及第，仍附今年春榜。"趙匡贊，本名美，見上引《宋史·趙贊傳》："趙贊字元輔，本名美，後改焉。"又《十國春秋》："趙匡贊，字元輔，本名美，後更今名。……後避宋太祖偏諱遂去匡名贊云。"可知其本名美，後改爲匡贊，入宋後又去匡名贊。《舊五代史》所言"臣孫贊"者，乃史臣避諱改稱。故賜別敕及第附春榜時，名當作"趙美"。《册府元龜》卷七七五《總錄部·幼敏第三》："趙美，幽州節度使德鈞之孫。天成四年，德鈞奏美年五歲，默念何《論》、《孝經》，令於汴州取解就試，敕：封尉之孫，能念儒書，備彰家訓，不勞就試，特與成名，宜賜別敕及第，仍附今年春榜。"是敕及第時名當作"趙美"也。

知貢舉：中書舍人盧詹。《舊五代史》本傳："詹遷中書舍人。天成中，拜禮部侍郎，知貢舉。"　按《舊五代史·唐紀》："天成四年八月，以中書舍人盧詹爲禮部侍郎。"是放榜後爲禮部侍郎也。

五年庚寅(930)

正月二十三日，禮部貢院奏："當司准天成三年十二月十八日敕文，内准近敕，自此進士試雜文後，據所習本經一一考試，須帖得通三已上，即放及第者。奉敕，進士帖經，本朝舊制，蓋欲明先王之旨趣，閱多士之文章。近代以來，此道稍墜。今且上從元輔，下及庶僚，雖負藝者極多，能明經者甚少。恐此一節，或滯群才，既求備以斯難，庶觀光而是廣。今年凡應進士舉，所試文策及格，帖經或不及通三，與放及第。來年秋賦，詞人所習一大經，許令對義，義目多少次第，仍委所司條件聞奏。其今年逐處所解送到進士，當司引試雜文、帖經後，欲令別於所習一大經内，對義目五道。考試通二、通三，准帖經例放入策。其將來秋賦，諸寺監及諸道州府所解送進士等，亦准去年十月一日敕，條流考試。其詩賦義目帖由等，並解送赴省。如或不依此解送，當司准近敕，並不引試。"奉敕"宜依"。《册府元龜》、《五代會要》。

　　二月九日，按二月乙未朔，九日爲癸卯。敕："近來文士，輕視格條，就試時疎於帖經，登第後恥於赴選。宜絶躁求之路，別開獎勸之門。其進士科已及第者，計選數年滿日，許令就中書陳狀，於都堂前各試本業詩賦判文等。其中才藝灼然可取者，便與除官。如或事業不甚精者，自許准添選。"《舊五代史·選舉志》、《册府元龜》。

　　乙卯，按乙卯爲二十一日。大赦，改元長興。《通鑑》

　　是月，敕："傳科不精《公》、《穀》，虛有其名；禮科未達《周》、《儀》，如何登第？兼知春官不曾教誨舉子，舉子是國家貢士，非宗伯門徒。況又斥先聖之名，失爲儒之體。今後及第人放榜時，並須據才藝高低，從上依次第安排，不得以雋科取鼎島岳斗之名爲貴。冀從敦實，以息浮澆。兼不得呼春官爲恩門、師門，不得自稱門生。除賜宴外，不得輒有率斂，別謀歡會。曾赴舉落第人，無故不得改名。將來舉人，並依選人例，據地里遠近，於十月三旬下納文解。如違，不在收受之限。"敕旨從之。《舊五代史·唐紀》、《册府元龜》、《五代會要》。

七月，比部員外郎、知制誥崔棁奏：“臣伏見開元五年敕，每年貢舉人見訖，宜令引就國子監謁先聖先師，學官爲之開講質疑，所司設食。其監内得舉人，亦准此例。其日清資官五品以上並朝集使，並往觀禮，永爲常式。自經多故，其禮寖停，請舉舊典。”從之。《册府元龜》

八月，敕：“其童子，准往例委諸道表薦，不得解送。兼所司每年所放不得過十人。仍所念書並須是部帙正經，不得以諸雜零碎文書虚成卷數。兼及第後十一選集，第一任未得授親人官。”《册府元龜》

是月三日，尚書吏部奏：“據禮部貢院牒送府試請應書判拔萃、前虢州盧氏縣主簿張岫，親書紙内對六節判，四通二粗，准例及第五等上。其所試判，今錄奏聞。”奉敕：“宜付所司。今後吏部所應宏詞、拔萃，宜並權停。其貢院據見應進士、九經並五科、童子外，諸色科前後空。聞定制去留，皆在終場，博通者混雜以進身，膚淺者倖求而望事，須頒明敕，俾叶公途。自此後，貢院應試三傳、三禮，宜令准進士、九經、五經、明經例，逐場皆須去留，不得候終場方定。仍具所通否粗，一一旋於榜内告示。其學究不在念書，可特試墨義三十道，亦准上指揮。如此則人知激勸，事有區分，主司免致於繁忙，舉子不興於僭濫。”《册府元龜》。　按此條下原注云：“學究不念書，新例也。國朝所設五科，惟學究文書最少，乃令念其經而通其義，故曰學究。今祇許對，即學者皆專惟此科。時論非之。”

五月，敕宏詞、拔萃、明算、道舉、百篇等科，並宜停廢。《册府元龜》

六月壬子，中書門下奏：“敕新及第進士所試新文，委中書門下細覽詳覆，方具奏聞，不得輒徇人情，有隳事體。中書於今年四月二十九日帖貢院，准元敕指揮，中書量重具詳覆者。李飛賦内三處犯韻，李穀一處犯韻，兼詩内錯書青字爲清字，並以詞翰可嘉，望特恕此誤。今後舉人，詞賦屬對並須要切，或有犯韻及諸雜違格，不得放及第。仍望付翰林，別撰律詩賦各一首，具體式一一曉示。將來舉人合作者，即與及第。其李飛、樊吉、夏侯琪、吳沺、王德柔、李縠等六人，望放及第。盧價賦內簿伐字合使平聲字，今使側聲字，犯格。孫澄賦內御字韻使宇字，已落韻，又使臍字，是上聲。有字韻中押售字，是去聲，又有朽字犯韻。詩內田字犯韻。李象賦內一句六石慶兮，並合使此奚字，道之以禮，合使此導字，及錯下事，嘗字韻內使方字，計中言十千，十字處合使平聲字，偏字犯韻。楊文龜賦內均字韻內使民字，以君上爲駢駢之士，失奉上之體。兼善字是上聲，合押遍字是去聲。如字內使興字，詩中遍字犯韻。師均賦內仁字犯韻。晏如書宴，又如河清海晏，晏不合韻，又無理，晏字即落韻。楊仁遠賦內賞罰字書法字，銜勒字書鍼字。詩內蓮蒲字合著平聲字，兼黍梁不律。王谷賦內御字韻押處字，上聲則落韻，去聲則失理。善字韻內使顯字，犯韻。如字韻押殊字，落韻。其盧價等七人，望許令將來就試，仍放再取文解。高策賦內於口字韻內使依字，疑其海外音訛，文意稍可，望特恕此。其鄭朴賦內言肱股，詩中十千字犯韻，又言玉珠。其賓貢鄭朴並令將來就試，亦放取解。仍自此賓貢，每年只放一人，仍須事藝精奇。張文寶試士不得精當，望罰一季俸。今後知舉官，如敢因循，當行嚴典。伏以國設高科，人貪上第，所望不小，其業須精。實以喪亂年多，苦辛人少，半失宣尼之道，倍勞宗伯之心。不望超群，且須合格。今逢聖運，大闡皇猷，設官共革於時訛，選士實期於歲勝。又朝廷校藝，爲擇賢才，或臣下收恩，豈成公道？時論以貢舉官爲邱門、恩門，及以登第爲門生，門生者，門弟子也，顏、閔、游、夏等，並受仲尼之訓，即是師門。大朝所命名，亦宜停罷。"《册府元龜》

　　十月，吏部南曹關試，今年及第舉人進士李飛等六十九人，內三禮劉瑩、李斐、李銑、李道全，明算宋延美等五人，所試判語皆同。尋勘狀，皆稱晚逼試，偶拾得判草寫净，實不知判語不合一般者。敕旨："貢院擢科，考詳所業，南曹試判，激勸爲官。劉瑩等既不攻文，合直書其事，豈得相傳稾草，侮瀆公場？載究情繇，實爲忝冒。及至定期覆試，果聞自懼私歸，宜令所司落下。其所給春關，仍各追納，兼放罪許再赴舉。兼自此南曹，凡有及第人試判之時，切在精專點簡，如更有效此者，准例處分。"《册府元龜》、《五代會要》。

十二月，學士院奏："伏以體物緣情，文士各推其工拙；掄才較藝，詞場素有其規程。凡務策名，合遵常式。況聖君御宇，奧學盈朝，倘令明示其規模，或慮衆貽其臧否。歷代作者，垂範相傳，將期絶彼微瑕，未若舉其舊制。伏乞下所司，依詩格賦樞考試進士，庶令分職，互展恪勤。"《册府元龜》

進士十五人：

李飛，見《册府元龜》。

樊吉，見《册府元龜》。

夏侯珙，見《册府元龜》。

吳沺，見《册府元龜》。

王德柔，見《册府元龜》。

李穀。見《册府元龜》。　《宋史·李穀傳》："穀字惟珍，潁州汝陰人。年二十七舉進士，連辟華、泰二州從事。"

重試落下九人：

盧價，見《册府元龜》。

孫澄，見《册府元龜》。

李象，見《册府元龜》。

楊文龜，見《册府元龜》。

師均，見《册府元龜》。

楊仁遠，見《册府元龜》。

王谷，見《册府元龜》。

高策,見《册府元龜》。

鄭朴。見《册府元龜》。

　　＊明經科落下四人：孟按：原作“明經科”,誤。前引《册府元龜》、《唐會要》載“今年及第舉人進士李飛等六十九人,内三禮劉瑩、李斐、李銑、李道全,明算宋延美等五人……宜令所司落下。其所給春關,仍各追納,兼放罪許再赴舉。”則劉瑩以下五人皆落下者也。

　＊劉瑩,見《册府元龜》。

　＊李斐,見《册府元龜》。

　＊李銑,見《册府元龜》。

　＊李道全。皆三禮科,見《册府元龜》。

　　＊諸科落下一人：孟按：原作“諸科”,誤。見上。

　＊宋延美。明算科,見《册府元龜》。

　　知貢舉：左散騎常侍張文寶。《舊五代史·唐紀》：“天成四年十一月,張文寶爲右散騎常侍。長興二年閏五月,改兵部侍郎。”按本傳作“左散騎常侍、知貢舉”,今從之。　《舊五代史·李懌傳》：“時常侍張文寶知貢舉,中書奏落進士數人。仍請詔翰林學士院作一詩、一賦,下禮部爲舉人格樣。學士竇夢徵、張礪輩撰格詩、格賦各一道,中書宰相未以爲允。夢徵等請懌爲之,懌笑而答曰：‘李懌識字有數,頃歲因人偶得及第,敢與後生髦俊爲之標格？假令今却稱進士,就春官求試,落第必矣。格賦、格詩,不敢應詔。’君子多其識大體。”

長興二年辛卯(931)

二月癸巳,禮部貢院奏：“當司奉堂帖,夜試進士有何條格者。敕旨,秋來赴舉,備有常程；夜後爲文,曾無舊制。王道以明規是設,公事須白書顯行,冀盛觀光,尤敦勸善。每取翰林學士往例,皆試五題,共觀筆下摛詞,不俟燭前搆思。其進士並令排門齊入就試,至門開時試畢。内有先了者,上歷書時,旋令先出。其入策亦須晝試。應諸科對策,並依此例,餘准前後敕格處分。”

《舊五代史·唐紀·選舉志》、《五代會要》。

四月，敕："舉選人衆，例是艱辛。曾因兵火之餘，多無敕甲，不有特開之路，皆爲永棄之人。其失墜春關冬集者，宜令所司取本人狀，當及第之時何人知舉，同年及第人數幾何。如實即更勘本貫，得同舉否。授官者亦先取狀，當授官之時何人判銓，與何人同官上任，罷任何人交代。仍勘歷任處州縣，如實則別取有官三人保明施行。"《冊府元龜》

五月庚戌，獻時務人、前澤州録事參軍韓滔，所司面試策問一件，無詞以對。敕旨云"納言路廣，進策人多，別出試題，蓋防假手。韓滔獨隳衆例，輒出己懷，敢以間詞，有違明敕。而又情惟自衒，事匪合宜。朝堂干禄之時，尚猶倔強；州縣親人之處，可任作爲！ 便合舉違敕之科，加不恭之罪。緣當誕月，刑法務寬，宜殿一選"。《冊府元龜》

是月，敕："國賴賢良，雖務搜揚之道；官緣請托，實開僥倖之門。蓋任不當材，則民將受弊，稍乖掄擇，大紊紀綱。近聞百執事等，或親居内職，或貴列廷臣，或因宣達君恩，或因句當公事，經緣列鎮，干擾諸侯，指射職員，安排親昵。或潛申意旨，或顯發書題。苟徇私情，罔循公道，爭能峻阻，須至强行。遂使受命者負勢以臨人，得替者銜冤而去職。既虧慎舉，漸益躁求，務要肅清，當行釐革。自今已後，應内外臣僚，不計在朝出使，並不得輒發書題，及行所屬於諸處亂安排人。宜令三司兼諸道節度、防禦、團練、刺史等，或更有人不畏新敕，猶躡舊蹤者，並仰密具姓名聞奏。發薦人貶所在官，求薦人配流邊遠州縣，嘗知所在。如逐處長吏自徇人情，顯違敕命，只仰被替本人詣闕上訴。勘問不虛，長吏罰兩月俸，發薦人比前條更加一等。被替人不准是何職掌，却令依舊句當；仍從再句當，後三年内除別顯有罪名外，不得妄有替移。其餘長興二年五月一日已前所犯，不在上訴之限。兼敕到後，但是州府，並於管驛處粉壁具録敕命曉示。每令修護，永使聞知。況國家懸爵待人，惟賢是舉，稍聞俊乂，必令獎升。其有端士正人，雄文大學，言可以經綸王道，行可以規矩人倫者，但當顯陳表章，明具論薦。名如得正，工不棄財，所務絶彼倖人，豈可滯諸賢者。”《册府元龜》

　　六月丁巳朔，□凝據《册府元龜》注：“知其人名凝，疑是和凝。”奏：“貢院明法，試律令十條，以識達義理、問無疑滯者爲通。所貴懸科待士，自勤講學之功；爲官擇人，終免曠遺之咎。況當明代，宜舉此科。”敕旨：“宜升明法一科，同《開元禮》選數。赴舉之時，委貢院別奏請。會刑法試官，依格例考試。”《舊五代史·唐紀》載於長興二年六月丁巳朔。《五代會要》作“二年七月朔”，《册府元龜》作“元年八月”。按歐史本紀，長興二年十二月甲寅朔，則六月當爲丁巳朔。《會要》作七月，誤。《册府元龜》原注云：“先是，天成三年十一月，權判大理寺蕭希甫上言曰：‘臣聞禁暴亂者莫先於刑律，勤義禮者無切於《詩》、《書》。刑律明則人不敢爲非，禮義行則時自然無事。今《詩》、《書》之教則業必有官，刑律之科則世皆莫曉。近者大理正宋昇請置律學生徒，雖上聞未蒙申舉。伏乞特頒詔旨，下付國庠，令再設此科，許其歲貢。仍委諸州各薦送一兩人就京習學，候至業成，便放出身，兼許以卑官却還本處。則率土之內，盡會刑書，免誤觸於金科，冀咸遵於皇化。’至是凝復奏請。”　按“凝復奏請”句有奪文。

　　七月，敕：“朝臣相次敷陳，請搜沈滯。簪纓之內，甚有美賢；山澤之中，非無俊彦。若令終老，乃是遺才。鄭雲叟頃自亂離，久從隱逸，近頒特敕，除授拾遺。不來赴京，自緣抱病。非朝廷之不録，在遐邇以皆知。宜令諸道藩侯，專切搜訪，如有隱逸之士，藝行可稱者，當具奏聞，必宜量才任使。”《册府元龜》。　《新五代史·鄭遨傳》：“遨字雲叟，滑州白馬人。唐明宗祖廟諱遨，故世行其字。”

　　前安州應城縣主簿王鼎、前隨州唐縣主簿陳廷毓同獻時務七件。敕旨：“投匭上章，條流不阻；合表進策，理例無聞。而況七件之中，有長有短；兩人之內，孰否孰臧？方當選以公才，未可混其言路。王鼎、陳廷毓宜各試以策問兩道,定其優劣。兼自此應諸色人進策,每五道別試策問兩道,十道已下試三道,十道已上約此指揮。比較元進策條,詞理可否,當與等第處分。仍令甌院,分明榜示,此後止絶,不得有同表進策。所貴人知區別,事無汎行,庶堅激勸之誠,免誤儗倫之道。”《册府元龜》

進士四人:是年試《鑄鼎象物賦》,見《玉壺清話》。

艾穎,《玉壺清話》:“艾侍郎穎,少年赴舉。逆旅中遇一村儒,狀極茸闒,顧謂艾曰:‘君此行登第必矣。’艾曰:‘賤子家於鄆,無師友,加之汶上少典籍,今學疎寡聊,觀場屋爾,安敢俯拾耶!’儒者曰:‘吾有書一卷以授君,宜少俟於此,詰日奉納。’翌日果持至,乃《左傳》第十卷也。謂艾曰:‘此卷書不獨取富貴,後四十年亦有人因此書登科甲。然齡禄俱不及君,記之。’艾頗爲異,時亦諷誦,果會李愚知舉,試《鑄鼎象物賦》,事在卷中,一揮而就。愚愛之,擢甲科。後四十年當祥符五年,御前放進士亦試此題,徐奭爲狀元。” 按長興二年至祥符五年,凡八十二年,言四十年,誤。

師均。《宋史·師頏傳》:“父均,後唐長興二年進士。” 按師均即前年落下者。

知貢舉:太常卿李愚。《舊五代史》本傳:“任圜爲宰相,雅相欽重,屢言於安重誨,請引爲同列。屬孔循用事,援引崔協以塞其請。俄以本職權知貢舉,改兵部侍郎,充翰林承旨。”合新、舊《五代史·唐紀》及《新史·李愚傳》考之,天成二年四月,愚自翰林承旨、守中書舍人爲禮部侍郎。天成四年八月,自禮部侍郎轉兵部侍郎。長興元年二月,南郊後,罷爲太常卿。長興二年三月,自太常卿爲中書侍郎、同平章事。同光、天成知舉之人皆可考,疑張文寶知舉後,以愚代之。其時爲太常卿,放榜後入相也。《舊史》本傳誤。○孟按:《全唐文》卷一〇六後唐明宗《授李愚中書侍郎制》:“及掌文閣,大開公道,樹杏壇而重興四教,歷蘭省而再跻二卿。”

三年壬辰(932)

正月戊申,詔曰:“貢舉之人,辛勤頗甚,每年隨計,終日食貧。須寬獎勸之門，俾釋羈□（孟按：《全唐文》卷一一一作“樓”）之嘆。今後（孟按：《全唐文》作“年”）落第舉人，所司已納家狀者，次年便付貢院就試，並免再取文解。兼下納文解之時，不在拘以三旬，但十月內到者，並與收受。”《舊五代史·唐紀》、《冊府元龜》、《五代會要》。

二月，中書奏請依石經文字刻九經印板。敕旨：“教導之本，經籍為宗。兵革已來，庠序多廢，縱能傳授，罕克精研。繇是亥豕有差，魯魚為弊，苟一言致誤，則大義全乖，倘不討詳，漸當紕繆。宜令國學集博士儒徒，將西京石經本，各以所業本經，句度鈔寫注出，子細勘讀。然後召僱能雕字匠人，各隨部帙刻印板，廣頒天下。如諸色人要寫經書，並須依所印敕本，不得更使雜本交錯。所貴經書廣布，儒教大行。”《冊府元龜》

四月，敕：“近以遍注石經雕刻印板委國學，每經差專知業博士儒徒五六人勘讀並注。今更於朝官內別差五人充詳勘官：太子賓客馬縞、太常丞陳觀、祠部員外郎兼太常博士段容、太常博士路航、屯田員外郎田敏等。朕以正經事大，不同諸書，雖已委國學差官勘注，蓋緣文字極多，尚恐偶有差誤。馬縞已下，皆是碩儒，各專經業，更令詳勘，貴必精研。兼宜委國子監於諸色選人中，召能書人謹楷寫出，續付匠人雕刻。每五百紙與減一選，所減等第優與選轉官資。”《冊府元龜》。　按王明清《揮麈餘話》言其家有後唐印本五經，為太學博士李鶚所書，後題長興二年。或二年已刊五經，此年更刊九經也。

九月，敕：“朕大啟四門，無遺片善，冀有智慧之士，來陳利害之言。是命擢量，貴得酬獎，須論條件，以定等差。應進策人等，若是選人，所進策內一件可行，與減兩選，兩件減四選，三件已上便依資與官。如無選可減，及所欠選數則少，可行事件則多，據等級更優與處分。如是諸色舉人，貢院自考試本業格式，不在進策之限。如有智謀弘遠，文藝優長，或一言可以興邦，一事可以

濟國,是爲奇傑,難預品量。待有獻投,旋令擬議。"《册府元龜》

十二月二十日,禮部貢院奏:"准《會要》,長壽二年七月十日左拾遺劉承慶上疏曰:'伏見比年以來,天下諸州所貢方物,至元日皆陳在御前,惟貢人獨於朝堂列拜。伏請貢人至元日,列在方物之前,以備充廷之禮。'制曰:'可。'近年直至臨鑠院前,赴應天門外朝見,今後請令舉人復赴正仗。仍緣今歲已晚,貢士未齊,欲且據見到人點引,牒送四方館。至元日,請令通事舍人一員引押朝賀,列在貢物之前。或以人數不少,即請只取諸科解頭一人就列,其餘續到者,候齊日別令朝見。如蒙允許,當司即於都省點引習儀。"奉敕:"宜准元敕處分,餘宜依。"《册府元龜》、《五代會要》。

　　進士八人:

　　江文蔚,《十國春秋》:"江文蔚字君章,建安人。後唐長興中舉進士,爲河南府館驛巡官。　《偶雋》:'江文蔚,長興三年盧華榜下進士八人,與張沆、吳承範、殷鵬、范禹偁爲學士。'"　按徐鉉《江文蔚墓誌》云:"文蔚之先,濟陽考城人。"誌言文蔚卒於保大十年,年五十二。以是推之,得第時年三十二。〇孟按:《全唐文》卷八八一徐鉉《翰林學士江簡公集序》:"公以進士擢第,以詞賦馳名。"陸游《南唐書》本傳:"江文蔚,字君章,建安人。博學,工屬文,後唐明宗時擢第,爲河南府館驛巡官,坐奏王重榮事奪官。"

　　張沆,《十國春秋·何仲舉傳》作"張抗",當即《舊五代史》之張沆也。《舊五代史》:"張沆字太元,徐州人。父嚴。沆少力學,攻詞賦,登進士第。秦王署爲河南府巡官。"

　　吳承範,《舊五代史》本傳:"承範字表微,魏州人。少好學,善屬文。唐閔帝之鎮鄴都也,聞其才名,署爲賓職。承範懇求隨計,閔帝許之。長興三年春,擢進士第。"

　　殷鵬(湯鵬),《舊五代史》本傳:"鵬字大舉,大名人。弱冠擢進士第。唐閔帝之鎮魏州,聞其名,辟爲從事。"〇孟按:宋劉應李輯《新編事文類聚翰墨全書》後丙集卷二《氏族門》:"湯鵬,後唐長興中盧華榜下登第。同榜五人爲翰林學士:張沆(原作"説")、湯鵬、吳承範、江文蔚、范禹偁也。"按"湯鵬",本當作"殷鵬",蓋宋人避太祖廟諱改,參見本書卷二十四乾寧五年(898)下"殷文圭"考,又天一閣［嘉靖］《池州府志》卷七《人物篇·甲科·五代·南唐》:"湯悦,文奎子,避廟諱殷爲湯。"

　　＊張謂(范禹偁)。原作"范禹偁",徐氏考云:"《十國春秋》:'范禹偁,九隴人。父虔,爲衙吏。禹偁少落拓,虔死,隨母改適張氏,因冒姓名曰張謂。有道士謂曰:"子骨法異常,苟屈首受害,他日必大貴。"由是從師苦學,天成中登第,始復本姓名。上州刺史啟曰:"昔年上第,誤標張禄之名;今日故園,復作范睢之裔。"'按此則登第時應作'張謂'。" 孟按:《十國春秋》所載事本《蜀檮杌》卷下,今以其登第時名"張謂"爲正。

　　諸科八十一人:

　　＊程贊明。原作"程□",徐氏考云:"宋歐陽修撰《程元白墓誌》:'後唐長興三年,公之皇考以神童舉,官至太子贊善大夫。'按即宋程琳之祖父。" 孟按:徐氏所引歐公撰《程元白墓誌》見《四部叢刊》本《歐陽文忠公文集》卷二十一,原題作"《袁州宜春縣令贈太師中書令兼尚書令冀國公程公(元白)神道碑銘并序》。"按同上卷《鎮安軍節度使同中書門下平章事贈太師中書令程公(琳)神道碑銘并序》:"惟公字天球,姓程氏,曾祖諱新,贈太師;曾祖妣吳國夫人齊氏;祖諱贊明,贈太師、中書令;祖妣秦國夫人吳氏;考諱元白,袁州宜春令,贈太師、中書令兼尚書令、冀國公;妣晋國夫人楚氏。"按陳補亦據此錄入。孟按:又見同上卷三十《鎮安軍節度使同中書門下平章事贈中書令謚文簡公(琳)墓誌銘》。今據以補程氏之名。又［光緒］《畿輔通志》卷三十三《選舉一·唐》附錄年次無考者:"程贊明,博野人,舉神童,贊善大夫。"當爲有據。

　　＊知貢舉:考功員外郎盧華。按徐氏原列盧華爲本年進士科狀元,胡考云:"本年進士江文蔚下引《偶雋》曰:'江文蔚,長興三年盧華榜下進士八人,與張沇、吳承範、殷鵬、范禹偁爲學士。'徐氏蓋據此而定。按,宋樂史《廣卓異記》卷十三《同年五人爲翰林學士》條:'張沇、吳承範、湯鵬(按即殷鵬)、江文蔚、范禹偁。右按《五代史》,長興二年,考功員外郎盧華下進士八人內,張、吳、湯盡爲翰林學士,江歸僞唐爲翰林學士,范入僞蜀,亦入翰林爲學士。'明言盧華長興二年爲考功員外郎知貢舉。岑仲勉先生《貞石證史·敕頭》(《金石論叢》

167頁）云：‘蓋某某下及第者，指考官言，非指榜首言。’所言甚明。故盧華應由長興三年狀元移入本年知貢舉下。否則‘考功員外郎’就無處着落。《廣卓異記》云‘長興二年’者，即指知貢舉例於前一年年底抵任而言，放榜實在三年。本年知貢舉，《登科記考》缺，正好補入。”　孟按：《翰苑群書》卷八蘇易簡《續翰林志》下載：“沈與承範及鵬皆盧華侍郎下進士擢第，同年范禹偁、江文蔚流落吳蜀，亦居偽廷之內署。一榜之內學士五人，自有科第已來，未有若斯之盛者也。”又《分門古今類事》卷十“禹偁易名”條稱引《詩話》及《駁聞集》言范禹偁“入洛，長興二年於考功盧華下及第”。

四年癸巳(933)

二月十六日，知貢舉和凝奏：“今後舉人就試日，請令皇城司公幹人於省門前聽察叫呼稱屈，及知貢舉有倖門者，引付皇城司勘問。如是的實虛妄，請嚴加科斷。兼舉人挾帶文書入院，請殿將來舉數，自一舉至三舉。放榜後，及第人看榜訖，便綴行於五鳳樓前，列行舞蹈謝恩訖，赴國學謝先師。然後於知貢舉官相識期集，祗候敕命，兼過堂及過樞密院。又舊例，侵晨張榜訖，知貢舉官及考試官已下便出院，蓋恐人榜下喧訴。今年請放榜後，知貢舉官並考試官至晚出。”奉敕：“五鳳樓前非舉子謝恩之所，宜令敕下後，於朝堂謝訖，即赴國學。其試舉人日，宜令御史臺差人院司聽察。放榜日，知貢舉官至晚出院。此後永爲定制。及第舉人過樞密院，宜不施行。”《冊府元龜》、《五代會要》。

是日，禮部貢院奏新立條件：“一，九經、五經、明經，呈帖由之時，試官書通不後，有不及格者，唱落後，請置筆硯，將所納由分明，却令自看。或是試官錯書通不，當與改正。如懷疑者，便許請本經書，面前檢對。如實是錯誤，即更於帖由上書名而退。一，五科常年駁榜出，多稱屈塞。今年並明書所對經書墨義，云第幾道不，第幾道粗，第幾道通。任將本經書疏照證。如考試官錯書不、粗，請別將狀陳訴，當再加考校。如實錯誤，妄陳文狀，當行嚴斷。一，今年舉人有抱屈落第者，許將狀披訴於貢院，當與重試。如貢院不理，即詣御史臺論訴。請自試舉人日，令御史臺差人受舉人屈訴文狀，並引本身勘問所論事件。或知貢舉官及考試官已下取受貨賂，升擢親情，屈塞藝能，應副囑托，及不依格去留，一事有違，請行朝典。一，懷挾書策，舊例禁止。請自今年後，入省門搜得文書者，不計多少，准例扶出，殿將來一舉。上鋪後搜得文書者，准例扶出，殿將來兩舉。一，遙口授人，迴授試處，〔趙校：《五代會要》卷二十三作"迴換"，疑是。〕及鈔義題帖書時，諸般相救，准例扶出，請殿將來三舉。一，自是藝業未精，准格落下，出外及見駁榜後，羞見同人，妄扇屈聲，擬爲將來基址；及別人帖對過場數多者，便生誣玷墜陷，或羅織殿罵者：並當收禁，牒送御史臺，請賜勘窮。如知貢舉官及考試官事涉徇私，屈塞藝士，請行朝典。若虛妄者，請痛行科斷，牒送本道重處。色役仍永不得入舉場，同保人亦請連坐，各殿三舉。"奉敕"宜依"。《冊府元龜》、《五代會要》。

三月，童子閭惟一等三十九人進狀："伏見貢院榜，童子祇放十人。乞念苦辛，更加人數。"敕旨："都收二十人，須是實苦辛者。仍此後不得援。"《冊府元龜》

八月戊申，冊尊號。制曰："山林草澤之人，雖頻命搜羅，而尚慮沈滯。委所在長吏切加採訪，的有才氣藝行者，具以名聞，必議量才任使。"《冊府元龜》

十一月戊戌，帝殂。《通鑑》

十二月癸卯朔，始發明宗喪。宋王即皇帝位。《通鑑》

進士二十四人：

＊何仲舉，原列卷二十五長興二年（931）進士科，徐氏考云："《十國春秋》本傳：'何仲舉，營道人。天成中入洛，會秦王從榮爲河南尹，傾身下士。仲舉與張抗、江文蔚同遊其門，逾年遂登進士第。時公舉數百人，獨

以仲舉爲擅場。仲舉因獻秦王詩曰：“碧雲章句裁離手，紫府神仙盡點頭。”秦王大悦，稱賞不已，故一舉上第。’按從榮之拜河南尹，薛史在天成四年，歐史在長興元年。江文蔚等同舉，獨仲舉擅場，蓋仲舉於二年登第，江文蔚等皆次年登第也。”　　孟按：徐氏定仲舉及第之年爲推論而得。《明一統志》卷六十五《永州府・人物・五代》：“何仲舉，營道人，母嘗夢挾仲舉入月，尋與范質同登後唐長興間進士，因賜所居鄉曰‘進賢’、里曰‘化龍’。仕終天策府學士。”天一閣［弘治］《永州府志》卷四《人物・五代・道州》同。日本藏［康熙］《永州府志》卷十《選舉志・進士年表》：“何仲舉，道州人；長興四年，第四人；堅之裔；官天策府學士。”同上卷十六《人物志中・道州名賢》：“五代：何仲舉，後唐長興間進士。母嘗夢挾仲舉入月，後與范質同登第。因賜所居鄉曰‘進賢’、里曰‘化龍’。仕終天策府學士。”按范質登進士第即在本年，故何仲舉之登第年份亦移正至本年。按陳補據同治《湖南通志》卷一三四亦録入本年。

范質，《宋史》：“范質字文素，大名宗城人。父遇。質長興四年舉進士。”《容齋四筆》：“和凝以唐長興四年知貢舉，取范質爲第十三人。蓋凝在梁貞明中及此級，故以處質云。”《澠水燕談》：“范質初舉進士，時和凝知貢舉。凝常以宰輔自期，登第之日，第十三人。及覽質文，尤加賞嘆，即以第十三名處之。場屋間謂之傳衣鉢，若禪宗之相付授也。後質果繼凝登相位。”《玉堂閒話》引范質云：“質於癸巳年應舉考試，畢場自以孤平初舉，不敢決望成名。然憂悶如醉。晝寢於逆旅。忽有所夢寐，未吡間，有九經蔣之才相訪，即驚起而坐，具告以夢：夢被人以朱筆於頭上亂點，已牽一胡孫如驢許大。蔣即以夢占之，曰：‘君將來必捷，兼是第三人矣。’因問其說，即曰：‘亂點頭者，再三得也。朱者，事分明也。胡孫大者爲猿，算法圓三徑一，故知三數也。’及放榜，即第十三人也。”○孟按：《全唐詩補遺》卷三十六范質《誡兒姪八百字》詩自云：“二十中甲科，頳尾化爲虬。”自注云：“二十三進士及第，今舉全數。”

李瀚，《玉壺清話》：“李瀚及第於和凝相榜下，後與座主同任學士。會凝作相，瀚爲承旨，適當批詔，次日於玉堂輒開和相舊閣，悉取圖書器玩，留一詩於榻，攜之盡去。云：‘座主登庸歸鳳閣，門生批詔立鼇頭。玉堂舊閣多珍玩，可作西齋潤筆不？’”○孟按：《翰苑群書》卷八蘇易簡《續翰林志》下：“（李）瀚以詞藻特麗，俊秀不群，長興中於太傅和魯公下進士擢第。未數載與座主同列内署，和大拜之制，瀚實草之。”

申文炳，《舊五代史》本傳：“文炳字國華，洛陽人。長興中進士擢第。”附載此年。

劉熙古，《宋史》本傳：“熙古字義淳，宋州寧陵人，唐左僕射仁軌十一世孫。祖賓進，熙古避祖諱，不舉進士。後唐長興中，以三傳舉。時翰林學士和凝掌貢舉，熙古獻《春秋極論》二篇、《演論》三篇，凝甚加賞，召與進士試擢第。”

＊張誼。《宋史·張去華傳》：“張去華字信臣，開封襄邑人。父誼，字希賈。好學，不事產業。……長興中，和凝掌貢舉，誼舉進士，調補耀州團練推官。”亦見羅補。

諸科一人。

知貢舉：主客郎中和凝。《舊五代史》本傳：“召入翰林，充學士，轉主客郎中充職，兼權知貢舉。貢院舊例，放榜之日，設棘於門及閉院門，以防下第不逞者。凝令撤棘啟門，是日寂無喧者。所收多才名之士，時議以爲得人。”

後唐潞王

清泰元年甲午（934）

正月戊寅，閔帝大赦，改元應順。《通鑑》

四月癸酉，太后下令，廢少帝爲鄂王。甲戌，太后令潞王即皇帝位。乙酉，改元。《通鑑》

九月壬子，中書門下帖太常，以“長興三年敕，諸科舉人常無（孟按：“無”，《全唐文》卷一一三作“年”）薦送，先令行鄉飲酒之禮。凡預舉人，例從鄉賦，遂奏《鹿鳴》之什，俾騰龍化之津，雅音既動於笙簧，厚禮復陳於筐筥。行兹盛事，克振儒風，宜令復行鄉飲酒之禮。太常草定儀注，頒下諸州，預前肄習，解送舉人之時，便此行禮。其儀速具聞奏"。時李懌爲太常，文士淺於禮學，惟博士段容據《禮記》賓主次第申。初，長興中宰臣李愚好古，奏行此禮，累年不暇，至是愚復舉奏。及觀禮官所定無緒，禮直官孫知訓以爲古禮無次序，不可施行。博士或言於愚曰："梁朝時，青州曾行一度。"遂令青州放舊簿書以聞。《舊五代史·唐紀》、《册府元龜》。

進士十七人：

*張緯。原列本卷同光四年（926）進士科，徐氏考云："《十國春秋》：'閩人張緯，入中朝應舉。夢人授長笛一柄，且教之吹。覺而語人，或謂之曰："子得功名，吹噓之力也。"乃夤緣景進而及第焉。'"胡補云："考陸游《南唐書》卷十《江文蔚傳》：'中書舍人張緯，後唐應順中及第。'考應順僅四月，應順元年即清泰元年，是張緯應由同光四年移至清泰元年。二者相差八年。" 孟按：《唐餘紀傳》卷七《江文蔚傳》亦載："中書舍人張緯，後唐應順中及第。"又《十國春秋》卷二十五《江文蔚傳》："中書舍人張緯，後唐應順中及第。"當從《江文蔚傳》。今移正。

諸科一人。

知貢舉：中書舍人盧導。《舊五代史》本傳："導長興末爲中書舍人，權知貢舉。明年春，潞王自鳳翔擁大軍赴闕，唐閔帝奔於衛州。"是此年爲導知舉也。

二年乙未（935）

七月，御史中丞盧損言："天成二年二月敕，每年進士合有聞喜宴、春關宴，並有司所出春關牒用綾紙，並官給。臣等以舉人既成名第，宴席所費屬私，況國用未充，枉有勞費，請依舊制不賜。"詔曰："春關、冬集綾紙，聞喜、關宴所賜錢，並仍舊官給。"餘從之。《册府元龜》

九月己酉，禮部貢院奏："奉長興二年二月敕，進士引試，早入晚出。今請依舊例，進士試雜文，並點門入省，經宿就試。往例童子表薦，不解送，每年所放不過十人。長興四年三月詔，許放二十人。應順元年正月詔，許放十五人，今請如最後敕人數。長興元年詔，進士、九經、五經、明經、五科、童子外，諸色科目並停。緣舊有明算、道舉，今欲施行。"又奏："長興二年正月敕，每年落第舉人，免取文解。今後欲依元格，諸科並再取解，以十月十五日到省畢，違限不收。"又奏："天成四年敕，諸色舉人入試，前五日納試紙，用中書省印訖，付貢院。院司緣五科所試場數極多，旋印紙鑱宿内，中書往來不便。請祇用當司印。"從之。《舊五代史·唐紀》、《册府元龜》、《五代會要》。

其月，舉人張洞而下，以去年落第人各於鄉里取解，以試期近，來往不及，乞今年且徇舊例。從之。來年即勒本州取解。《册府元龜》

進士十四人：

熊皦（熊皎），《書錄解題》："熊皦，後唐清泰二年進士。其《屠龍集》中多下第詩，蓋老於場屋者。"○孟按：《郡齋讀書志》卷十八著錄"熊皦《屠龍集》五卷"，注云："右晉熊皦。後唐清泰二年進士。"《唐才子傳》卷十作"熊皎"。按"皦"、"皎"字通，實爲一人。然《宋史》、《全唐詩》分爲二人，《全五代詩》又謂皎爲皦弟，皆誤。考見《唐才子傳校箋》卷十。《册府元龜》卷九四九《總錄部·亡命》："晉熊皦，以少帝開運三年謫授商州上津縣令，赴任至白馬寺止宿，遇夜暗逃。皦，閩中人，爲詩甚工，以進士擢第。"

薛居正，《宋史》本傳："居正字子平，開封浚儀人。父仁謙。居正清泰初舉進士，不第，爲《遣愁文》以自解，寓意倜儻，識者以爲有公輔之量。踰年登第。"曾鞏《隆平集》："薛居正，清泰中登進士第。"

劉載。《宋史》本傳："載字德興，涿州范陽人，唐盧龍節度濟之六世孫。父昭。"《宋太宗實錄》："劉載，後唐清泰中舉進士及第，解褐秘書省校書郎。"

諸科一人。

知貢舉：禮部尚書王權。《舊五代史》本傳："權爲尚書左丞、禮部尚書，判銓。清泰中，權知貢舉。改户部尚書。”　按《舊史·唐紀》：“長興三年十二月，以尚書左丞王權爲禮部尚書。清泰二年五月，以禮部尚書王權爲户部尚書。”是放榜後遷官也。

登科記考補正卷二十六

後晉高祖聖文章武明德孝皇帝

天福元年丙申（936）

五月，明經崔睍等經中書訴："宋州節度掌書記上封事，貢舉人須依舊格，取本州里文解者。見附國子監諸生赴舉，皆不取文解，條例異同。"詔曰："凡布化條，惟務均一，苟公平之無爽，即中外以適從。國子監每舉舉人，皆自四方來集，不詢解送，何辨是非？其附監舉人，並依去年八月一日敕，須取本處文解。如不及第者，次年便許監司解送。若初投名，未嘗令本處取解者，初舉落第後，監司勿更收補。其淮南、江南、黔、蜀遠人，即不拘此例。監生禮部補，令式在焉。"《册府元龜》

十一月丁酉，契丹主命石敬瑭爲大晉皇帝。是日，即皇帝位。《通鑑》

己亥，改長興七年爲天福元年。制曰："弓旌聘士，巖穴徵賢，式光振鷺之班，將起維駒之詠。應山林草澤賢良方正、隱逸之士，委逐處長吏切加採訪，咸以名聞，當議量才叙任。"《册府元龜》

閏十一月壬午，敕曰："應有懷才抱器，隱遁山林，方切務於旁求，宜遍行于搜訪。委所在長吏備達朝旨，具以名聞。"《册府

元龜》

進士十三人：

高頔,《宋史·文苑傳》:"高頔字子奇,開封雍邱人。後唐清泰中舉進士,同輩絀之曰:'何不從裴僕射求知乎?'時裴皞以左僕射致仕,後進無至其門者。頔性純樸,信其言,以文贄于皞。明年,禮部侍郎馬胤孫知貢舉,乃皞門下生也,皞以頔語之,遂擢乙科。"○孟按:《宋太宗實錄》卷三十二:"(高)頔開封雍丘人,清泰中舉進士,儕輩絀之曰:'何不投裴僕射求知乎?'是時裴皞以左僕射致仕,後進無復至其門者。頔純樸,信之,遂以文爲贄。明年,禮部侍郎馬裔孫知舉,裔孫即皞之門生也。皞以頔語之,裔孫曰:'謹受命。'遂擢頔乙科。"

＊趙文度(趙宏),原作"趙宏",徐氏考云:"《十國春秋》:'趙宏,薊州漁陽人。父玉,常客滄州,依節度判官吕兗。劉守光破滄州,收兗親屬盡戮之。兗子琦,年十四,玉負之以逃。當是時,燕趙義士以玉能存吕氏之孤,翕然稱之。明宗時,琦官職方員外郎,知雜。清泰中,琦爲給事中、端明殿學士,玉已卒矣。宏入洛,舉進士,琦薦于主司馬胤孫,擢甲科。'"陳補云:"趙宏即趙文度,見《宋史》卷四八二。徐《考》據《十國春秋》作趙宏,避乾隆諱改。"　孟按:陳補是。《澠水燕談錄·歌詠》:"趙文度,青州人。清泰三年進士第六人及第。"、《册府元龜》卷八六五《總錄部·恩報》:"晋吕琦天福中爲禮部尚書。初琦父兗爲滄州節度判官,及劉守光攻陷滄州,琦時年十五,將就戮。有趙玉者,幽薊之義士也,久游於兗之門下,見琦臨危,乃負琦逃禍。琦以玉免己於難,欲厚報之。玉遇疾,琦親爲扶侍,供其醫藥。玉卒,代其家營葬事。玉之子曰文度,既孤而幼,琦誨之甚篤。及其成人,登進士第,尋升官路,琦之力也。"

衛融,《十國春秋》:"衛融字明遠,青州博興人。晋天福初第進士,調南樂主簿。"

＊程峻。陳補:"《洔田程氏宗譜》卷二載七十二世:'峻,後唐清泰三年侍郎馬胤孫下擢進士第,終於殿中侍御史、淮海行軍支使。'"

知貢舉:禮部侍郎馬胤孫(馬裔孫)。《新五代史·唐紀》:"清泰三年三月丙午,翰林學士、禮部侍郎馬胤孫爲中書侍郎、同中書門下平章事。"是知舉時爲禮部侍郎矣。　《舊五代史》本傳:"胤孫初爲河中從事,赴闕,宿于邏店。其地有上邏神祠,夜夢神見召,待以優禮。手授二筆,其筆一大一小,覺而異焉。及爲翰林學士,胤孫以爲契鴻筆之兆。旋知貢舉,私自謂曰:'此二筆之應也。'洎入中書上事,堂吏奉二筆,熟視,大小如昔時夢中所授者。"○孟按:《增修詩話總龜》前集卷十八《紀實門》引《郡閣雅談》:"裴皞官至禮部尚書,放三榜,四人拜相:桑維翰、竇正固、張礪、馬胤孫。清泰二年,馬胤孫知貢舉,纔放榜,謝恩,引諸生詣座主宅謁拜,裴公以詩示云:'宦途最重是文衡,天與愚夫著盛名。三主禮闈年八十,門生門下見門生。'未開宴,胤孫登庸。"又《廣卓異記》卷十九《門生引門生見座主》條云:"右按《五代史》:同光二年、三年、四年禮部侍郎裴皞連放三榜,放馬胤孫及第。後未踰九年,胤孫自翰林學士、禮部侍郎知舉,放進士十三人。""胤孫",宋人避廟諱改"裔孫"。

二年丁酉(937)

十月壬午,詔選人試判兩道。《舊五代史·晋紀》

　　進士十九人:

崔頎。《舊五代史·王延傳》:"清泰末,爲中書舍人,權知貢舉。時有舉子崔頎者,故相協之子也。協素與吏部尚書盧文紀不睦,及延將入貢院,文紀謂延曰:'舍人以謹重聞于時,所以去年老夫在相位時,與諸相首以長者聞奏,用掌文衡。然貢闈取士,頗多面目,說者云越人善泅,生子方晬,乳母浮之水上。或駭然止之,乳母曰:"其父善泅,子必無溺。"今若以名下取士,即此類也。舍人當求實才,以副公望。'延退而謂人曰:'盧公之言,蓋爲崔頎也。縱與其父不悦,致意何至此耶?'來春以頎登甲科。"

　　上書拜官一人:

張休。《册府元龜》:"天福二年六月,敕:'進策官、前攝鄭州防禦巡官、前鄉貢明經張休,以廉科擢第,義府遊心。既堅拾芥之勤,果契然薪之志,而能救斯時病,來貢封章。覽其所陳,甚爲濟要,庭諸憂國,示以寵章。王畿式解於褐衣,縣簿仍超於常品,可將仕郎、守河南府伊陽縣主簿。'"

　　知貢舉:中書舍人王延。《舊五代史》本傳:"延字世美,莫州長豐人。知舉年,改御史中丞。"《舊史·晋紀》:"五月戊寅,以中書舍人、權知貢舉王廷爲御史中丞。"

三年戊戌(938)

正月,敕:"舉選之流,辛苦備歷。或則就書歲久,或則守事年深,小有違礙格條,例是不知式樣。今則方求公器,宜被皇恩,所有選人等,宜各令所司除元駁放及落下事由外,無違礙並與施行。仍令所司遍下諸道,起今後文解差錯,過在發解州府官吏。"《册府元龜》

三月,翰林學士、户部侍郎、權知貢舉崔梲奏:"臣謬蒙眷渥,叨掌文衡,實憂庸懦之材,不副搜羅之旨。敢不揣摩頑鈍,絶杜阿私,上則顯陛下求賢,次則使平人得路。但以今年就舉,比常歲倍多,科目之中,凶豪甚衆。每駁榜出後,則時有喧張。不自省循,但言屈塞,互相朋扇,各出言詞。或云主司不公,或云試官受賂,實慮上達聖聽,微臣無以自明。晝省夜思,臨深履薄。今臣欲請令舉人落第之後,或不甘心,任自投狀披陳,却請所試,與疏義對證。兼令其日,一甲同共校量。若獨委試官,恐未息詞理。儻是實負抑屈,則所司固難逭憲章;如其妄有陳論,則舉人乞痛加懲斷。冀此際免虛遭謗議,亦將來可久遠施行。儻蒙聖造允俞,伏乞降敕處分。"從之。《舊五代史·選舉志》、《册府元龜》。

八月丙申,翰林學士、中書舍人竇貞固奏:"臣伏睹先降御札,令文武百官各進封事。臣聞舉善爲公,知人則哲。聖君在位,藪澤莫有於隱淪;昭代用才,政理自無于紊亂。求賢若渴,從諫如流,鄭所以舉子皮,魯所以譏文仲。爲國之要,進賢是先,庶遵理治之風,宜舉仁人之器。《宋史》作"陛下方樹丕基,宜求多士"。臣欲請降敕命,指揮文武百僚,每一司之内,共集議商榷,其一士奏薦,述其人有某能,改爲某官某職,使請朝廷據奏薦任用。若能符薦,果謂當才,即請量加獎賞。《宋史》作"所奏之官,望加獎賞"。

或有乖共舉，兼涉徇私，亦請量加殿罰。《宋史》作“所奏之官，宜加殿罰”。所貴官繇德序，位以才升。三人同行，尚聞擇善；十目所視，必不濫知。臣職在論思，位參近侍，每謝匪躬之節，嘗慚濡翼之譏。將贖貪叨，聊陳狂狷。”敕曰：“進賢受賞，備有前文，得士則昌，斯爲急務。竇貞固名參國籍，職在禁庭，貢章疏以傾心，請班行而薦士。於可否之際，分賞罰之科，無愧當仁，無或曠職。今後宜許文武百僚於搢紳之內，草澤之中，知灼然有才器者，列名以奏。納其章疏，記彼姓名。否臧盡達於予懷，用舍免私於公議。仍付所司。”《册府元龜》。　《宋史·竇貞固傳》：“書奏，帝深嘉之，命所司著爲令典。”

　　　進士二十人：

　　孔英，《册府元龜》：“晋高祖天福三年，崔梲知貢舉。時有進士孔英者，行醜而才薄，宰相桑維翰素知其爲人，深惡之。及梲將鎖院，禮辭于維翰，維翰性語簡止，謂梲曰：‘孔英來也？’蓋慮梲誤放英，故言其姓名以扼之也。梲性純直，不復稟覆，因默記之。時英又自稱是宣尼之後，每凌轢於方場，梲不得已，遂放英登第。榜出，人皆喧笑。維翰聞之，舉手自抑其口者數四，蓋悔言也。”

　　賈玭，《宋史·賈黄中傳》：“父玭，字仲寶，晋天福三年進士。”○孟按：《宋太宗實錄》卷七十六：至道二年（996）正月丁卯“禮部侍郎賈黄中卒。……父玭舉進士，仕至兵部郎中。”

　　竇儀。《宋史》本傳：“儀字可象，薊州漁陽人。曾祖遜，祖思恭，父禹鈞。儀十五能屬文，晋天福中舉進士。”　按傳言儀與弟儼、侃、偁、僖相繼登科。儼以天福六年及第，四年、五年停舉，則儀之登科當在是年，俟考。《樂善録》：“竇禹鈞，年三十未獲嗣。夜夢祖父謂曰：‘汝年過無子，又壽不永，當早脩陰德。’禹鈞唯諾。家僕盜用數百千錢，懼事發，遂遁，寫券繫女臂曰：‘賣此女以償欠。’公憫而嫁之，僕感泣，歸訴前罪，公置不問。由是圖公像，日焚香以祝公年。又常入佛寺，得遺銀二百兩、金三十兩。黎明復入院，以伺失者。果一人涕泣而至，公問其故，曰：‘爲父犯大辟，遍告諸親，貸得此物，用贖父罪。昨暮失去，不復贖矣。’公驗實還之，更有所贈。又内外姻婭有喪不能舉，有女不能嫁者，公一切周旋。歲之所入，除伏臘供給外，皆以周急。家尚儉，建書院四十間，藏書萬卷，延文行師儒有志於學者，聽其自至。是以由公門而貴者，前後接武。公歷官至左諫議大夫致仕，義風家法，實一時標準。生五子，並登第。”○孟按：宋楊伯巖《六帖補》卷六“竇氏五龍”條：“右諫議大夫竇禹均有子五人：儀、儼、侃、偁、僖，俱以進士及第。洎禹均懸車，儀、儼已華顯，故人馮道贈詩云：‘燕山竇十郎，教子有義方。靈椿伊株老，丹桂五枝芳。’儀終禮部尚書，儼終翰林學士，侃終起居郎，偁終諫議大夫，僖終右補闕，俱有令名，時號竇氏五龍。”又宋章定撰《名賢氏族言行類稿》卷四十八：“竇儀字可象，薊州漁陽人也。父禹鈞，在周爲諫議大夫，五子曰儼、儀、侃、偁、僖，皆相繼登科，時人謂之竇氏五龍。”

　　　　知貢舉。户部侍郎崔梲。《舊五代史》本傳：“天福初，以户部侍郎爲學士承旨，命權知二年貢舉。”《舊史·晋紀》：“天福三年五月戊寅，以翰林學士、户部侍郎、知制誥崔梲爲兵部侍郎。”

四年己亥(939)

　　　　停舉。《舊五代史·晋紀》：“天福三年六月，詔貢舉宜權停一年。以員闕少而選人多，常調有淹滯故也。”

五年庚子(940)

　　三月戊寅，詔：“及第舉人與主司選勝筵宴，及中書舍人靸鞋接見舉人，兼兵部、禮部引人過堂之日，幕次酒食會客，悉宜廢之。”《舊五代史·晋紀》《册府元龜》。

　　四月，禮部侍郎張允奏曰：“明君側席，雖切旁求，貢士觀光，豈宜濫進。竊窺前代，未設諸科，始以明經，俾升高第。自有九經、五經之後及三傳、三禮已來，孝廉之科，遂因循而不廢，搢紳之士，亦緘默而無言。以至相承，未能改作。每歲明經一科，少至五百已上，多及一千有餘，舉人如是繁多，試官豈能精當？況此等多不究義，惟攻帖書，文理既不甚通，名第豈可妄與？且常年登科者不少，相次赴選者甚多。州縣之間，必無遺闕；轟轂之下，須有稽留。怨嗟自此而興，謗讟因兹而起。但今廣場大啟，諸科並存，明經者悉包於九經、五經之中，無出于三傳、三禮之內。若無釐革，恐未便宜。其明經一科，伏請停廢。"又奏："國家懸科待士，貴務搜揚，責實求才，須除訛濫。童子每當就試，止在念書，背經則雖似精詳，對卷則不能讀誦。及名成貢院，身返故鄉，但刻日以取官，更無心而習業。濫躅徭役，虛占官名。其童子一科，亦請停廢。"敕："明經、童子、宏詞、拔萃、明算、道舉、百篇等科，並停。"《舊五代史·選舉志》、《册府元龜》。

停舉。《册府元龜》："天福四年六月辛卯，敕尚書禮部：'歷代懸科，爲時取士，任使貴期于稱職，搜羅每慮于遺才。其如銓司注官，員闕有限；貢闈考策，人數不常。雖大朝務廣於選求，而常調頗聞于淹滯。每候一闕，或經累年，遂令羈旅之人，多起怨咨之論。將令通濟，須識從權，庶幾進取之流，更勵專勤之業。其貢舉公事，宜權停一年。'"

六年辛丑(941)

五月十五日，敕："明法一科，今後宜令五選集合格，注官日仍優與處分。"《册府元龜》、《五代會要》。

八月壬辰，如鄴都。壬寅，大赦，詔曰："擢文武之才，今之急務；旌孝義之行，古有明文。贊治道以克隆，致人倫之式叙。山林草澤內，有文才武藝爲衆所推者，委長吏切加搜訪，具以名聞，當議量才叙用。"《新五代史·晋紀》、《册府元龜》。

進士十一人：

邊珝，《宋太宗實錄》："珝字待價，華州下邽人。曾祖頔，祖操，父蔚。珝晋天福六年舉進士，解褐秘書省校書郎。"

竇儼，《宋史·竇儀傳》："弟儼，字望之，幼能屬文。既冠，舉晋天福六年進士。"

＊扈蒙，原列卷二十七《附考·進士科》，徐氏考云："《宋史》本傳：'蒙字日用，幽州安次人。曾祖洋，祖智，父曾。蒙晋天福中舉進士。'"按陳補云："光緒《畿輔通志》卷三四作本年進士及第，與程羽、竇儼同年。《宋史》卷二六九本傳：'晋天福中舉進士。'徐氏收入附考。程羽，《宋太宗實録》作八年及第。"今移至本年。

＊仇華。《宋史·扈蒙傳》載蒙"宋初，由中書舍人遷翰林學士，坐請托於同年仇華，黜爲太子左贊善大夫。"知華與扈蒙爲同年進士。

諸科四十五人。

知貢舉：禮部侍郎張允。《舊五代史》本傳："允，天福五年遷禮部侍郎，凡三典貢部。改御史中丞。"　按本紀，張允以天福五年三月由右散騎常侍爲禮部侍郎，至天福八年五月改御史中丞。是六年、七年、八年皆係允知貢舉矣。

七年壬寅（942）

五月，敕："應諸色進策人等，皆抱材能，方來投獻，宜加明試，俾盡臧謀。起今後，應進策條，中書奏覆。敕下，其進策人委門下省試策三道，仍定上中下三等。如是元進策內有施行者，其所試策或上或中者，委門下省給與減選或出身，優牒合格。參選日，其試策上者，委銓司超一資注擬。其試策中者，委銓司依資注擬。如是所試策或上或中，元進策條並不施行；所試策下，元進策條內有施行者：其本官並仰量與恩賜發遣。若或所試策下，所進策條並不施行，便仰曉示發遣，不得再有投進。餘並准前後敕文處分。"《册府元龜》

六月乙丑，帝殂。是日，齊王即皇帝位。《通鑑》

七月庚子，大赦，制曰："山林逸士，草澤遺賢，將裨教化之風，宜廣搜羅之道。應有懷才抱器、隱遁邱園者，委隨處長吏切加搜訪，具以名聞。"《册府元龜》

進士七人：

﹡何承裕。胡補:"《宋史》卷三四九《文苑傳》:'又有何承裕者,晋天福末,擢進士第。有俊才,好爲歌詩而嗜酒狂逸。'《全唐詩》卷八七一:'(何)承裕,曲江人,天福末,舉進士。'依《登科記考》之例,何承裕應列入天福七年進士科之中。"陳補繫於天福十二年(947),考云:"《宋史》卷四三九:'時又有何承裕者,晋天福末,擢進士第。'本年承裕十八歲。"　孟按:《宋史》卷四三九原文曰:"時又有何承裕者,晋天福末,擢進士第。有清才,好爲歌詩,而嗜酒狂逸。初爲中都主簿,桑維翰鎮兗州,知其直率,不責以吏事。累官至著作佐郎……"考《舊五代史》卷八十九《桑維翰傳》:"天福四年七月……歲餘,移鎮兗州。……七年夏,高祖駕在鄴都,維翰自鎮來朝,改授晋昌軍節度使。"又同書卷十八(晋書)《高祖紀》:"天福七年……六月丁巳,以兗州節度使桑維翰爲晋昌軍節度使,以前許州節度使安審琦爲兗州節度使。"知承裕於擢第當不遲於本年。

　　知貢舉:禮部侍郎張允。

後晋齊王

天福八年癸卯(943)

國子監祭酒兼户部侍郎田敏進印本五經書。《舊五代史·晋紀》

　　進士七人:

程羽。《宋太宗實録》:"程羽字沖遠,深州陸澤人。少好學,能屬文,晋天福八年擢進士第。解褐爲鄆州陽穀縣主簿。"

　　知貢舉:禮部侍郎張允。

開運元年甲辰(944)

　　七月辛未朔,大赦,改元。《通鑑》

　　八月乙未,詔曰:"明經、童子之科,前代所設,蓋期取士,良謂通規。爰自近年,暫從停廢,損益之機未見,牢籠之義全虧。將闡斯文,宜依舊貫,庶臻至理,用廣旁求。其明經、童子二科,今後復置。"《舊五代史·晋紀》、《册府元龜》。

閏十二月，工部尚書、權知貢舉竇貞固奏："進士考試雜文，及與諸科舉人入策，歷代已來，皆以三條燭盡爲限。長興三年，改令書試。〔趙校：據《舊五代史·唐書》及本書卷二五所記，改令書試，當在長興二年。〕伏以懸科取士，有國常規，沿革之道雖殊，公共之情難失。若使就試兩廊之下，揮毫短景之中，祝暑刻而惟畏稽遲，演詞藻而難求妍麗，未見觀光之美，但同欷答之由。既非師古之規，恐失取人之道。今欲考試之時，准舊例以三條燭爲限。其進士並諸色舉貢人等，有懷藏書册入院者，舊例扶出，不令就試。近年以來，雖見懷藏，多是容縱。今欲振舉弛紊，明辨臧否，冀在必行，庶爲定式。敕禮部貢院，自前考試進士，皆以三條燭爲限。並諸色舉人等，有懷藏書册，不令就試。宜並准舊施行。"《册府元龜》。　按《册府元龜》載竇貞固奏於十一月，載敕於十二月。今從《舊五代史》本紀。

進士十三人：

孟賓于。《唐才子傳》："孟賓于字國儀，連州人。晋天福九年，禮部侍郎符蒙知貢，於簾下投詩云：'那堪雨後更聞蟬，溪隔重湖路七千。憶得故園楊柳岸，全家送上渡頭船。'蒙得詩，以爲相見之晚，遂擢第。時已敗六舉矣。與詩人李昉同年。"《郡閣雅談》："賓于卜珓華山神，有如一年乞一珓，凡六擲，得大吉。後六舉及第。"王禹偁《孟水部詩集》序："水部諱賓于，生於連州。其先太原人，故其詩云：'吾祖并州隔萬山，吾家多難謫郴連。'幼擅詩名，吟詠忘倦。後唐長興末，渡江赴舉，岐帥李秦王曠館于門下。晋相和魯公凝、禮部王尚書易簡、翰林承旨李學士慎儀、刑部李侍郎詳咸推薦之，由是詩名藉甚。遊舉場十年，故有'十載戀明主'之什凡八章。五上登第，故詩云：'兩京遊寺曾題榜，五舉逢知始看花。'晋天福甲辰歲，禮部符侍郎蒙門人也。"　按證以"五舉逢知"句，則言六舉者誤。賓于子唐，入宋爲黃州司馬，亦見王禹偁序。○孟按：《增修詩話總龜》前集卷十八引《郡閣雅談》亦謂賓于"天福九年禮部侍郎符蒙下及第"。又《雅言係述》云："孟賓于獻主司詩云：'那堪雨後更聞蟬，溪隔重湖路七千。憶得故園楊柳岸，全家送上渡頭船。'主司得詩，自謂得賓于之晚，當年中第。"
此當爲《才子傳》所本。又《江南野史》卷八本傳："孟賓于，湖湘連上人。
少修儒業，早失其父，事母以孝聞。長好篇詠，有能詩名。天祐末，工部侍
郎李若虚廉察於湘沅，賓于以詩數百篇自命爲《金鼇集》獻之，大爲稱譽。
因採擇集中有可舉者十數聯，記之於書。使賓于馳詣洛陽，獻諸朝廷，皆
爲數之，其譽藹然。明年春，與故李司（空）昉同年擢進士第。尋屬喪亂。
遂歸寧親。數歲，天策府馬氏辟爲零陵從事。及江南攻下湘湖，賓于隨馬
氏歸朝。嗣主授以豐城簿，尋遷淦陽令。因贓貨以贓罪當死，會昉遷翰林
學士，聞其縲絏，以詩寄賓于云：'幼攜書劍別湘潭，金榜標名第十三。昔
日聲名喧洛下，近年詩價滿江南。……'後主見詩，貸之，復其官。"按此言
"天祐末"及"與故李司（空）昉同年擢進士第"誤。又原本年所著録李昉，
已删併至本卷乾祐元年（948）進士科下，詳該年考。

　　　　諸科五十六人。

　　　　知貢舉：禮部侍郎符蒙。按《舊五代史》本紀："天福八年五
月，以中書舍人吳承範爲禮部侍郎。六月，禮部侍郎吳承範卒。"《吳
承範傳》云："少帝嗣位，遷禮部侍郎，知貢舉。尋遘疾而卒。"是先以
吳承範知舉，承範卒，故以符蒙代之。

二年乙巳(945)

　　　　進士十五人：

　　寇湘，狀元，見《玉芝堂談薈》。　　孫忭《寇準碑》："父湘，博古嗜學，
有文章名。晋開運中登甲科，冠多士。後應辟爲魏王記室終焉。"

　　＊張澹。《宋史》卷二六九本傳："張澹字成文，其先南陽人，徙家河
南。澹幼而好學，有才藻。晋開運初，登進士第。"亦見胡補。

　　　　諸科八十八人。

　　　　知貢舉：工部尚書竇貞固。見上。

三年丙午(946)

　　　　十二月，契丹滅晋。《新五代史・晋紀》

進士二十人。

諸科九十二人：

賈黃中。《宋太宗實錄》：“賈黃中字娟民，滄州南皮人。唐相魏國公耽之四代孫。父玭嚴毅，善教子，每士大夫家有子弟好學，必持刺脩謁，孜孜誨誘之。黃中幼聰悟，日誦書千言。漢乾祐初，舉童子登科，年始六歲。”《宋史·本傳》：“黃中方五歲，玭每旦令正立，展書卷比之，謂之等身書，課其誦讀。六歲舉童子科。”《玉壺清話》：“黃中舉童子，狀頭及第。李文正昉以詩贈之曰：‘七歲神童古所難，賈家門户有衣冠。七人科第排頭上，五部經書誦舌端。見榜不知名字貴，登筵未識管絃歡。從兹穩上青雲去，萬里誰能測羽翰。’”按《書録解題》、《邵氏聞見前録》、《玉壺清話》俱作七歲，今從《實録》、本傳。黃中以宋至道二年卒，年五十六，是年六歲。

知貢舉：工部尚書王松。《舊五代史·晋紀》：“天福二年八月，以工部尚書王松權知貢舉。”

後漢高祖睿文聖武昭肅孝皇帝

天福十二年丁未（947）

二月辛未，劉知遠即皇帝位。自言未忍改晋，又惡開運之名，乃更稱天福十二年。《通鑑》

六月戊辰，改國號曰漢。《通鑑》

進士二十五人。

諸科一百五十五人。

知貢舉：尚書左丞張昭（張昭遠）。《册府元龜》：“張昭初仕晋爲左丞，少帝開運三年，命知貢舉。來歲屬契丹犯闕，而諸侯受略，請托甚峻。昭未嘗搖動，但務公平，時皆服其鎮静，得鉅儒之體。”○孟按：《宋史》卷二六三本傳：“張昭，字潛夫，本名昭遠，避漢祖諱，止稱昭。”

乾祐元年戊申(948)

正月乙卯,大赦,改元。制曰:"朕昔在藩邸,頗熟臣寮。文武之才,嘗備觀其梗概;方圓之用,宜更察於精微。俾取質於衆多,庶無遺於俊造。應文武常參官,仰准唐建中年故事,上任後三日表舉一人自代。徵聘邱園,免遺邦彦,恢張名教,俾厚人倫。應有蘊蓄器能,精通理道,文理該博,武略縱橫,而退遁於家,高尚其事者,委所在訪尋,當俟徵用。"《通鑑》、《册府元龜》。

丁丑,帝殂於萬歲殿。《通鑑》

二月辛巳朔,周王即皇帝位。《通鑑》

癸巳,大赦。制曰:"任賢勿二,得士者昌。仰稽聖謨,敷求時彦,訪諸貞遁,庶無遺才。天下有賢良方正,文才武略,不求進達,處於沈滯者,仰所在搜訪以聞。名實相符,當加擢任。"《册府元龜》

四月,《舊五代史·漢紀》作"五月己酉朔"。國子監上言:"在監雕印板九經内,只《周禮》、《儀禮》、《公羊》、《穀梁》四經未有印板。今欲集學官校勘四經文字,雕造印板。"從之。《册府元龜》

　　進士二十三人:

王溥,狀元。　《宋史》:"王溥字齊物,并州祁人。父祚。溥乾祐中舉進士甲科。"《廣卓異記》引《五代史》:"乾祐元年,户部侍郎王仁裕放王溥狀元及第。溥不數年拜相,仁裕時爲太子少保,以詩賀曰:'一戰文場拔趙旗,便調金鼎佐無爲。白麻驟降恩何極,黄髮初聞喜可知。跋敕案前人到少,築沙隄上馬歸遲。押班長得遥相見,親狎争如未貴時。'溥依韻和曰:'揮毫文陣偶搴旗,待詔金華亦强爲。白社幸當宗伯選,赤心旋遇聖人知。九霄得路榮雖極,三接承恩出每遲。職在台司多少暇,親師不及舞雩時。'"《石林詩話》:"王仁裕取王溥爲狀元,溥時年二十六。後六年拜相。"《容齋三筆》載王溥《自問詩》序云:"予年二十有五,舉進士甲科。"○孟按:《北京圖書館藏中國歷代石刻拓本滙編》第三十七册第189頁"門生"李昉撰雍熙三年(986)七月十六日《王仁裕墓碑》[各982]："公諱仁裕,字德輦,其先太原人,後世徙家秦隴,今爲天水人也。……漢高祖順三靈之睠命,救四海之倒懸,大寶纔登,中原亟定。有天下之踰月,拜公户部侍郎充學士承旨。明年,帶内署之職,知貢舉。制下之日,時論翕然,咸謂俊造孤平將得路矣。舉罷,轉户部尚書,承旨如故。……昔公之掌貢闈也,中進士第者凡二十有三人,時則有故宮師相國王公溥,今左諫議大夫判度支許公仲宣,大司農李公惲,俱振美名,並升殊級。惟宮師王公迥高時望,擢處首科,五年之中,位至宰相。小子固陋,亦預搜羅,玉堂冠于詞臣,黃閣陪於元輔。逢時偶聖,何幸會以踰涯;卵化冀飛,豈生成之可報。其餘陟烏臺、登雉省,内遊諫署,外佐侯府者,皆一時之名士也。"(參見《全宋文》卷四十六)

　　李昉,《宋史》本傳:"昉字明遠,深州饒陽人。漢乾祐舉進士,爲秘書郎。"《輿地紀勝》:"王仁裕知貢舉時,所取進士三十三,皆一時名公卿,李昉、王溥爲冠。" 按"三十三"人,是"二十三"人之訛。 曾鞏《隆平集》:"李昉父超,仕至集賢學士。昉以門蔭補齋郎,漢乾祐中登進士第。" 按《宋史》本傳作"父起",誤。○孟按:徐氏原於開運元年(944)進士科另著錄一李昉,考云:"《記纂淵海》引《江南野史》:'孟賓于與李昉同擢第。後昉寄賓于詩曰:"初攜寶劍別湘潭,金榜標名第十三。昔日聲名喧洛下,只今詩句滿江南。"'按《才子傳》言詩人李昉,疑與漢乾祐元年登第者是二人。《十國春秋》以爲即宋翰林學士李昉,恐誤。" 孟按:《唐才子傳校箋》卷十孟賓于傳"與詩人李昉同年情厚",箋云:"《江南野史》、馬《書》本傳皆謂賓于與李昉同年,但《宋史》卷二六五《李昉傳》云:'漢乾祐舉進士。'《登科記考》卷二六繫李昉於乾祐元年。同書同卷天福九年條又另繫一李昉,云:'《才子傳》言詩人李昉,疑與漢乾祐元年登第者是二人。《十國春秋》以爲即宋翰林學士李昉,恐誤。'但《江南野史》已載李昉任翰林學士時以詩解救賓于事,當爲一人,非同名者。乾祐元年去天福九年僅四年,賓于與李昉先後在舉場,有可能結交,《江南野史》遂誤以爲同年,諸書並沿其誤。"陳補:"開運元年甲辰(944)"條考云:"本年李昉當刪去。《江南野史》所載之李昉,即乾祐登第之李昉,詳拙文《〈全唐詩〉誤收詩考》。《名臣碑傳琬琰集下集》卷三引《國史》本傳:'漢乾祐中登進士第。'另詳《宋史》卷二六

五、《東都事略》卷三二、《隆平集》卷一本傳。《江南野史》云爲賓于同年，誤。”又詳上王溥考，今删並。又《宋太宗實錄》卷七十六：“昉字明遠，真定人。……昉以門子補齋郎，選授太子校書。乾祐初舉進士及第，解褐秘書郎。”　孟按：宋祝穆《古今事文類聚》前集卷二十八《仕進部》“托孤門生”條引《談錄》：“李文正公嘗言其座主王仁裕知舉時年事已高。”按李昉卒謚曰“文正”。亦可證李昉於本年登第不誤。

　　鄧洵美，《永樂大典》引《湟川志》：“鄧洵美，奉化鄉人。與李昉漢乾祐二年同擢進士第。”　按乾祐二年，當作乾祐元年。王溥、李昉皆爲顯官，洵美不得志，溥貽洵美詩曰：“綵衣我已登黄閣，白社君猶困故廬。”洵美亦有《答同年李昉見贈次韻詩》曰：“詞場幾度讓長鞭，又向清朝賀九遷。品秩雖然殊此日，歲寒終不改當年。馳名早已超三院，侍直仍忻步八磚。今日相逢翻自愧，閑吟對酒倍潸然。”○孟按：《江南野史》卷七本傳：“鄧洵美，世爲湖郴郡人。少有敏才，長而工詩，長于賦頌。天祐中與連人孟賓于共爲廉使李侍郎所薦入洛陽，與故李司（空）昉同年擢進士第。”《詩話總龜》前集卷十四引《雅言係述》：“鄧洵美，連山人。乾祐二年中進士第，與司空昉、少保溥同年。謁劉氏，不禮，歸武陵。時周氏有其地，且辟在幕府。未幾，司空氏自禁林出使武陵，與洵美相遇，贈詩曰：‘憶昔詞場共着鞭，當時鶯谷喜同遷。關河契闊三千里，音信稀疏二十年。君遇已知依玉帳，我無才藻步花磚。時情人事堪惆悵，天外相逢一泫然。’洵美和云：‘詞場幾度讓長鞭，又向清朝賀九遷。品秩雖然殊此日，歲寒終不改當年。馳名早已超三院，侍直仍忻步八磚。今日相逢番自愧，閑吟對酒倍潸然。’相國歸闕，率偕載，而辭以疾不行。相國語同年少保公。公時在黄閣，洵美在武陵，又爲詩寄之云：‘衡陽歸雁别重湖，銜到同人一紙書。忽見姓名雙淚落，不知消息十年餘。綵衣我已登黄閣，白社君猶葺舊居。南望荆門千里外，暮雲重迭滿晴虛。’周氏疑洵美泄密謀，急追捕（補）易俗場官而遇害。建隆初，王師下湖湘，相國復收衡陽，道經易俗場，作詩弔曰：‘十年衣染帝鄉塵，蹤跡仍傳活計貧。高掇桂枝曾遂志，假拖藍綬至終身。侯門寂寞非知己，澤國恓惶似旅人。今日向公墳畔過，不勝懷抱暗酸辛。’”宋周羽翀《三楚新録》卷三亦載：“有鄧洵美者，連郡人也，登進士第。……同年王溥爲相，聞洵美不得志，乃爲詩曰：‘綵衣我已登黄閣，白社君猶困故廬。’自是行逢稍優給之。未幾，給事中李昉至，昉亦洵美同年也。"言"天祐"、"乾祐二年"中第者誤。又按：吴考於鄧洵美登第年亦有詳論，可參閱。

李惲，《十國春秋》："李惲字孟深，汴州陽武人。乾祐初第進士，與王溥、李昉同年。"○謹按：《宋太宗實録》卷四十四："（李）惲字孟深，開封陽武人也。少力學爲文，漢乾祐中舉進士及第。……惲有器度，善談名理，故相王溥、薛居正、李昉皆與之善，重其爲人。溥與昉皆惲同門生也。"

竇侃，《宋史·竇儀傳》："弟侃，漢乾祐初及第。"

許仲宣。《宋史》本傳："仲宣字希粲，青州人。漢乾祐中登進士第，時年十八。"以淳化元年六十一推之，及第在上年丁未。然傳明言乾祐，故載此年，則時年爲十九矣。

諸科一百七十九人。按進士與諸科共二百二人，王仁裕詩作"二百一十四門生"，則《登科記》數誤。

知貢舉：户部侍郎王仁裕。《新五代史·王仁裕傳》："仁裕字德輦，天水人也。仁裕與和凝於五代時皆以文章知名，又嘗知貢舉。仁裕門生王溥、凝門生范質皆至宰相，時稱其得人。"王仁裕《與諸門生春日會飲繁臺賦詩》曰："柳陰如霧絮成堆，又引門生飲古臺。淑景即隨風雨去，芳樽宜命管絃開。謾誇列鼎鳴鐘貴，寧免朝烏夜兔催。爛醉也須詩一首，不能空放馬頭回。"又《示諸門生詩》曰："二百一十四門生，春風初長羽毛成。擲金換得天邊桂，鑿壁偷將榜上名。何幸不才逢聖世，偶將疎網罩群英。衰翁漸老見孫小，異日知誰略有情。"○謹按：宋陶岳《五代史補》卷四《漢》"王仁裕賊頭"條："王尚書仁裕，乾祐初一榜二十四人，乃自爲詩云：'二百一十四門生……鑿壁偷將榜上名。'陶穀爲尚書，素好諧，見詩，佯聲曰：'大奇，大奇，不意王仁裕今日做賊頭也。'聞者皆大笑。"又參見上王溥考引《王仁裕墓碑》。

後漢隱皇帝

乾祐二年己酉(949)

刑部侍郎邊歸讜上言："臣竊見每年貢舉，人數甚衆，動應五舉六舉，多至二千三千。既事業不精，即人文何取！請敕三京、鄴都、諸道州府長官，〔趙校："諸道"，徐考據《册府》卷六四二作"就道"，從《舊五代史‧選舉志》改。〕合發諸色貢舉人文解者，並須精加考校。事業精研，即得解送，不得濫有舉送。冀塞濫進之門，開興能之路。"敕從之。其間條奏未盡處，下貢院録天福五年四月二十七日敕文，告諭天下，依元敕條件施行。如有故違，其隨處考試官員當准敕條處分。《册府元龜》

　　　進士十九人：

　　竇偁，《宋史‧竇儀傳》："儀弟偁，字日章，漢乾祐二年舉進士。"

　　鞠恒（鞠常），王禹偁《鞠君墓誌》："公諱恒與今上御名同，字可久。祖直，登州黃縣令。父慶孫，申州團練判官。公即申州次子。幼聰悟，善屬文，漢乾祐中一上登進士第，年二十一。榜中推爲探花先輩。解褐秘書省校書郎。"《宋史‧文苑傳》作"鞠常"，以避諱改也。"祖直"，傳作"祖貞"。傳云："常，密州高密人。漢乾祐二年擢進士第，裁二十一。常應舉時，著《四時成歲》萬餘言，又爲《春蘭賦》，頗存寄託。" 按墓誌言恒開寶七年卒，年四十七。以是推之，則得第時年二十一。

　　趙逢，《宋史》本傳："逢字常夫，媯州懷戎人。父崇。逢舉進士，是歲，禮部侍郎、集賢殿學士司徒詡典貢舉，擢登甲科。解褐授秘書郎。"

　　劉蟠，《宋史》本傳："蟠字士龍，濱州渤海人。漢乾祐二年舉進士，解褐益都主簿。"

　　＊高錫，原列卷二十七《附考‧進士科》，徐氏考云："《宋史》本傳：'錫字天福，河中虞鄉人。漢乾祐中舉進士。'"按胡補於本年著録"王讜"、"高錫"，考據乾隆《山西通志》卷六五（同下所引）。又陳補云："乾隆《陝西通志》卷六五：'乾祐二年進士：王溥，祁縣人……王讜，祁縣人；高錫，虞鄉人，宋知制誥屯田員外郎。'王讜疑即王溥之誤，不録。《宋史》卷二六九本傳載錫爲'乾祐中舉進士。王晏鎮徐州，辟掌書記。'徐氏收入附考。王晏鎮徐州，始於廣順元年八月，見《舊五代史‧周太祖紀》。"

　　＊梁勗。陳補："《皇朝事實類苑》卷三六引《楊文公談苑》：'王某言："三十年已來，唯梁都官不受一錢，餘無免者。"'乃梁勗也。勗，漢乾祐中司

徒詡下進士及第，有文詞，太祖欲令知制誥，爲時宰所忌，遂免。'司徒詡知乾祐二年、三年貢舉，姑附本年。"

諸科八十人。

知貢舉：禮部侍郎司徒詡。《舊五代史》本傳："詡字德普，清河郡人。少好讀書，通五經大義。弱冠應鄉舉，不第。漢初，除禮部侍郎，凡三主貢舉。" 按本紀，乾祐元年二月，詡自工部侍郎爲禮部侍郎。周廣順元年，改刑部侍郎。是乾祐二年三年及廣順元年皆詡知舉。 按"詡"一作"翊"。

三年庚戌(950)

兵部侍郎盧貢上言："臣讀唐史，見薛登上疏云：'古之取士。實異于今。先觀名行之原，考其鄉曲之譽。崇禮讓以屬己。取名節以標言。以敦樸爲先最，以雕文爲後科。故人從禮讓之風，士去輕浮之行。希進者必脩貞確不拔之操，行難進易退之規。'臣因覽前書，睹茲舊事，望於聖代，復用此言。則有才者皆務造脩，無行者不宜推擇。"從之。《册府元龜》

十一月，郭威反。乙酉，帝爲亂兵所弑。《新五代史·漢紀》、《通鑑》。

進士十七人：

王朴。狀元，見《玉芝堂談薈》。 《舊五代史》本傳："朴字文伯，東平人。父序。朴幼警慧好學，善屬文，漢乾祐中擢進士第，解褐授校書郎。依樞密使楊邠，館于邠第。是時漢室寖亂，大臣交惡，朴度其必危，因乞告東都。未幾，李業等作亂。"按史弘肇與蘇逢吉不協及李業作亂，皆此年事，是朴於此年及第。王禹偁《懷賢詩》王樞密朴云："文學中甲科，風雲參霸府。"

明經科：

侯陟。《宋史》本傳："陟，淄州長山人。漢末舉明經。"

諸科八十四人。

知貢舉：禮部侍郎司徒詡。《册府元龜》："漢司徒詡爲禮部侍郎，乾祐三年上言，開獻書之路。"

後周太祖聖神恭肅文孝皇帝

廣順元年辛亥(951)

正月丁卯，皇帝即位。大赦，改元。制曰："山林草澤之間，懷才抱器之士，切在搜訪，免致遺賢。"《新五代史・周紀》、《册府元龜》。

六月，差翰林學士魚崇諒就樞密院引試進策人，考定升降聞奏。《册府元龜》

進士十三人：

竇僖。《宋史・竇儀傳》："弟僖，周廣順初及第。" 按曾鞏《隆平集》以竇偁爲周廣順初登第，《宋史》蓋以僖與偁互訛。

諸科八十七人。

知貢舉：禮部侍郎司徒詡。

二年壬子(952)

二月，禮部侍郎趙上交奏："貢院諸科，今欲不試泛義、口義共十五道，改試墨義共十一道。"《五代會要》作"十道"。從之。《册府元龜》、《五代會要》。 《宋史・趙上交傳》："會將試貢士，上交申明條制，頗爲精密。始復糊名考校。"

十一月丙子，詔曰："古者立封樹之制，定喪葬之期，著在典經，是爲名教。泊乎世俗衰薄，風化陵遲，親殁而多闕送終，身終而便爲無主。或羈束於仕宦，或拘忌於陰陽，旅櫬不歸，遺骸何托。但以先王垂訓，孝子因心，非以厚葬爲賢，只有稱家爲禮。掃地而祭，尚可以告虔；負土成墳，所貴乎盡力。宜頒條令，用警因循，庶使九原絶抱恨之魂，千古無不歸之骨。應内外文武官僚幕職、州縣官舉選人等，今後有父母、祖父母亡殁，未經遷葬，其主家之長不得輒求仕進，所由司亦不得申舉解送。如是卑幼在下者，不在此限。其合赴舉選者，或是葬事禮畢，或是卑幼在下，勒於所納家狀內具言，不得罔冒。宜令御史臺及逐處長吏、本司長官、所由司覺察申舉。其中有兵戈阻滯，或是朝廷特恩除拜，起復追徵，及內外管軍職員，皆以金革從事，並不拘此例。"《舊五代史·周紀》、《册府元龜》。

　　　進士十三人：

　　扈載，《新五代史》本傳："載字仲熙，北燕人也。廣順初舉進士高第。"《舊五代史》本傳："少好學，善屬文，賦頌碑贊尤其所長。廣順初，隨計于禮部，文價爲一時之最，是歲高等。"　按《宋史》言載甲科，疑爲此年狀元。

　　梁周翰，《宋史·文苑傳》："梁周翰字元褒，鄭州管城人。父彥溫。周翰，周廣順二年舉進士，授虞城主簿。"○孟按：宋代章定撰《名賢氏族言行類稿》卷二十三："梁周翰字元褒，鄭州管城人也。幼好學，能爲文章。周時舉進士，爲虞城簿。"

　　董淳，《宋史·趙上交傳》："擢扈載甲科及取梁周翰、董淳之流，時稱得士。"

　　鞠愉。王禹偁《鞠恒墓誌》："恒同母弟愉，周廣順二年登進士第。倉部員外郎、知制誥□□以女妻之，生子曰孟容、季昌。"《宋史·文苑傳》："鞠常弟愉，與常齊名。"

　　　諸科六十六人。

　　　知貢舉：禮部侍郎趙上交。《宋史·本傳》："廣順初，拜禮部侍郎。"蓋是年以禮部侍郎知舉，轉戶部侍郎。明年，以戶部侍郎知舉也。"

三年癸丑(953)

正月丁卯，戶部侍郎、權知貢舉趙上交奏："九經舉人元帖經一百二十帖，墨義三十道。臣今欲罷帖經，於諸經對墨義一百五十道。五經元帖經八十帖，墨義二十道。今欲罷帖經，令對墨義一百道。明經元帖書五十帖。今欲罷帖書，令對義五十道。明法元帖律令各十帖，一作"各十五帖"。義二十道。今欲罷帖律令，對義六十道。學究元念書二十道，對義二十道。今欲罷念書，對義五十道。三禮元對墨義九十道，三傳元對墨義一百一十道。今欲三禮於《周禮》、《儀禮》各添義二十道。三傳於《公羊》、《穀梁傳》各添義二十道。《開元禮》、三史元對墨義三百道。今欲各添義五十道。進士元試詩賦各一首，帖書二十帖，對義五道。今欲罷帖經義，別試雜文二首，試策一道。童子元念書二十四道。今欲添念書，通前五十道，念及三十道者放及第。"從之。《冊府元龜》、《五代會要》。　　《舊五代史·周紀》作"趙上交奏，諸科舉人欲等第，各加對義場數。進士除詩賦外，別試雜文一場。從之"。蓋即櫽括此文也。

是月，契丹降人僞授儒州晉山簿李著、鄭縣簿王裔、泰州司法劉裴等，著賜比明經出身，裔、裴比學究出身。《冊府元龜》

五月，敕："進策獻書人，宜令翰林學士申文炳如樞密院引試，定優劣聞奏。"《冊府元龜》

六月，尚書左丞、兼判國子監事田敏獻印板書《五經文字》、《九經字樣》各二部，一百三十策。奏曰："臣等自長興三年校勘雕印九經書籍，經注繁多，年代殊藐，傳寫訛繆，漸失根源。臣守官膠庠，職司校定，旁求援據，上備雕鐫。幸遇聖朝，克終盛事，播文德於有截，傳世教以無窮，謹具陳進。"先是，後唐宰相馮道、李愚重經學，因言漢時崇儒，有三字石經，按"三字石經"誤，當作"一字石經"。唐朝亦於國學刊刻。今朝廷日不暇給，無能別有刊立。嘗見吳、蜀之人鬻印板文字，色類絕多，終不及經典。如經典校定雕摹流行，深益於文教矣。乃奏聞。敕下儒官田敏等，考校經注。敏於經注，長于《詩》傳，孜孜刊正，援引證據，聯爲篇卷，先經奏定而後雕刻，乃分政事堂廚錢及諸司公用錢，又納及第舉人禮錢，以給工人。《冊府元龜》。　　按《通鑑》是年六月云："初，唐明宗之世，宰相馮道、李愚請令判國子監田敏校正九經，刻板印賣，朝廷從之。丁巳，版成獻之。”胡三省注曰：“雕印九經，始二百七十七卷唐明宗長興三年，至是而成，凡涉二十八年。”　松按《舊五代史》本紀，載晉少帝天福八年田敏進印本五經，又於乾祐元年雕造《周禮》、《儀禮》、《公羊》、《穀梁》四經。是九經雕印已有成書，此年所進但《五經文字》、《九經字樣》。蓋以石經有此二書，故亦雕板。《通鑑》以爲九經成於此年，似考之不審。胡氏注亦誤。

九月，《舊五代史・周紀》、《五代會要》皆作“八月”。翰林學士承旨、刑部侍郎、知制誥、權知貢舉徐台符奏：“貢舉之司，條貫之道，有沿有革，或否或臧。蓋趣向之不同，致施行之有異。今欲酌其近例，按彼舊規，參而用之，從其可者。謹條如右。九經，元格帖經一百二十帖。對墨義、汎義、口義共六十道，策五道。去年知舉趙上交起請罷帖書、汎義、口義，都對墨義一百五十道。臣今請去汎義、口義，都對墨義六十道，其帖書、對策依元格。五經，元格帖書八十帖，對墨義二十道。臣今請對墨義十五道，其帖書、對策依元格。按此處脫去明經。明法，元格帖律令一十帖，一作“律令各十五帖”。對律令墨義二十道，策試十條。去年罷帖，對墨義六十道，策試如舊。臣今請並依元格。學究，元格念書、對墨義各二十道，策五道。去年罷念書，都對墨義五十道。今請依去年起請。三禮，元格對墨義九十道，去年添四十道。臣今請並依元格。三傳，元格對墨義一百一十道，去年添四十道。臣今請並依元格。《開元禮》、三史，元格各對墨義三百道，策五道。去年加對五十道。臣今請並依元格。進士試雜文、詩賦，帖經二十帖，對墨義五道。去年罷帖經、對義，別試雜文二首。臣今請依起請，別試雜文，其帖書、對義謂依元格。童子，元格念書二十四道。起請添念書都五十道，及三十通者放。臣請依起請。”敕：“國家開仕進之路，設儒學之科，校業掄才，登賢舉俊。其或藝能素淺，履行無聞，來造科場，要求僥倖。及當試落，便起怨嗟，謗議沸騰，是非蜂起。至有僞造制敕之語，扇惑僑流；巧爲誣毀之言，隱藏名姓。以兹取士，得非薄徒！宜立憲章，以示澄汰。其禮部貢條奏宜依，仍於引試之時，精詳考校，逐場去留。無藝者雖應年深，不得饒僭場數；若有藝者雖當黜落，並許訴陳。只不得於街市省門故爲喧競，及投無名文字訕毀主司。如有故違，必行嚴斷。本司鎖宿後，御史臺、開封府所差守當人，專切覺察。其有不自苦辛，只憑勢援，潛求薦托，俯拾科名，致使孤寒滯于進取，起今後，主司不得受薦托書題。如有書題，密具姓名聞奏，其舉人不得就試。今後舉人須取本鄉貫文解，若鄉貫阻隔，只許兩京給解。"《册府元龜》

　　十一月乙卯，命翰林學士竇儼試進策官曹巨源、鄧杲、李嶠等於禁中。策曰："王者以禮御人倫，以樂和天地，以兵柔萬國，以刑齊兆民。四者何先，殊塗同治；或因或革，各適所宜。故五帝殊時，不相襲禮；三王異世，不相沿樂。兵有務戰不戰之異，刑有輕次重次之差，歷朝張弛，繁不具引。自唐祖混一函夏，太宗嗣成聖功，言其禮則三正有常，言其樂則七宗有秩。兵息而臣道咸順，刑措而民按下文"治"猶作"理"，則"民"當"人"字之訛。心不渝。五帝三王，不足尚也。越自天寶之後，國經混然，禮湮墜而衆不知，兵刑煩擾而下不畏。朱梁、晉、漢，皆用因仍。洎我朝開創以來，力務興振。然薰歇燼滅，歷年滋多，焦思勞神，觀效未著。予欲父慈子孝，兄友弟恭，君仁臣忠，夫義婦聽，聲明文物無其缺，祝嘏辭說必有序，萬儀咸秩，百神受職，家肥國肥，知禮之尊也。當用何理，副茲虛懷？予欲六律六品，七政九變，金石絲竹之器，羽旄干戚之容，歌其政，舞其德，與夫文音武坐，比崇昔時，天和地平，知樂之崇也。子當深辨其理，爲時陳之。予欲混同天下，親征未服，手振金鼓，跋履山川，如商高宗之伐鬼方，若魏武帝之登柳塞，則六師所至，供億無窮，衆興民勞，自古皆慎。若但任偏將，屯于邊鄙，縱兵時入，茹食居人，交户塞路，暴骨盈野。終歲如是，得無憫然！何以令佳兵不具，彼魁革面，王塗無所圮隔，方貢自來駿奔？更思爾謀，以逮明略。予欲斧鉞不用，刀鋸不興，桎梏朽蠹，無所設施，無城舂鬼薪之役，無三居五宅之流，畫衣冠而人不犯，虛囹圄而人不入。無刑之理，何以致諸？子大夫博議洽聞，窮微睹奥，提筆既干於奇遇，撞鐘必應於嘉音，抱屈將伸，直言勿隱。"既而以所對之詞上進，乃授巨源及杲簿掾，賜嶢進士出身。《册府元龜》

　　進士十人：

雷德驤。《宋史》本傳："德驤字善行，同州郃縣人。周廣順三年舉進士，解褐磁州軍事判官。"

　　内落下二人：

李觀，見《册府元龜》。

侯璨。見《册府元龜》。

　　諸科八十三人。

　　賜出身一人：

李嶢。見《册府元龜》。　　按李嶢與《摭言》所載韋宙壻李嶢及第者，別是一人。

　　知貢舉：户部侍郎趙上交。《舊五代史·周紀》："廣順三年二月癸酉，以户部侍郎、知貢舉趙上交爲太子詹事。是歲新進士中有李觀者，不當策名，物議諠然。中書門下以觀所試詩賦失韻，勾落姓名，故上交移官。"又《王峻傳》："廣順三年，户部侍郎趙上交權知貢舉。上交嘗詣峻，峻言及一童子，上交不達其旨。榜出之日，童子不第，峻銜之。及貢院申中書門下，取日過堂，峻知印，判定過日。及上交引新及第人至中書，峻在政事堂屬聲曰：'今歲選士不公，當須覆試。'諸相曰：'但緣已行指揮行過，臨事不欲改移。況未敕下，覆試非晚。'峻愈怒，詬責上交，聲聞於外。少頃，令引過。及罷，上交詣本廳謝峻，峻又延之飲酌從容。翌日，峻奏上交知舉不公，請致之於法。太祖頷之而已。"《宋史·趙上交傳》："轉户部侍郎。再知舉，謗議紛然。時樞密使王峻用事，常薦童子，上交拒之。峻怒，奏上交選士失實，貶商州司馬。朝議以爲太重，會峻貶，乃止。但坐所取士李觀、侯璨賦落韻，改太子詹事。顯德初，遷賓客。二年，拜吏部侍郎。多請告不朝,時出遊別墅。世宗因問陶穀曰:'上交豈衰老乎?'穀對曰:'上交昔掌貢舉,放鬻市家子李觀及第,受所獻名園,多植花卉,優遊自適。'世宗怒,免其官。"

顯德元年甲寅 (954)

正月丙子朔,大赦,改元。制曰:"山林隱逸,草澤才能,所屬長吏搜訪,具以名聞。"《册府元龜》、《通鑑》。

壬辰,帝殂於滋德殿。丙申,晋王即皇帝位。《通鑑》

三月辛巳,大赦。制曰:"應有懷才抱器,出衆超群,或養素於衡門,或屈迹於末位,孤寒難進,志業何伸!咸用搜羅,待以爵秩。諸隱遁不仕及卑官下仕中,有文武幹略灼見可稱者,所在具名以聞。"《新五代史·周紀》、《册府元龜》。

十一月,敕:"國子監所解送廣順三年已前監生人數,宜令禮部貢院收納文解。其今年内新收補監生,祇仰落下。今後須是監中受業,方得準令式收補解送。"《册府元龜》。　按原注云:"先是國學收補監生,顯有條例。邇來學官因循,多有近甸州府不得解者,即投監請補送省,率以爲常。是歲主文者知其弊,因取監司所送學生七十四人狀事詳之,例不合於令式,悉不收試。由是移416紛紜,更相援引。監司舉奏束脩之條,以塞其議。貢院告於執政,因達於上聽,故降是命。議者非成均而是禮闈。"

進士二十人:

李穆,《宋史》本傳:"穆字孟雍,開封府陽武人。父咸秩。穆周顯德初以進士爲郢、汝二州。"《涑水紀聞》:"李穆幼沈謹,温厚好學。聞酸棗王昭素先生善《易》,往師之。昭素喜其開敏,謂人曰:'觀李生才能氣度,他日必爲卿相。'昭素先時著《易論》三十三篇,秘不傳人,至是盡以授穆,穆由是知名。舉進士,翰林學士徐台符知貢舉,擢之上第。宋太宗即位,屢遷至中書舍人。宰相盧多遜得罪,穆坐與之同年登進士第,降授司封員外郎。"○孟按:《宋太宗實錄》卷二十八:"(李)穆字孟雍,開封陽武人也,與弟肅皆中進士。……穆與參知政事盧多遜同門生。"

盧多遜，《宋史》本傳："多遜，懷州河内人。顯德初舉進士，解褐秘書郎、集賢校理。"

趙孚，《宋史·趙安仁傳》："父孚，字大信。周顯德初舉進士，調補開封尉。"

韓溥，《宋史·文苑傳》："韓溥，京兆長安人，唐相休之裔孫。少俊敏，善屬文，周顯德初舉進士。"

朱遵式。王禹偁《監察御史朱遵式墓誌》："遵式字咸則，祁州無極人。曾祖儼，祖公政，皆隱德不仕。考思瓊，贈大理司直，公即司直第二子。幼而聰悟，始能言即好誦書，將舉神童，内艱而罷。服闋，業文不捨晝夜。二十四應進士，凡四上，爲權勢所抑。周顯德初，翰林承旨、兵部侍郎徐公典貢舉，褒拔寒俊，精核藝實，公始成名。"　按墓誌言遵式卒于太平興國三年，年五十五，則得第時三十一歲。

　　明經科：

喬維岳。《宋史》本傳："維岳字伯周，陳州南頓人，治三傳。周顯德初登第，授太湖主簿。"

　　諸科一百二十一人。

　　知貢舉：刑部侍郎徐台符。《舊五代史·選舉志》作"兵部侍郎"，今從《册府元龜》、《五代會要》。　《宋史·邊光範傳》："爲禮部侍郎。時禮部侍郎於貢部或掌或否，光範拜官，將及秋試，乃言於執政曰：'單門偶進，何言名第！若他曹公事，光範不敢辭。若處文衡，校閱名賢，命藻優劣，非下走所能。'執政曰：'公晋末爲翰林、樞密直學士，勿避事也。'及期，光範辭疾不出，乃以翰林學士承旨徐台符掌之。時論多其自知。"

後周世宗睿武孝文皇帝

顯德二年乙卯(955)

二月中書奏："國子監祭酒尹拙狀稱：准敕，校勘《經典釋文》

三十卷，雕造印板。伏以陸氏《釋文》，唐初撰集，綿歷歲月，傳寫失真。非多聞博識之人，通幽洞微之士，重共商榷，必致乖訛。況今朝廷，富有鴻碩，如兵部尚書張昭、太常卿田敏，皆文儒之領袖也。或家藏萬卷，或手校六經，實後學之宗師，爲當今之雄尚，伏乞□察。以事繼垂教，情非屬私，時賜敷揚，俾同讎校。"敕曰："經典之來，訓釋爲重，須資鴻博，共正疑訛。庶使文字精研，免至傳習眩惑。其《經典釋文》已經本監官員校勘外，宜差兵部尚書張昭、太常卿田敏詳校。"《册府元龜》

三月壬辰，敕："尚書禮部貢院奏今年新及第進士李覃、嚴説、何曬、武允成、王汾、閭邱舜卿、楊徽之、任惟吉、趙鄰幾、周度、張慎微、王翥、馬文、劉選、程浩然、李震等一十六人所試詩賦、文論、策文等，國家設貢舉之司，求英俊之士，務詢文行，方中科名。比聞近年以來，多有濫進，或以年勞而得第，或因媒勢以出身。今歲所放舉人，試令看詳，果見紕繆，須至去留。其李覃、何曬、楊徽之、趙鄰幾等四人，宜放令及第。其嚴説、武允成、王汾、閭邱舜卿、任惟吉、周度、張慎微、王翥、馬文、劉選、程浩然、李震等一十二人，藝學未精，並宜勾落，且令苦學，以俟再來。禮部侍郎劉温叟失於選士，頗屬因循。據其過尤，合行譴謫，尚示寬恕，特與矜容，劉温叟放罪。其將來貢舉公事，仍令所司別具條理聞奏。"《舊五代史·周紀》、《册府元龜》、《五代會要》。

五月丙申，翰林學士、尚書禮部侍郎、知貢舉竇儀上言："伏以朝廷設科，比來取藝，州府貢士，祇合薦能。爰因近年，頗隨舊制。其舉子之弊也，多是纔謀習業，便切干名。《周》、《儀》未詳，赴三禮之舉；《公》、《穀》不究，應三傳之科。經學則偏試帖由，進士則鮮通經義。取解之處，請張妄説于辛勤；到京之時，奔競惟求於薦托。其舉送之弊也，多是明知荒淺，具委凶粗。新差考試之官，利其情禮之物，雖所取無幾，實啓倖非輕。凡對問題，任從同議，謾鑿通而鑿否，了無去以無留，惟徇人情，僅同兒戲。致令至時就試，不下三千；每歲登科，罕踰一百。假使無添而漸放，約須畢世而方周。乃知難其舉則至公而有益於人，易其來則小惠而無實於事。有益者知濫進不得，必致精勤；無實者欲多放無能，虛令來往。且明經所業，包在諸科。近間應者漸多，其研精者益少。又今之童子，比號神童。既幼稚之年，稟神異之性，語言辨慧，精采英奇，出於自然，有則可舉。竊聞近日，實異於斯。抑嬉戲之心，教念誦之語，斷其日月，委以師資。限隔而遊思不容，扑扶而痛楚多及。孩童之意，本未有知，父母之情，恐或不忍。而復省試之際，歲數難知。或念誦分明，則年貌稍過；或年貌適中，則念誦未精。及有司之去留，多家人之訴訟。伏況晉朝之日，罷此三科，年代非遙，敕又見在。今宜釐革，別傳進脩。臣謬以非才，獲承此任，本重難而爲最，復遭闕以相仍。虔奉敕文，重令條奏。或從長而仍舊，亦因弊以改爲，上副聖情，廣遵公道。除依舊格敕施行外，其明經、童子，請却依晉天福五年敕停罷，任改就別科赴舉。其進士，請今後省卷限納五卷《宋史》作“五軸”。已上，於中須有詩、賦、論各一卷，餘外雜文、謌篇並許同納，祇不得有神道碑、誌文之類。其帖經、對義，並須實考，通三已上爲合格，將來却復盡試。候考試終場，其不及第人以文藝優劣定爲五等，取文字乖舛、詞理紕繆最甚者爲第五等，殿五舉；其次者爲第四等，殿三舉；以次稍優者爲第三、第二、第一等，並許次年赴舉。三禮，請今後解試，省試第一場《禮記》，第二場《周禮》，第三場《儀禮》。三傳，第一場《左氏》，第二場《公羊》，第三場《穀梁》，並終而復始。學究，請今後《周易》、《尚書》併爲一科。每經對墨義三十道，仍問經考試。《毛詩》依舊爲一科，對墨義六十道。及第後請並減爲上選。《宋史》作“七選”。集諸科舉人所對策問，或不應問目，詞理乖錯者，並當駁落。其諸科舉人，請第一場十否者，殿五舉；第二場、三場十否者，殿三舉；其三場內有九否者，並殿一舉。其進士及諸科所殿舉數，並於所試卷子上朱書，封送中書門下，請行指揮，及罪發解試官、監官等。其諸科舉人，若合解不解，不合解而解者，監、試官爲首罪，勒停見任，舉送長官聞奏取裁。監官、試官如受取解人情禮財物，請今後並準枉法臟論。又進士以德行爲基，文章爲業，苟容欺詐，何稱科名？近年場中，多有詐僞，托他人之述作，竊自己之聲光。用此面欺，將爲身計，宜加條約，以誡輕浮。今後如有倩人述作文字應舉者，許人告言，送本處色役，永不得仕進。又竊覽《唐書》，見穆宗朝禮部侍郎王起奏所試貢舉人，試訖申送中書，候覆訖下當司，然後大字放榜，是時從之。臣欲請將來考試及第進士，先具姓名雜文申送中書，奏覆訖下當司，與諸科一齊放榜。”詔並從之。唯進士並諸科舉人放榜，一依舊施行。《舊五代史·周紀》、《册府元龜》。　　按《宋會要》，乾德二年權知貢舉盧多遜言“請準周顯德二年敕，諸州解發進士，差本判官考試。如本判官不曉文章，即於諸從事内選差，所試並得合格，方可解送。諸科差録事參軍考試。如録事參軍不通經義，即於州縣官内揀選本判官監試。如有遥口相授，傳本與人者，即時遣出，不在試限。紙先令長官印書，至時給付。凡帖經、對義，並須監官對面同定通否，逐場去留，合格者即得解送。仍解狀内開説當州府元若干人，請解若干人，不及格落下訖若干人，合格見解。其合申送所試文字，並須逐件朱書通否，下試官、監官仍親書名。若合解不解，不合解而解者，監官、試官爲首罪，並停現任，舉送長官聞奏取裁。諸科舉人，第一場十否者，殿五舉；第二場、第三場十否者，殿三舉；其三場内有九否者，殿一舉。其所殿舉數，於試卷上朱書，封送中書門下”云云。蓋即因竇儀之奏下此敕，薛史及《册府元龜》不載，附録于此。

進士十六人：

李覃，見《册府元龜》。

何曠，見《册府元龜》。

楊徽之，見《册府元龜》。　　《宋史》本傳：“徽之祖郜，父澄。”宋《楊億集·楊徽之行狀》：“建州浦城縣乾封鄉長樂里楊徽，字仲猷。時李氏建國，奄有淮汜，贄幣不通，邊關甚急。公不居一國，有志四方，思樹勳於中原,耻懷安於故土。杖策徑去,潛伏間行,聿來上都,憩於逆旅。適及秋賦,假籍河南,首冠薦書,時譽愈出。時翰林學士竇公儀、樞密直學士王公朴,皆負公望,爲一代龍門,公遍投以文。竇公倒屣相迎,王公置書爲謝,待以奇士,名動一時。明年,禮部侍郎劉公温叟實掌文衡,擢于殊等。同時登第者凡十有六人,周世宗申命近官,再加考覆,唯公及李覃、何曮、趙鄰幾得預其選。"真德秀《楊文莊公書堂記》:"按公名徽之,字仲猷。甫冠通群經,尤刻意於詩,得騷人之趣。時李氏王江表,公耻官偏廷,杖策走中原。以顯德三年進士高第,入文館,升諫垣。"

趙鄰幾。見《册府元龜》。　《宋史·文苑傳》:"趙鄰幾字亞之,鄆州須城人。周顯德二年舉進士,解褐秘書省校書郎。"

　　重試落下十二人:按《登科記》闕,據例補入。

嚴説,見《册府元龜》。

武允成,見《册府元龜》。

王汾,見《册府元龜》。　按汾復於五年登第。

閻邱舜卿,見《册府元龜》。

任惟吉,見《册府元龜》。

周度,見《册府元龜》。

張慎微,見《册府元龜》。

王翥,見《册府元龜》。

馬文,見《册府元龜》。

劉選,見《册府元龜》。

程浩然,見《册府元龜》。

李震。見《册府元龜》。

　　諸科一百十六人。

　　上書拜官一人:

趙守微。《册府元龜》:"顯德二年,草澤趙守微投匭上書,指陳治道。帝覽之,宣召顧問。初令樞密直學士邊歸讜試策論、詩賦,復令中書程試。以其文義小有可觀,翌日乃授右拾遺,賜衣服、銀帶、繒帛、鞍馬等,兼降詔獎飾。仍以所試策論、詩賦宣示百官。"

知貢舉：禮部侍郎劉温叟。《宋史》本傳：“温叟知貢舉，得進士十六人。有譖於帝者，帝怒，黜十二人，左遷太子詹事。温叟實無私，後數年，其被黜者相繼登第。”《國老談苑》：“劉温叟，方正守道，累居顯要。清貧尤甚，未嘗受人饋。知貢舉時，適有經學門生居畿内者，獻粟草一車，温叟却之。其人曰：‘此物出於躬耕，願以致勤。’温叟不得已而受之，即命家人製衣一襲以爲答，計其直即倍於粟草矣。自是無敢獻遺者。”

三年丙辰（956）

十二月辛巳，故襄邑令劉居方男士衡賜學究出身，奬廉吏也。《舊五代史·周紀》

進士六人：

賈黄中，《宋太宗實録》：“黄中能屬文，每觸類必賦詠，多傳誦人口。其父常令蔬食，曰：‘俟業成即得食肉。’十六舉進士，中第，解褐校書郎、集賢校理。”《書録解題》：“黄中十六歲進士及第，第三人。”　按本傳、《邵氏聞見前録》俱作十五歲，今從《實録》、《書録解題》。○孟按：宋代章定撰《名賢氏族言行類稿》卷三十九亦載：“賈黄中字媧民，滄州南皮人也。唐相耽四世孫。黄中年六歲中神童，十五舉進士。”

＊張霶，《閩書》卷九十七《英舊志·建寧府·崇安縣·周進士》：“顯德三年：張霶。”四庫本《福建通志》卷四十七《人物·建寧府·宋》：“張霶，字伯雲，崇安人。初仕周爲蘄州刺史，宋建隆中除侍御史。”考宋章定撰《名賢士族言行類稿》卷二十五：“張霶，字伯雲，建州崇安人，國初嘗任侍御史。”按天一閣藏[嘉靖]《建寧府志》卷十五《選舉上·進士》、同上卷十八《人物·宦達》、四庫本《福建通志》卷三十三作“周顯德二年進士”，皆誤。蓋顯德二年李覃等四人全榜，見徐松考。

＊駱仲舒。陳補：“康熙《連州志》（上海圖書館藏膠卷）卷二《進士》：‘顯德丙辰，駱仲舒，起居舍人。’”　孟按：四庫本《廣東通志》卷三十一《選舉志一·後周進士》：“顯德三年丙辰：駱仲舒，連州人。”考四庫本《福建通志》卷二十五《職官六·建寧府》：“宋知建州軍事：駱仲舒；戚處

休,太平興國間任;王協;王元;韓成昂,端拱間任。"是知仲舒於後周顯德
三年擢第後,入宋嘗知建州軍事。

諸科二十九人。

知貢舉:禮部侍郎竇儀。見上。　《宋史·竇儀傳》:"劉温
叟知貢舉,所取士有覆落者,加儀禮部侍郎,權知貢舉。"

四年丁巳(957)

八月乙卯朔,兵部尚書張昭上疏,望準唐朝故事,置制舉以
罩英才。帝覽而善之,因命昭具制舉合行事件,條奏以聞。《舊
五代史·周紀》。　《宋史·張昭傳》云:"昭嘗奏請興制舉,設賢良方正、
能直言極諫、經學優深、可爲師法,詳閑吏治、達於教化三科。職官士流,
黃衣草澤,並許應詔。諸州依貢舉體式,量試策論三道,共以三千字以上
爲準。考其文理俱優,解送尚書吏部。其登朝之官,亦聽自舉。從之。"
按《宋史》繫此奏於廣順時,今從薛史。

十月戊午,詔曰:"制策懸科,前朝盛事,莫不訪賢良於側陋,
求讜正於箴規,殿廷之間,帝王親試。其或大裨於國政,有益於
時機,則必待以優恩,縻之好爵。拔奇取異,無尚於兹,得人者
昌,於是乎在。爰從近代,久廢此科,懷才抱器者鬱而不伸,隱耀
韜光者晦而莫出。遂使翹翹之楚,多致於棄捐;皎皎之駒,莫就
於縻繫。遺才滯用,闕孰甚焉。應天下諸色人中,有賢良方正、
能直言極諫、經學優深、可爲師法,詳閑吏理、達於教化者,不限
前資、見任職官,黃衣草澤,並許應詔。其逐處州府,依每年貢舉
人試例,差官別考試解送。尚書吏部仍量試策論三道,共三千字
已上,當日內成。取文理具優,人物爽秀者,方得解送。取來年
十月集上都。其登朝官,亦許上表自舉。"《舊五代史·周紀》、《册府
元龜》。

進士十人:

李度。《宋史·文苑傳》:"李度,河南洛陽人。周顯德中舉進士。工

於詩，有‘醉輕浮世事，老重故鄉人’之句。時翰林學士申文炳知貢舉，樞密使王朴移書録其句以薦之，文炳即擢度爲第三人。釋褐永寧縣主簿。”

按《玉壺清話》作李慶，誤。

諸科三十五人。

上書拜官一人：

段宏。《册府元龜》：“顯德四年，屯田員外郎、知制誥扈蒙試進策人鄉貢進士段宏等，内段宏賜同三傳出身。先是詣匭言事者甚衆，命蒙以時務策試之。蒙選中者四人，帝覽之，命樞密副使王朴覆試，唯留宏一人而已。蒙由是坐奪俸一月。”

知貢舉：中書舍人申文炳。《舊五代史·本傳》：“廣順中爲學士。遷中書舍人，知貢舉。” 按王朴於顯德三年九月充樞密副使，薦李度。五年知舉爲劉濤。六年朴與文炳皆卒，則是年文炳知舉無疑。《舊五代史·周紀》：“顯德六年正月，翰林學士、中書舍人申文炳爲左散騎常侍。”是知舉時正爲中書舍人也。

五年戊午（958）

三月庚子，詔曰：“比者以近年貢舉，頗是因循，頻詔有司，精加試練。所冀去留無濫，優劣昭然。昨據貢院奏，今年新及第進士等所試文字，或有否臧，爰命詞臣，再令考核。庶涇渭之不雜，免玉石之相參。其劉坦、一作“垣”。戰一作“戴”，一作“單”，皆誤。貽慶、李頌、徐緯、張覿等，詩賦稍優，宜放及第。王汾，據其文詞，亦未精當，但念以頃曾剥落，特與成名。熊若谷、陳保衡皆是遠人，深可嗟念，亦放及第。郭峻、趙保雍、楊丹、安元度、張昉、董咸則、杜思一作“是”。道等，未甚辛苦，並從退落。更宜脩進，以待將來。知貢舉右諫議大夫劉濤，選士不當，有失用心，可責授右贊善大夫，俾令省過，以戒當官。”先是，濤於東京放榜後，率新及第進士劉坦已下一十五人來赴行在，具以其所試詩賦進呈。帝覽之，其詞多紕繆，命翰林學士李昉覆試，故有是命。《舊五代史·周紀》、《册府元龜》、《五代會要》。

　　進士十五人：

　　劉坦，（孟按：坦爲本年狀元，詳下）見《周紀》、《册府元龜》、《會要》。○孟按：《南部新書》卷十："劉坦狀元及第，爲淮揚李重進書記。好酒，李常令酒庫：'但書記有客，無多少，供之。'尋爲掌庫吏頗吝之，須索甚艱。因大書一絶於廳之屏上云：'金殿試回新折桂，將軍留辟向江城。思量一醉猶難得，辜負揚州管記名。'"

　　戰貽慶，見《周紀》、《册府元龜》、《會要》。　　《通志·氏族略》："五代有戰貽慶，登進士第。"○孟按："戰"，《册府》、《會要》俱作"單"，《周紀》作"辭"。

　　李頌，見《周紀》、《册府元龜》、《會要》。

　　徐緯，見《周紀》、《册府元龜》、《會要》。

　　張覿，見《周紀》、《册府元龜》、《會要》。

　　王汾，見《周紀》、《册府元龜》、《會要》。

　　熊若谷，見《周紀》、《册府元龜》、《會要》。　　夏竦《朱昂行狀》："家世儒業，與進士熊若谷、鄧洵美力學。"

　　陳保衛。見《周紀》、《册府元龜》、《會要》。

　　內落下七人：

　　郭峻，見《周紀》、《册府元龜》、《會要》。○孟按：《北京圖書館藏中國歷代石刻拓本滙編》第三十七册第7頁北宋建隆三年（962）十二月二十八日《姜知述墓誌》[誌3685]署："前鄉貢進士郭峻撰並書。"墓誌又云："孫女四人……次曰壽哥，適前鄉貢進士郭峻。"則似又及第者。

　　趙保雍，見《周紀》、《册府元龜》、《會要》。

　　楊丹，見《周紀》、《册府元龜》、《會要》。

　　安元度（安玄度），見《周紀》、《册府元龜》、《會要》。○孟按："元"上引諸書俱作"玄"，殆避康熙諱改。

　　張昉，見《周紀》、《册府元龜》、《會要》。

　　董咸則，見《周紀》、《册府元龜》、《會要》。

　　杜思道。見《周紀》、《册府元龜》、《會要》。

諸科七十二人。

知貢舉：右諫議大夫劉濤。《宋史》本傳："四年，知貢舉。樞密使王朴嘗屬童子劉譜於濤，濤不納，朴銜之。時世宗南征在迎鑾。濤引新及第人赴行在，朴時留守上都，飛章言濤取士不精。世宗命翰林學士李昉覆試，出者七人，濤坐責授太子右贊善大夫。"〇孟按：《册府元龜》卷六五一《貢舉部·謬濫》："（顯德）五年右諫議大夫劉濤知貢舉。"

六年己未(959)

正月壬子，對諸道貢舉人石熙載等三百餘人於萬春殿。舊例，每歲舉人皆見於閤門外，上以優待儒者，故允其入見。《册府元龜》

甲戌，詔曰："起今後，每年新及第進士及諸科舉人聞喜宴，宜令宣徽院指揮排比。"先是，禮部每年及第人聞喜宴，皆自相醵斂以備焉。帝以優待賢雋，故有是命。《舊五代史·周紀》、《册府元龜》。 李燾《通鑑長編》云："唐時，禮部放榜之後，醵飲於曲江，號曰聞喜宴。五代多於佛舍名園，周顯德中官爲主之。"

乙亥，詔曰："禮部貢院起今後，應合及第舉人，委知舉官依逐科等第定人數姓名，並所試文字聞奏。候敕下後放榜。"《舊五代史·周紀》、《册府元龜》。

二月辛卯，以新及第進士高冕爲右補闕，仍賜衣一襲、烏金帶一、銀器一百兩、衣著二百匹、銀鞍勒馬一匹。是時帝鋭意於平燕，及冕登第，因其謝恩入對，命宰臣以《平燕論》試之。既而冕著論盛言燕可擊，甚愜帝旨，故有是超拜，復厚加賜賚焉。《册府元龜》

六月癸巳，世宗崩。甲午，梁王宗訓即皇帝位。《新五代史》本紀、《通鑑》。 胡氏《通鑑》注曰："當此之時，主少國疑，宿衛將士多歸心於太祖皇帝。明年正月，遂因出師翼戴，而天下爲宋。"

進士十人：〇孟按：《元后作民父母賦》爲本年試題，詳下。

高冕，見《册府元龜》。○孟按：《宋太宗實錄》卷三十四："（高）冕字子莊，河中人，左拾遺知制誥錫兄之子也。周顯德中，以布衣詣闕上書，送禮部考試，有司以甲科處之。會世宗將北征，復召冕於中書試《平燕論》。世宗方經略北鄙，欲誇大其事以詫戎虜，詔並上其稿，即以冕爲左諫議大夫。宰相范質固執，以爲不可，授右補闕，賜銀鞍勒馬器幣甚厚。將加大用，會世宗晏駕。"

石熙載。《宋史》本傳："熙載字凝績，河南洛陽人。周顯德中進士登第。"○孟按：《北京圖書館藏中國歷代石刻拓本滙編》第三十七册第185頁趙昌言撰北宋太平興國九年（984）四月五日《石熙載墓誌》[誌3704]："公諱熙載，字凝積，本洛陽人也。……十歲屬文，時有佳句。二十七舉進士，時周故翰林學士扶風竇公儼以人倫公共之稱，持乎文柄，試《元后作民父母賦》，公獨以威惠致民畏愛之理比父母之義，竇公稱之，第公殊級。明年，太祖以天命允歸，皇極斯建。"《宋太宗實錄》卷二十八："（石）熙載字凝績，洛陽人也。周顯德中以進士登第。"

諸科五十人。

知貢舉：中書舍人竇儼。《宋史·竇儀傳》："儼拜中書舍人。顯德元年，加集賢殿學士。父憂去職。服闋，復舊官。世宗南征還，詔儼考正雅樂。俄權知貢舉。"　按薛史，世宗於顯德五年三月克淮南，十一月作《通禮》、《正樂》，則儼于五年知六年舉也。

登科記考補正卷二十七

附考

進士科

＊元則，《彙編》［顯慶 034］（周紹良藏拓本，開封博物館藏石）顯慶二年（657）三月八日《大唐故崗州録事參軍元府君（則）墓誌銘并序》云："君諱則，字注詳，河南洛陽人也。……君稟靈秀異，天然風骨，氣宇宏深，音儀遠亮，爰將筮仕，射策蘭臺，特挺甲科，蒙授貝州漳南縣尉。"按元則卒於顯慶二年（657）二月廿九日，享年五十七。以年歲推之，其登第當在入唐後不久。亦見羅補。

＊王令，《補遺》册五第 149 頁，總章二年（669）三月廿八日《大唐故儒林郎王君（令）墓誌銘》云："君諱令，字大政，太原人也。……登山峻業，既拾紫而開華；陵雲艷詞，亦抱玉而成韻。遂得操榮袖裏，擢穎賓庭。始充賦於歲辟，乃登名於散秩，爰授儒林郎。……貞觀廿三年七月十一日，終於私第，春秋六十有八。"又銘曰："肅景觀庭，飛名震域。應問斯甲，爰參穴職。"

馬伯達，李宗閔《馬公家廟碑》："士儒生伯達，入唐舉進士，爲懷河内尉。"

＊蘇亶，乾隆二十六年刊明康海纂修《武功縣志》卷三《選舉志第七》載唐人舉進士者有蘇亶。又四庫本《陝西通志》卷三十《選舉・唐》進士科："蘇亶，武功人。"按《唐刺史考全編》卷一四四《江南東道・台州（臨海郡）》"貞觀中"任，考云："《舊書・蘇瓌傳》：'父亶，貞觀中台州刺史。'《姓

纂》卷三鄴西蘇氏及《新表四上》蘇氏同。《全文》卷二三八盧藏用《太子少
傅蘇瓌神道碑》：'考秘書監、池台二州刺史、贈岐州刺史諱宣。'"其擢第當
在唐初。

來濟，《舊書》本傳："揚州江都人，隋左翊衛大將軍、榮國公護子也。
篤志好學，有文詞，善談論，尤曉時務。舉進士。"

李玄義，○孟按：徐氏原於李玄義下著録魏知古，云："皆進士，見杜
牧《上高大夫書》。"魏知古已删併至卷二麟德三年（666）下。

魏玄同，《舊書》，本傳："定州鼓城人，舉進士。"《新書》："玄同字和
初。祖士廓，仕齊爲輕車將軍。"

王勉，《舊書·王質傳》："文中子通生福祚，福祚生勉，登進士第。"劉
禹錫《王質神道碑》同。

高智周，《舊書·良吏傳》："智周，常州晉陵人。少好學，舉進士。"
《太平廣記》引《御史臺記》："高智周嘗出家爲沙門，鄉里惜其才學，勉以進
士充賦，擢第。"

胡元禮，《太平廣記》引《御史臺記》："胡元禮，定城人也。進士
擢第。"

許圉師，《舊書·許紹傳》："紹少子圉師，有器幹，博涉藝文，舉
進士。"

＊孫處約，《彙編》[咸亨068]據《考古與文物》1983年1期所録咸亨
三年（672）十一月二十二日《唐故司成孫公（處約）墓誌銘并序》云："公諱
處約，字茂道，本□乘樂安人也。……初膺賓貢，特簡帝心，擢第金門，升
簪蓬閣，貞觀元年，授校書郎。"又《補遺》册三，第69頁張嘉禎撰開元二十
九年（741）正月《故荆州大都督府長史上柱國樂安縣開國伯孫公（俊）之碑
并序》云："父處約，進士擢第，授校書郎。"

＊王甑生，《彙編》[咸亨066]咸亨三年（672）十一月十五日《唐故處
士王君墓誌銘并序》云："君諱　（此處原空一格），字甑生，洛州洛陽縣人
也。……君年惟綺歲，言行早彰，文武兼資，材宏見重，乃射策甲科，遂超
石渠之用。"按甑生卒於咸亨三年十月十九日，享年六十。以年歲推之，其
擢第當在貞觀初期。王補入附考"制科"。

＊關弃繻，《補遺》册七，第 3 頁，關弃繻撰貞觀十五年（641）四月《故庭州參軍上柱國弘農楊公（庭芝）夫人阿史那氏白珉玉像銘并序》署："前鄉貢進士河東關弃繻撰。"

郭正一，《舊書・文苑傳》："正一，定州鼓城人。貞觀中舉進士。"

郝處俊，《舊書》本傳："安州安陸人。父相貴。處俊貞觀中本州進士舉，吏部尚書高士廉甚奇之，解褐授著作佐郎。"〇孟按：《全唐文》卷七五二杜牧《上宣州高大夫書》："郝公處俊亦進士也，爲宰相時，高宗欲遜位與武后，處俊曰：'天下者，高祖、太宗之天下，非陛下之有，但可傳之子孫，不可私以與后。'高宗因止。"

＊康敬本，《千唐》[265]咸亨元年（670）□月十四日《大唐故康敬本墓誌銘》（參見《彙編》[咸亨 029]）云："君諱敬本，字延宗，康居人也。……以貞觀年中鄉貢光國，射策□（高）第，□（授）文林郎。"按其當爲登進士第。

＊鄭蕭，《彙編》[嗣聖 002]據《芒洛冢墓遺文五編》卷三所録嗣聖元年（684）正月廿六日《大唐故朝議大夫守刑部侍郎鄭公（蕭）墓誌銘并序》云："公諱蕭，字仁恭，滎陽開封人也。……解巾以秀才拜定州恒陽縣尉。"按鄭蕭卒於永淳二年（683）二月，享年七十六。以年歲推之，其擢第當在貞觀中。

＊邊惠，《彙編》[聖曆 009]據《芒洛冢墓遺文五編》所録聖曆二年（699）十一月五日《大周故朝散大夫泗州司馬上柱國邊君（惠）墓誌銘并序》云："君諱惠，字處泰，陳留人也。……於是成均教胄，習六藝於虞庠；射策仙臺，洞三章於呂訓。解褐任隰州司法參軍事。"按邊氏卒於聖曆二年正月十六日，享年七十八。以年歲推之，其登第約在貞觀中。

＊沈存誠，《嘉泰吳興志》卷十六《賢貴事實》："沈存誠，貞觀中進士及第，官至錢塘尉。"天一閣[嘉靖]《武康縣志》卷七《儒林傳》："沈存誠，貞觀中進士及第，官至錢塘尉。"又見[光緒]《浙江通志》卷一二三。

＊蓋暢，《千唐》[452]聖曆二年（699）正月十七日《大周故處士前兗州曲阜縣令蓋府君（暢）墓誌銘并序》（參見《彙編》[神功 013]）云："君諱暢，字仲舒，信都人，因官徙居新安。……君稟三德之餘慶，崇五美以基

身,學洞六爻,文該四始,起家進士,貞觀廿二年,授麟臺正字。"王補入貞觀二十一年(647),今不取。

　　＊王裕,《彙編》[天授016]據《山右冢墓遺文》所録天授二年(691)四月八日《大周故前魏州録事參軍王公(裕)之銘》云:"君諱裕,字士寬,并郡太原人也。……射策蘭臺,甲科高第,特授魏州録事。"按王裕卒於天授二年(691),享年七十二。以年歲推之,其擢第當在貞觀中。亦見羅補。

　　＊王貞,《千唐》[411]長壽二年(693)八月廿七日《大周故水衡監丞王君(貞)墓誌銘并序》(參見《彙編》[長壽021])云:"君諱貞,字弘濟,太原人也。……君器識淹融,襟神散朗,逸價與連城競遠,清輝將燭乘均明。每以蕊發春條,聳文峰而孤峙;露垂秋葉,騰筆海而飛瀾。由是朋儕見推,領袖攸挹,業應匡舉,策冠孫科,釋褐陳州項城縣丞。……俄而翹車佇德,頓網徵賢,旁求磵谷之奇,冀獲鹽□之儔。君乃當仁抗志,光應旌招,徐縈衝斗之輝,遽縱聞天之響。窮富平之三篋,充郤桂之一枝,制授均州司法參軍事,尋轉水衡監丞。……以載初元年六月九日遘疾,終於私第,春秋六十有五。"又銘曰:"遽應旌賁,還登甲科。"按王貞先以進士登第授陳州項城縣丞,後又應制舉擢第制授均州司法參軍事。以年歲推之,其初擢第當在貞觀後期,後應制舉當在永徽中。

　　＊關師,《彙編》[延載001]延載元年(694)五月廿六日《周故朝議郎洪州高安縣丞上柱國關君(師)之銘并序》(周紹良藏拓本)云:"君諱師,字有覺,洛陽人也。……公綺年流聞,青衿受蘭室之詞;弱歲飛聲,絳帳承杏壇之論。名行雙著,器用兩彰,既養翮以彈冠,亦因時以搖落。抗對宣室,擢策甲科,授高安縣丞,申漸陸也。……以長壽三年五月二日卒於私第,春秋六十有六。"以年歲推之,其擢第約在貞觀後期。亦見羅補。

　　＊蘭師,《彙編》[永淳011]據《芒洛冢墓遺文》卷上所録關名撰《唐故僕寺厩牧署令蘭君墓誌銘》(參見《唐文拾遺》卷六十五):"公諱師,字光韶,南陽人也。……公幼負奇節,孤標雅譽,覽丘墳於早歲,拾青紫於昌辰。萬頃洪波,溢黄陂而沃日;一枝月幹,凌郊□以騰芳。風霜之氣凜然,岳瀆之靈斯在。爰於弱冠,即預簪纓。"按蘭氏卒於永昌元年(689)七月,享年五十八。則其登第約在貞觀末期。

　　＊趙爽,《千唐》[86]永徽四年(653)四月十日《大唐故濟州東阿縣尉

趙君（爽）墓誌銘并序》（參見《彙編》[永徽 075]）云：“君諱爽，字義明，河南新安人也。……君□華嵩嶠，稟潤光河，風度凝明，徽猷峻上。鬱辭峰於瓊岫，朗心鏡於瑤池，妙群英以高察，雄州閒而擢秀。射策高第，釋褐東阿，撫翼丘園，翰飛河濟。……以永徽三年歲次壬子終於官第，春秋卌有四。”疑其登第時間當在貞觀末期。亦見羅補。

＊董務忠，《補遺》册三，第 488 頁，天授二年（691）十月十二日《唐朝散大夫行遂州司馬董君（務忠）墓誌銘并序》云：“公諱務忠，字基孝，馮翊頻陽人也。……逮乎志學立身，砥礪名行。策名入士，觀國之光。且豹子初成，便起吞牛之意；松生數寸，已顯籠雲之心。少以磔鼠愛書，遂以金科在慮。隨器而處，超授評事之官。”又銘文曰：“逮乎觀國，爲龍爲光。”按董氏卒於垂拱四年（688）五月，享年六十七。

＊屈隱之，天一閣[弘治]《永州府志》卷四《人物・唐・祁陽》：“屈隱之，少好經史，尤精《易》、《莊》（按原文誤作‘壯’），舉秀才，爲廣州判官兼攝司馬，後攝韶州刺史。居官清儉，請托不行。”《萬姓統譜》卷一一六“唐”：“屈隱之，祁陽人。少好經史，尤精《易》、《莊》，舉秀才，爲廣州判官兼攝司馬，後攝韶州刺史。居官清儉，請托不行。”日本藏[康熙]《永州府志》卷十六《人物志中・祁陽名賢》、《湖南通志》卷一一三《選舉一・制科・唐》皆同。《唐刺史考全編》卷二五八《嶺南道・韶州（番東、東衡州、始興郡）・待考録》：“屈隱之：光緒《湖南通志》卷一三三《選舉志・制科》：‘[唐]屈隱之，祁陽人，舉秀才，韶州刺史。有傳。’”

王遐觀，陳子昂《申州司馬王府君墓誌》云：“君諱某，字某，其先太原人也。父諶，瀘州都督。君年若干爲國子生，射策甲科。解褐補吳王府參軍，遷岐州扶風縣令。”按楊炯《瀘州都督王湛神道碑》：“長子朝散大夫、行扶風令遐觀。”當即所謂王府君也，“湛”或“諶”之訛。

崔漪，張説《崔君神道碑》：“君諱漪，博陵安平人。弱冠以門胄入國學，舉進士。母弟汲，以明經同年擢第。大理卿張文瓘，人倫之表也，目君曰：‘昔兩劉並舉，以爲駢二龍焉。今兩崔齊飛，可謂儀雙鳳矣。’”○孟按：張説文見《全唐文》卷二二九，題作《唐故瀛州河間縣丞崔君（漪）神道碑》，誌文曰：“君諱漪，字某，博陵安平人。……齊散騎常侍諱觫，君之曾祖也；隋大理少卿諱世立，君之大父也；故祁陽令諱搞，君之皇考也。……弱冠以門冑入國學,舉進士,母弟汲以明經同年擢第。……垂拱元年,奉使上都,遘疾終于時邕里之旅館,享年六十有二。"誌文作於長安三年(703)春二月。今考《唐代墓誌彙編續集》[長安003]據《隋唐五代墓誌滙編·洛陽卷》第八册第3頁錄長安三年二月四日《大唐故雍州乾封縣丞博陵崔君(汲)墓誌銘并序》載:"君諱汲,字汲,博陵安明人也。……曾祖觔,齊侍御史、光州別駕、大理司直、義陽郡太守,襲爵安平子;……祖世立,隋衛州獲嘉縣令、大理司直、佐驍衛長史;……父抗,永州祁陽縣令。……君承積慶之休祉,誕軼俗之英姿……逮孔庭趨禮,國冑横經,預賓王對策高第,釋褐岐州郿縣尉。"上二誌文字略有差異,然實爲兄弟無疑。考《新唐書》卷七十二下《宰相世系表二下》載,汲祖父"世立,隋大理少卿、安平縣子";父"抗,祁縣令";兄"潛,濟州刺史,漪,河間丞",知《全唐文》作"父搞"誤。又按漪卒於垂拱元年(685),享年六十二,其弱冠歲在貞觀十七年(643);其弟汲卒於永淳二年(683)正月一日,享年五十九,貞觀十七年時爲十九歲,少兄漪一歲。按二誌文所述事跡,其兄弟擢第當在貞觀末期。

　　孔禎(楨),《舊書·文苑傳》:"孔紹安子禎。"《新書》:"禎第進士。"○孟按:《新唐書·孔若思傳》"禎"作"楨"。

　　魏之遏,柳宗元《魏弘簡墓誌》:"唐興,有聞士諱之遏者,與子及孫咸舉進士,嗣爲儒宗。"

　　權無待,○孟按:徐考詳下。又《全唐文》卷五〇四權德輿《唐睦州桐廬縣丞柳君故夫人天水權氏墓誌銘并序》:"王父益州成都縣尉無待……以太學進士擢第。"

　　權若訥,

　　權同光,權德輿《梓州刺史權公文集序》:"公諱若訥,天水略陽人。弱冠與伯氏無待、叔氏同光同遊太學,連登上第。永徽、開耀之後,以人文求士,應詔累踐甲科。"又《契微和尚塔銘》:"和尚姓權氏。考同光,皇河南縣尉、長安縣丞,與伯兄益州成都縣尉無待、仲兄歙桂梓三州刺史若訥,同以大名舉進士擢第。"又《答喜慶感懷詩》注:"曾王父成都府君,曾叔祖梓州府君、長安府君,同以進士居甲科,載《登科記》。"

　　于知微,姚崇《于知微碑》:"永徽元年,補弘文生。爰以佩觿之年,且戀過庭之訓,特降恩旨,許其在家。比及三冬,擢第釋褐。"

＊李果。《彙編》[永徽 118]永徽五年（654）十二月十九日《唐故象城縣尉李君（果）墓誌銘并序》云："君諱果，字智果，其先趙郡平棘人；遠祖因宦河南，今即河南洛陽人也。……君緬籍昭慶，夙稟英規，勵志庠門，飛名金馬，年始弱冠，永徽二年，乃除吏部文林郎、趙州象城尉。"又《銘》云："綱維百氏，遊躅九經，聿應賓賦，爰褒上京。"是已擢第。

＊楊季昭，《新唐書·楊再思傳》："弟季昭，中茂才第，爲殿中侍御史。"按《舊唐書·楊再思傳》："再思弟季昭，爲考功郎中。"

＊姚元慶，《補遺》册七，第 318 頁，天授二年（691）一月十日《大唐故朝散大夫守文昌臺司門郎中檢校房州刺史姚府君（元慶）墓誌銘并序》："公諱元慶，字威合，河東芮城人也。……永徽中進士擢第，授均州豐利縣尉。……尋應制舉，授檢察御史。"

＊成循，《千唐》[430]萬歲通天元年（696）十月廿二日《大周故朝請大夫行陳州司馬上輕車都尉公士成公（循）墓誌銘并序》（參見《彙編》[萬歲通天 008]）云："公諱循，字萬述，上谷人也。……公玉種傳芳，珠胎毓粹，馬門待制，奏議居三道之先；鱣序橫經，文學列四科之首。釋褐坊州中部陝州芮城洛州密新安等四縣尉。……以萬歲通天元年十月廿二日卒於私第，春秋六十有三。"王補入附考"制科"。

＊李師，《彙編》[調露 027]調露二年（680）六月十七日《唐故宣州溧陽縣尉李公（師）墓誌銘并序》（北京圖書館藏拓本）云："君諱師，字守儼，隴西狄道人也。……年登弱冠，策名王府，勤加日用，初編柳□之書；功倍月將，俄擢桂枝之第。龍朔初，釋褐授嘉州龍遊縣尉。"按李氏卒於儀鳳四年（679），享年五十八。王補入附考"制科"。

＊万俟師，《唐代墓誌彙編續集》[萬歲通天 005]據洛陽市文物工作隊藏拓片所録萬歲通天二年（697）二月十七日《大周故万俟府君墓誌銘并序》："君諱師，字範，河南洛陽人也。……惟君稟岳瀆之靈，挺珪璋之質。識標天縱，學冠生成。觀國賓王，射策高第，解褐唐滕王府參軍。"

＊郭恒，《彙編》[景龍 013]據《西安郊區隋唐墓》第 114 頁所録景龍二年（708）十一月十四日《大唐故中大夫使持節龍州諸軍事龍州刺史郭府君（恒）墓誌銘并序》云："君諱恒，字知常，太原介休人也。……君夙□其

敏,擢第甲科,解褐授絳州參軍。……以景龍二年十月四日遂捐館舍,春秋七十九。"以年歲推之,其擢第約在永徽前後。亦見胡補。

　　*王慶,《彙編》[開元 105]據《山右石刻叢編》卷六所錄開元八年(720)九月十一日《唐故處士王君(慶)之碣》云:"君諱慶,字褒,上黨黎城人也。……舉進士策高第。"按王慶卒於開元二年(714)十二月,享年八十五。以年歲推之,其擢第約在永徽前後。亦見羅補。

　　*王養,《千唐》[499]長安三年(703)二月二十八日《大周故魏州莘縣尉太原王府君(養)及夫人中山成氏墓誌銘并序》(參見《彙編》[長安028])云:"府君諱養,字仁,太原晋陽人也。……君仁,幼以學成,長而彌博,鄉貢擢第,授魏州莘縣尉。"按王養卒於咸亨元年(670)四月十三日,享年三十九。以年歲推之,其擢第約在永徽、顯慶間。亦見羅補。

　　*張貴寬,《千唐》[304]永淳元年(682)十月二十六日《唐故文林郎柱國張君(貴寬)墓誌銘并序》(參見《彙編》[永淳 019])云:"君諱貴寬,字恕之,南陽白水人也。……早觀光於蘭署,業高夏紫,方擢第於金門。兼以翩翩文藻,即掞鵬霄;凛凛霜氣,直衝牛斗。器局淹雅,量旬黃叔之陂;筆妙精通,詞潤陸衡之海。……粵以永淳元年十月六日終於洛陽縣時邕里之私第也,春秋卅有七。"以年歲推之,其擢第當在永徽、顯慶間。

　　*鄭知賢,《千唐》[463]聖曆二年(699)六月七日《周中大夫行蜀州長史上柱國鄭公(知賢)墓誌銘并序》(參見《彙編》[聖曆 029])云:"公諱知賢,字道鑒,滎陽開封人也。……公宅粹五行,資靈三象,揚漪筆海,擢第文昌,解巾德州司倉。"按知賢卒於聖曆元年(698)五月二十五日,享年六十七。以年歲推之,其擢第約在永徽、顯慶間。亦見張補。

　　*司馬論,《彙編》[長安 004]長安二年(702)正月廿八日《大周長安二年歲次壬寅正月己巳朔廿八日景申故司□(馬)君(論)墓誌銘》(周紹良藏拓本)云:"君諱論,字伏願,河內人也。……君願觀□利用,射策甲科。"按司馬論卒於乾封元年(666)五月,享年二十九。以年歲推之,其擢第約在永徽、顯慶間。王補入附考"制科"。

　　*崔玄隱,《彙編》[開元 501]開元二十七年(739)十月廿六日《大唐故朝散大夫檢校尚書比部員外郎博陵崔府君(玄隱)墓誌銘并序》(北京圖書館藏拓本)云:"公諱玄隱,字少徵,博陵安平人也。……庭習鐘鼓,家傳

禮儀，敏洽天成，詞華代許，射策擢第，拜揚州大都督府參軍。"按崔氏卒於萬歲通天元年（696）八月，享年六十四。其擢第當在永徽、顯慶間。亦見羅補。

　　＊李思元（李思玄），《輿地紀勝》卷二十七《江南西路·瑞州·人物》唐代："李思元，唐賢良科。"按天一閣［正德］《瑞州府志》卷八《選舉制·科第·唐》："李思玄，文成，高安人。十六舉進士，見傳。"同上卷十《人物志·文學》："李思玄，字文成，高安人。好學擅文，行誼高潔。年十六舉進士，爲文林郎。時滕王爲豫章太守，待以師友之禮。"四庫本《江西通志》卷四十九："神龍中進士：李思元，高安人，官文林郎。"同上卷七十一引《豫章古今記》："李思元，字文成，高安人。好學擅文，行誼峻潔，年十六舉進士爲文林郎。時滕王元嬰鎮豫章，請爲師友。"又見［同治］《瑞州府志》卷九、《全唐文》卷二〇一李思元小傳。按：《江西通志》謂思元"神龍中進士"，誤。滕王李元嬰鎮豫章爲高宗顯慶四年（659）事，見兩《唐書》。則思元擢進士當在永徽、顯慶間。又按：此李思元（玄）與長慶元年（821）登"博通墳典、達於教化科"之李思元（玄）爲同姓名，然時代不同。

　　＊裴咸，《彙編》［聖曆 005］聖曆元年（698）十月四日《大周故正議大夫行太子左諭德裴公（咸）墓誌銘并序》（北京圖書館藏拓本，開封博物館藏石）云："公諱咸，字思容，河東聞喜人也。……公爰始甲科，累從劇縣。"按裴咸卒於聖曆元年八月，享年六十三。以年歲推之，其擢第約在顯慶中。亦見羅補。

　　＊韓衡，《補遺》冊五，第 318 頁，開元三年（715）十月廿二日《大唐故韓府君（孝純）墓誌并序》云："君諱孝純，其先南陽人也。……父衡，皇朝進士、遂州青石縣尉。甲科爲首，天聰自乎一德；位及化行，聲振聞乎百里。"是爲進士科狀元。

　　＊朱貞筠，《全唐文》卷三九五李紓撰《故中書舍人吳郡朱府君（巨川）神道碑》："吳郡朱君，其君子歟！諱巨川，字德源，嘉興人也。此邦之人，不學則農，苟違二業，必自他邑。故王父舉茂才，先子舉孝廉，皆在上第。君以文承祖，以經傳代，行中規，身中度，陽休於氣，和積於中，而藻之以文章也。年二十，明經擢第。……曾祖伯道，皇朝襄州司馬；祖貞筠，皇朝筠州豐利縣令；父循，贈洗馬，君即洗馬府君之元子。"按碑文所言舉茂

才之"王父",即巨川之祖貞筠;舉孝廉之"先子",即巨川之父循。按《記考》已據此碑著録朱巨川登開元二十九年(741)明經科,然其祖、父之擢第皆失載。

　　＊高應,《彙編》[天寶 144]天寶八載(749)六月九日《大唐故吏部選彭城劉君故妻高氏(娩)墓誌銘并序》(北京圖書館藏拓本)云:"君諱娩,字溫,渤海蓨人也。……祖應,皇進士及第,□□射策,太常登科。"亦見羅補。

　　＊張黃,張補云:"《千唐誌》三六二《上柱國右武衛長史張成墓誌》:'君諱成字文德,南陽西鄂人。父黃,皇朝蔚州參軍事,而金門射策,方同王子之年。'按張成卒於垂拱三年,年五十二,其父張黃爲太宗高宗時人。"

　　趙武孟,《舊書·趙彦昭傳》:"父武孟,初以馳騁畋獵爲事。嘗獲肥鮮以遺母,母泣曰:'汝不讀書,而畋獵如是,吾無望矣。'竟不食其膳。武孟感激勤學,遂博通經史,舉進士。"　按《宰相世系表》及《大唐新語》皆作"武蓋"。

　　韋嗣立,《舊書·韋思謙傳》:"嗣立,承慶異母弟,少舉進士。"

　　＊胡楚賓,天一閣藏[嘉靖]《池州府志》卷七《人物篇·甲科·貴池·唐》:"胡楚賓。"又[萬曆]《池州府志》卷五《選舉·甲科·唐》"高宗朝(年缺):胡楚賓,貴池人,召爲右史,號北門學士。"按胡楚賓,兩《唐書》有傳,載其爲宣州秋浦人,善屬文,高宗朝官至右史、崇賢直學士。

　　＊孫恭,《千唐》[241]乾封二年(667)閏十二月十一日《唐故虢州閿鄉縣丞孫君(恭)墓誌并序》(參見《彙編》[乾封 050])云:"君諱恭,字懷信,吳郡富春人也。……觀光上國,射策甲科,釋褐授益州郫縣尉。……龍朔三年改授虢州閿縣丞。"據其任官年限大致可推知其登第時間當在顯慶末期。亦見羅補。

　　＊路巖(字山基),《千唐》[439]萬歲通天二年(697)五月廿九日《大周文林郎路府君(巖)墓誌銘并序》(參見《彙編》[萬歲通天 024])云:"君諱巖,字山基,其先陽平人也。……方從小學,便已大成,對問蘭臺之英,爰擢太常之第,尋授文林郎。"亦見張補。按本卷《附考·進士科》另録有"路巖",然其爲大中中進士及第,與此非一人。

宗楚客，《舊書·蕭至忠傳》：“楚客，蒲州河東人，則天從父姊之子也。”《新書》：“長六尺八寸，明皙美須髯，及進士第。”

＊張庭珪（張廷珪），原作“張廷珪”，徐氏考云：“《舊書》本傳：‘河南濟源人。’《新書》：‘第進士。’” 孟按：《補遺》册五，第 30 頁，徐浩撰天寶五載（746）二月十四日《唐故贈工部尚書張公（庭珪）墓誌銘并序》云：“公諱庭珪，字溫玉，范陽方城人。……弱冠，制舉賢良射策第二等。”按張氏卒於開元二十二年（734）八月十九日，享年七十七。以其弱冠歲推之，則其登制科時間當在儀鳳二年（677），本書已著錄。兩《唐書》本傳俱作“張廷珪”，然《唐郎官石柱題名考》卷四、《唐會要》卷七十七、《書小史》卷十俱作“張庭珪”。今觀徐浩所撰墓誌，則知兩《唐書》誤。且兩《唐書》所記張氏之籍貫、封爵等亦皆有誤。《墓誌》不言其登進士第。

劉知柔，《舊書·劉子玄傳》：“知幾兄弟六人進士及第。” 按知柔爲知幾之兄，當即六人之一。

徐堅，《舊書》本傳：“西臺舍人齊聃子也。少好學，遍覽經史，性寬厚長者，進士舉。”

裴守真，舉進士，見《舊書·孝友傳》。

郎餘令，《舊書·儒學傳》：“餘令，定州新樂人。祖楚之，父知運。餘令少以博學知名，舉進士。”

杜易簡，《舊書·文苑傳》：“杜易簡，襄州襄陽人。九歲能屬文，及長。博學有高名。登進士第。”

王勮，王勃之兄。《舊書·文苑傳》：“勮弱冠進士登第。”

＊王助，《新唐書·王勃傳》：“勃兄勮，弟助，皆第進士。”

劉允濟，《舊書·文苑傳》：“洛州鞏人，南齊彭城郡丞瓛六代孫。弱冠，本州舉進士。”

＊冉祖雍，原作“祖雍”，徐氏考云“及進士第，見《新書》。” 孟按：徐氏所本爲《新唐書·文藝中·宋之問傳》：“祖雍，江夏王道宗甥，及進士第，有名於時。”然此言“祖雍”，乃承前文而省其姓，前文曰：“會武三思復用事，仲之與王同皎謀殺三思安王室，之問得其實，令兄子曇與冉祖雍上急便，因丐贖罪，由是擢鴻臚主簿，天下醜其行。”《元和姓纂》卷七云安冉

氏："安昌孫實。河州刺史，娶江夏王宗女；生祖雍，刑部侍郎。"

　　* 甘元柬，《補遺》册五，第 21 頁，盧藏用撰《大唐故鴻臚卿兼檢校右金吾大將軍上柱國贈兵部尚書曹國公甘府君（元柬）墓誌文》云："君諱元柬，丹陽人也。……年十八，舉茂才，雅爲時俊所賞。"按據兩《唐書》、《通鑑》及盧藏用所撰墓誌可知，甘元柬爲武三思同黨。神龍三年（707）太子重俊誅武三思時，甘氏亦同時被殺。其享年未詳。

　　* 李嗣本，《補遺》册五，第 299 頁，景龍三年（709）十二月《唐故寧州録事參軍隴西李府君（嗣本）墓誌銘并序》云："府君諱嗣本，隴西成紀人也。……初舉進士甲科，補金州西城尉。"按李氏卒於上元二年（675）六月廿日，享年六十九。

　　* 邢文偉，四庫本《江南通志》卷一〇九《選舉志·進士·唐》："邢文偉，全椒人。"按《舊唐書》卷一八九《儒學下·邢文偉傳》："邢文偉，滁州全椒人也。少與和州高子貢、壽州裴懷貴俱以博學知名於江淮間。咸亨中，累遷太子典膳丞。"知其入仕亦當由科第出身也。

　　李適，《新書》："李適字子至，舉進士。"《舊書·文苑傳》："李適，雍州萬年人。"

　　韋元旦，《舊書·文苑傳》："元旦，京兆萬年人。祖澄。元旦擢進士第，補東阿尉。"

　　翟楚質，

　　翟木樓，長孫佁《漢故丞相翟公重建碑表》："國朝已還，楚質、木樓皆以文詞登第。"

　　唐奉一，李嶠《授唐奉一兵部侍郎制》："唐奉一，文場得雋，翰苑推工。"

　　孟詵，《舊書·方伎傳》："孟詵，汝州梁人。舉進士。"《太平廣記》引《御史臺記》："孟詵，平昌人也。進士擢第。父曜，明經擢第。"

　　* 王同政，《補遺》册五，第 170 頁，咸亨五年（674）二月四日《大唐故梓州通泉縣令王君夫人姜氏墓誌并序》云："夫人隴西上邽人也。……荀家八子，俱擅龍名。第二息同政，擢秀金門，委班松澗。"按王同政登科時間當在咸亨五年之前。

＊張蓋，《千唐》[687]張杲撰開元十七年（729）二月廿四日《□（唐）□（朝）議郎前行忻州定襄縣令上柱國張府君（楚璋）墓誌銘并序》（參見《彙編》[開元 284]）云："□諱楚璋，字楚璋，其先南陽向人也……今爲河南告人也。……烈考蓋，茂才擢第，縱誕不仕。"亦見張補。

＊司馬希奭，《千唐》[707]張脩文撰開元十九年（731）十一月廿七日《大唐故薛王傅上柱國司馬府君（詮）墓誌銘并序》（參見《彙編》[開元 335]）云："君諱詮，字元衡，河内温人也。……父希奭，皇朝舉秀才，解褐梓州永太主簿。"又謂其"甲科登第，策名筮仕。"亦見張補。

＊竹慶基，《千唐》[766]開元二十五年（737）十二月三日《大唐故吏部常選内供奉竹府君（敬敬）墓誌銘并序》（參見《彙編》[開元 460]）云："府君諱敬敬，字思敬，安喜郡河南人也。……父慶基，雄風遠播，鬱爲甲科之首；洪融晶爍，聿膺觀光之傑。"按慶基當爲進士科狀元。

趙謙光，咸亨進士第，見《唐詩紀事》。

＊樊赤松，《彙編》[垂拱 042]垂拱三年（687）十月《唐故徵士樊君（赤松）墓誌銘并序》（北京圖書館藏拓本）云："君諱赤松，字貞白，南陽人也。……未下仲舒之帷，已擢孫弘之第。選曹以例授君文林郎，蓋鴻漸也。既而潘生乘弁，纔臨秋興之年；顔子弱齡，遽從舟壑之運。以上元元年十二月廿八日遘疾，終於洛州行脩里第，春秋卅有三。"又銘曰："鳳毛五色，驥足千里，遊藝藻身，橫經入仕。纔登甲乙，俄驚辰巳，西州石折，東顧龜良。"

＊于季子，登咸亨進士第，見《唐詩紀事》卷七。按此條見岑補。

＊喬知之，四庫本《陝西通志》卷三十《選舉·唐·進士科》："喬知之，同州人。"按《舊唐書》本傳："喬知之，同州馮翊人也。父師望，尚高祖女盧陵公主，拜駙馬都尉，官至同州刺史。知之與弟侃、備，並以文詞知名。知之尤稱俊才，所作篇詠，時人多諷誦之。則天時，累除右補闕，遷左司郎中。"《全唐詩》卷九十六沈佺期有《古意呈補闕喬知之》詩。

＊喬侃，四庫本《陝西通志》卷三十《選舉·唐·進士科》："喬侃之，同州人。"按喬侃，知之弟，作"侃之"誤，見上"喬知之"條。又《舊唐書·喬知之傳》："侃，開元初爲兗州都督。"

　　張柬之，《舊書》本傳：“字孟將，襄州襄陽人。少補太學生，涉獵經史，尤好三禮，進士擢第。”　按丁鳳撰柬之孫軫墓誌云：“祖柬之，秀才擢第。”蓋以進士爲秀才也。

　　＊蘇綰，乾隆二十六年刊明康海纂修《武功縣志》卷三《選舉志第七》載唐人舉進士者有蘇綰。又四庫本《陝西通志》卷三十《選舉·唐》進士科：“絃，武功人。”按“絃”乃“綰”之訛。考《元和姓纂》卷三郟西蘇氏：“綰，工部郎中、荆南府司馬。”岑校：“《全文》三三四云：‘綰，玄宗朝爲記室參軍。’按《全詩》二函一册有杜審言《贈蘇綰書記》詩，同函七册有孫逖《送蘇郎中綰出佐荆州》詩。”又，《新唐書·宰相世系表四上》郟西蘇氏：“綰，工部郎中。”按綰爲瓌從弟，《全唐文》小傳誤。

　　＊張湊，《補遺》册六，第395頁，開元九年（721）十月一日《故豐州司馬張公（湊）墓誌銘并序》云：“公諱湊，范陽人也。……公少而强學，有老成人之風，爲州里所重。應茂才甲科，有司籍奏，署朝邑尉，調補龍門丞。”按張氏享年五十七。

　　＊劉如璋，《彙編》［開元313］開元十八年（730）十一月十日《大唐故朝散大夫行申州長史上柱國劉府君（如璋）墓誌銘并序》（北京圖書館藏拓本）云：“君諱如璋，字子玉，弘農人也。……某年鄉貢進士，射策甲科，解褐洺州武安縣尉。”按如璋卒於開元十八年（730）十月，享年七十三。亦見王補。

　　＊李懷遠，元洪景修編《新編古今姓氏遥華韻》庚集卷三：“李懷遠，字廣德，邢州進士，擢鸞臺侍郎同平章。”《舊唐書·則天皇后本紀》：“大足元年……二月，鸞臺侍郎李懷遠同鳳閣鸞臺平章事。”按《舊唐書》本傳載懷遠“應四科舉擢第”，徐松已據以録入本卷《附考·制科》。

　　＊鄧仁期，《補遺》册七，第57頁，袁偊撰順天元年（759，按即乾元二年）十二月廿七日《□寧遠將軍左衛郎將彭城劉府君夫人南陽鄧氏墓誌銘并序》：“夫人姓鄧氏，其先南陽人也。……祖仁期，皇秀才應辟。”

　　馬頎，李宗閔《馬公家廟碑》：“伯達生頎，舉進士。”

　　韓思復，《舊書》本傳：“京兆長安人。”《新書》：“篤學，舉秀才高第。”

　　平貞眘，張説《平君神道碑》：“公諱貞眘，字密，一字間從，燕國薊人。

始以司成館進士補盧州慎縣尉。”

　　元懷景，張説《元府君墓誌》：“公諱懷景，弱冠以國子進士高第。”

　　＊韋見素，原列本卷《附考·制科》，考云：“《舊書》本傳：‘字會微，京兆萬年人。父湊。見素學科登第。’按‘學科’疑有誤字。”　孟按：《新唐書》本傳云見素“及進士第，授相王府參軍”。《名賢氏族言行類稿》卷四：“韋見素，字會微，及進士第。”《全唐文》卷二七二見素小傳亦謂“第進士”。故移正。

　　＊蘇叔節，王補：“陝西師範大學圖書館藏拓本先天元年《蘇叔節墓誌》：‘君諱叔節，字貞固。詩書洞明，對策高第，解褐梁州都督府參軍。’”按王補入“制科”，今附進士科。

　　岑羲，《新書》：“羲字伯華，第進士。”《舊書》作岑長倩子，《新書》作文本孫。按當是文本子。

　　鄭惟忠，《舊書》本傳：“儀鳳中，進士舉，授井陘尉。”

　　＊劉彦之，《彙編》[開元 055]開元五年(717)八月五日《大唐故梓州長史河間劉公(彦之)墓誌并序》(周紹良藏拓本)云：“君諱彦之，字彦之，本沛國鄲人也。……妙年郡貢秀才擢第，拜海州朐山主簿。……春秋六十，唐開元三年九月十九日，終於厥官之官舍。”

　　裴元質，河東裴元質舉進士得第，見《太平廣記》引《朝野僉載》。

　　陸餘慶，《太平廣記》引《御史臺記》：“陸餘慶，吳郡人，進士擢第。累授長城尉，拜員外監察。久視中，遷鳳閣舍人。”

　　＊張愃，《補遺》册七，第 14 頁，張愃撰垂拱四年(688)四月八日《大唐幽州安次縣隆福寺長明燈樓之頌》署：“前成均監擢第進士、幽州都督府安次縣尉張愃文。”

　　＊裴昚，《全唐文》卷四七九許孟容撰《唐故侍中尚書右僕射贈司空文獻公(耀卿)神道碑銘并序》：“耀卿字子渙，河東聞喜人也。……王父昚，皇朝舉秀才，授許州司户。登明經高科，遷□□郎。”按裴昚事參見王維撰《裴僕射(耀卿)濟州遺愛碑并序》、辛稷撰《唐故左清道率府録事參軍于公故夫人裴氏墓誌銘并序》(見《彙編》[天寶 231])、《新唐書·宰相世系表一上》。按許孟容所撰《碑銘》，初登進士科，後又明經登科。

陳希烈，《太平廣記》引《定命錄》："左相陳希烈初進士及第，曾與人制碑文。其人則天時破家，因搜家資見其文，以爲與反者通，所由便以枷杖送於府。陳色無懼，自辨其事。"○孟按：《補遺》册七，第 393 頁，永泰三年(767)七月十三日《大唐故左相兼兵部尚書集賢院弘文館學士崇玄館大學士上柱國許國公陳府君（希烈）墓誌》："公諱希烈，字子明，潁川人也。……公發跡進士擢第，歷官廿正，從仕五十年。"

元希聲，崔湜《元公碑》："公諱希聲，河南洛陽人。舉進士，授相州内黄主簿。"

*邵炅（邵景），原作"邵景"，徐氏考云："《太平廣記》引《御史臺記》：'邵景，安陽人，擢第，授汾陰尉。'"趙校："岑仲勉云，此即卷四大足元年拔萃科之邵炅，'景'乃避宋諱改。見《訂補》。"今從岑補。

李日知，《舊書·孝友傳》："李日知，鄭州滎陽人。舉進士。"

周允元，《舊書·豆盧欽望傳》："允元，豫州人。弱冠舉進士。"

盧藏用，《舊書》本傳："字子潛，度支尚書承慶之姪孫也。父璥，官至魏州司馬。藏用少以詞學著稱，初舉進士，選不調，乃著《芳草賦》以見志。"

趙彦昭，《舊書》本傳："甘州張掖人，少以文詞知名。"《新書》："舉進士。"

盧懷慎，《舊書》本傳："滑州靈昌人。懷慎少清謹，舉進士。"

源乾曜，《舊書》本傳："相州臨漳人，隋比部侍郎師之孫也。父直心，高宗時爲司刑太常伯。乾曜舉進士。"

嚴挺之，《舊書》本傳："華州華陰人。少好學，舉進士。"《新書》："挺之名浚，以字行。"

畢構，《舊書》本傳："河南偃師人。父憬，則天時爲衛尉少卿。構少舉進士。"○孟按：《新唐書》本傳稱構"六歲能爲文。及冠，擢進士第"。

張漪，漪姪子顧愿撰《故朝散大夫著作郎張府君墓誌》云："君諱漪，字若水，范陽方城人，特進、中書令、漢陽王諱柬之府君之冢子。天縱明達，家傳孝友，質而能史，文而不華。周舉成均，進士擢第。"　按丁鳳撰漪子軫墓誌云："父漪，秀才擢第。"亦以進士爲秀才。

＊**蘇踐言**，乾隆二十六年刊明康海纂修《武功縣志》卷三《選舉志第七》載唐人舉進士者有蘇踐言。又四庫本《陝西通志》卷三十《選舉·唐》進士科：“蘇踐言，武功人。”考《舊唐書·蘇世長傳》：載初元年（690）蘇良嗣薨，“子踐言，太常丞，尋爲酷吏所陷，配流嶺南而死。”《新唐書·則天皇后紀》：“天授元年正月庚辰，大赦，改元載初……（七月）壬午，殺太常丞蘇踐言。”

＊**孟景休**，施補云：“《大唐新語》卷五孝行類：‘孟景休事親以孝聞，丁母憂，哀毀逾禮，殆至滅性。弟景裕，年在襁褓，景休親乳之。祭爲之豐，及葬時屬寒，跣而履霜，脚指皆墜，既而復生如初。景休進士擢第，歷監察御史、鴻臚卿，爲來俊臣所構，遇害，時人傷焉。’《登科記考》未錄，可補入附考。”

＊**裴巽**，《全唐文》卷二八二李迥秀撰《唐齊州長史裴府君（希惇）神道碑》：“公諱希惇，字虔實，河東聞喜人也。……嫡孫巽，鴻臚卿駙馬都尉上柱國魏郡開國公，行極天經，才爲世出，名題金榜，家振玉簫。”按《新唐書·宰相世系表一上》裴氏：“希惇字處實，齊州長史”；希惇子“思進，隋令”；思進子“巽，國子祭酒，駙馬都尉、魏國公”。按誌文撰於景龍二年（708）。

＊**鄭曾**，《全唐文》卷九九三闕名撰《唐故慈州刺史光禄卿鄭公（曾）碑》：“公諱曾，字景參，滎陽開封人也。……少而遊藝，長善屬文，□□□□高第，寧州羅川資州資陽縣尉。”按《新唐書·宰相世系表五上》鄭氏著有“曾，慈州刺史。”又《中州金石記》云：“《慈州刺史光禄卿鄭曾碑》，開元二十四年立，梁昇卿撰並書。”按誌文所言“少而遊藝，長善屬文”，其登第當爲進士科。

＊**陳斐**，詳下。

＊**陳光**，《全唐文》卷七三二趙儋撰《大唐劍南東川節度觀察處置等使户部尚書兼御史大夫梓州刺史鮮于公爲故拾遺陳公（子昂）建旌德之碑》：“公諱子昂，字伯玉，梓州射洪縣人也。……有子二人，並進士及第，長曰光，官至膳部郎中、商州刺史，仲曰斐，歷河東、藍田、長安三尉，卒官。”按《元和姓纂》卷三廣漢射洪陳氏：“左拾遺子昂；生光，祠部員外。”岑校云：“《郎官石柱》祠外有光名。趙儋《旌德碑》則云，官至善部郎中、商州

刺史。《大温國寺進法師塔銘》，約開元二十五年立，撰人爲太子司議郎陳光（《萃編》七）。”《新唐書·陳子昂傳》：“子光，復與趙元子少微相善，俱以文稱。光終商州刺史。”

　　*李謙順，《補遺》册五，第 376 頁，天寶六載（747）四月十六日《大唐版授本郡上黨郡司馬李府君（謙順）誌銘并序》云：“府君諱謙順，字郭奴，黎城縣人。……才高挺秀，位光製錦之能；進□（士）登科，調補神仙之尉。”　按李氏卒於天寶六載（747）四月，享年九十七。

　　王志愔，《舊書》本傳：“博州聊城人，少以進士擢第。”

　　韋維，《舊書·韋縝傳》：“維少習儒業，博涉文史，舉進士。”○孟按：《名賢氏族言行類稿》卷四：“韋維字文紀，進士對策高第。”

　　倪若水（倪泉），《新書》：“倪若水擢進士第。”《舊書》：“若水，恒州藁城人。”○孟按：《補遺》册六，第 391 頁，開元七年（719）十一月六日《大唐故尚書右丞倪公（泉）墓誌銘并序》云：“公諱泉，字若水，中山藁城人也。……曾未弱冠，聲已□於河朔矣。應八道使舉射□（策）登科，授秘書正字。復以舉遷右驍衛兵曹參軍，俄轉洛州福昌縣丞。又應封岳舉，授雍州□□□丞，調補長安縣丞。”倪氏卒於開元七年（719）正月，享年五十九。其初擢第是當在儀鳳間。按《彙編》［天授 044］天授三年（692）正月十七日《大周故承議郎行德州蔣縣令上騎都尉蘇君（卿）墓誌銘并序》（周紹良藏拓本）署云：“麟臺正字倪若水文。”又兩《唐書》亦皆稱“若水”，是以字行耳。

　　和逢堯，《新書》：“和逢堯，武后時負鼎詣闕下上書，流莊州十餘年。舉進士高第。”

　　蔣欽緒，《新書》：“欽緒工文詞，擢進士第。”

　　*鄭愔（字文靖），《太平寰宇記》卷九《河南道·鄭州·人物》：“鄭愔，滎陽人。年十七，進士及第。中宗朝弘文館學士。”《唐詩紀事》卷十一《鄭愔傳》：“愔，字文靖，年十七，進士擢第。神龍中爲中書舍人。”按朱補據《紀事》録入。

　　*蘇獻，乾隆二十六年刊明康海纂修《武功縣志》卷三《選舉志第七》載唐人舉進士者有蘇獻。又四庫本《陝西通志》卷三十《選舉·唐》進士科：“蘇獻，武功人。”考《元和姓纂》卷三鄠西蘇氏：“獻，駕部郎中。”岑校：

"獻於開元四、五年爲太常博士,見《會要》一二及一七。"《新唐書·宰相世系表四上》鄭西蘇氏:"獻,駕部郎中。"按獻爲幹子。

　　* 李伯魚,原列卷六開元六年(718)進士科,徐氏考云:"《唐詩紀事》:'伯魚,臨淄人。開元六年進士登第。善爲文,擢校書郎。出爲青州司功而卒。其妻范陽張氏女,燕公之妹也。燕公有張氏墓銘。'"　孟按:《全唐文》卷二三二張説《李氏張夫人墓誌銘》云:"臨淄李伯魚妻者,范陽張氏女,諱德性。……伯魚天下善爲文,擢校書郎,出爲青州司功而卒。夫人寡居無子,以歸宗焉。長安二年,四十有八,傾逝於康俗里,殯於永通門外。景龍三年,家疚居貧,季弟張説鬻詞取給,安厝伯姊於萬安山陽。"可知《紀事》、《記考》並誤,今移伯魚於"附考"。按陳補云:"《張説年譜》另據説撰《孔補闕集序》考知永昌間伯魚已任秘書郎,登第當在同年或此前。"

　　* 鄧文思,《彙編》[順天 001]袁□撰順天元年(759)十二月廿七日《□(唐)故寧遠將軍左衛郎將彭城劉府君夫人南陽鄧氏墓誌銘并□(序)》(北京圖書館藏拓本)云:"夫人姓鄧氏,其先南陽人也。……父文思,唐進士出身,懷州懷嘉縣尉。"按"順天"爲史思明年號(759—761)。

　　* 達奚恪,《彙編》[咸通 063]據《安徽通志金石古物考稿》(二)所録裴端辭撰咸通八年(867)八月十八日《唐故鄉貢進士達奚公(革)墓誌銘并序》云:"公諱革,字日新,其先軒轅氏之垂裔。……三代祖諱恪,舉進士高第,河南府濟源縣主簿。"

　　* 劉升,《彙編》[天寶 070]李翊撰天寶四載(745)十月十三日《大唐故太子右庶子任城縣開國男劉府君(升)墓誌銘并序》(北京圖書館藏拓本,開封博物館藏石)云:"公諱升,字陟遐,彭城人。……周流六籍,該覽百氏,窮草隸之妙,擅詞賦之工……優遊名公,綽有餘地,遂再射策甲科,三入清憲。"按劉升卒與開元十八年(730)六月二十九日,享年五十五。以年歲推之,其擢第約在武后朝中。亦見羅補。

　　* 劉□□(嘉德子),《彙編》[天寶 260]據《考古與文物》1982 年第 3 期《河南平頂山苗候唐墓發掘簡報》所録蔡彥先撰天寶十三載(754)十二月十三日《□□□□□朔方郡朔方縣令劉府君墓誌銘并序》言劉君"初□桂林之第,冠郡(孟按:疑當作"群")英之首;再射東堂之策,見聖人之心,

制授宋州宋城尉。……以天寶四載授朔方郡朔方縣令，未之官，寢疾，終於長安之客舍，春秋六十有三。"按劉氏當爲先擢進士第，後又應制舉及第。以年歲推之，其擢進士第時約在武后朝中。

路敬淳，《舊書·儒學傳》："敬淳，貝州臨清人。父文逸。敬淳舉進士。"

盧粲，《舊書·儒學傳》："盧粲，幽州范陽人。後魏侍中陽烏五代孫，祖彥卿。粲博覽經史，弱冠舉進士。"

劉延祐，《舊書·文苑傳》："劉允之，徐州彭城人。弟子延祐，弱冠本州舉進士，累補渭南尉。"

王祚，劉禹錫《王涯先廟碑》："惟户部府君，未冠以文售於有司，由前進士補延州陵安縣主簿。"

富嘉謨，《舊書·文苑傳》："富嘉謨，雍州武功人。舉進士，長安中累轉晉陽尉，與新安吳少微友善。"

吳少微，《舊書·文苑傳》："少微舉進士。"《唐詩紀事》："吳少微，進士第。"羅願《新安志》："吳御史少微，新安人，第進士。長安中，累官至晉陽尉，與武功富嘉謨同官友善。"○孟按：《太平廣記》卷二三五"吳少微"條引《御史臺記》："少微進士及第，累授晉陽太原尉，拜御史。"[嘉靖]《徽州府志》卷十三《選舉制·科第·唐》："長安元年：吳少微，歙人。"按兩《唐書》皆言富嘉謨與吳少微"長安中，累轉晉陽尉"，則長安元年（701）及第之說未詳所據。胡補繫在長安元年。按長安凡四年，久視二年（701）十月壬寅改元長安，則"長安元年"者，亦當爲二年榜也。今仍附此俟考。

王易從，蘇頲《王公神道碑》："霸城王府君諱易從，八歲工詞賦，十五讀典墳，十八涉歷代史，十九初遊太學，二十升甲科。"鄧名世《古今姓氏書辨證》云："王羆家杜陵，生明遠，明遠生壽，壽生河西令喆，喆生蒲州長史慶。慶五子，易從、敬從、擇從、朋從、言從。易從、擇從、朋從、言從四人俱擢進士第。至鳳閣者三人，故號鳳閣王家。自是訖大中，登第者十八人。"○按吳考云："考《全唐文》卷二五八蘇頲有《揚州大都督長史王公神道碑》文，《碑》云王易從'以年月日，遘疾終於府之官舍，享年六十。'又云：'粵開元十五年龍集於卯仲春日晨，卜葬於京兆咸陽洪瀆原。'按唐時卒葬往往相隔一段時間。王易從葬於開元十五年(727)仲春,其卒亦未必即在開元十五年初春,而很有可能在開元十四年。今以開元十四年卒,年六十計,則推得其生年爲高宗乾封二年(667)。又《碑》謂易從'十九初遊太學,二十升甲科。'《舊唐書》卷一七八《王徽傳》亦謂其'天后朝登進士第。'據前考,易從約乾封二年生,其生二十歲登第當在武后垂拱二年(686),與王徽傳所記合。"　孟按:吳考於易從卒年,乃推測而得,畢竟還缺乏直接證據,然易從之登第年,與此推測當相去不遠。今仍暫附於此,以俟確考。

　　＊李仁穎,原作"李□",徐氏考云:"陳子昂《水衡丞李府君墓誌》:'君諱某,趙國人也。少尚名節,躬行仁義。始入太學,以精理見知。未幾,登進士高第。'"趙校:"岑仲勉云,此即《新表》卷七二上之'李仁穎',見《訂補》。"按岑補云:"余就《新表》七二上考其世系,李某即李仁穎也。然誌下文又云:'洎上聞,對策甲科。'則仁穎亦當舉制科,而《登科記考》失載(失載者多,此附帶及之耳)。"今補其名。

　　陽珣,李華《陽騎曹集序》:"父珣,永平令,得進士舉,邦族高之。"

　　辛怡諫,《百門陂碑》題云"前成均進士隴西辛怡諫文"。

　　劉憲,《舊書‧文苑傳》:"劉憲,宋州寧陵人。父思立。憲弱冠舉進士。"○孟按:《名賢氏族言行類稿》卷三十:"劉憲,字元度,擢進士,累遷刑部侍郎。"

　　閻朝隱,《新書》:"朝隱連中進士、孝弟廉讓科。"《舊書‧文苑傳》:"朝隱,趙州欒城人。"

　　閻仙舟,

　　閻競幾,《永樂大典》引《欒城縣志》:"閻仙舟舉進士,歷官朝散大夫。閻競幾,仙舟弟,舉進士。乾元中爲秘書郎。"　按《元和姓纂》:"監察御史文逸生朝隱、仙舟。"則競幾、仙舟皆朝隱之弟也。

　　許景先,《舊書‧文苑傳》:"景先,常州義陽人,後徙家洛陽。少舉進士,授夏陽尉。"

　　馬光粹,李宗閔《馬公家廟碑》:"頎生光粹,舉進士,爲滎陽令。"

　　宋務光,《舊書》本傳:"舉進士及第。"

李惟恕，《寶刻叢編》引《集古錄目》云："唐匡城令鄭府君碑，前國子進士李惟恕書。"

蔣捷（蔣挺），《舊書·良吏傳》："蔣繪子捷，舉進士。"《新書》"捷"作"挺"。○孟按：作"挺"是。見《唐尚書省郎官石柱題名考》卷五《司封郎中·蔣挺》。《廣卓異記》卷十九"一家六人並進士及第（蔣挺）"條云："右按《登科記》：蔣挺二子洌、涣，挺弟播，播子準，洌子餗，一家父子孫六人並進士及第。"又參見《元和姓纂》卷七義興蔣氏下岑補。

＊蔣播，見上。亦見胡補。

＊劉道積，《彙編》[元和074]辛勗撰元和九年（814）十月六日《唐朝請大夫唐州長史兼監察御史彭城劉公（密）故夫人崔氏墓誌銘并序》（周紹良藏拓本）云："劉公名密，積襲衣冠，門爲世重，即皇朝進士出身、授秘書省秘書郎道積之曾孫。"又《彙編》[大和050]大和六年（832）七月十九日《唐故朝請大夫唐州長史兼監察御史彭城劉府君墓誌并序》（周紹良藏拓本）云："公諱密，字霞夫，其先望出彭城。……曾祖道積，進士擢第。"亦見羅補。

徐令名，《千唐》[757]徐易撰開元二十四年（736）十一月七日《大唐故德州安陵縣宰徐府君（令名）墓誌銘并序》（參見《彙編》[開元441]）云："府君諱令名，高平金鄉人。……解褐以重試授邢州柏仁縣尉。"

＊長孫□（釋道氤），《宋高僧傳》卷五《唐長安青龍寺道氤傳》："釋道氤，俗姓長孫，長安高陵人也。父容，殿中侍御史。母馬氏，夢五色雲覆頂，因有娠焉。……成於童稚，神氣俊秀，學問詳明。應進士科，一舉擢第。名喧日下，才調清奇，榮耀鄉里。……開元二十八年有疾……以其年秋八月十二日葬於終南山陰逍遙園側。"朱補據此著錄。又，《全唐文》卷九一四道氤小傳："道氤，俗姓長孫氏，長安高陵人。父容，殿中侍御史。氤少擢進士第，後遇梵僧心願出家，事京師招福寺慎言律師爲師。元宗幸洛，敕與良秀、法修隨駕。開元二十八年卒。"

＊韓琬，《舊唐書·韓思彥傳》："子琬。琬字茂貞，喜交酒徒，落魄少崖檢。有姻勸舉茂才，名動里中。刺史行鄉飲餞之，主人揚觶曰：'孝於家，忠於國，今始充賦，請行無算爵。'儒林榮之。擢第，又舉文藝優長、賢

良方正，連中。拜監察御史。"按琬中"文藝優長"、"賢良方正"二科，徐氏已繫於卷四天册萬歲二年（696）及神龍三年（707），然琬舉茂才擢第則漏收，今補。此條亦見朱補"年份待考之進士"。

＊**程逸**，《彙編》[開元322]開元十九年（731）三月十三日《故朝議郎歙州北野縣尉上騎都尉程府君（逸）誌銘并叙》（北京圖書館藏拓本）云："公諱逸，字思亮，京兆咸陽人也。……年甫弱冠，不拘常軌，悠遊經史，晦明藏用，天資亮拔，崖岸峻峙，遂入太學，射策甲科，調補歙州北野縣尉。……春秋五十有四遘疾，以開元十九年正月十八日終於從善里之私第也。"其弱冠之歲在萬歲通天二年（697），其登第當在此後數年間。亦見羅補。

＊**徐玄之**（徐元之），《元和姓纂》卷二諸郡徐氏："諫議大夫徐元之，居南昌。"岑校云："按《李文公集》一一《徐申行狀》云：'祖玄之，皇考功員外郎，贈吏部郎中、建議大夫。……'則知'元'之字本作'玄'。……《吳興備志》四引《一統志》，元之，建昌人，十七第進士，累遷監察御史、諫議大夫，開元七年出爲湖州刺史，有集十卷。"按《明一統志》卷五十二《南康府·人物·唐》："徐元之，建昌人。幼穎悟，博通經史，年十七第進士，累遷監察御史、諫議大夫，出爲湖州刺史，遷邠王府長史，改曹州刺史，卒。有文集十卷。"《萬姓統譜》卷七："徐元之，建昌人。幼穎悟，博通經史，年十七，第進士，累遷監察御史、諫議大夫，出爲湖州刺史。"又見《江西通志》卷四十九、卷九十一。

＊**李希倩**（李希靖）：四庫本《山西通志》卷一〇四《人物四·太原府·唐》："李希靖，文水人。明經積學，言動恒以禮自檢。神龍初以進士拜監察御史。正色立朝，直言敢諫，當時畏其風采，雖諸武擅權，希靖不爲屈。然性嚴厲，不諧於俗，故不大顯。子憕。"考《舊唐書》卷一八七《忠義下·李憕傳》："李憕，太原文水人。父希倩，中宗神龍初，右臺監察御史。"《新唐書》卷一九一《忠義上·李憕傳》略同。知"希靖"爲"希倩"之訛。按《山西通志》所載希靖（希倩）事不見於兩《唐書》，當別有所本。

＊**李恒**，《全唐詩》卷一〇五小傳："李恒，進士第，官安陽令。"按李恒爲景龍時人。此條亦見朱補"存疑"。

＊**李元祐**（李玄祐），《全唐文》卷二九二張九齡撰《故瀛洲司户參

軍李府君（元祐）碑銘并序》：“君諱元祐，字某，趙郡房子人。……弱冠舉進士，調補同州參軍，換瀛洲司户參軍。”按《新唐書·宰相世系表二上》作“玄祐”。

　　*宋遙，《千唐》[836]宋鼎撰天寶七載（748）正月十一日《唐故上黨郡大都督府長史宋公（遙）墓誌銘并序》（參見《彙編》[天寶118]）云：“公諱遙，字仲遠，廣平列人人也。……自國子進士補東萊郡録事參軍，舉超絕流輩，移密縣尉。……天寶六載二月五日終上黨公舍，享齡六十有五。”據《記考》所録科目，其應制舉“手筆俊拔，超越流輩科”當在景雲三年（712）。又據其歷職，其登進士科約在景龍間，今附此俟考。

　　*李景陽，《千唐》[702]開元十九年（731）二月十七日《唐故華州鄭縣主簿李府君（景陽）墓誌銘并序》（參見《彙編》[開元321]）云：“君諱景陽，隴西成紀人也。……國子進士高第，解褐太常寺太祝。”按景陽卒於開元十八年（730）十一月三十日，享年四十四。亦見羅補。

　　范履冰，《摭言》：“郭代公、崔湜、范履冰，皆由太學登第。”按履冰即范仲淹之遠祖，見富弼撰《范仲淹墓誌》。

　　*趙寶符，原作“趙實符”，趙校：“洪校本《姓纂》卷七‘實’作‘寶’。”

　　孟按：《補遺》册四，第458頁，天寶十載（751）四月《唐故國子祭酒趙君（冬曦）壙》云：“府君諱冬曦，字仲愛，博陵鼓城人也。……祖諱寶符，考諱不器，皆以進士擢。”作“寶符”是。

　　趙不器，

　　趙和璧，

　　趙居貞，

　　趙頤貞，

　　趙彙貞，

　　趙鄰，《廣卓異記》引《登科記》云：“趙不器子夏日、冬曦、和璧、安貞、居貞、頤貞、彙貞父子八人皆進士及第。內冬曦、安貞，神龍二年兄弟二人及第，時人謂之科第趙家。”《元和姓纂》：“趙寶符生不器，不器生夏日、和璧、冬曦、安貞、居貞、彙貞、顓貞，兄弟七人舉進士。自寶符至冬曦孫瓚，又五代進士。”　按“顓貞”疑即《登科記》“頤貞”之訛。　《舊書·韋述傳》

作“趙冬曦兄冬日，弟和璧、居貞、安貞、頤貞等六人，並詞學登科。”“冬日”當即“夏日”之訛。　《華岳題名》，大曆六年有前國子進士趙瓚。

　　＊陳承德，詳下。

　　＊陳齊卿，《彙編》［開成015］開成三年（838）四月廿二日《唐故處士潁川陳府君（汭）墓誌銘并序》（周紹良藏拓本）云：“府□（君）諱汭……曾祖承德，皇登進士科，陰平郡別駕；祖齊卿，繼升進士，再判高等，自監察御史終太常博士。”亦見羅補。

　　＊何簡，《彙編》［天寶013］據《芒洛冢墓遺文》卷中所録辛氏撰《大唐故左威衛倉曹參軍廬江郡何府君（簡）墓誌銘并序》云：“君諱簡，字弘操，廬江人也。……以進士及第，解褐揚州高郵主簿。……以天寶元年六月十九日卒於河南縣敦化坊之里第，春秋五十有七。”亦見羅補。

　　＊竇説，《彙編》［天寶159］郭季膺撰天寶九載（750）五月廿八日《唐故朝議郎行新安郡長史竇君墓誌并序》（北京圖書館藏拓本）云：“扶風竇君諱説，字説。……君氣稟沖和，德降純粹，少富文學，長多才能，待價弱年，崇文生擢第，授宣州參軍。”按竇説卒於天寶九載五月五日，享年六十二。

　　魏恬，《新書·魏玄同傳》：“子恬，字安禮，事親以孝聞，第進士。”

　　王愜，

　　劉仲丘，

　　崔藏之，見《新書·馬懷素傳》，皆懷素撰録《四部書目》者。

　　宇文審，《新書·宇文融傳》：“融子審，擢進士第。”

　　楊播，《舊書·楊炎傳》：“父播，登進士第，隱居不仕。”

　　嚴郢，《舊書》本傳：“字叔敖，華州華陰人。父正晦。郢及進士第。”

　　袁高，《舊書》本傳：“字公頤，恕己之孫。少慷慨慕名節，登進士第。”

　　段平仲，《舊書》本傳：“字秉庸，武威人，隋人部尚書段達六代孫。登進士第。”

　　胡珽，《舊書·胡證傳》：“證伯父珽，登進士第。”

　　蔣洌，

　　蔣渙，《舊書·良吏傳》：“捷子洌、渙，並進士及第。”又見《唐詩紀事》。

＊蘇顏，乾隆二十六年刊明康海纂修《武功縣志》卷三《選舉志第七》載唐人舉進士者有蘇顏。又四庫本《陝西通志》卷三十《選舉·唐》進士科："蘇顏，武功人。"　按《元和姓纂》卷三鄭西蘇氏："瓌，侍中、左僕射、許文貞公，生頲、冰、詵、乂、穎、顏。……顏，淮安太守，左武衛將軍。"《新唐書·宰相世系表四上》同。按《唐刺史考全編》卷一九一《山南東道·唐州（顯州、淮安郡）》考蘇顏於天寶中任淮安太守。

＊朱承慶，范成大《吳郡志》卷二十二引《翰林盛事》："朱佐日，郡人。兩登制科，三爲御史。子承慶，年十六，登秀才科，代濟其美。"又《永樂大典》卷二三六八引《蘇州府志》秀才科："朱承慶，年十六。佐日子。"按張補據《永樂大典》錄其名。

＊杜咸，《新唐書·杜正倫傳》：正倫從孫"咸，擢進士第，累遷右臺監察御史"。

＊裴夏日，《補遺》册四，第101頁，李定之長慶初撰《唐故襄城縣尉范陽盧公搏夫人河東裴氏墓誌銘并序》云："夫人其先河東聞喜人也。……曾祖夏日，進士及第，累贈工部郎中。"

李翰，《舊書·文苑·李華傳》："宗人翰，亦以進士知名。"梁肅《補闕李君前集序》："君名翰，趙郡贊皇人。弱冠進士登科，解褐衛縣尉。"

陸據，《舊書·文苑傳》："陸據，周上庸公騰六代孫。舉進士。"《新書》："據字德鄰，河南人。"○孟按：《補遺》册六，第61頁，陸據撰開元二十八年（740）四月《源衍墓誌》署"前鄉貢進士"，則其擢第當在此之前。

李文素，梁肅《越州長史李鋒墓誌》："文素以文章知名，舉秀才，歷伊闕尉。"

＊姚子彥，《全唐文》卷三九一獨孤及撰《唐故秘書監贈禮部尚書姚公（子彥）墓誌銘》："有唐秘書監永安縣侯姚公諱子彥，字伯英，其先馮翊蓮勺人也。……初舉進士，又舉詞藻，皆升甲科。……開元二十九年，詔立黃老學，親問奧義，對策者五百餘人，公與今相國河南元公載及廣平宋少貞等十人以條奏精辯，才冠列等。授右拾遺。"按子彥之兩登制科，徐松已分別繫於卷八開元二十六年（738）及開元二十九年（741），唯"初舉進士"失收，今據補。亦見施補。

顏康成，進士。

顏希莊，進士。二人爲顏含十二代孫，魯公祖行。

＊顏隱朝，原作“顏朝隱”，徐氏注云：“進士、拔萃，魯公父行。”　孟按：《全唐文》卷三四〇顏真卿《唐故通議大夫行薛王友柱國贈秘書少監國子祭酒太子少保顏君（惟貞）碑銘》：“隱朝……並進士、制舉。”又同上卷三三九顏真卿《晋侍中右光禄大夫本州大中正西平靖侯顏公（含）大宗碑》：“隱朝，進士、拔萃，河北尉。”

顏清修，進士。

顏孝悌，進士。

顏勝，進士。

顏方僑，進士。以上魯公兄弟行。

顏韶，進士，魯公姪。以上皆見顏真卿《顏含碑》。

＊顏覬，《全唐文》卷三四〇顏真卿《唐故通議大夫行薛王友柱國贈秘書少監國子祭酒太子少保顏君（惟貞）碑銘》：“覬，有文行，宏文進士。”

＊顏順，《全唐文》三三九顏真卿《晋侍中右光禄大夫本州大中正西平靖侯顏公（含）大宗碑》：“順，孝悌，進士，評事。”

＊常無欲，

＊常無爲，

＊常無求，《廣卓異記》卷十九《選舉》：“兄弟四人進士及第”條云：“右按《登科記》：常無欲並弟無爲、無名、無求皆進士及第。無欲、無名又拔萃入高等。”按常無名爲先天二年（713）進士科狀元已見本書卷五，餘並失載，今據補。亦見胡補。

＊達奚珣，《彙編》［咸通 063］據《安徽通志金石古物考稿》（二）所録裴端辭撰咸通八年（867）八月十八日《唐故鄉貢進士達奚公（革）墓誌銘并序》云：“公諱革，字日新，其先軒轅氏之垂裔。……叔祖珣，進士高第，禮部侍郎。”　按《記考》卷五，開元五年（717）“文史兼優科”録有達奚珣，則其登進士第當在之前。

＊李宙，朱補“存疑”：“《全唐文》卷三九七‘李宙小傳’：‘宙，開元朝登進士第，官殿中侍御史内供奉。’按，李宙兩《唐書》無傳，《舊唐書·李憕

傳》：‘（開元九年）屬宇文融爲御史，括田戶，奏知名之士……李宙及憕爲
判官，攝監察御史分路檢察，以課並遷監察御史。’李宙及進士第當在開元
九年前。”

崔液，進士第一，見《唐詩紀事》。

＊程行謀（程行謀），原作“程行謀”，徐氏考云：“蘇頲《程行謀神道
碑》：‘公名則，字行謀，〔趙校：原脫“謀”字，據《文苑英華》卷八八九補。又
岑仲勉《讀全唐詩札記》據《郎官考》卷十五以爲“謀”當作“謀”。〕世以字
行。志大好學，首中甲科。初補潞城尉。’”　孟按：趙校是。程行謀名見
《唐尚書省郎官石柱題名考》卷十五《金部郎中》；《唐御史臺精舍題名考》
卷二《殿中侍御史兼內供奉》。

蔡希寂，曲阿人，進士第，渭南尉。○孟按：《補遺》册六，第74頁，張
階撰天寶六載（747）十月十九日《唐故朝請大夫尚書刑部員外郎騎都尉蔡
公（希周）墓誌銘并序》：“公之令弟曰兹洛陽尉希寂季深，淵英茂異之士，
初射策高第，尉於渭南，與公並時焉。”誌末署：“第七弟朝議郎行洛陽縣尉
希寂字季深書。”又，此下原徐松著錄“張暈”，注云：“以上見《嘉定鎮江
志》。”按張暈已刪併至卷八開元二十三年（735）進士科。

劉□，儲光羲有《劉先生閑居詩》，注云：“先生及第後爲道士，居太
清宮。”

胡瑜，

胡玖（玫），○孟按：《舊唐書·胡證傳》：“胡證字啟中，河東人。父
瑱、伯父玫，登進士第。”

胡瑱，

胡玭，《元和姓纂》：“開元中，胡瑜弟瑱、玭並舉進士。”　按韓愈《胡
明允墓銘》五百家注引集注：“明允之父瑱、伯父玖，皆登第。”

張軫，呂巖説《故河南府參軍范陽張府君墓誌》：“君諱軫，字季心，其
先范陽方城人。九世祖貞，仕宋南徙。五世祖策，隨梁北歸，寓居襄陽，因
爲此土舊族。年九歲，以母氏宿願，固請爲沙門。自削髮緇流，持衣紺宇，
內求三藏之實，外綜六經之微。蹈其玄錧，得其深趣。蓋以爲攝慧乘者，
艮己以弘物；知理道者，徙義以適權。況乎祖之謀孫，初聞遺旨；兄之誠

弟,再有思告者哉！所以曳長裾,遊太學,不諂不黷,爲寵爲光。尋以進士
甲科拜河南府參軍事。"丁鳳亦撰軫墓誌云:"傅母罷乳,膻腥靡嘗;岐嶷有
成,詩書便覽。往昔中宗復辟,邪黨搆端,大父被奪鳳池,歸來典郡。見君
性不食肉,幼及成童,奏爲梵苑沙門,配居龍興精舍。載雖及紀,材必爲
時。君謂釋門之道也,祈没後之因,儒門之教也,救當今之弊,脩惠狹於善
己,濟世博於蒼生,反初服於巾簪,捨緇流而冠帶。屬天波昭滌,祖廟立
宗,支子從班,大才誰繼。喟然曰:'吾當擅鴻筆,取青紫。'即冑太學,擢秀
才。無何,拜河南參軍。其銘曰:翻飛國庠,擢秀明揚。"　按軫,張束之之
孫,漪之子。蓋由成均擢第。

　　*陳希望,《彙編》[天寶018]天寶元年(742)十月十六日《唐故處士
潁川郡陳府君(懿)夫人漁陽郡甯氏墓誌銘并序》(北京圖書館藏拓本)云:
"公諱懿,潁川人也。……故嗣子希望,碩邁弘敏,賢良方正,爰在弱冠,早
著甲科,尉相之滏陽,丞汝之梁縣,皆聲華載路,惠化在人。"

　　*侯愉,《彙編》[大和100]劉軻撰大和九年(835)十二月十一日《唐
故朝議郎陜州硤石縣令上柱國侯公(續)墓誌銘并叙》(北京圖書館藏拓
本)云:"公諱續,字夏士,上谷人。……祖諱愉,皇進士出身,幽州固安縣
令。"亦見胡補。

　　王岳靈,開元進士第,見《唐詩紀事》。

　　薛維翰,開元進士第,見《唐詩紀事》。

　　萬楚,開元進士第,見《唐詩紀事》。

　　楊顏,開元進士第,見《唐詩紀事》。

　　*李霞,岑補云:"拓本《故左領軍衛倉曹參軍李府君墓誌銘》云:'君
諱霞,字子徵……開元四年,始應鄉賦……其後進士擢第。'按霞卒開元廿
六,年卅六,其第進士當在此數年間,今《記考》七未見。"　　孟按:亦見羅
補。李霞墓誌參見《彙編》[開元466],惟"字子徵"作"字子微"。

　　*荆冬倩,《全唐詩》卷二〇三:"荆冬倩,《國秀集》云校書郎。"錄其
《奉試詠青》詩云:"路闢天光遠,春還月道臨。草濃河畔色,槐結路邊陰。
未映君王史,先標冑子襟。經明如可拾,自有致雲心。"《全閩詩話》卷一引
《唐人試帖》云:"按唐制,登進士後又有試名奉試,前崔曙、荆冬倩皆有奉

試題是也。”又《五代詩話》卷六引《唐人試帖》同。

　　＊薛幽棲，朱補：“宋陳葆光《三洞群仙録》卷一一‘侯楷同塵幽棲混俗’條：‘薛幽棲開元中登進士第，勇退不仕，入鶴鳴山訪漢天師治所。修行僅一紀，道氣愈充。’又見元趙道一《歷世真仙體道通鑑》卷三九‘薛幽棲’條：‘薛幽棲，蒲州寶鼎人也。性沈静，有敏識卓見。修舉業之暇，好聞方外事。唐明皇開元中及進士第，年始弱冠。調官陵郡尉，秩未滿，有林泉之興，遂拂衣去。’”

　　＊鄭老萊（鄭孝萊），《彙編》[大中 124]據《芒洛冢墓遺文》卷中所録裴瓚撰大中十年（856）十一月廿七日《唐故秘書郎兼河中府寶鼎縣令李府君夫人榮陽鄭氏（秀實）墓誌銘并序》云：“夫人榮陽鄭氏，諱秀實。……曾王父諱孝萊，皇進士及第，累官至遂寧郡守。”按《北京圖書館藏中國歷代石刻拓本滙編》[章 1111]、《隋唐五代墓誌滙編·洛陽卷》册十四（第 46頁）所收《李君妻鄭秀實墓誌》“孝”爲“老”之訛。《全唐文》卷七八四穆員撰《福建觀察使鄭公（叔則）墓誌銘》：“唐貞元八年四月十六日，福建團練觀察使福州刺史兼御史大夫鄭公（叔則）薨於位。……皇朝遂州刺史老萊……公則遂州之冢子。”又《彙編》[大中 135]據《芒洛冢墓遺文補遺》所録王式撰大中十年（856）十一月廿六日《唐故邵州鄭使君（珛）墓誌銘》云：“使君之曾王父，開元聞人，用前進士科，官至遂寧守，諱老萊。”又，《彙編》[天寶 067]天寶四載八月十七日《大唐故上柱國司馬府君（元禮）墓誌銘并序》撰者署：“大理寺丞鄭耆萊撰。”未詳是否一人。羅補作“鄭老萊”。

　　＊韓澄，四庫本《廣東通志》卷三十一《選舉志》：“唐舉茂才：韓澄，南海人。”同書卷四十四《人物志一·孝義·廣州府》：“韓澄，字伯源，南海人。曾祖瑗，三原人，顯慶中爲宰相。高宗立武昭儀爲后，瑗力諫，與褚遂良俱得罪。許敬宗、李義府復誣瑗不軌，貶南海，卒。子孫配廣州。澄生長南海，嘗默禱於羅浮山神祈復世讎。後以秀才得薦，官至尚書兵部郎中。”考《元和姓纂》卷四南陽堵縣（赭陽縣）韓氏：“瑗，侍中。孫澄，汲郡太守。”岑校云：“‘孫澄，汲郡太守’：《新表》作‘曾孫’，當可信，此奪‘曾’字。《統譜》二四，澄官至汲郡太守，歷兵部郎中。”

　　＊唻彦珍，朱補：“《寶刻叢編》卷七引《集古録目》：‘《唐西明寺上座智遠律師塔銘》，唐前進士唻彦珍撰，集賢院書手陳瑰書。……碑以開元

二十五年立。’”

　　＊張閎，《補遺》册六，第44頁，張閎撰開元十四年（726）五月七日《大唐故朝散郎行潞州上黨縣尉王少府公（嵩）墓誌銘并序》署曰：“前國子進士。”則其登第當在開元十四年之前。亦見王補。

　　＊趙子羽，《補遺》册六，第50頁，趙子羽撰開元十七年（729）《唐故游□（擊）將軍守左領軍衛右郎將上柱國燉煌縣開國公太原王公（秘）墓誌銘并序》署曰：“前鄉貢進士。”則其登第時間當在開元十七年之前。

　　＊熊曜，胡補云：“《全唐文》（中華書局影印本）卷三五一《熊曜小傳》：‘熊曜，南昌人，開元中進士，爲貝州參軍。’收有其《瑯琊臺觀日賦》一篇。按此賦又見《文苑英華》卷四《天象》四。未知爲開元何年進士賦題，《登科記考》於此均缺。”　孟按：《萬姓統譜》卷一：“熊曜，南昌人，剛直有詞學，與達奚珣、王准（當作維）爲文章之友。開元中進士及第，爲貝州參軍。”日本藏［萬曆］《新修南昌府志》卷十七《選舉·科第》：“開元中進士：熊曜。”同上卷十八《人物傳》：“熊曜，南昌人。祖九思，察孝廉。父彦方，廣州録事參軍。曜剛直有詞學，與禮部達奚珣、右丞王維爲文章友。開元中及進士第，解褐貝州臨清縣尉，轉左驍衛冑將軍，卒。”又見《江西通志》卷四十九。按《元和姓纂》卷一南昌熊姓：“開元臨清尉熊躍。”岑校云：“《封氏聞見記》九，熊躍爲臨清尉，與太原守宋渾同時。《統譜》一，開元中進士，爲貝州參軍，即此人。《全文》三五一收熊曜《琅琊台觀日賦》一篇。《全詩》三函八册岑參有《呈熊曜》詩，十一函八册有曜《送楊諫議赴河西判官》詩。‘躍’應正作‘曜’。”

　　＊吳鞏，［嘉靖］《新安名族志》下卷《吳姓·休寧·城北》：“少微子鞏，開元中第進士，爲中書舍人。”《舊唐書·吳少微傳》：“微子鞏，開元中爲中書舍人。”按吳鞏登開元十七年（729）“才高未達，沈跡下僚科”，已見本書卷七。

　　＊蕭昕，《舊唐書》本傳：“少補崇文，進士。開元十九年，首舉博學宏辭，授陽武縣主簿。”其進士及第當在開元十九年（731）之前。

　　劉裴，《邵氏聞見前録》：“劉微之子裴，開元中以功臣之後賜進士第，爲濟州東阿縣令。”

　　崇穎，《通志·氏族略》，唐開元登科有崇穎。

張佐，孫頠《申宗傳》云“開元中前進士張佐”。

參開，《通志・氏族略》，唐開元登科有參開。

＊張謙，《彙編》[天寶207]據《芒洛冢墓遺文五編》卷五所錄張肅撰天寶十一載（752）九月三十日《唐河東郡故張府君（謙）墓誌銘并序》云：“府君諱謙，字景倩，河東郡人也。……載廿四，秀才登科。”亦見王補。

＊韋鎰，《唐文拾遺》卷二十七呂溫撰《唐故銀青光禄大夫京兆尹兼御史大夫上柱國贈吏部尚書京兆韋公（武）神道碑銘并序》：“公姓韋氏，諱武，字某，京兆杜陵人也。……父（鎰）舉進士、宏詞、制策皆入殊科，又判入高等。”按韋鎰登第時間約在開元年間。亦見張補。

＊樊晃，《國秀集》卷下錄有“前進士樊晃”詩一首。《全唐文》卷三九八小傳謂其“開元時擢書判拔萃科”按其名又誤作“樊冕”、“楚冕”、“樊光”，參見岑仲勉《元和姓纂四校記》卷四。

＊薛彥國，詳下。

＊薛彥雲，詳下。

＊薛彥輔，《舊唐書・薛播傳》：“初，播伯父元曖終於隰城丞，其妻濟南林氏，丹陽太守洋之妹，有母儀令德，博涉《五經》，善屬文，所爲篇章，時人多諷詠之。元曖卒後，其子彥輔、彥國、彥偉、彥雲及播兄據、摠並早孤，悉爲林氏所訓導，以至成立，咸致文學之名。開元、天寶中二十年間，彥輔、據等七人並舉進士，連中科名，衣冠榮之。”《新唐書・薛播傳》：“播早孤，伯母林通經史，善屬文，躬授經諸子及播兄弟，故開元、天寶之間，播兄弟七人皆擢進士第，爲衣冠光躚。”又明萬曆刻本《盛唐詩紀》卷一一〇林氏小傳：“林氏，丹陽太守洋之妹，隰城丞元曖之妻也。善屬文，男彥輔登開元進士第。”並錄其《送男彥輔左貶》詩。按偉、據、摠、播四人，徐松皆已著錄。施補亦據《舊唐書・薛播傳》錄彥輔、彥國、彥雲三人。

＊王仙期，《補遺》册六，第149頁，李寬中撰大和九年（835）三月廿八日《唐故監鐵嶺南院巡官試左千牛衛長史王公（正言）墓誌銘并序》云：“公諱正言，太原晉人也。……大王父諱仙期，進士及第。”

＊韋最，《補遺》册三，第64頁，蘇侁撰開元二十五年（737）十二月三日《唐故京兆府長安縣尉韋府君（最）墓誌銘并序》云：“君諱最，字豁

達……以詩書之正風，禮樂之雅節，回賜之科首，游夏之用心，遂補崇文生。對策高第，授岐州岐陽縣尉。"

　　＊鄭日成，《彙編》[開元500]鄭日成撰開元二十七年（739）十月《大唐故右驍衛倉曹參軍滎陽鄭府君（齊閔）墓誌銘并序》署："從父姪前鄉貢進士日成撰。"亦見王補。

　　趙惟陳，《直齋書錄解題》，《琴書》三卷，唐待詔趙惟陳撰，稱"前進士、滁州全椒尉"。

　　＊[韋弇，《宣室志》："杜陵韋弇字景照，開元中舉進士第。"　孟按：徐氏所引稱《宣室志》見於《太平廣記》卷四〇三"玉清三寶"條，原文如下："杜陵韋弇，字景昭。開元中，舉進士第，寓遊於蜀。蜀多勝地，會春末，弇與其友數輩爲花酒宴，雖夜不殆。一日，有請者曰：'郡南去十里有鄭氏亭，亭起苑中，真塵外境也。願偕去。'弇聞其說，喜甚，遂與俱。南出十里，得鄭氏亭。端空危危，橫然四峙，門用花闑，砌用烟蠱。弇望之，不暇他視，真所謂塵外境也。使者揖弇入。既入，見亭上有神仙十數，皆極色也，凝立若佇，半掉雲袂，飄飄然。其侍列左右者亦十數。紋綉杳渺，殆不可識。有一人望弇而語曰：'韋進士來。'命左右請上亭。斜欄層去，既上且拜。群仙喜曰：'君不聞劉、阮事乎？今日亦如是。願奉一醉，將盡春色。君以爲何如？'弇謝曰：'不意今日得爲劉、阮，幸何甚哉！然則次爲何所？女郎又何爲者？願一聞知。'群仙曰：'我，玉清之女也，居於此久矣。此乃玉清宮也。向聞君爲下第進士，寓遊至此，將以一言奉請，又懼君子不顧，且貽其辱，是以假鄭氏之亭以命君，果副吾志。雖然，此仙府也，雖云不可滯世間人，君居之，固無損耳。幸不以爲疑。'即命酒樂宴亭中。絲竹盡舉，飄然泠然，凌玄越冥，不爲人間聲曲。酒既酣，群仙曰：'吾聞唐天子尚神仙，吾有新樂一曲，曰《紫雲》，願授聖主。君，唐人也，爲吾傳之一進，可乎？'曰：'弇，一儒也。在長安中，徒爲區區於塵土間，望天子門且不可見之，又非知音者，曷能致是？'群仙曰：'君既不能，吾將以夢傳於天子可也。'又曰：'吾有三寶，將以贈君，能使君富敵王侯，君其受之。'乃命左右取其寶。始出一杯，其色碧，而光瑩洞澈，顧謂弇曰：'碧瑤杯也。'又出一枕，似玉，微紅，曰：'紅蕤枕也。'又出一小函，其色紫，亦似玉，而瑩澈則過之，曰：'紫玉函也。'已而皆授弇。弇拜謝別去。行未及一里，迴望其

亭，茫然無有。弇異之，亦竟不知何所也。遂挈其寶還長安。明年下第，東遊至廣陵。因以其寶集於廣陵市。有胡人見而拜曰：‘此天下之奇寶也。雖千萬年，人無得者。君何得而有？’弇以告之，因問曰：‘此何寶乎？’曰：‘乃玉清真三寶也。’遂以數千萬爲直而易之。弇由是建甲第，居廣陵中爲豪士，竟卒於白衣也。”觀文中言弇“爲下第進士”、“明年下第”、“竟卒於白衣”云云，其未嘗擢第甚明，則“開元中舉進士第”當爲“開元中，舉進士下第”之誤。又《太平廣記》卷三十三引《神仙感遇傳》“韋弇”條亦載此事，其文曰：“韋弇字景照，開元中，舉進士下第。”下文略同。知《宣室志》誤，徐松亦從其誤。故此條當删。]

滕雲冀，開元進士，見《元和姓纂》。

＊崔倚，韓愈《宣武軍觀察巡官試大理評事博陵崔公（翰）墓誌銘》：“父倚，舉進士，天寶之亂隱居而終。”見施補。

田休光，《法藏禪師塔銘》題云“京兆府前鄉貢進士田休光撰文”。

陳彝爽，《乾饌子》：“陳義郎父彝爽，與周茂方皆東洛福昌人，同於三鄉習業，彝爽擢第歸。天寶中，彝爽調集，授蓬州儀隴令。”

苑咸，進士第，見《唐詩紀事》。

＊韋肇，孟按：《南部新書》卷二：“韋肇初及第，偶於慈恩寺塔下題名，後進慕效之，遂成故事。”舊題宋吕祖謙輯《東萊先生分門詩律武庫》卷三《榮貴門》“雁塔”條、宋劉應李輯《新編事文類聚翰墨全書》辛集卷九“雁塔”條所記皆同上。又明郎瑛《七修類稿》卷二十《辯證類》“雁塔題名”條亦云：“至於題名之説，一云韋肇及第，偶爾題名寺塔，遂爲故事；一云張莒本寺中閑遊，戲題同年之名於塔。然人雖不同，其義其時一也。”按薛亞軍《〈登科記考〉正補》據《南部新書》補其名。

韋迪，○孟按：《補遺》册七，第94頁，韋道沖撰元和十二年（817）十月十四日《唐故奉義郎行京兆府涇陽縣丞韋府君（柏尼）墓誌文并序》：“公諱柏尼，貫萬年也。……先府君迪，登第太常，終太子中舍人。祖景駿，持節刺房陵，入奉先令。”按誌文中韋迪，即述之弟，見兩《唐書·韋述傳》。

韋逌，

韋迥，

韋辿，

韋巡，《廣卓異記》引《登科記》云："韋述並弟迪、遒、迥、辿、巡六人，
皆進士及第。"《舊書·韋述傳》同。

＊張琪，

＊張環，

＊張璜，

＊張珮，

＊張琬，

＊張琚，

＊張瑗，《廣卓異記》卷十九《舉選》"兄弟七人進士及第"條云："右按
《登科記》：張琪、弟環、璜、珮、琬、琚、瑗兄弟七人並進士及第。後琪爲弘
文館學士，環集賢學士。"按《全唐文》卷三五二張環小傳："環，開元中進
士，官侍御史。"亦見胡補。

李湜，《太平廣記》引《廣異記》："趙郡李湜以開元中謁華岳廟，過三
夫人院，忽見神女悉是生人。湜問以官，云：'合進士及第，終小縣令。'皆
如其言。"

盧象，劉禹錫《故尚書主客員外郎盧公集序》云："公諱象，字緯卿，始
以章句振起於開元中，與王維、崔顥比肩。由前進士補秘書省校書郎。"

＊崔汪，《全唐文》卷四二〇常兖撰《劍南節度判官崔君（汪）墓誌
銘》："故人清河崔汪字巨源，舉秀才，校文，尋佐戎衛，遷廷尉評，辟荆、襄、
益三府。春秋若干，大曆四年月日遇疾終於成都官舍。"

＊安雅，《補遺》冊七，第49頁，安雅撰天寶二年（743）六月四日《大
唐故定遠將軍右威衛朔府左郎將上柱國羅公（炅）墓誌銘并序》署："前國
子進士、集賢殿待制臨淄安雅述。"

＊常非自（常非月），《文苑英華》卷五〇三常非月名下注："《登科
記》作'自'。"《全唐文》卷三五六同。

＊何□（釋普門子），《全唐文》卷九一九普門子小傳："普門子，俗
姓何氏，岳陽人。登進士第，後爲沙門，住南岳寺。貞元八年卒。門人曇
環集遺文二百篇行於世。"按普門子事蹟見《咸淳毗陵志》卷二十五，然未

載其登科事。

　　＊周鍠，《千唐》[772]開元二十七年（739）正月二十八日《大唐故朝議郎行監察御史周府君（誠）墓誌銘并序》（參見《彙編》[開元483]）云：“君諱誠，字子諒，分族於周，汝南平興之著姓也。……長子鍠，冠年進士擢第。”按周鍠擢第時間當在開元二十七年（739）之前。亦見張補。

　　＊鄭旷，原作“鄭□”，徐氏考云：“白居易《故滁州刺史贈刑部尚書鄭公墓誌》：‘公諱某，好學攻詞賦，進士中第。’按即雲逵之父。”　孟按：白氏撰鄭公墓誌見《白居易集》卷四十二，原題作“《故滁州刺史贈刑部尚書榮陽鄭公（旷）墓誌銘并序》”，文曰：“公即秘書第三子。好學，攻辭賦，進士中第，判入高等，始授鄽城尉。”按《新唐書》卷一六一《鄭雲逵傳》：“鄭雲逵，系本榮陽。父旷，爲鄽城尉……終滁州刺史。”是知“鄭□”即鄭旷。按陳冠明《〈登科記考〉補名摭遺》亦據《新唐書·鄭雲逵傳》補其名。

　　王昭度，張景《河南縣尉廳壁記》：“太原王昭度，字世範，登進士第，爲河南尉。”

　　李叔恒，《舊書·文苑傳》：“李商隱曾祖叔恒，年十九登進士第，位終安陽令。”李商隱《請盧尚書撰曾祖妣誌文狀》：“安陽君諱某，字叔恒，年十九一舉中進士第。與彭城劉長卿、劉眘虛、清河張楚金齊名。”

　　＊陸振，《補遺》册五，第391頁，天寶十載（751）九月五日《大唐故陸府君（振）墓誌并序》云：“右金吾衛胄曹參軍陸振之墓。家本吳人……敏而好古，博識多能。翰札參乎臺妙，詞賦繼于文海。幼以門蔭爲昭文生，光胄子□。射策高第，調補左衛率府錄事參軍，超恒選也。”按陸氏卒於天寶十載（751）八月，享年二十七。

　　蘇源明，《新書》本傳：“源明，京兆武功人。初名預，字弱夫。天寶間及進士第。”杜少陵《八哀詩》有蘇源明詩云：“射君東堂策，宗匠集精選。制可題未乾，乙科已大闖。”　按杜所言，似又登制科也。

　　崔倫，《新書·崔衍傳》：“父倫，字叙。〔趙校：原作‘字叙居’。據《新書》卷一六四，‘居’字應屬下讀，今刪。〕及進士第。”

　　楊綰，《舊書》本傳，舉進士。○孟按：《彙編》[天寶141]天寶八載（749）正月十一日《唐故新定郡遂安縣尉李府君夫人博陵崔氏墓誌銘并序》署:"前鄉貢進士弘農楊縮述。"則其擢第當在天寶八載之前。

劉迺,《新書》本傳:"河南伊闕人。"《舊書》本傳:"字永夷。高祖武
幹,武德初拜侍中,即中書侍郎林甫從祖兄子也。父如璠,朐山丞。迺天
寶中舉進士。"

辛平,天寶進士,見《元和姓纂》。

* 蘇懂(蘇檀),乾隆二十六年刊明康海纂修《武功縣志》卷三《選舉
志第七》載唐人舉進士者有蘇懂。又四庫本《陝西通志》卷三十《選舉·
唐》進士科:"蘇檀,武功人。"考《元和姓纂》卷三鄴西蘇氏:"懂,太府卿。"
《新唐書·宰相世系表四上》鄴西蘇氏:"檀,太府卿。"按"懂"、"檀"二字形
近易訛,當從《姓纂》作"懂"。

* 謝良弼,朱補:"《雲笈七籤》卷一一五引《墉城集仙錄》'王氏'條
云:'王氏者,中書舍人謝良弼之妻也,東晉右軍逸少之後,會稽人也。良
弼進士擢第,爲浙東從事,而婚焉。'又見《歷世真仙體道通鑑》卷五。按,
《新書·鮑防傳》:'(防)與中書舍人謝良弼友善,時號"鮑謝"云。'顧況《禮
部員外郎陶氏集序》:'中書舍人良弼、良輔……名自公出。'據此,謝良弼
與鮑防、謝良輔同時;考謝良輔天寶十載(751)及進士第,鮑防天寶十二載
(753)及進士第,則良弼進士擢第亦當在天寶年間。"

* 長孫□,《杜詩詳注》卷五《哭長孫侍御》詩云:"道爲謀書重,名因
賦頌雄。禮闈曾擢桂,憲府舊乘驄。"知此長孫氏嘗擢第。仇注:"朱注:
'此詩或刻杜誦,載高仲武《中興間氣集》,今載子美集中。《文苑辯證》兩
存其説。'鶴注:'公有《送長孫九侍御赴武威判官》詩,稱其爲詩流,與此合
意。豈其未到官而死耶? 當是至德二載作。'今按:此詩不及亂離中語,恐
非長孫九侍御也。"岑仲勉《唐人行第錄》著錄"長孫九",注:"《少陵集》五
《送長孫九侍御赴武威判官》。又《哭長孫侍御》詩,或稱杜誦作。名未
詳。"徐松《登科記考》所錄姓長孫者,惟卷九天寶十二載(753)進士科下據
《唐詩紀事》所錄長孫鑄,鑄名見《元和姓纂》卷七,官倉部員外郎。且其以
天寶十二載登科,至德二載(757)時未必能官侍御也。與此長孫氏固非
一人。

* 李封,《千唐》[851]張恒撰天寶九載(750)七月廿三日《唐故夫人
博陵崔氏墓誌銘并序》(參見《彙編》[天寶160])文末署:"前進士隴西李封

書。”則其擢第當在天寶十載(751)之前。亦見王補。

　　＊**柳成**，《彙編》[天寶168]據《芒洛冢墓遺文》卷中所錄天寶九載(750)十一月十七日《故隴西李府君(系)墓誌銘并序》題下署：“前崇文館進士柳成撰。”知其擢第當在天寶十載(751)之前。按原文“柳”作“桥”，據《補遺》册六第78頁改。又，張補錄作“析成”，誤。

　　＊**竇公衡**，《彙編》[天寶171]天寶九載(750)十二月七日《□□故前東京國子監大學進士上騎都尉李府君(華)墓誌銘并序》(北京圖書館藏拓本，開封博物館藏石)題下署云：“前河南府進士竇公衡撰。”知其擢第當在天寶十載(751)之前。亦見羅補。

　　＊**劉長卿**，孟按：徐氏原列長卿於卷八開元二十一年(733)，考云：“《唐才子傳》：‘劉長卿字文房，河間人。開元二十一年徐徵榜及第。’”《唐才子傳校箋》卷二《劉長卿傳》箋云：“《極玄集》卷下劉長卿名下云：‘開元二十一年進士。’《郡齋讀書志》卷四上別集類、《直齋書錄解題》卷一九詩集類上，所載皆同，或皆據《極玄集》。徐松《登科記考》卷八即據《才子傳》所載，列劉長卿爲開元二十一年(733)進士登第，又列徐徵爲是年狀元。……按劉長卿有《落第贈楊侍御兼拜員外仍充安大夫判官赴范陽》詩(《劉隨州集》卷六)，詩之前半爲贊楊侍御……後乃傷己之連遭不第：‘念舊追連茹，謀生任轉蓬。泣連三獻玉，瘡懼再傷弓。戀土函關外，瞻塵灞水東。他時書一札，猶冀問途窮。’則作此詩時長卿尚未及第。而詩題稱楊侍御‘充安大夫判官赴范陽’，此范陽之安大夫，考之史籍，乃安禄山。《舊唐書》卷二〇〇上《安禄山傳》：‘(開元)二十八年，爲平盧兵馬使。……天寶元年，以平盧爲節度，以禄山攝中丞爲使。……三載，代裴寬爲范陽節度。……六年，加大夫。’《新唐書》卷二二五上《安禄山傳》同。據此，則安禄山於天寶元年(742)以攝御史中丞爲平盧節度使；天寶三載(744)又任范陽節度使，天寶六載(747)加御史大夫銜。開元、天寶間，安姓而又任范陽節度使、領御史大夫銜者，僅安禄山一人。由此可證，天寶六載前，劉長卿尚未進士及第。又李肇《國史補》卷下載：‘開元二十四年，考功郎中李昂爲士子所輕詆，天子以郎署權輕，移職禮部，始置貢院。天寶中，則有劉長卿、袁咸用分爲朋頭，是時常重東府西監。至貞元八年，李觀、歐陽詹猶以廣文生登第，自後乃群奔於京兆矣。’五代王定保《唐摭言》

卷一《兩監》條亦引《國史補》文,云'天寶中,袁咸用、劉長卿分爲朋頭。'朋頭,亦作棚頭。……則所謂朋(棚)者,乃國子學生或崇文、弘文兩館諸生之應試者組織,而'推聲望者'爲朋(棚)頭,劉長卿登第前即曾任朋(棚)頭,其時則在天寶中。據上所考,則長卿之進士及第當在天寶中(即天寶六載以後)確年雖未能考定,但所謂開元二十一年登第之說則誤(按清閻若璩《潛丘札記》卷四上對開元二十一年登第說亦已致疑)。"同上書册五《劉長卿傳》陳尚君補箋:"按敦煌遺書斯五五五有樊鑄《及第後讀書院詠物十首上禮部李侍郎》,今存八首並殘詩一首。鑄另有天寶三載作《檄曲江水伯文》,見《唐文粹》卷三三。《劉隨州集》卷四有《雜詠八首上禮部李侍郎》,雖所詠之物與樊鑄不同,但可肯定爲一時之作。據此可知長卿爲'禮部李侍郎'知舉年及第。檢《登科記考》卷八至卷九,自開元二十四年該由禮部試進士後,李姓知貢舉者有:天寶六載至八載,禮部侍郎李巖;九載,禮部侍郎李暐;十載,兵部侍郎李麟;十一載,禮部侍郎李麟。長卿及第,應在此數年中,爲李巖所取的可能性似更大些。"

＊樊鑄,《全唐詩外編・補全唐詩》錄樊鑄《及第後讀書院詠物十首上禮部李侍郎》詩。小傳云:"樊鑄的詩不見他書,但在敦煌寫本內兩見,他的作品在唐代流傳似較廣泛。《十詠》題'前鄉貢進士'。《唐文粹》卷三十三上載有樊鑄的《檄曲江水伯文》(《事文類聚》前集卷十七頁 31 上亦載此文),說明作檄的原故,是因'天寶三載,溺群公之故也。'因知他是開元天寶時代的人。"另見上劉長卿考。按陳冠明補疑樊鑄爲天寶七載(748)擢第,然亦無確證。當存疑俟考。

＊柳森,《補遺》册四,第 48 頁,元份撰天寶九載(750)二月廿五日《大唐故汴州尉氏縣令衡公前夫人范陽盧氏墓誌銘并序》云:"夫人無子,有三女。……次適前鄉貢進士河東柳森。"按柳森登第時間當在天寶九載(750)之前。

＊李收,《補遺》册六,第 80 頁,李收撰天寶十載(751)十月廿一日《唐故豐王府户曹參軍皇族叔李府君(複)墓誌銘并序》署曰:"前國子進士李收述。"知其登第時間在天寶十載(751)之前。

＊劉灣,施補云:"《唐詩紀事》卷二十五劉灣條:'劉灣,字靈源,彭城人。天寶進士'《登科記考》卷九頁 1 至 34,天寶各年下及卷二十七附考均

未載，可補入附考。" 孟按：雖《元和姓纂》卷五岑校謂劉灣天寶"十載尚未第，則天寶亂時當未至侍御史"，然其當由登進士第而入仕。今補入。

＊滕珦，劉禹錫《贈致仕滕庶子先輩》題下原注："時及第八人中最長。"詩中云："朝服歸來畫錦榮，登科記上更無兄。……陵寒却向山陰去，衣綉郎君雪裏迎。"按"更無兄"者，謂更無如其年長者也。《唐會要》卷六十七《致仕官》：大和"三年四月，右庶子致仕滕珦奏：'伏蒙天恩致仕，今欲歸家，鄉在浙東，道途遥遠，官參四品，伏乞特給婺州已來券，庶使衰羸獲安，光榮鄉里。'敕旨：'滕珦致仕還鄉，家貧路遠，宜假公乘，允其所請。自今以後，更有此類，便爲定例。'"又《文苑英華》卷一八四《省試五》録其《釋奠日國學觀禮聞雅頌》詩，令狐峘亦有同題、同韻之詩，當爲同時所作。令狐峘於天寶末進士及第，《記考》繫之於天寶十五載(756)。其年"進士三十三人"，徐松考云："《文苑英華》載皇甫冉《東郊迎春》詩，當是此年試題。"與劉詩所言"八人"及滕珦、令狐峘詩皆不合，未詳孰是，俟考。

＊達奚撫，《全唐文》卷三〇七張楚《與達奚侍郎書》："復考進士文策，同就侍郎廳房，信宿重關，差池接席。挀撼之務，仰山彌高。於時賢郎，幼年詞翰，公以本司恐謗，不議祁奚。僕聞善必驚，是敬王粲。驟請座主，超升甲科。今果飛騰，已遷京縣。雖云報國，亦忝知人。此疇昔之情八也。"按此節言楚與達奚珣當年同於吏部考覆進士文策時，珣子登進士甲科。(注：祁奚，春秋時晋人，有"外舉不避仇，内舉不隱子"之譽，此用其典。)考《明皇雜録》卷上云："楊國忠之子暄，舉明經。禮部侍郎達奚珣考之，不及格，將黜落，懼國忠而未敢定。時駕在華清宮，珣子撫爲會昌尉，珣遽召使，以書報撫，令候國忠具言其狀……"又《新唐書·外戚傳》亦載其事。知珣子撫，嘗擢進士甲科，官會昌尉。

＊程通，《補遺》册六，第89頁，程通撰乾元二年(759)二月十二日《唐故宣義郎左藏署令王君(□昇)□志》署曰："前廣文館進士。"知其登第在乾元二年(759)之前。

＊沈務本，詳下。

＊沈利賓，詳下。

＊沈忌(沈志)，詳下。

＊沈遠(沈達)，詳下。又《補遺》册二，第33頁，□遠撰貞元十六年

(800)八月二十四日《唐故法雲寺大德真禪師墓誌銘并序》署曰："前進士。"按據誌文所言"以遠屬忝諸孫"，則撰者與墓主當屬同姓。又誌文曰："禪師本系吳興□氏。自漢述善侯、宋司空公，以迄於皇考鄜縣令昂。"考宋代談鑰《嘉泰吳興志》卷十六《賢貴事實》："沈戎：《南史》云：初爲九江從事，説降劇賊尹良，光武封海昏侯，辭不就。徙居會稽烏程縣餘不鄉，遂家焉。戎後爲述善侯，葬金鵝山。宋元嘉三年，戎八代孫司空慶之、吏部尚書曇慶五、兵尚書懷明、左光禄大夫孟顗等奏請過江捨祖宅爲寺，文帝以爲述善侯有功於人，同懷其德，因以懷德名寺。"因知誌文撰者"□遠"即沈遠。其登第當在貞元十六年(800)之前。

＊**沈希義**，詳下。

＊**沈頌**，《嘉泰吳興志》卷十六《賢貴事實》："沈務本，吳興人。務本官至給事中。子利賓，利賓子志，志子達，四世進士及第。又有沈希義，進士及第，性剛直，嘗渡京口，江船欲覆，乃拔劍叱怒，風爲之息。又沈頌亦進士第。" 按《元和姓纂》卷七吳興沈氏："給事中、薛王傅沈務本，稱寂孫。挺。生利賓，大理評事。利賓生忌。忌生建、迥、達。達，閬州刺史。"
按"忌"與"志"，"達"與"達"，皆形近易訛，今以《姓纂》爲正。

＊**白論**，《補遺》册五，第435頁，大中九年(855)十一月四日《大唐故白府君(公濟)墓誌銘并序》云："府君諱公濟，字子捷，本太原人也。……曾祖諱璘，皇任揚州録事參軍。祖諱論，皇任坊州宜君縣令。盛族簪纓，內外軒冕。皆進士出身，俱登甲科。"然《唐代墓誌彙編續集》[乾符030]據一九八八年第四期《考古與文物》録作"祖季論，坊州宜君縣令"，存疑。

＊**暢璀**，《舊唐書·暢璀傳》："暢璀，河東人也。鄉貢進士。天寶末，安禄山奏爲河北海運判官。三遷大理評事，副元帥郭子儀辟爲從事。"又傳末史臣論曰："禄山寇陷兩京，儒生士子，被脅從、懷苟且者多矣。……璀擢第居官，守分無過，又何咎焉。"

邵説，《舊書》本傳："相州安陽人。舉進士，爲史思明判官。"説《讓吏部侍郎表》："微臣十六而孤，迨至天寶年中，謬忝詞場擢第。"

王定，權德輿《王定神道碑》："定字鎮卿，京兆人。弱冠遊太學，進士甲科。" 按定即易從之子，見《舊書·王徽傳》。○今按：《唐代墓誌彙編續集》[景福001]據《隋唐五代墓誌滙編·河南卷》第一册録強道撰景福四年(895)十月十七日《唐鄭州原武縣令京兆王公墓誌銘并序》:"曾祖諱定,進士及第,考功郎中,知□□□諫議大夫,贈禮部尚書。"

王密,進士登第,定之兄,見《舊書·王徽傳》。

* 趙涉,《彙編》[大中011]趙璜撰大中元年(847)九月十四日《唐故進士趙君(珪)墓誌銘》(北京圖書館藏拓本)云:"進士趙珪,字子達,天水人也。……祖府君諱涉,進士及第,朝散大夫、侍御史。"又《彙編》[咸通021]趙璘撰咸通三年(862)十月十四日《唐故處州刺史趙府君(璜)墓誌》(北京圖書館藏拓本,開封博物館藏石)云:"君諱璜,字祥牙,其先自秦滅同姓,降居天水。……王父諱涉,進士擢第。累佐藩府,至朝散大夫檢校著作郎兼侍御史。"亦見羅補。

劉可大,《大平廣記》引《廣異記》:"劉可大,以天寶中舉進士,入京遇華山神,可大求檢己簿,吏云:'劉君明年當進士及第,歷官七政。'可大苦求當年,吏云:'當年只得一政縣尉。'可大固求之,至京及第,數年拜滎陽縣尉而終。"

呂詔,《元和姓纂》:"兵部郎中、諫議大夫呂崇粹生詔,進士。"　按《宰相世系表》"詔"作"詒"。

周頌,《太平廣記》引《廣異記》:"周頌者,天寶中進士登科。"

劉迥,《新書·劉子玄傳》:"迥以剛直稱,第進士。"梁肅《給事中劉公墓誌》:"公諱迥,彭城人。天寶中進士及第。"

孫昌胤,登天寶進士第,見《唐詩紀事》。

褚朝陽,天寶進士第,見《唐詩紀事》。

魏叔虹(魏昇卿),一作"昇卿"。

嚴詵,

薛彥偉,○孟按:黃補云:"《容齋續筆》卷十二《紫極觀鍾》云:'饒州紫極觀有唐鐘一口,形制清堅,非近世工鑄可比。刻銘其上曰:"天寶九載,歲次庚寅,二月庚申朔,十五日癸酉造,通直郎、前監察御史貶樂平員外尉李逢年銘,前鄉貢進士薛彥偉述序,給事中、行參軍趙從一書。"'由此可見薛彥偉亦進士及第。……此人《登科記考》亦失收。"　孟按:茲可證明彥偉登第當在天寶九載(750)之前。云《記考》失收,誤也。

滕亢，皆見岑參詩。

＊蒲□，陳冠明補：“《全唐詩》卷二〇〇岑參：《送蒲秀才擢第歸蜀》：‘去馬疾如飛，看君戰勝歸。新登郤詵第，更著老萊衣。’蒲秀才名未詳，約開元末及第。”按《記考》尚無蒲姓者，今補入。

＊鄭高，《補遺》册六，第122頁，杜信撰貞元二十一年（805）正月廿六日《大唐故侍御史江西道都團練副使鄭府君（高）墓誌并序》云：“府君諱高，字履中，滎陽開封人也。……藝冠等倫，進士高第。”又銘曰：“妙年擢桂，累踐榮秩。”又同上第128頁，崔群撰元和二年（807）五月十日《唐故江南西道都團練副使侍御史滎陽鄭府君（高）夫人清河崔氏權厝誌銘并叙》云：“鄭君高以休行茂跡，聲如琳琅，持藻繢之文，升甲乙之第。”又同上册四，第104頁，崔群撰長慶三年（823）十月十六日《唐故江南西道都團練副使侍御史内供奉滎陽鄭府君（高）合祔墓誌銘并叙》云：“君諱高，字履中，滎陽開封人。……君大曆中舉進士上第，調補太子正字。”按鄭氏卒於貞元二十一（805）年正月，享年六十一。

盧冀，與賈邕比歲舉進士登科，見蕭穎士《江有歸舟詩序》。

王晃，劉禹錫《王涯先廟碑》：“惟太尉府君以文學自奮，年十有五貢然從秋賦，明年春，升名於司徒。”　按晃即涯之父。

李叔霽，〔趙校：《新表》作“李叔雲”。〕

李仲雲，《廣異記》：“監察御史李叔霽者，與兄仲雲俱進士擢第。大曆初，叔霽卒，數年仲雲亦卒。”

孫革，《極玄集》有韓翃《送孫革及第東歸詩》云：“過淮芳草歇，千里又東歸。野水吳山出，家林越鳥飛。荷香隨去棹，梅雨點行衣。無數滄州客，如君達者稀。”

孫頎，郎士元《送孫頎詩》云：“及第人多羨。”

崔成甫，○孟按：徐松原於崔成甫下著録崔祐甫，祐甫已移正至本書卷九天寶四載（745）進士科，詳該年考。顔真卿《崔沔宅陋室銘記》：“長子成甫，進士，校書郎。祐甫以進士高第，累登臺省。”李華《崔沔集序》：“長子成甫，進士擢第。”

胡宰臣，韓昌黎《胡良公神道碑》：“父宰臣，用進士卒官平陽冀氏令。”

張從師，獨孤及《張公墓表》有唐逸士吳郡張從師，秀才高第起家。

張芃，梁肅《送張三十昆季西上序》：“恒衛大陸之間，土厚風淳，世生偉人，其大名大節之後，著于天下，惟張氏爲盛。曩予得其叔季曰芃、曰苞，間八九年，相遇于江淮間，則叔也秀才登科，已知名於代。”

*張彖，《開元天寶遺事》“依冰山”條：“楊國忠權傾天下，四方之士，爭詣其門。進士張彖者，陝州人也，力學有大名，志氣高大，未嘗低折於人。人有勸彖令脩謁國忠，可圖顯榮，彖曰：‘爾輩以謂楊公之勢，倚靠如太山；以吾所見幾，乃冰山也。或皎日大明之際，則此山當誤人爾。’後果如其言，時人美張生之見幾。後年，張生及第，釋褐授華陰尉。時縣令、太守俱非其人，多行不法。張生有吏道，勤於政事，每申舉一事，則太守、令尹抑而不從。張生曰：‘大丈夫有凌霄蓋世之志，而拘於下位，若立身於矮屋中，使人擡頭不得。’遂拂衣長往，歸隱於嵩山。”又見《雲仙雜記》卷十“冰山”條引《琵琶錄》、曾慥《類說》卷二十一“冰山”條、《翰苑新書》前集卷五十九《主簿·自叙》“矮屋”條。又，施補據《開元天寶遺事》錄張彖，並謂：“楊國忠被誅在天寶十五載，若張彖在楊國忠敗後之後登第，其乾元元年歟？”　孟按：此尚無確證，當存疑俟考。

*郭昭述，施補云：“《開元天寶遺事》卷下雞聲斷愛條：‘長安名妓劉國容，有姿色，能吟詩，與進士郭昭述相愛，他人莫敢窺也。後昭述釋褐授天長簿……’。郭昭述以進士而釋褐入仕，當必登第。《登科記考》未錄，可補入附考。”今從之。

*韋□（韋十六），《全唐文》卷五一八梁肅《送韋十六進士及第後東歸序》：“及夫秀士升貢，有司處之以上第，時輩歸之以高名。”

*沈千運，黃補云：“《唐詩紀事》卷二十二沈千運門云：‘王季友《代人贈千運》云：“舉聲醉（孟按：當作“酸”）辛間同年，十人七人歸下泉。分手如何更此地，回頭不去泪潸然。”’張籍《過千運舊居》云：‘君辭天子書，放意任禮躬。’（頁326至327）是知沈千運亦進士及第，唐制，同年及第者互稱同年。據《登科記考》王季友貞元十四年進士。不知沈千運與王季友是否同年？按詩云‘十人七人歸下泉’，無論實寫虛寫均還有三人以上活着，季友十人之一歟？此可歸入附考。”　孟按：詩題既爲“代人贈”，則詩

中言"同年"之事與作者王季友無關，此不在考慮之列。又，沈千運之登進士第，史無載記，《唐才子傳》卷二："千運，吳興人。……天寶中，數應舉不第，時年齒已邁，遨遊襄、鄧間。"同書《校箋》亦稱其終生未第。今按王季友此詩，頗爲值得注意。考殷璠編《河岳英靈集》卷上録王季友此詩，題作《代賀枝令譽贈沈千運》按《唐人選唐詩新編》本《河岳英靈集》於此校刊云："枝，各本同。何（焯）校於此旁注有'拔'字，蓋疑其複姓賀拔。"《文苑英華》卷二五二録此詩題作《代賀若令譽贈沈千運》，同書卷三四〇原本重出，明刊本削去，題目尚存，亦同上。元楊士弘《唐音》卷三録此詩本《河岳英靈集》作"賀枝令譽"；明高棅《唐詩品彙》卷三十一録此詩本《文苑英華》作"賀若令譽"；《全唐詩》卷二五九題作《代賀若（一作枝）令譽贈沈千運》。而各本於詩中"同年"二字皆無異文。至此可以肯定，賀若（枝）令譽與沈千運爲"同年"。若"同年"別無他義，在唐代一般爲同榜進士之稱是毫無疑問的。且季友詩云"舉聲酸鼻問同年，十人七人歸下泉"（《河岳英靈集》），"十人"當指一榜十人。又據唐芮挺章編《國秀集》後宋徽宗大觀年間曾彥和跋，謂殷璠所撰《河岳英靈集》作於天寶十一載（752），所選詩在此之前。則沈千運與賀若（枝）令譽之同年第進士，亦當在此之前。然檢徐松《登科記考》從先天二年（713，十二月庚寅改元爲開元）至天寶十一載，其間除開元十三年（725）《登科記》闕進士人數外，餘皆無十人之數。今附此俟考。

　　* 賀若令譽（賀枝令譽），見上。

　　* 孟雲卿，《唐詩品彙》卷首："孟雲卿，平昌人，第進士，校書郎。"《萬姓統譜》卷一〇八："孟雲卿，平昌人，第進士，擢校書郎。與杜甫、元結最相友善，甫服其稽古，有'孟子論文更不疑'之句。"日本藏［康熙］《南海縣志》卷十《名宦列傳》附《寓賢》："孟雲卿，平昌人，家樊口，所爲詩高古奧逸，不作常語。第進士，擢校書郎。與杜甫、元結相善。"又《全唐詩》小傳及《四庫全書總目》之《篋中集》提要，亦皆謂孟雲卿嘗第進士。余嘉錫《四庫提要辨正》則謂："《甘澤謠》稱爲前進士孟彥深、進士孟雲卿，則雲卿蓋嘗應進士舉而未及第者也。"《唐才子傳校箋》卷二《孟雲卿傳》箋云："按《甘澤謠》本爲小説家言，不足爲據，其所叙事之年歲亦倘惚難辨，未足以考定雲卿之究否登進士第。雲卿後仕爲校書郎，如由進士登第後所授，則

登第亦當在肅、代之時。"

　　＊**戴叔倫**，原列卷十四貞元十六（800）年進士科。徐氏考云："《唐
才子傳》：'戴叔倫字幼公，〔趙校：陸長源《唐東陽令戴公玄思頌并序》云字
"次公"，見阮元《兩浙金石志》卷二。〕潤州金壇人。貞元十六年陳權榜進
士。'權德輿《戴叔倫墓誌銘》：'公早以詞藝振嘉聞。'"　孟按：岑補云："同
卷貞元十六年進士，又據《唐才子傳》著録戴叔倫。無論叔倫之死，在此一
紀之前，事爲絶不可能，即單就舉進士論，叔倫亦似非由此進身也。説詳
拙著《唐史餘瀋》，叔倫名應移於存疑之列。"按《唐史餘瀋》卷二《德宗·戴
叔倫貞元進士》云："《唐才子傳》卷五，戴叔倫，'貞元十六年陳權榜進士'，
《登科記考》'一四採之。余按《全唐文》五〇二，權德輿戴叔倫墓誌：'維貞
元五年夏四月，容州刺史經略使、侍御史、譙縣男戴公之部之三月，以疾受
代，回車甌駱，六月甲申，次於清遠峽而薨，春秋五十八。'則至十六年時叔
倫卒已一紀，貞元前紀年至十六者爲開元，而叔倫又未生也（應生開元二
十）。《才子傳》誤。誌又云'公早以詞藝振嘉聞'，其詞甚泛，且疑叔倫非
從進士科出身矣。"《唐才子傳校箋》卷五戴叔倫傳"貞元十六年陳權榜進
士"箋云："按叔倫中進士一節唐人不載，徐松《登科記考》卷一四所載即本
自辛氏。然叔倫卒於貞元五年（789），何由於十六年中進士？辛氏所記殊
誤。考辛氏之説蓋本自《郡齋讀書志》，今袁本作'貞元十六年進士'，衢本
惟言'中進士第'。晁氏藏有戴叔倫全部著作，又言及馬總爲叔倫所作集
序，其所謂中進士第，當有所本。又據《文苑英華》卷一四八'省試'類有叔
倫《曉聞長樂鐘聲》詩，叔倫殆由進士及第。其年月不可考，約在至德二載
（757）至廣德二年（764）之間。"今從《校箋》而姑移至此。

　　＊**鄭述誠**，

　　＊**鄭通誠**，《補遺》册七，第79頁，李宗衡撰元和三年（808）七月廿
二日《唐右庶子韋公（聿）夫人故滎陽縣君鄭氏墓誌銘并序》："維元和三年
歲次戊子春三月廿九日辛亥，夫人被疾，殁於長安長興里第，享年六十
八。……洎伯兄述誠、仲氏元均、叔氏通誠，皆懿以辭才，繼登進士第於太
常，當時號爲卓絶。夫人在家，誦女史，服姆教，脩德容。"按元均登建中二
年（781）進士第，見本書卷十一。

　　李佐，《太平廣記》引《獨異志》："李佐，山東名族。少時因安史之亂

失其父。後佐進士擢第，有令名。”

薛少殷，《前定録》：“河東薛少殷，舉進士及第。”

沈既濟，《元和姓纂》：“婺州武義主簿沈朝宗生既濟，進士，翰林學士。”

蘇弁，《舊書·儒學傳》：“蘇弁字元容，京兆武功人。少有文學，舉進士，授秘書正字。”

班宏，《舊書》本傳：“衛州汲人。祖思簡，春官員外郎。父景倩，秘書監。宏少舉進士。”　孟按：《新唐書》本傳：“宏，天寶中擢進士第。”

鄭鄰，亞之祖，登進士第。見《舊書·鄭畋傳》。

李殷，獨孤及《頓邱李公墓誌》：“有才子二人，曰興、曰殷。殷舉秀才甲科。”

*張從申，胡補云：“唐張彥遠《法書要録》（人民美術出版社 1984 年版）卷六載竇臮《述書賦》，竇蒙注云：‘張從申長史，文場擢第。’”　孟按：竇臮《述書賦》：“張氏四龍，名揚海内。中有季弟，功夫少對。右軍風規，下筆斯在。”竇蒙注：“張從申長史，文場擢第。弟從師，監察御史；從儀，灼然有才。從申志業精絶，工正行書，握管用筆，其於結字緊密，近古所無。”按注言其弟從師、從儀，誤。正文所言“中有季弟”，是。《全唐文》卷三九三載獨孤及《唐故河南府法曹參軍張公（從師）墓表》云：“有唐逸士吳郡張從師……季弟秘書省正字曰從申。”然後人多沿竇蒙注之誤，如《萬姓統譜》卷三十八“唐”：“張從申，吳人，善書，世稱獨步。擢第，爲秘書省正字。弟從師、從儀、從約皆工書，得右軍風規，人謂四絶。”又《唐文拾遺》卷二十二張從申小傳：“從申，吳郡人，大曆中進士，檢校禮部員外郎，官至大理司直，工書文。弟從師、從義、從約，稱張氏四龍。”按此言“大曆進士”亦誤。獨孤及《墓表》撰於上元二年（761），已稱其爲“秘書省正字”，則其及第之年，當在上元二年之前。

劉從一，《舊書》本傳：“中書侍郎林甫之玄孫。祖令植、禮部侍郎。父孺之，京兆府少尹。從一少舉進士，大曆中宏詞。”

劉濟，《舊書·劉怦傳》：“濟，怦之長子。”《新書》：“濟遊學京師，第進士。”權德輿《劉濟墓誌》：“濟字濟之，始以門子横經遊京師，有司擢上第。”

劉商，《唐才子傳》：“劉商字子夏，徐州彭城人。擢進士第。”武元衡《劉商郎中集序》：“有唐文士彭城劉公諱商，字子夏，眷予一先後之輩，睦予兩中外之親。”○孟按：《太平廣記》卷四十六引《續仙傳》：“劉商，彭城人也，家於長安。少好學強記，精思攻文，有《胡笳十八拍》，盛行於世，兒童婦女，咸悉誦之。進士擢第，歷臺省爲郎。”又《咸淳毗陵志》卷二十五《仙釋》：“(唐)劉商，彭城人，第進士，歷尚書郎。性沖澹，以病免。”

趙宗儒，《舊書》本傳：“宗儒字秉文，舉進士。”○孟按：《唐摭言》卷十五：“長慶初，趙相宗儒爲太常卿，贊郊廟之禮，罷相三十餘年，年七十六，衆論其精健。有常侍李益笑曰：‘僕爲東府試官所送進士也。’”

任迪簡，《舊書·良吏傳》：“任迪簡，京兆萬年人。舉進士。”

陽城，陽城及進士第，見《新書》本傳。《舊書·隱逸傳》：“陽城字亢宗，北平人。”

李郱，《舊書》：“郱字建侯，江夏人，北海太守邕之姪孫。父暄，官至起居舍人。郱大曆中舉進士。”

濮陽守，大曆進士，見《元和姓纂》。

*穆員，原列卷十三貞元九年(793)進士科，徐氏注云：“《新書》：‘員字與直。’按員即寧第三子。”又穆員下原列盧景亮，徐氏注云：“元稹《酬白學士代書一百韻》詩注：‘先是穆員、盧景亮同年應制，俱以詞直見黜。’”按卞孝萱《〈登科記考〉糾繆》云：“徐松將元稹的話，完全理解錯了。元稹是說，在他和白居易應‘才識兼茂明於體用科’之前，曾有穆員、盧景亮兩人，於同一年應制舉，都因文章鯁直，沒有考中。而徐松竟誤解爲穆員、盧景亮於貞元九年同登進士科了。”又云：“柳宗元《先君石表陰先友記》中列舉了‘先友’六十七人，其中有：‘穆氏兄弟子，河南人。’‘盧景亮，涿人。(孫汝聽曰：“大曆六年中進士第。”)’再看《舊唐書》卷一四六《楊憑傳》：‘與穆質……爲友。’《新唐書》卷一六○《楊憑傳》同)穆質是穆員之兄，楊憑是柳宗元的岳父。穆員、盧景亮都是柳宗元的長輩。”又經詳考後云：“從建中二年至貞元六年，穆員先後爲鄭叔則、哥舒曜、賈耽、崔縱、杜亞幕僚，官衘爲‘侍御史’。據《東都龍興寺鎮國般舟道場均上人功德記》云：‘貞元十年五月二十五日，前侍御史河南穆員記。’從官衘都是‘前侍御史’看出，貞

元六年至十年，穆員都在家閑居。如果貞元九年穆員登進士科，貞元六年與貞元十年的官銜就不同了。"疑穆員登進士第亦當在大曆時，今移入《附考》。

　　*張造（張遇），《彙編》［大曆030］大曆六年（771）十月廿一日《唐故衢州別駕王府君（守質）墓誌》（周紹良藏拓本）題下署："前鄉貢進士張造撰。"知其擢第當在大曆七年（772）之前。按《千唐》［926］著録此誌作"前鄉貢進士張□撰"，張補據《千唐》著録作"張遇"。按《國史補》卷上有貞元中華陰尉張造；《全唐文》卷六二一有張造，小傳："造，貞元中官渭南縣尉。"又《太平廣記》卷二四二"張守信"條據《紀聞》載："唐張守信爲餘杭太守，善富陽尉張瑤，假借之，瑤不知其故，則使録事參軍張遇達意於瑤，將妻之以女。"考張守信任餘杭太守在天寶五載（746）至天寶七載（748），考見《唐刺史考全編》卷一四一。以時代而論，似以張造爲近。

　　侯季文，《華岳題名》大曆七年有前鄉貢進士侯季文。

　　劉復，大曆進士第，見《唐詩紀事》。

　　*于尹躬，施補云："《唐詩紀事》卷三十二于尹躬條：'尹躬，大曆進士。'《登科記考》卷十頁19至卷十一頁11大曆各年下及卷二十七附考均未録，可補入附考。"　孟按：《唐詩紀事》卷三十二録于尹躬《南至日太史登臺書雲物》詩，又云："尹躬，大曆進士，元和間爲中書舍人，坐其弟皋漢以贓獲罪，左授洋州刺史。"按于尹躬《南至日太史登臺書雲物》詩見於《文苑英華》卷一八二《省試三》，與其賦同題詩之作者有裴達。按裴達登大曆十二年（777）進士（見本書卷十一考），然其年試《小苑春望宮池柳色》詩，知裴達雖賦《南至日太史登臺書雲物》詩而未第者也。如于尹躬以賦《南至日太史登臺書雲物》詩而擢第，其當在大曆十二年前歟？

　　*蘇奕，乾隆二十六年刊明康海纂修《武功縣志》卷三《選舉志第七》載唐人舉進士者有蘇奕。又四庫本《陝西通志》卷三十《選舉·唐》進士科："蘇奕，武功人。"按《唐刺史考全編》卷一三二《淮南道·光州（弋陽郡）》"元和中"任，考云："《新表四上》蘇氏：'奕，光州刺史。'（宋）曾肇《曲阜集》卷三《贈司空蘇公（頌）墓誌銘》：（蘇）璟世家武功，元和中曾孫奕卒光州刺史，始家固始。"

　　*陸傪（陸參），張補云："《永樂大典》卷二三六八引《蘇州府志》作

陸參，權德輿《使持節歙州諸軍事守歙州刺史賜緋魚袋陸君墓誌》作陸傪，並云：'字公佐，吳郡人。'當從墓誌作'傪'爲是。《全唐文》小傳云：'吳郡人，第進士，貞元中官祠部員外郎。'其進士擢第當在貞元之前。"

　　* 鄭碣，《千唐》[1130]李述撰大中九年（855）□月十七日《唐故潁州潁上縣令李府君夫人滎陽鄭氏（琯）合祔玄堂誌》（參見《彙編》[大中 091]）云："太夫人諱琯……堂叔碣，亦以進士擢第，殿中侍御史。"亦見張補。

　　* 沈房，《嘉泰吳興志》卷十六《賢貴事實》："沈房，大曆中進士及第，官至監察御史。"天一閣[嘉靖]《武康縣志》卷七《儒林傳》："沈房，大曆中進士，位御史。"又見[光緒]《浙江通志》卷一二三。按沈房名見於《元和姓纂》卷七、《唐尚書省郎官石柱題名考》卷二十六。

　　* 昔豐，《萬姓統譜》卷一二二"唐"："昔豐，大曆登科。"按《元和姓纂》卷十："開元昔安仁生豐，大理評事，汝州人。"宋代王應麟撰《姓氏急救篇》卷上："昔氏漢有烏傷令昔登，唐有《登科記》昔安仁、昔豐。"

　　韋縝，《華州下邽縣丞韋公夫人墓誌》題曰"哀子前鄉進士縝謹撰"。按縝爲韋端子，韋公夫人卒於大曆十三年，葬於貞元六年，縝登第當在大曆間。

　　虞説，

　　褚藻，

　　楊暉，○孟按：錢起詩詳後《別錄下》。又《唐詩類苑》卷一四六載李端《送表丈楊暉擢第歸江東》詩，有"試才初得桂"句。

　　鄭巨，皆見錢起詩。

　　* 李勸，《全唐詩》卷二三六錢起《送李四擢第歸覲省》詩云："當年貴得意，文字各爭名，齊唱陽春曲，唯君金玉聲。懸黎寶中出，高價世難掩。鴻羽不低飛，龍津徒自險。直矜鸚鵡賦，不貴芳桂枝。少俊蔡邕許，長鳴唐舉知。"又同上卷二三八錢起《李四勸爲尉氏尉李七勉爲開封尉》詩，題下原注云："惟伯與仲有令譽，因美之。"知"李四"即李勸。

　　* 王翁信（王羽），施補云："《全唐詩》第五函第一冊戴叔倫詩卷一有《送王信翁及第歸江東歸隱》詩，題下注云：'一作方干詩，題云《送友及第歸浙東》。'同書第十函第三冊方干詩卷二載此詩，題下注云：'一作《送

王羽登科後歸江東》。又見戴叔倫集，題作《送王翁信及第後歸江東舊隱》。'《登科記考》卷二十七據方干詩錄王羽。按'羽'字爲'翁'字之下半，頗疑'王羽'爲'王翁信'之訛奪。戴叔倫與方干時代不相及，此詩作者亦難遽定，姑附於此。"　孟按：《戴叔倫詩集校注》卷二《送王翁信及第歸江東舊隱》詩注云："此詩又見於《全唐詩》卷六四九方干詩中，題作'送友及第歸浙東'。《英華》卷二七三亦注：'又見方干集'。按王翁信大歷時人，方干集誤收。"原本卷所錄之王羽删却，今附注其名，以備查閱。

＊薛勝，《全唐文》卷六一八薛勝小傳："勝，河東人，贈刑部侍郎存誠父，登進士第。"《舊唐書・薛存誠傳》："父勝，能文，嘗作《拔河賦》，詞致瀏亮，爲時所稱。"《新唐書・宰相世系表三下》謂勝"左拾遺"。

＊白璘，《補遺》册五，第435頁，大中九年（855）十一月四日《大唐故白府君（公濟）墓誌銘并序》云："府君諱公濟，字子捷，本太原人也。……曾祖諱璘，皇任揚州錄事參軍。祖諱論，皇任坊州宜君縣令。盛族簪纓，內外軒冕。皆進士出身，俱登甲科。"

＊陳中師，《全唐文》卷六五七白居易草《陳中師除太常少卿制》："尚書吏部郎中兼侍御史陳中師，早以體物之文、待問之學中鄉里選，第甲乙科，及筮仕立身，皆有本末。"

王宇，見嚴維詩。

胡濬，見李端詩。

顏粲，建中進士第，見《唐詩紀事》。

＊平致美，《萬姓統譜》卷五十四"唐"："平致美，建中登科。"明代王褘《大事記續編》卷五十九引平致美《薊門紀亂》載史朝義殺史思明等事。考宋代尤袤《遂初堂書目》於雜史類唐代部分著錄《薊門紀亂》不著撰者姓名，見《說郛》卷十下及《四庫全書・史部・目錄類一》。

＊張聿，《全唐詩》卷三一九張聿小傳："張聿，建中進士。"《白居易集》卷五十五《張聿都水使者制》："前湖州長史張聿：頃以藝文，擢升朝列；嘗求祿養，出署外官；名不爲身，志亦可尚。喪期即畢，班序當遷；俾領水衡，以從優秩。可都水使者。"知張聿曾於建中年間登進士第。《文苑英華》錄其應試詩多首，俟考。

＊陳維，《彙編》[建中 015]據《西安郊區隋唐墓》所録建中三年(782)九月己酉(廿九日)《唐故雲麾將軍左龍武軍將軍知軍事兼試光禄卿上柱國譙郡開國公贈揚州大都督曹府君(景林)墓誌銘并序》題下署："前鄉貢進士陳維文。"知其擢第當在建中四年(873)之前。亦見王補。

＊朱宿(字遐景)，《全唐文》卷三九五李紓撰《故中書舍人吴郡朱府君(巨川)神道碑》："吴郡朱君，其君子歟！諱巨川，字德源，嘉興人也。……子宿，纂祖之武，得君之文，甫逮弱齡，擢登秀士。"按碑文撰於建中四年(873)，稱宿擢登秀士而不言官職，則當登第未久。又按宿即詩人字遐景者，考見《元和姓纂》卷二岑校。

房式，《舊書·房琯傳》："式，琯之姪，舉進士。"○孟按：《新唐書·房琯傳》作："琯族孫式，進士擢第，累遷忠州刺史。"

鄭元，《舊書》本傳："舉進士第。"

韋賞，《舊書·杜兼傳》："賞，進士及第。"

于敖，《舊書·于休烈傳》："敖字蹈中，志行修謹，登進士第。"

劉伯芻，《舊書·劉迺傳》："子伯芻，字素芝，登進士第。"

鄭楚相，陳京《同州澄城縣令鄭公德政碑》："公字叔敖，鄭州滎陽人。既冠試吏，及壯佐州，名盈利權，道厭曠貴。遂以幅巾諸生，修刺先進，擢秀才第，東觀校書郎。"

盧常師，《太平廣記》引《逸史》："秘書少監盧常師進士擢第，性淡薄，不樂軒冕。"

崔邠，《舊書》本傳："字處仁，清河武城人。祖結，父倕，官卑。邠少舉進士。"

崔酆，

崔鄯，

崔郇，

崔鄲，

崔璀，〔趙校：《新表》作"崔瓘"。〕

崔璜，

崔彦融，《舊書·崔邠傳》："弟酆、鄯、郾、郇、鄲等六人，子璀、璜，璀子彦融，皆登進士第。”

崔元略，《舊書》本傳：“博陵人。祖渾之。父儆，貞元中官至尚書左丞。元略舉進士第。”

＊許仲輿，《全唐文》卷四九〇權德輿《送水部許員外出守郢州序》：“叔載以文術而居郎位，以吏理而分郡節，時所重難，輒居選中。其初以獻賦射策，取甲科如地芥……入佐著作，休聲日揚。”按《唐刺史考全編》卷一九三《山南東道・郢州（富水郡）》：許仲輿（許叔載）：“《全文》卷四九〇權德輿《送水部許員外出守郢州序》：‘故叔載以文術而居郎位，以吏理而分郡節……宜乎典水曹而牧郢人也。’《韓昌黎集》卷一九《送許郢州序》注：‘或作《許使君刺郢州序》，仍注“仲輿”二字……公貞元十八年上于頔書，故云：愈嘗以書自通于公頔，此序十九年作矣。’按《姓纂》卷六晋陵許氏有‘仲輿，國子司業’。按仲輿字叔載。或作‘志雍’，非。《全唐詩》卷三一七武元衡有《酬陸員外歙州許員外郢州二使君》，按陸員外指陸傪，貞元十八年拜歙州刺史，卒於道。許員外當指仲輿。”

＊陸子容，《全唐文》卷四九一權德輿《送陸校書赴秘省序》：“陸氏爲江南冠族，子容一門將以文藻行實振起風緒。叔父群從歲爲儀曹首科，子容亦再登甲乙，讎校秘省。繇是君子謂春官天官之舉不失人。”亦見施補。

＊權南仲，《全唐文》卷四九三權德輿《送從兄南仲登科後歸汝州舊居序》：“去歲臨汝守首賢能之書，貢於儀曹，瞻言正鵠，審固則獲。前此亦嘗失之矣，退實無慍，贏而不囂，蓋能反諸己而已，且用廉賈之道故也。今將抵洛郊，歷平陽，與賢諸侯交歡假道。然後自洛之汝，燕居中林，磅礴古昔，務諸遠大。鶯出幽谷，鵬擊南溟，將與群從叔季復修異日之賀，豈止於今耶？南宮郎有雅知兄者，且與德輿爲僚，徵詩既別，以附其志。”按南仲名見於《新唐書・宰相世系表五下》。

魏正則，見武元衡詩。

林賁，

林贊，《元和姓纂》：“賁，神武胄曹。贊，崇文校書，並舉進士。” 按賁、贊皆寶之兄。

楊紹復，嗣復之弟，進士擢第。李翱《楊於陵墓誌》："子紹復，舉進士，登宏詞科。"

韋瓘，正卿子，字茂弘，及進士第。見《新書·韋夏卿傳》。

李景信，

李景仁，景儉弟，皆登進士第。見《舊書·李景儉傳》。

李夷則，○孟按：此前原著録"李夷亮"，已移正至貞元五年（789）進士科下。

李夷範，夷簡之弟，皆登進士第。見《舊書·李宗閔傳》。

＊柳昱，《隋唐五代墓誌滙編·陝西卷》第二册第 21 頁（參見《唐代墓誌彙編續集》[貞元 078]）李再榮撰貞元二十年（804）十月十九日《大唐故銀青光禄大夫行殿中次監駙馬都尉贈工部尚書河東柳府君（昱）墓誌銘并序》："諱昱，字季昭。……□歲丁外艱，九歲重罹酷罰，咸盡孺慕，於是乎見至性矣。元舅代宗皇帝引進如子，閔其遭家不造，悉昆弟並保養於内闈。皇帝時在儲宫，每謁賀，先詔令肩隨，其寵異如此。導以師友，虹玉成器，方復私第，試吏久矣，無以舒抱。乃自免章綬，杜門垂帷，歌玄化，頌盛德。造乎貢士之口，登乎旌文之場。上聞嘉焉。以夫懿密，且宫闈舊無持宗伯奏第，遂有曳裾之拜。"按柳昱外祖肅宗皇帝，母和政公主，舅代宗皇帝，又尚德宗皇帝第四女宜都公主。《册府元龜》卷三〇〇《外戚部·選尚》："柳昱爲舒王府司馬，授殿中少監同正，駙馬都尉，尚德宗女宜都公主。"《新唐書》卷八十三《諸公主傳·德宗十一女》："宜都公主，下嫁殿中少監柳昱，薨貞元時。"昱卒於貞元二十年八月二十一日，享年四十五歲。以年歲推之，其擢第約在大曆、建中之際。

＊韋本立，《補遺》册七，第 76 頁，樊紳撰永貞元年（805）十二月《唐故靈武節度推官將仕郎試秘書省校書郎京兆韋府君（本立）墓誌銘》："君諱本立，字全道，京兆萬年人也。……舉進士，登甲科。"按據誌文，本立卒於永貞元年，年約四十左右，其登第時間約在大曆末至貞元初。

＊樊紳，《補遺》册七，第 76 頁，樊紳撰永貞元年（805）十二月《唐故靈武節度推官將仕郎試秘書省校書郎京兆韋府君（本立）墓誌銘》署："前鄉貢進士南陽樊紳撰。"上二人亦見王補。

鄭穆，亞之父，登進士第。見《舊書·鄭畋傳》。

薛存慶，薛珏子，字嗣德，及進士第。見《新書》。

＊崔絢，《千唐》[1004]裴簡撰元和九年（814）七月廿八日《亡妻清河崔氏墓誌銘并序》（參見《彙編》[元和073]）云：“夫人名某，姓崔氏。……父絢，皇進士擢第，中牟縣尉，充易、定節度推官。”亦見張補。

＊裴澄，四庫本《山西通志》卷六十五《科目·唐》：“貞元中進士：裴澄，聞喜人，蘇州刺史。”《唐刺史考全編》卷一三九《江南東道·蘇州（吳郡）》“貞元末（？）”任，考云：“《新表一上》東眷裴氏：‘澄，蘇州刺史。’《吳郡志》卷一一牧守門有裴澄。《全詩》卷六四四裴澄小傳：‘德宗朝登第，官至蘇州刺史。’按穆員貞元八年撰《河南少尹裴濟墓誌銘》稱：‘母弟澄，檢校膳部郎中。’（見《山右金石記四》）《新書·藝文志五》：‘貞元十一年時裴澄官國子司業，上《乘輿月令》十二卷。’則其爲蘇州刺史疑在貞元末。”據此，其擢第當在貞元初期。又，《文苑英華》卷一八二錄其省試詩《春雲》（漠漠復溶溶），同題詩人有鄧倚、焦郁。

柳殊，《前定錄》：“柳及，河南人，貞元中進士登科殊之子也。”

沈述師，《元和姓纂》：“沈既濟生傳師，進士。次子述師，進士。”　按傳師於貞元及第，述師當亦同時。

鄭馴，

鄭駒，《太平廣記》引《河東記》：“鄭馴，貞元中進士擢第，與弟駒有科名時譽。”

司空曙，《極玄集》：“司空曙字文明，廣平人。舉進士，貞元中水部郎中。”

黃構，見孟郊詩。

李章武，《奇鬼傳》：“進士李章武初及第。”又見《才鬼傳》：“章武字子飛，貞元時人。”

王逢，

王仲周，權德輿《王定神道碑》：“長子逢，以進士、宏詞甲科。幼子仲周，亦以進士甲科。”又見《舊書·王徹傳》。〇今按：《唐代墓誌彙編續集》[景福001]據《隋唐五代墓誌滙編·河南卷》第一册第131頁錄强道撰景福四年（895）十月十七日《唐鄭州原武縣令京兆王公墓誌銘并序》：“祖諱仲周，進士及第，任利、明、台三州刺史，國子祭酒，□□刺史。”

王行古，密之子，進士登第。見《舊書·王徽傳》。

＊蔣防，日本藏［萬曆］《粵大記》卷十一：“蔣防，字子微，淮南人，登進士上第，以文章擅名。元和中爲尚書司封郎中、知制誥、翰林學士。”［同治］《連州志》卷五《名宦》：“蔣防，字子微，興州人，年十八時父令作《秋河賦》，援筆即成。登進士第。”按《文苑英華》及《唐詩紀事》錄有蔣防應試詩多首。

＊張九宗，《輿地紀勝》卷一五五《潼川府路·遂寧府·人物》：“唐張九宗，小溪人。德宗時登高科，持節封侯，歸典鄉郡。”《明一統志》卷七十一《潼川州·人物·唐》：“張九宗，遂寧人。舉進士，持節封侯，歸典鄉郡。”又見《萬姓統譜》卷三十八。

韋弘景，《舊書》本傳：“京兆人。祖嗣立，〔趙校：原脫“立”字，據《舊唐書》卷一五七本傳補。〕父堯。弘景，貞元中始舉進士第。”

韋行檢，權德輿《韋肇墓誌》：“嗣子行檢，進士第。”○孟按：徐考所引“韋肇墓誌”，當作“韋聿墓誌”。肇乃聿弟，見《元和姓纂》卷二。又《補遺》冊七，第79頁，李宗衡撰元和三年（808）七月《唐右庶子韋公（聿）夫人故榮陽縣君鄭氏墓誌銘并序》：“夫人有子三人，有女四人。長曰行檢，早歲以詞雄學優，登進士甲科。”

＊夏方慶，原列卷十三貞元十年（794）進士科，徐氏考云：“見《文苑英華》。按陳羽有《伏翼洞送夏方慶詩》，見荆公《百家詩選》。”　孟按：徐氏錄方慶爲貞元十年進士，緣《酉陽雜俎》所記范傳正登科事及《文苑英華》所錄二人《風過簫賦》。今考知該年進士科試題當爲《進善旌賦》，則《風過簫賦》未詳何年所試。今移方慶於附考。

＊趙伉，詳下。亦見羅補。

＊趙伸，詳下。

＊趙儇，《彙編》［大中011］趙璜撰大中元年（847）九月十四日《唐故進士趙君（珪）墓誌銘》（北京圖書館藏拓本）云：“君諱珪，字子達，天水人也。……皇考府君諱伉，進士及第監察御史。……自吾皇祖皇考伯儵、叔

伸、叔佶、叔償及吾昆仲，爰暨中外，咸以科名光顯記册。”又《彙編》[咸通021]趙璘撰咸通三年(862)十月十四日《唐故處州刺史趙府君(璜)墓誌》(北京圖書館藏拓本，開封博物館藏石)云：“君諱璜，字祥牙，其先自秦滅同姓，降居天水。……先君諱伉，自建中至元和，伯仲五人，登進士第，時號卓絕。”按趙修登貞元三年(787)進士第，見本書卷十二。

﹡趙佶，見上。又《彙編》[貞元041]貞元八年(792)二月癸卯(十八日)《唐故給事郎守永州司馬賜緋魚袋范陽盧府君(嶠)墓誌銘并序》(周紹良藏拓本)題下署：“前鄉貢進士趙佶撰。”知其擢第當在貞元八年之前。亦見羅補。

﹡裴嚴，天一閣[嘉靖]《壽州志》卷七《人物志・名賢・唐》：“裴嚴，進士，賢良方正第一，拜拾遺，乙太常少卿權京兆尹。”亦見張補。又，天一閣[成化]《中都志》卷五《人才・壽州》：“裴嚴，字子蕭，壽春人。第進士，舉賢良方正策第一，拜拾遺。辭章峭麗，遷駕部郎中、知制誥。太和五年以太常少卿權京兆尹，强幹不阿貴勢。”四庫本《陝西通志》卷二十一《職官二・唐・京兆尹》：“裴嚴，壽張人，太和五年。”

葉季良，貞元進士第，見《唐詩紀事》。

高沐，《舊書・忠義傳》：“沐，渤海人。父憑。沐貞元中進士及第。”

﹡李赤，《永樂大典》卷二三六八引《蘇州府志》“吳郡進士，未詳何年”下録有李赤。亦見張補。按天一閣[正德]《姑蘇志》卷五、[崇禎]《吳縣志》卷三十三同。後二書皆注云：“貞元中寓信安，爲厠鬼所殺，見《獨異記》。按柳宗元有赤傳，不言何地人。”

﹡陶立言，明張鳴鳳撰《桂勝》卷三：“干越山有唐貞元間吉州康司士、義興房丞、江陵韋隨軍，皆以所鑴字滅失其姓名，惟前進士陶立言則可睹。亦當時來遊之題名也。”又見《粵西叢載》卷二。亦見羅補。

﹡鄭□，詳下。張補云：“《雁塔題名殘卷拓本》：‘前盩厔縣尉裴彦章、進士裴茂章、進士裴虞章、進士裴含、前進士鄭□，大和三年四月廿五日。’按，《記考》卷二七《附考》有進士鄭□，爲雲逵之父。《舊唐書・鄭雲逵傳》稱雲逵‘大曆初，舉進士’，其父登進士第當在大曆之前。此題名之鄭□，爲大和三年以前登第者，別是一人。”　孟按：雲逵父名旷，已見前考。

　　＊裴廙，詳下。張補云：“《雁塔題名殘卷拓本》：‘前進士舒元輿、前進士裴廙、前進士劉□、隴西李易簡、琅耶王玄明、范陽盧定□元和十三年三月十四日同遊。’按《舊唐書·舒元輿傳》稱元和八年登進士第，則裴廙、劉□登第亦當相距不遠。”

　　＊劉□，詳下。張補云：“見上。按，《記考》卷二十七《附考》收劉姓缺名者有三人，一爲與儲光羲同時，開元間登進士第，其餘二人爲唐高宗永徽間明經及第和昭宗時諸科及第者，此爲唐憲宗元和間登進士第者，時代不同，當別是一人。”

　　＊胡□，詳下。張補云：“《雁塔題名殘卷拓本》：‘前進士胡□、前進士褚承裕、前進士張衛□、前進士陳皸、前進士□復、前進士裴思，開成五年五月廿日同登。’按《記考》胡姓缺名者有二人，一爲卷九天寶十三年軍謀出衆科，另一爲卷十八元和十年進士及第。此題名之胡□爲開成五年以前登進士第者，與元和十年及第者相距二十五年，似爲另一人。”

　　＊褚承裕，詳下。

　　＊張衛一，詳下。張補作“張衛□”，見上。

　　＊盧復，詳下。張補作“□復”。　　孟按：本卷《附考·諸科》録有“盧復”，徐氏考云：“李華《與表弟盧復書》：‘與弟別來十餘年，比聞在代朔之地，明時道舉出身。’”當別是一人。

　　＊裴思，詳下。

　　＊李景，詳下。

　　＊韋瑕（韋碬），詳下。張補云：“《雁塔題名殘卷拓本》：‘前進士韋碬、前進士李景、前進士韋磻，元和十年五月十四日。’”

　　＊韋磻，以上十一人皆見羅補。　　按羅補注云：“以上見宋柳瑊摹《慈恩寺雁塔題名》。”

　　＊卿侃，《古今姓氏書辨證》卷十六：“唐貞元時，邵州進士卿侃，望出邵陽。”《萬姓統譜》卷五十四“唐”：“卿侃，邵陽人，貞元進士。”明代李日華《姓氏譜纂》卷五：“唐：卿侃，進士，邵陽人。”

　　＊鄭權，《全唐文》卷七八五穆員撰貞元六年（790）十一月《舒州刺史

鄭公(甫)墓誌銘》:“有唐循吏故舒州刺史滎陽鄭府君諱甫,字某。……祖慈明,銀青光禄大夫、濠州刺史。考令璡,銀青光禄大夫、國子祭酒,重名貴仕,照燭相續。……兄子前鄉貢進士權,遵諸孤之請,見訪爲誌。”《新唐書·宰相世系表五上》鄭氏:“慈明,豪州刺史。”子:“令璡,左司郎中、國子祭酒。”令璡子:“受,京兆府參軍。萬。甫,舒州刺史。”受子:“權,萬年令。”

按此鄭權與貞元六年(790)登進士第之同姓名者並非一人。

＊徐□□,《補遺》册四,第166頁,孫事問撰會昌三年(843)二月十二日《唐故朝散大夫□成都府司録參軍上柱國徐公墓誌銘并序》云:“公諱□□,字□□……京兆府萬年縣□□鄉胄貴里之人也。……公自鄉貢進士奏授懷州參軍。”按徐氏卒於會昌二年(842),享年七十一。

＊薛擁,《全唐文》卷六五四元稹撰《唐故越州刺史兼御史中丞浙江東道觀察等使贈左散騎常侍河東薛公(戎)神道碑文銘》:“公諱戎,字元夫。父曰湖州長史贈刑部尚書同,母曰贈某郡太夫人陸氏尚書景融女,祖曰河南縣令贈給事中縑。河南於邠州爲季子,刑部五男:乂,終郎;丹,終賓客;擁,終御史;公實刑部府君第某子。今尚書兵部侍郎、集賢殿學士放,於公爲季弟。公初不樂爲吏,徒以家世多貴富,門户當有持之者。會兩弟相繼舉進士,皆中選,公自喜,遂入陽羨山,年四十餘不出。”韓愈撰《朝散大夫越州刺史薛公(戎)墓誌銘》曰:“公諱戎,字元夫。……河南有子四人,其長諱同,卒官湖州長史,贈刑部尚書。尚書娶吴郡陸景融女有子五人,皆有名跡,其達者四人。公於倫次爲中子。”考《新唐書·宰相世系表三下》薛姓:“縑,金部員外郎”。子“同,湖州長史”。子:“乂,温州刺史。丹,盧州刺史。戎,字元夫,浙東觀察使。(此處空一格)放,江西觀察使。朗。”無“擁”名,則其空格處即當爲“擁”(《新表》於空格下著録其子曰“洽”,誤。洽爲戎子,見元稹撰《薛戎神道碑》)。然元、韓二誌皆言同有五子,蓋陸氏所出者也。《新表》所著録“朗”者,或爲别出,非同母弟也。據上所考,知戎之兩弟相繼舉進士者,當爲擁、放。放於貞元七年(791)擢第,見本書卷十二。今補擁名。

＊裴次元(裴元),《全唐詩》卷四六六裴次元小傳:“裴次元,貞元中第進士。元和中爲福州刺史、河南尹,終江西觀察使”。《全唐文》卷六一一裴次元小傳:“次元,貞元中進士,官吏部員外郎。元和中爲福州刺

史、河南尹,終江西觀察使。"按《文苑英華》卷一八四"省試詩"錄有裴元《律中應鐘》詩,《全唐詩》卷四六六錄裴次元《律中應鐘》詩注:"一作裴元詩。"又同上卷七八○錄有裴元《律中應鐘》詩注:"一作裴次元詩。"殆爲同一人。考《新唐書·宰相世系一上》表裴姓:"次元,福建觀察使兼御史中丞、京兆尹。"又《唐文拾遺》卷二五據《唐會要》卷六七錄有裴次元《京畿等縣不置員外試官奏》。故作次元是。按次元後又兩登制科,皆見本書。

　　*崔于,《舊唐書·崔群傳》:"群弟于,登進士,官至郎署,有令名。"

　　*柳淳,《唐文拾遺》卷二十七呂溫撰《唐故湖南團練觀察處置等使通議大夫使持節都督潭州諸軍事守潭州刺史中丞賜紫金魚袋贈陝州大都督東平呂府君夫人河東郡君柳氏墓誌銘并序》:"夫人……貞元十六年六月庚寅前先公七日棄養於潭州官舍,享年四十有二。……次女適前進士柳淳。"按柳氏登第當在貞元年間。亦見朱補。

　　李宣遠,貞元進士第,見《唐詩紀事》。

　　熊孺登,進士第,見《唐詩紀事》。

　　獨孤良弼,

　　獨孤良史,《唐詩紀事》:"獨孤良弼,貞元間進士,爲左司郎中。又有良史者,登進士第。"鄧名世《古今姓氏書辨證》:"隋獨孤楷,父屯,姓李氏,從齊神武戰於沙苑,敗,爲柱國獨孤信所擒,配爲士伍,賜姓獨孤氏。楷所生卿雲,卿雲生元節,元節生珍,珍生穎,穎生良佐、良弓、良器、良弼、良史、良儒,良史生瑋,皆進士,復姓李氏。"

　　*齊暤,《彙編》[貞元119]高弘規撰貞元十八年(802)十二月一日《唐故相州臨河縣尉張府君(遊藝)墓誌銘并序》(周紹良藏拓本)云:"府君諱遊藝,清河貝人。……女三人:長適太原王氏,次適高陽齊氏,次適太原王氏。齊氏有三子,長曰暉,試秘書省校書郎;次曰暤,監察御史,皆以文第于春官,並佐戎府。次曰煦,又膺秀士之選。"

　　*李序,朱補:"《册府》卷一四○《帝王部·旌表四》:'(元和)十一年正月,贈故承德軍節度使、殿中侍御史李序工部郎中。序,安平人,百藥五代孫,舉進士。曾謁王士貞,署爲掌書記。士貞死,序後以他事忤承宗,被殺,故加贈。'"

　　＊裴衡，《補遺》冊六，第110頁，裴佶撰《故右司禦率府録事參軍裴君（衡）墓誌銘并叙》云：“君諱衡，字衡，河東聞喜人。貞元龍集戊寅歲，由前進士釋巾受補。其年仲夏，□□而卒。署吏十旬而未盈，止齡卅而過五。”按貞元戊寅爲貞元十四年（798），則其進士及第當在此之前。按王補據西安碑林博物館藏貞元十四年《裴衡□墓誌》録作“裴衡□”；然繋之於貞元十三年（797），似無據。

　　＊哥舒峘，《新唐書·哥舒翰傳》載：翰子曜，曜“子七人，俱以儒聞。峘，茂才高第，有節概”。按峘貞元十九年（803）登拔萃科，見本書卷十五。

　　馮寬，《元和姓纂》：“虞部員外郎馮宿弟定、審、寬，太和中並舉進士。” 按馮宿、馮定、馮審皆於貞元登第，言太和，誤。○孟按：《名賢氏族言行類稿》卷一載：“馮宿……貞元中與弟定、從弟寬並擢進士第。”

　　王魯卿，魯人，第進士有名，見《新書·何蕃傳》。

　　許元佐，元佐，康佐之弟，登進士第，見《舊書·儒學傳》。

　　柳□，柳宗元《故叔父殿中侍御史府君墓版文》：“自進士登高第，調河南府文學。”又《墓表》云：“登儀曹，耀文章。”韓注云：“謂試於禮部，中進士。”

　　崔泳，穆員《陸渾尉崔君墓誌》：“崔君名泳，字君易，清河東武城人。進士擢第。”

　　元宗簡，白居易《故京兆元少尹文集序》云：“居敬姓元，名宗簡，河南人。自舉進士，歷御史府、尚書郎，訖京兆亞尹二十年，長慶三年遘疾，彌留。”

　　范傳式，

　　范傳規，柳宗元《送范明府詩序》韓注：“時又有范傳式、傳規，皆中第。”按皆傳正昆弟。

　　＊虞九皋（虞鳴鶴），原作“虞鳴鶴”，徐氏考云：“柳宗元《前進士虞鳴鶴誄》云：‘譽洽於鄉，論爲秀士。百郡之選，叢於京師。生之始至，則奮其儀。名卿是挈，先進咸推。方出群類，振耀於時。禍丁舅氏，漂淪海沂。捧訃號呼，匍匐增悲。投袂就道，乘艱若夷。’又曰：‘復從鄉賦，焕發其華。克不再舉，聞於邦家。倚閭千里，歡詠斯多。姻族盈門，載笑且歌。’” 孟

按：四部叢刊本《增廣注釋音辨唐柳先生集》卷十一、中華書局1979年校點本《柳宗元集》卷十一所收《虞鳴鶴誄并序》皆云："維某年月日，前進士虞九皋，字鳴鶴，終於長安親仁裏。"知其名九皋，字鳴鶴。今改正。

孔戡，《舊書·孔巢父傳》："戡，巢父兄岑父之子。"《新書》："戡字勝如，進士及第。"韓愈《孔戡墓誌》："戡字君勝，始舉進士第。"

* 獨孤申步，《全唐文》卷六八五皇甫湜《傷獨孤賦并序》："河南獨孤申步，勝冠舉進士、博學宏詞登科，典校秘書，不幸短命。"

崔純亮，

崔寅亮，《舊書·崔玄亮傳》："始玄亮登第，純亮、寅亮相次升進士科。" 按柳城摹雁塔題名殘拓本有"進士崔玄亮、進士崔寅亮、進士崔純亮，貞元九年正月五日"字，蓋未第時所題。

徐宰，登進士科，商之祖，見《舊書·徐彥若傳》。

* 蔣準，詳下。

蔣鍊，

蔣銖（蔣鍊），蔣洌子鍊，蔣渙子銖，皆進士舉，見《舊書·良吏傳》。○孟按：《廣卓異記》卷十九"一家六人並進士及第（蔣挺）"條云："右按《登科記》：蔣挺二子洌、渙，挺弟播，播子準，洌子鍊，一家父子孫六人並進士及第。"

韋張，元稹《獻滎陽公詩序》："客有前進士韋張。"

李元規，權文公《李銘墓誌》："子曰元規，進士及第。"

李昌，權文公《李絛墓誌》："其孤曰昌，舉進士甲科。"

李諒之，李翱《祭從祖弟秘書少監文》曰："秘書少監十弟諒之之靈。惟君文行修潔，夙負嘉名。累升科第，士友歡接。"

錢□，李翱《祭錢巡官文》："某維潔行而文，上第有司，藉藉京秦。"

趙櫓，《唐語林》："進士趙櫓，河東人。昆弟五人，進士及第，皆歷臺省。"

韋力仁，《摭言》："韋力仁爲等第，十三年方及第。" 按《摭言》叙力仁於趙蕃之前，蕃於元和時登第，力仁當貞元、元和間登第。

韋齊休，《太平廣記》引《河東記》："韋齊休擢進士第，累官至員外郎。

大和八年卒。"

孫範，簡之弟，與簡並舉進士，見《舊書·文苑·孫逖傳》。

陸簡禮，《舊書·陸贄傳》："子簡禮，登進士第。"

張希復，《張薦傳》："希復登進士第。"

劉寬夫，《舊書·劉迺傳》："伯芻子寬夫，登進士第。"　按寬夫弟嚴夫爲元和十年進士，則寬夫登第亦在元和時也。○孟按：《全唐詩》卷五〇六章孝標《贈劉寬夫昆季》（一作《贈劉侍郎兄弟三人同時及第》）詩云："文聚星辰衣彩霞，問誰兄弟是劉家。雁行雲摻參差翼，瓊樹風開次第花。天假聲名懸日月，國憑騷雅變浮華。曾窮晉漢儒林傳，龍虎雖多未足誇。"

＊衛洙，《舊唐書·衛次公傳》："子洙，登進士第，尚憲宗女臨真公主。累官至給事中、駙馬都尉、工部侍郎。"《新唐書·衛次公傳》："子洙，舉進士，尚臨真公主，檢校秘書少監、駙馬都尉。文宗曰：'洙起名家，以文進，宜諫官寵之。'乃爲左拾遺，歷義成節度使。咸通中卒。"

＊張燦，《唐詩紀事》卷四十六《張燦傳》："璨（按當作燦），貞元、元和間進士也。"

崔登，《舊書·崔群傳》："群弟子登，進士，官至郎署，有令名。"

舒元褒，

舒元肱，

舒元迥，皆元輿之弟，第進士，見《新書》。

宇文籍，《舊書》本傳："字夏龜，父滔。籍登進士第。"

馮煜，寳州刺史、合浦公馮士翽之兄，進士，見《元和姓纂》。

崔元受，《舊書·崔元略傳》："元略弟元受，登進士第。"

＊崔元式，孟按：《新唐書·崔元略傳》："元略弟元受、元式、元儒皆舉進士第。"

＊崔容，元洪景修編《新編古今姓氏遥華韻》乙集卷九："崔容字安成，齊州進士，舉入科。崇文館學士、鳳閣舍人，朝廷大詔令敕委之。著《洛出寳圖頌》。"按《新唐書·宰相世系表二下》有崔容，父昕，兄審，弟遜。

＊奚敬玄，《名賢氏族言行類稿》卷八："（奚）敬玄以詞藝登文科，爲刑部郎。亦舉進士。"按參見本卷制科奚敬玄注。

＊馬儆，《彙編》［大和047］趙侔撰大和六年（832）二月廿一日《唐故東渭橋給納判官試太常寺協律郎扶風馬君（儆）墓誌銘并序》（周紹良藏拓本）云："君諱儆，字伯起，其先與予實同宗。……令弟儆，登進士科。"亦見羅補。

盧簡能，字子拙，登進士第，見《舊書·盧簡辭傳》。

狄兼謨，《舊書·狄仁傑傳》："兼謨登進士第。祖郊，父邁。"《新書》："兼謨字汝諧。"　按《舊書》言兼謨元和末解褐襄陽推官，又云憲宗召爲左拾遺，則元和末似有誤。

＊蕭建，《唐詩紀事》卷六十《蕭建傳》："建與費冠卿同時。……建，登進士第，終禮部侍郎。"《全唐詩》卷四九五録蕭建《代書問費徵君九華亭》詩一首。小傳云："蕭建，蘭陵人，登進士第，終禮部侍郎。"按費冠卿登元和二年（807）進士第，見本書卷十七。亦見施補。

＊賈竦，《全唐詩》卷四三五白居易《醉後走筆酬劉五主簿長句之贈兼簡張大賈二十四先輩昆季》詩云："二賈二張與余弟……五人十載九登科。""二賈"，賈竦，賈餗。"二張"，張徹，張復。"余弟"，指白行簡。考見陶敏《全唐詩人名考證》［4812A］。按五人之中，惟賈竦未見於《記考》，今據補。考《新唐書·宰相世系表五下》河南賈氏："竦，著作郎。"按此條亦見陳冠明補。

＊王嗣之，《彙編》［元和028］據《中州冢墓遺文》所録元和四年（809）正月《唐故殿中侍御使淄州長史知軍州事崔府君（澹）墓誌銘并序》題下署："外甥前廣文館進士□嗣之撰。"按《補遺》册六第131頁録此文作"王嗣之"，故據補。

＊盧載，《千唐》［1002］元和九年（814）五月三日《唐故朝散大夫絳州曲沃縣令鄭府君故夫人天水趙氏墓誌銘并序》（參見《彙編》［元和071］）題下署："前鄉貢進士盧載撰。"亦見張補"存疑"類。

李播，元和進士第，見《唐詩紀事》。

王季則，元和進士第，見《唐詩紀事》。

鄭還古，元和進士第，見《唐詩紀事》。

＊李公佐，朱補："杜光庭《神仙感遇傳》卷三：'李公佐舉進士後，爲

鍾陵從事。'"

　　＊獨孤鉉，《唐詩紀事》卷四十六録獨孤鉉《日南長至》詩，並云："鉉，登元和進士第。"按《文苑英華》卷一八一《省試二》録有獨孤鉉《日南長至》詩，注云："元和年吏部。"又《全唐詩》、《全唐文》小傳皆云鉉登元和進士第。亦見施補。

　　＊蘇虔，乾隆二十六年刊明康海纂修《武功縣志》卷三《選舉志第七》載唐人舉進士者有蘇虔。又四庫本《陝西通志》卷三十《選舉・唐》進士科："蘇虔，武功人。"考《元和姓纂》卷三鄴西蘇氏："賚生虔……國子司業。"《新唐書・宰相世系表四上》鄴西蘇氏："虔，字執儀，國子司業。"

　　＊柏元封，《補遺》册三，第233頁，張台撰大中十年（856）二月十日《唐故青州司户參軍韋君（挺）夫人柏氏（苕）墓銘并序》云："夫人姓柏氏，諱苕，無字。……長兄元封，進士及第，刺三郡，官至太子賓客。"此亦見王補。又，《補遺》册四，第132頁，郭捐之撰大和六年（832）十一月《唐故中散大夫守衛尉卿上柱國賜紫金魚袋贈左散騎常侍魏郡柏公（元封）墓誌銘》云："公諱元封，字子上，其先晋伯宗之後。……大父造，贈鄧州刺史。父良器，平原郡王，贈司空。公生有殊狀，幼有老風。天資聰明，性本忠孝。七歲就學，達詩書之義理；十年能賦，得體物之玄微。十五以司空武功授太僕寺丞。公曰：予家世儒也。昔予大父以射策甲科授獲嘉令。剥山陷東都，圍獲嘉，持印不去，爲賊所害。故吾父痛吾祖之不終，遂學劍從戎，將復仇以快冤叫，今吾父武功立，予不可不守吾世業而苟且於宦達也。遂請授其弟。下帷讀書，不窺園林者周於天。業成名光，登太常第。"又《元和姓纂》卷十濟陰柏氏："貞元左威衛大將軍柏良器，濟陰人；生者，諫議大夫；元封，進士。"

　　＊李隱，朱補："《册府》卷三二四《宰輔部・薦賢》：'令狐楚爲相時，李隱進士擢第，爲秘書省校書郎。楚奏爲進（賢）賢校理。'按，令狐楚爲相在元和十四年七月至十五年七月間，李隱擢第當在其時。"　孟按：《册府》所載，謂令狐楚爲相時奏秘書省校書郎李隱爲集賢校理，則其擢第當在此前。

　　＊朱晝，《唐詩紀事》卷四十一《朱晝傳》："晝，元和間進士。"

　　＊鄧魴，《白氏長慶集》卷十《讀鄧魴詩》云："嗟君兩不如，三十在布

衣。擢第禄不及，新婚妻未歸。少年無疾患，溘死於路歧。天不與壽爵，唯與好文詞。”是已擢第而未及授官，故云“布衣”。按白居易於元和三年(808)有《鄧魴張徹落第》詩，又於元和十年(815)作《與元九書》云：“有鄧魴者，見僕詩而喜，無何而魴死。”則其擢第當在此數年間。

＊劉景陽，詳下。按此劉景陽與兩《唐書》所載武后時酷吏“劉景陽”並非一人。

＊劉景長，四庫本《河南通志》卷六十五《科目》：“唐進士：劉景陽，陽曲人，昌裔子。劉景長，陽曲人，景陽弟。”按《韓昌黎文集》卷六《唐故檢校尚書左僕射右龍武軍統軍劉公（昌裔）墓誌銘》：“公諱昌裔，字光後。……子四人：嗣子光禄主簿縱，學於樊宗師，士大夫多稱之；長子元一，樸直忠厚，便弓馬，爲淮南軍衙門將；次子景陽、景長，皆舉進士。”按昌裔卒於元和八年(813)十一月，誌文作於元和九年(814)。

＊黄文，天一閣藏［嘉靖］《略陽縣志》卷四《科貢·唐》：“黄文，元和中舉進士，官至侍郎。”按《全唐詩》卷七七二“無世次爵里可考”者録有黄文《湘江》詩一首。

薛淙，《太平廣記》引《博異傳》：“前進士薛淙，元和中遊河北。”〇孟按：《全唐文》卷七四九杜牧草《薛淙除鄧州任如愚除信州虞藏玼除邛州刺史等制》：“淙以文科入仕，命守邊郡。”

＊李睍，《萬姓統譜》卷七十一：“李睍，射洪人，少負俊穎，讀書過目即悟，舉進士，工於詩，時人比之陳子昂、李白。”按據《太平廣記》卷二四二引《紀聞》，李睍與李逢年同時，嘗爲益府户曹；其名又見於《輿地紀勝》卷一五八《潼川府路·普州》。

陳玄錫，

陳夷實，夷行之弟，皆進士擢第，見《舊書·陳夷行傳》。

韋元貞，保衡之祖，進士登第，見《舊書·韋保衡傳》。

路群，

路庠，

路單，《舊書·路巖傳》：“季登生三子，群、庠、單，皆登進士第。群字正夫，既擢進士，又書判拔萃。”

杜審權，

杜蔚，《舊書·杜審權傳》：“佐生二子，元穎、元絳。絳生二子，審權、蔚。並登進士第。審權又書判拔萃。”

豆盧愿，琭之祖，進士擢第，見《舊書·豆盧琭傳》。

＊豆盧策，《全唐詩》卷四八五鮑溶有《悼豆盧策先輩》詩，知豆盧策嘗登科第。按鮑溶登元和四年（809）進士第，見本書，則豆盧策當與之同時或略前。亦見施補。

＊李師直，《唐文續拾》卷五李師直小傳：“師直，第進士，元和中人。”

張君卿，《舊書·張禍傳》：“父君卿，元和中舉進士，詞學知名。”

徐陶，商之父，登進士科，見《舊書·徐彦若傳》。

盧弘宣，《舊書·良吏傳》：“盧弘宣字子章，元和中擢進士第。”

李景讓，

李景莊，

李景溫，《舊書·忠義傳》：“李宏仕生三子，景讓、景莊、景溫，自元和後，相繼以進士登第。”《金華子》：“景讓、景溫、景莊皆進士擢第。”《唐語林》：“景莊累舉未登第，太夫人因其被黜，即笞其兄。中表皆勸景讓屬於主司，景讓終不用，曰：‘朝廷取士，自有公論，豈敢效人求關節乎！主司知是景讓弟，非冒取名者，自當放及第。’是歲景莊登科。”

＊李褒，《全唐文》卷七七七李商隱《爲絳郡公上李相公啟》：“某少悲鞠綢，不承師友之親規，晚學文章，粗致鄉曲之名譽，謬污官秩。”又同上《爲絳郡公上崔相公啟》：“某啟，某本洛下諸生，山東舊族，粗沾科第，薄涉藝文，謬藉時來，因成福遇。”　按“絳郡公”即李褒，考見張采田《玉谿生年譜會箋》卷三“李褒爲鄭州刺史”注。

＊張周封，《全唐文》卷七七七李商隱《爲張周封上楊相公啟》：“某價乏琳琅，譽輕鄉曲，粗沾科第，薄涉藝文。”

馮蒳，《舊書·儒學傳》：“馮伉子蒳，進士擢第。”

韋雍，雍字叔和，擢進士第，見《新書·列女傳》。　按與《韋貫之傳》之韋雍別是一人。

元佑，元稹《授元佑洋州刺史制》：“聞爾佑以甲乙科爲校書郎，甚有名譽。”

李孝本，《舊書》本傳：“孝本，宗室之子也。”《新書》：“元和時舉進士。”

＊李洪，《彙編》［長慶003］長慶元年（821）七月十二日《唐故彭城劉府君（皓）墓誌銘并序》（周紹良藏拓本）題下署：“前鄉貢進士李洪撰。”亦見張補“存疑”類。

宋申錫，《舊書》本傳：“申錫字慶臣，少孤貧，有文學，登進士第。”

李溓，

李洗（洮），○孟按：“洗”，韓愈《唐故中大夫陝府左司馬李公（邢）墓誌銘》及《新唐書·宗室世系表》俱作“洮”。

李潘，李漢弟，皆登進士第，見《舊書·李漢傳》。

羅劭京，羅讓子，進士擢第，見《舊書·孝友傳》。　　按劭京於大和二年登賢良方正科。

羅劭權，《舊書·羅讓傳》：“讓再從弟詠。詠子邵權，字昭衡，進士擢第。”

蘇景鳳，《唐語林》：“蘇少常景鳳、堂弟尚書滌，皆以清望爲後來所重。景鳳登第與堂兄特並時，世以爲美。”

＊姚中立，朱補：“《册府》卷六四四《貢舉部·考試二》：‘（長慶元年十二月）甲申，以登制科人前試弘文館校書郎龐嚴爲左拾遺……前鄉貢進士姚中立、李躔、崔嘏並爲秘書省校書郎……前鄉貢進士崔知白爲秘書省正字，前鄉貢進士崔郢爲太子校書郎，前鄉貢進士李商卿爲崇文館校書郎。’按，以上稱‘前鄉貢進士’者姚中立、李躔、崔嘏、崔知白、崔郢、李商卿六人，《記考》據其他可靠資料已著録崔嘏、李躔二人於元和十五年、長慶元年進士科下。考唐之得進士第者曰前進士、曰進士第，前進士又可稱前鄉貢進士，然前鄉貢進士未必前進士；崔嘏、李躔及進士第後既仍稱前鄉貢進士，則此處之前鄉貢進士猶前進士也。姚中立、崔知白、崔郢、李商卿四人可類推，補入‘附考·進士科’下。姚中立又載《記考》卷十六長慶元年賢良方正、能直言極諫科下。”

　　＊崔知白，見上。知白又載《記考》長慶元年（821）賢良方正、能直言極諫科下。

　　＊崔郢，見上。崔郢又載《記考》長慶元年（821）詳明政術、可以理人科下。

　　＊李商卿，見上。商卿又載《記考》長慶元年（821）軍謀宏遠、堪任將帥科下。

　　裴寅，《舊書·裴遵慶傳》：“遵慶子向。向子寅，登進士第。”

　　李訥，《新書·李遜傳》：“建子訥，字敦止，及進士第。”

　　郭行餘，登進士第，見《舊書》本傳。

　　鄭潛，《舊書·鄭覃傳》：“覃弟潛，字無悶，登進士第。”〔趙校：“鄭”原誤“郭”。按此爲鄭覃之弟，當作“鄭”，今改正。〕

　　吳汝納，武陵兄之子，進士擢第，見《舊書·李紳傳》。

　　令狐緯，柳城墓雁塔題名殘拓本有大和九年前進士令狐緯題名，同題者有令狐緒、令狐絢。後又言後十六年與緘、絢同登，則緯當是絢之昆弟行。

　　裴儔，休之子，登進士第。按儔于寶曆元年登制科，則登進士第當在長慶時矣。

　　＊李亮，

　　＊李叔，

　　＊李秀，《玉芝堂談薈》卷四“兄弟十龍”條云：“唐李修子李亮、李訓、李叔、李秀皆狀元及第。”按李訓見本書卷十九長慶二年（822）進士科。

　　＊侯晉升，《全唐文》卷七一二李渤《司空侯安都廟記》：“公之族有登進士第者名晉升，字德昭，托予記之。”

　　＊許籌，《全唐文》卷七九〇許籌撰《嵩岳珪禪師影堂記》自稱：“籌……及進士第，一年尉告成，明年，遊是岳。”按同上許籌小傳：“籌，宣宗朝官觀察使。”

　　＊顔遐福，《全唐文》卷八〇二劉驥《袁州城隍廟記》：“大中十四年，太守魯郡顔公遐福理斯郡。公文章獨步，致身高科。”

　　＊韋知人，《新唐書·韋湊傳》附《韋知人傳》：“知人字行哲，叔謙

子。弱而好古，以國子舉授校書郎。"

　　＊崔巖，登進士第，見《舊唐書·崔祐甫傳》。

　　錢可復，

　　錢可及，《舊書·錢徽傳》："子可復、可及，皆登進士第。"

　　袁德文，《舊書·袁恕己傳》："曾孫德文，舉進士。"

　　蔣伸，《舊書·蔣乂傳》："伸登進士第。"《新書》："伸字大直。"　按伸爲係之弟，乂之子。

　　劉允章，《舊書·劉迺傳》："允章登進士第。"《新書》："允章字蘊中。"

　　柳韜，《舊書·柳登傳》："璟子韜，亦以進士擢第。"

　　韋潾，《舊書·韋貫之傳》："潾登進士第。"　按潾爲貫之次子。○孟按：《補遺》册七，第137頁，韋庚撰大中十四年（860）四月十四日《唐故鄉貢進士韋府君（瓚）墓誌銘并序》："君諱瓚，子乂符，杜陵人也。皇相國、贈司徒諱貫之之孫，皇前鄉貢進士潾之子。"

　　劉濛，《新書·劉晏傳》："晏少子宗經。宗經子濛，字仁澤，舉進士。"

　　劉潼，《新書·劉晏傳》："晏兄遇。遇孫潼，字子固，擢進士第。"○孟按：《新唐書·劉晏傳》附："晏兄遇……遇孫潼，字子固，擢進士第。杜悰判度支，表爲巡官，累遷祠部郎中。"考《舊唐書·杜佑傳》附《杜悰傳》：悰"開成初，入爲工部尚書、判度支"。則知劉潼擢第之年約在大和後期。

　　崔碣，《新書·崔渙傳》："渙子縱。縱孫碣，字東標，及進士第。"

　　敬晦，《新書》本傳："字日彰，進士及第。"

　　敬昕，

　　敬暤，

　　敬旿，

　　敬煦，《新書·敬晦傳》："晦兄昕、暤，弟旿、煦，俱第進士籍。"

　　崔確，字岳卿，繪之第三子，進士擢第。見《舊書·崔寧傳》。

　　崔顏，字希卿，繪之第四子，進士擢第。見《舊書·崔寧傳》。

　　劉承雍，《舊書·劉禹錫傳》："子承雍，登進士第，亦有才藻。"

　　＊裴望，朱補："《册府》卷一五三'帝王部·明罰二'：'太和元年三

月，敕"前鄉貢進士裴望……可守漳州司户參軍員外置同正員外郎，所在馳驛發遣。"望性險果而辯口語，往往得遊公卿間，率以大言詭意指使朝政。既用此而得進士第，益務干進。'下文既言'得進士第'，則敕中稱'前鄉貢進士'亦即'前進士'，可補其名於'附考·進士科'下。"

＊**段琮**，《隋唐五代墓誌滙編·陝西卷》第二册第 107 頁（參見《唐代墓誌彙編續集》[咸通 030]）段隨撰咸通六年（865）七月五日《唐故洋州録事參軍段君墓誌銘并叙》："君諱琮，字子泉。……伯仲皆充賦春官，君以選歸上國，授洋州録事參軍。"按段琮卒於咸通六年三月廿日，享年五十一。以年歲推之，其擢第約在太和前後。

＊**楊考之**，《補遺》册四，第 128 頁，録"楊敬之"撰大和四年（830）十一月二十日《唐故將仕郎試恒王府兵曹參軍兼充大内上陽宫醫博士城陽郡公（璘）墓誌銘并序》，署"前進士"。按楊敬之登元和二年（807）進士第（見本書卷十七），且歷官已久，故與之時代未合。王補據《輯繩》大和四年《成璘墓誌》録作"楊介之"。今檢《隋唐五代墓誌滙編·洛陽卷》第十三册，第 106 頁影印《成璘墓誌》拓本，著録撰者"楊考之"，按"考"之字型左側微泐，似"考"或"啟"。今以"楊考之"著録。

張毅夫，

張元夫，

張傑夫，

張徵夫，《舊書·張正甫傳》："子毅夫，登進士第。初，正甫兄式，大曆中進士登第，繼之以正甫。式子元夫、傑夫、徵夫，又相次登科。大和中文章之盛，世共稱之。"

王衆仲，《舊書·王正雅傳》："正雅從弟重。重子衆仲，登進士第。"

蕭鄴，《舊書》本傳："字啟之，及進士第。"○孟按：《全唐文》卷七二六崔嘏草《授蕭鄴李元監察御史制》："爾等皆以詞華升於俊秀，從事賢侯之府。"

封望卿，敖之子。

封特卿，敖之從子，皆進士及第。見《舊書·封敖傳》。

＊**李大諫**，《增修詩話總龜》卷二十三引江鄰幾《雜志》："封特卿爲

湖州軍倅,與同年李大諫詩酒唱和。"

　　韋琮,《舊書》本傳:"字禮玉,進士及第。"○孟按:《全唐文》卷七七三李商隱《爲滎陽公上集賢韋相公狀》:"相公黃中禀氣,素尚資仁。片玉一枝,已光於昔日;前籌五鼎,果慶於兹辰。"按張采田《玉谿生年譜會箋》卷二大中元年編年文《爲滎陽公謝集賢韋相公狀》注:"錢氏云:'韋琮也。'"

　　＊陳琬(陳玩),《雲溪友議》卷中云:"唐宣宗十二年,前進士陳玩等三人應博學宏詞選,所司考定名第,及詩、賦、論進呈訖,上於延英殿詔中書舍人李潘等對。上曰:'凡考試之中,重用字如何?'中書對曰:'賦忌偏枯叢雜,論忌褒貶是非,詩忌緣題落韻。(只如《白雲起封中》詩云:"封中白雲起"是也)其間重用文字,乃是庶幾,亦非常有例也。'又曰:'孰詩重用字?'對曰:'錢起《湘靈鼓瑟詩》有二不字。詩曰:"善撫云和瑟,常聞帝子靈。馮夷空自舞,楚客不堪聽。逸韻諧金石,清音發杳冥。蒼梧來怨慕,白芷動芳馨。流水傳湘浦,悲風過洞庭。曲終人不見,江上數峰青。"'上覽錢公此年宏詞詩,曰:'其一種重用文字,此詩似不及起。起則今之協律之字也。合於匏革宮商,即變鄭衛文奏。惟謝朓云:"洞庭張樂地,瀟湘帝子遊。雲去蒼梧野,水還江漢流。"此若比《鼓瑟》一篇,摛藻妍華,無以加。其前進宏詞詩重字者,登科更待明年考校,起詩便付吏選。'"《唐詩紀事》卷二"宣宗"條本此,文字亦略同。《太平廣記》卷一九九"唐宣宗"條引作"陳玩"。《册府元龜》卷六四一載:"(大中)十二年三月,中書舍人李潘知舉,放博學宏詞科陳琬等三人。及進詩、賦、論等,召謂潘曰:'所賦詩中重用字何如?'潘曰:'錢起《湘靈鼓瑟詩》有重用字,乃是庶幾。'帝曰:'此詩似不及起。'乃落下。"《唐會要》卷七十六與此略同,亦作"陳琬"。疑作"陳琬"者是。按其所落下者,乃宏詞科,其"前進士"並未落下。

　　＊莊南傑,《唐才子傳校箋》卷五《莊南傑傳》箋云:"《直齋書録解題》卷一九'《莊南傑詩集》一卷'下云:'唐進士莊南傑撰。'據此,則南傑曾登進士第,然檢徐松《登科記考》未見著録。岑仲勉《登科記考訂補》、施子愉《登科記考補正》(《文獻》第15輯)亦未補。按《明月湖醉後薔薇花歌》(《全唐詩》卷七八五)云:'白髮使君思帝鄉,驅妾領女遊花傍。持杯憶著曲江事,千花萬葉垂宮墻。復有同心初上第,日暮華筵移水際。……誰知奏御數萬言,翻割龜符四千里。'明月湖,疑即明月池。據《元和郡縣圖志》

卷三〇《江南道》六,在辰州沅陵縣(今湖北省沅陵縣)東二百里。又據《舊唐書》卷四〇《地理志》三,辰州'在京師南微東三千四百五十里'。另加二百里,爲三千六百餘里。詩云'四千里',當是舉其成數而言。詩中憶及進士及第後赴曲江宴會情景。童養年謂此詩乃莊南傑所作。若是,則南傑登進士第一事可無疑,惟未詳其登第之年。"　孟按:《直齋書錄解題》卷十九詩集類謂莊南傑"與賈島同時";《唐才子傳》卷五《莊南傑傳》亦稱"南傑,與賈島同時,曾從受學"。

　　＊李玄(李元),《全唐文》卷七二六崔嘏草《授蕭郪李元監察御史制》:"爾等皆以詞華升於俊秀,從事賢侯之府。"　按"元"當作"玄",蓋後人避諱改,參見《郎官石柱考》、《御史臺題名考》。

　　＊周魯儒,日本藏[康熙]《永州府志》卷十《選舉志上‧進士年表》錄唐"周魯儒",注云:"文宗朝,寧遒人。"同上卷十六《人物志中‧寧遠名賢》:"周魯儒,延唐人,文宗時進士。學問博洽,識見高遠,劉賓客禹錫嘗贈以詩。"[光緒]《湖南通志》卷二六六:"寧遠縣曾《志》載周魯儒於《人物》,云:'明月山人,大和間進士,歷官員外郎、知制誥。'"按劉禹錫有《送周魯儒赴舉并序》詩。

　　＊鄭廣,《彙編》[開成039]韋□撰開成五年(840)三月廿一日《唐故桂州員外司户榮陽鄭府君(當)墓誌銘并叙》(北京圖書館藏拓本)云:"府君諱當,字膺吉,世爲榮陽人。……親兄一人名廣,登進士第,今任虢州弘農尉。"按王補據《輯繩》亦著錄,撰者錄作"韋發"。

　　＊莊充,施補云:"杜牧《答莊充書》:'某白莊先輩足下……'(《樊川文集》[《四部叢刊》本]卷十三)是莊充嘗進士登第也。《登科記考》未錄,可補入附考。按杜牧於大和二年登進士第(見《唐才子傳》卷六杜牧條)。"

　　王軒,大和進士第,見《唐詩紀事》。

　　劉三復,《北夢瑣言》:"唐大和中,李德裕鎮浙西。有劉三復者,少貧苦,學有才思。時人賣御書至,以賜德裕。德裕試其所爲,謂曰:'子可爲我草表,能立就,或歸以創之。'三復又請曰:'《漁歌》《樵唱》,皆公述作,願以文集見示。'德裕出數軸與之,三復乃體而爲表。德裕嘉之,遣詣闕求試,果登第。歷任臺閣。其子鄴,敕賜及第,登廊廟。"

　　蘭承(蘭承慶),《通志‧氏族略》,唐大和登第有蘭承。○孟按:元洪景修編《新編古今姓氏遙華韻》丙集卷十："蘭承慶,唐太和登進士第。"
又《萬姓統譜》卷二十五亦載唐代"蘭承慶,太和登第"。今補"承慶"名以
備查閱。

　　許琯,

　　許瓘,許玫兄弟琯、瓘皆高科,見《唐詩紀事》。按玫以大和元年
登第。

　　柴夔,大和進士第,見《唐詩紀事》。

　　＊苗季鱗,《千唐》[1187]苗義符撰咸通十二年(871)十二月十三日
《唐故上黨苗君(景符)墓中哀詞并序》(參見《彙編》[咸通100])云："君諱
景符,字禎運,上黨人也。……先大夫諱惲,與伯季鱗射進士策,著大名於
世。"按苗惲已見《記考》卷二十一大和五年(831)進士科。亦見羅補。

　　＊曹唐,《唐才子傳》卷六："曹唐,字堯賓,桂州人。初爲道士,工文
賦詩,大中間舉進士,咸通爲使府從事。"《校箋》已疑"其舉進士當在大和
年間"。　　孟按:《唐詩鼓吹》卷四："曹唐,字堯賓,桂州人。爲道士,太和
中舉進士及第,累爲諸府從事,因暴病卒於家。"又《唐詩品彙》卷首、明代
蔣冕嘉靖間撰《曹祠部集序》及該書所附《曹唐詩》小傳、四庫本《大清一統
志》卷三五六、四庫本《廣西通志》卷八四皆同上。疑《唐才子傳》誤。

　　＊伍康羽,《補遺》册四,第164頁,周縉撰會昌二年(842)三月十六
日《唐故武陵郡伍府君(鈞)墓誌銘并序》云："公諱鈞,試左率武衛兵曹參
軍。……季子曰康羽,報考□經,修文立志,應鄉貢進士,試太常寺協律
郎,仍賜騎都尉。"

　　韋安之,《太平廣記》引《靈異錄》："韋安之,河陽人。赴舉擢第,授杭
州於潛縣尉。"

　　馮陶,

　　馮韜,

　　馮圖,《傳載故實》："馮宿之三子陶、韜、圖兄弟,連年進士及第,連年
登宏詞科,一時之盛,代無比焉。當大和初,馮氏進士及第者海內十人,而
公家兄弟叔姪八人。"《新書·馮宿傳》"圖字昌之,連中進士、宏詞科。"○
孟按:《舊唐書·馮宿傳》:"子圖、陶、韜,三人皆登進士,揚歷清顯。"

王初，

＊王哲（王晢），原作"王晢"，徐氏考云："《太平廣記》引《獨異志》：
'長慶、大和中，王初、王晢俱中科名。其父仲舒顯於時。'韓愈《王仲舒墓
誌》：'子男七人，初進士及第。'"朱補云："中華書局排印本《太平廣記》以
明談愷刻本爲底本，卷二六一'王初昆弟'條引《獨異記》云：'唐長慶、太和
中，王初、王晢俱中科名。其父仲舒顯於時。'又考韓愈《王仲舒墓誌》云：
'（仲舒）有子男七人：初、晢、貞、宏、泰、復、泂。初進士及第，晢文學俱善，
其餘幼也。'據此可知《及考》所引《太平廣記》作'王晢'是傳抄致訛，當正
作'王哲'。又據《墓誌》行文，王哲即使如《獨異記》所言中科名，亦不必與
兄王初同是及進士第。故以王哲（晢）爲進士登科，論據不足，其名可刪。"

苗纘，《唐語林》："苗給事粲子纘應舉次，而給事以中風語澀，而心中
至切，臨試又疾亟。纘乃爲狀，請許入試否。給事猶能把筆，淡墨爲書曰：
'入。'其父子之情切如此。其年纘及第。"

薛袞，李商隱《爲斐懿無私祭薛郎中袞文》："澤宮貍首，棘場楊葉。
箭去星慚，弓懸月怯。兩書上第，五辟名公。"

＊盧緘，《彙編》[大中 128]盧緘撰大中十一年（857）四月廿七日《有
唐盧氏故崔夫人墓銘并序》云："當大和甲寅歲之除日，獲親迎於長安長興
里夫人之私第。明晨拜親賓於上日，時緘隨計有司，困於都輦，夫人即安
寠貧，勉以成事。後數歲，緘登進士第，補官麟閣。"按大和甲寅歲爲大和
八年（834），其"後數歲"登第，當在開成年間。亦見羅補。

夏鴻，開成進士第，見《唐詩紀事》。

薛蒙，字中明，開成中進士第。見《新書·藝文志》。○孟按：《彙編》
[會昌 029]會昌四年（844）七月十日《唐故登仕郎前守左金吾衛兵曹參軍
胡府君（泰）墓誌銘并序》（周紹良藏拓本）題下署："鄉貢進士薛蒙撰。"如
同爲一人，則其擢第當在會昌、大中間。

＊崔重，《彙編》[開成 017]開成三年（838）十月十三日《唐前左金吾
衛錄事參軍崔公慎經夫人隴西李氏墓誌銘并序》（周紹良藏拓本）題下署：
"前鄉貢進士崔重撰。"

＊崔元伯，《彙編》[開成 034]開成五年（840）正月十九日《唐故東都

留守防禦押牙銀青光剥大夫檢校太子賓客試銀州長史隴西李公夫人周氏墓誌并序》（北京圖書館藏拓本）題下署：“前進士崔元伯撰。”

孫綺，見李商隱詩。

張不疑，《唐語林》：“張不疑進士及第，宏詞登科。”　按張不疑於開成四年登宏詞科。○孟按：《南部新書》卷六：“張不疑登科後江西李疑、東川李回、淮南李融交辟，而不疑就淮南之命，到府未幾卒。”

周傑，《宋史·方伎·周克明傳》：“克明祖傑，開成中進士，解褐獲嘉尉。”

韓北渚，沈亞之《送韓北渚赴江西序》：“北渚，昌黎公之諸孫也。今年春，進士得第，冬則賓休於江西。”

馬文則，李翱《馬君墓誌》：“子曰文則，由進士補錢塘尉。”

戎昱，登進士第，見《唐詩紀事》。

崔峒，登進士第，見《唐詩紀事》。

侯溫，《玉泉子》：“白敏中爲相，嘗欲以前進士侯溫爲子婿。”

張爽，詳張仁穎下。

劉景，《唐語林》：“相國劉瞻，其先人諱景，本連州人。少爲漢南鄭司徒掌箋札，因題商山驛側泉石，司徒奇之，勉以進修。後解薦，擢進士第。”景凡再舉成名，見《芝田錄》。《湖南通志》：“桂陽人，元和間及第。”《宰相世系表》彭城劉氏，瞻父字同光，鄜坊從事。〔趙校：《新表》作“司光”。〕○孟按：劉禹錫《贈劉景擢第》詩云：“湘中才子是劉郎，望在長沙住桂陽。昨日鴻都新上第，五陵年少讓清光。”

蕭置，

韓乂，○孟按：《全唐詩》卷五二八許渾有《曉發鄞江北渡寄崔韓二先輩》詩，崔指崔壽，韓指韓乂。考見陶敏《全唐詩人名考證》〔6038C〕。

崔壽，

宋邢，

王廣，杜牧《隴西李府君墓誌》：“居江南，秀人張知實、蕭置、韓乂、崔壽、宋邢、楊發、王廣，皆趨君交之，後皆得進士第。”又有《薦韓乂啟》云，韓及第後歸越中。

楊知進，

楊壇，

楊堪，虞卿之子，皆登進士第。見新、舊《書·楊虞卿傳》。

楊範，

楊籌，漢公之子，皆登進士第。見《舊書·楊虞卿傳》。○孟按：《補遺》冊六，第178頁，鄭薰撰咸通二年（861）十一月廿日《唐故銀青光祿大夫檢校戶部尚書使持節鄆州諸軍事守鄆州刺史充天平軍節度鄆曹濮等州觀察處置等使御史大夫上柱國弘農開國公食邑二千戶弘農楊公（漢公）墓誌銘并序》云：“公諱漢公，字用乂，弘農華陰人也。……前夫人鄭氏……生二子：曰籌，曰範。皆登進士第，有令名於當時。籌長安尉，範今襄州節度蔣公係從事、試大理評事。”又，同上第199頁，楊篆撰中和三年（883）十一月廿一日《我大唐故天平軍節度副大使知節度事鄆曹濮等州觀察處置使銀青光□（祿）□（大）夫檢校戶部尚書使持節鄆州諸軍事兼鄆州刺史御史大夫上柱國弘農郡開國公食邑二千戶贈司徒楊公（漢公）夫人越國太夫人韋氏（媛）墓誌銘并序》云：“余之昆姊弟妹二十有一人焉……兄籌，進士及第，皇監察御史；範，進士及第，皇歷太常博士、虞祠金職方四外郎。”

楊知遠，

楊知權，汝士之子，皆登進士第。見《舊書·楊虞卿傳》。

孫紓，

孫徽，皆孫簡之子，並登進士第。見《舊書·文苑·孫逖傳》。

劉頊，《舊書·劉璪傳》：“弟頊，亦登進士第。”

豆盧籍，璪之父，進士擢第。見《舊書·豆盧璪傳》。

李承慶，杜牧《李承慶除鳳翔節度副使、馮軒除義成軍推官等制》曰：“李成慶等，以文學升名於有司，以才能入仕於官次。”又曰：“爾等皆吾卿大夫之令子弟也。清風素範，克肖家聲；屬詞彫章，能取科第。”　馮軒見下。

夏侯曈，杜牧《夏侯曈除忠武軍節度副使制》：“曈以科名詞學，開敏多才，久遊諸侯，常蘊令聞。”

　＊歸仁憲，《舊唐書·歸崇敬傳》：崇敬子融，“融子仁晦、仁翰、仁

憲、仁召、仁澤，皆登進士第。咸通中並至達官"。《永樂大典》卷二三六八引《蘇州府志》亦載仁憲"吳郡進士，未詳何年"。按仁晦、仁翰、仁召、仁澤四人，徐氏皆已著錄。亦見張補。

　　* **杜濛**，《全唐文》卷七四八杜牧草《杜濛除太常博士制》："守左拾遺杜濛，爾五廟祖嘗佐太宗，同安生人，共爲天下者也。爾能自以文學策名清時，升爲諫臣，豈曰虛授？"

　　* **盧博**，《全唐文》卷七四八杜牧草《盧博除盧州刺史制》："朝議郎守尚書刑部郎中上柱國賜緋魚袋盧博，以文學策名，才能入仕。"

　　陳季卿，《太平廣記》引《纂異記》："陳季卿者，家於江南，舉進士，後成名。"

　　杜庭堅，《舊書·杜黃裳傳》："勝子庭堅，亦進士擢第。"

　　薛保遜，廷老子，登進士第。見《舊書·薛存誠傳》。

　　孔遵孺，

　　孔溫裕，皆孔戣子，登進士第。見《舊書·孔巢父傳》。

　　韋博，《舊書》本傳："字大業，京兆萬年人。取進士第。"

　　* **沈師黃**，《千唐》[1125]沈中黃撰大中八年（854）八月十八日《唐故監察御史河南府登封縣令吳興沈公（師黃）墓誌》（參見《彙編》[大中084]）云："公諱師黃，字希徒，吳興武康人也。……弱冠而文章知外，堅心介節，人皆斂翼。始詣京兆府求薦，薦居上等，送入儀曹。是時文行清價，開路獨出，擢進士高第。兩就宏詞，爲力者所爭，然所試文書，人皆念錄，授太子正字。盧司空鈞重其名，請爲從事，同去南海，賓席三年。"按王補以師黃弱冠歲爲登第之年，因繫之於元和六年（811）。又，《全唐詩》卷五六八李群玉有《將離澧浦置酒野嶼奉懷沈正字昆弟三人聯登高第》詩，沈正字，沈師黃。昆弟三人，謂中黃、師黃、佐黃兄弟，考見陶敏《全唐詩人名考證》[6580B]。陶又考云："盧鈞開成元年冬出鎮嶺南……沈師黃當此年或大和九年進士；鈞開成五年末罷嶺南，沈師黃'輕裝而歸'，'養鱗湘水潯'當在此時，詩會昌初作。"（同上）　孟按：以上二說似皆有可疑處。其一，誌言"弱冠……始詣京兆府求薦，薦居上等，送入儀曹"，則師黃登第最早亦得在次年即元和七年（812），或之後，故六年說未當。其二，設以師黃登大和九年(835)進士第，然其間又"兩就宏詞"不第，釋褐後又"授太子正字"，至次年即開成元年(836)應盧鈞之辟同赴南海，其時間略顯倉促，亦稍未安。其三，李群玉詩開篇云："春月三改兔，花枝成綠陰。"知爲春季所作。又據上引陶考"(盧)鈞開成五年末罷嶺南"云云，則此詩應不早於會昌元年(841)。又據詩中云："卿雲披文彩，芳價搖詞林。夫子芸英閣，養鱗湘水潯。晴沙踏蘭菊，隱几當青岑。"似言師黃居家賦閑之狀。然此時詩題猶稱其爲"正字"，亦未詳其故。今已確知沈中黃登開成二年(837)進士第(見本書卷二十一)，以李群玉詩題稱師黃爲"正字"，又稱"昆弟三人聯登高第"之言驗之，似以陶考近之，然亦難遽定。今録師黃於附考，以俟確證。

＊**段庚**，《隋唐五代墓誌滙編·陝西卷》第四册第159頁(參見《唐代墓誌彙編續集》[咸通081])段廓撰咸通十二年(871)十月一日《唐故鄉貢進士段府君(庚)墓誌銘并序》："公諱庚，字甚夷。……年十四舉孝廉，兩試春闈不中選，退而謂伯仲曰：'時之高者重文華，所貴者爵位。吾館今之高貴，未有不遊藝俊造而致身於霄漢者也。'遂博覽九經，諷誦六藝，得相如之遺格，有子建之餘風。十戰文場，一登策試。"是已擢第。按段庚卒於咸通十二年八月廿六日，享年五十六。以年歲推之，其擢第約在開成年間。

＊**沈佐黃**，《全唐詩》卷五六八李群玉有《將離澧浦置酒野峴奉懷沈正字昆弟三人聯登高第》詩，沈正字，沈師黃。昆弟三人，謂中黃、師黃、佐黃兄弟。考見陶敏《全唐詩人名考證》[6580B]。按李詩作於會昌初，其登第時間當在開成至會昌初。

＊**韓綽**，見下，

＊**韓絳**，朱補："薛逢《送韓絳歸淮南寄韓綽先輩》：'島上花枝繫釣船，隋家宮畔水連天。江帆自落鳥飛外，月觀静依春色邊。門巷草生車轍在，朝廷恩及雁行聯。相逢莫問昭州事，曾鼓莊盆對逝川。'按'先輩'一詞，唐李肇《國史補》卷下云：'進士爲時所尚久矣……互相推敬，謂之先輩。'明胡應麟(孟按：當作胡震亨)《唐音癸籤》卷一八云：'先輩原以稱及第者，觀諸家詩集題有下第獻新先輩詩可見。後乃以爲應試舉子通稱。'考此詩頸聯言'朝廷恩及雁行聯'，當指韓絳、韓綽兄弟先後登第，詩題中

‘先輩’當指原意‘稱及第者’。又考此詩一作趙嘏詩；薛逢及第在會昌元年，趙嘏及第在會昌四年，是同時人，故韓氏兄弟及第亦當在期間，可補其名於‘附考·進士科’下。”

李祝，《舊書·李渤傳》：“子祝，會昌中登進士第。”

＊李梲，《補遺》册五，第44頁，王楷撰咸通十年（871）十二月七日《唐故徐宿濠泗觀察判官試大理評事兼監察御史李府君（梲）墓誌銘》云：“君諱梲，字卿材，隴西成紀人……河南府温縣令、贈尚書工部郎中豐之季子。……其雄詞麗藻，抉幽摘微，咸爲前達所許，果登進士籍。”按梲卒於咸通十年四月五日，享年五十七。

＊李梲，《北京圖書館藏中國歷代石刻拓本滙編》唐［顧683］樂天撰會昌三年（843）《能禪師石室銘》（參見《補遺》册四，第7頁）末題：“三月廿三日前進士李梲書。”知李梲登第時間當在會昌三年（843）之前。又，羅補録作“李梲”。按“梲”、“祝”二字形近易訛，未審是否爲一人，俟考。

＊王展，施補云：“《唐音戊籤》卷《統籤》之六百二十項斯詩有《病中懷王展先輩在天臺》詩（《全唐詩》第九函第一册項斯詩同），《登科記考》未録，可補入附考。按項斯會昌四年登第（見《唐才子傳》卷七項斯條）。”孟按：《嘉定赤城志》卷三十二《人物門·僑寓·唐》：“王展，前進士，寓天臺。項斯有《懷王展先輩在天臺》詩云：‘赤城山下寺，無計得相隨。’又見《白郎岩記》。”

唉鱗，《元和姓纂》：“會昌中進士唉鱗，避武帝諱改澹。”　按《姓纂》作於元和，此條疑後人所增。

孫朴，宋蘇頌撰《孫抃行狀》：“抃七世祖朴，唐武宣世舉進士、宏詞，連取甲第。大中五年，從辟劍南西川節度使府，爲掌書記。”　按朴蓋會昌中進士，大中初宏詞。

劉刺夫，《三水小牘》：“彭城劉刺夫，會昌中進士上第。”

＊張良器，《全唐詩》卷五五七張良器小傳：“張良器，會昌進士第。”《全唐文》卷七六二張良器小傳：“會昌中擢進士第。”《文苑英華》卷一八三録其應試詩《河出榮光》，同題之作者有段成式（《英華》失名，見《全唐詩》卷五〇七）。亦見陳冠明補。

　　* 朱可名,《唐詩紀事》卷五十六《朱可名傳》:"《應舉日寄兄弟》云:
'廢斸鏡湖田,上書紫閣前。愁人久委地,詩道未聞天。不是燒金手,徒拋
釣月船。多慚兄弟意,不敢問林泉。'右張爲取作《主客圖》。可名,越州
人。進士及第,終長安令。"亦見施補。又,[光緒]《浙江通志》卷一二三
《選舉一·唐·進士》:"武宗會昌:朱可名,越州人,長安令。"

　　* 任□,《全唐詩》卷五八九李頻有《投京兆試官任文學先輩》詩,知
任某曾擢第,其名未詳。

　　崔明(崔朗),《金華子》作"朗"。

　　崔序,

　　崔福,

　　崔雍,《唐語林》:"崔起居雍少有令名,進士第,與兄明、序、福兄弟八
人皆進士,列甲乙科,當時號爲點頭崔家。"《樊南集·爲東川崔從事福謝
辟啟》:"早屬梯媒,獲沾科第。"〇孟按:《金華子雜編》卷上:"崔起居雍,甲
族之子。少高令聞,舉進士擢第之後,藹然清名喧於時,與鄭顥同爲流品
所重。"又同上:"崔雍爲起居郎……雍與兄朗、序、福昆仲八人皆升籍進
士,列甲乙科,嘗號爲'點頭崔家'。"

　　* 崔庾,詳下。

　　* 崔裕,詳下。

　　* 崔厚,詳下。

　　* 崔袞,陳冠明補云:"按,徐松於《附考·進士科》已録崔明、崔序、
崔福、崔雍,並引《唐語林》:'崔起居雍少有令名,進士第,與兄明、序、福兄
弟八人皆進士,列甲乙科,當時號爲點頭崔家。'又引《樊南集·爲東川崔
從事福謝辟啟》:'早屬梯媒,獲沾科第。'《唐語林》既謂'兄弟八人皆進士,
列甲乙科',則所録僅爲一半,尚有四人漏載。考《舊唐書·懿宗紀》:'(咸
通十年八月)敕曰:"當崔雍守郡之日,是龐勛肆逆之時……其崔雍宜差内
養孟公度專往宣州,賜自盡。"公度至,雍死於陵陽館。其男黨兒、歸僧配
流康州,錮身遞送。司勳郎中崔原貶柳州司户,比部員外郎崔福昭州司
户,長安縣令崔朗灃州司户,左拾遺崔庾連州司户,荆南觀察支使崔序衡
州司户。皆雍之親黨也。'所謂'親黨',黨兒、歸僧爲崔雍二子,其餘皆爲

親、從兄弟。又據《新唐書·宰相世系表二下》，崔氏親、從兄弟有七人：庾、序、雍、福、裕、厚、朗。崔明即崔朗，朗字內明。新舊《唐書》合勘，有崔庾，又有崔廙；有崔原，又有崔厚。二者必有一誤。從二人之字看，韜德與庾義合，作庾者誤；致之與厚義合，作原者誤。以上七人，除徐松所錄四人外，尚有崔庾、崔裕、崔厚。'兄弟八人'，至此尚欠一人。考《全唐詩》卷五三九李商隱有《宿駱氏亭寄懷崔雍崔袞》。卷五四一同人有《安平公詩》，安平公即爲崔雍之父崔戎。詩云：'仲子延岳年十六，面如白玉敧烏紗。其弟炳章猶兩丱，瑤林瓊樹含奇花。'清馮浩《玉谿生詩集箋注》卷一曰：'延岳疑當爲雍字，而《新傳》云："雍字順中。"亦不合，無可再考。'引朱鶴齡曰：'炳章，崔袞也。'又引徐逢源曰：'炳章，疑是袞也。'而張采田《李義山詩辨正》曰：'《宰相世系表》：崔戎子四人：雍、福、裕、厚。此明言仲子，則延岳爲福字無疑。炳章或裕之字耶？雍字順中，與延岳不相配，馮注疑之，非也。'今按，古人'幼始冠字'，'年十六'、'兩丱'之童不應有字。延岳當爲崔雍小名。《周禮·春官·大司樂》'四鎮五岳崩'鄭玄注：'五岳，岱在兗州，衡在荊州，華在豫州，岳在雍州，恒在并州。'岳在雍，故正名曰雍。炳章爲崔袞小名。《儀禮·覲禮》'天子袞冕負斧依'鄭玄注：'袞衣著，裨之上也。繢之繡之，爲九章。'……袞有九章，九章有火，是爲炳章，故正名曰袞。李商隱詩言延岳（雍）爲仲子者，蓋延岳之前原有一長子，早年夭亡，故《宰相世系表》未列入。崔袞《宰相世系表》未載，或係脫漏所致；或崔袞在登第後未出仕而亡，故崔雍賜死之時，所牽累諸兄弟中無崔袞之名，如在世，恐難逃脫貶逐厄運。故崔氏兄弟八人按《宰相世系表》順序排列當是：庾、序、雍、袞、福、裕、厚、朗。應補闕四人是：庾、裕、厚、袞。"　按此論雖略有附會之嫌，然李商隱詩當可爲據。

　　＊楊知至，知至曾於會昌四年（844）擢進士第，旋又復試落下，見本書卷二十二該年楊嚴名下所引諸史料。按《新唐書·楊虞卿傳》：汝士"子知溫、知至，悉以進士第入官。知溫終荊南節度使。知至爲宰相劉瞻所善，以比部郎中知制誥。瞻得罪，亦貶瓊州司馬，擢累户部侍郎"。《唐詩紀事》卷五十九《楊知至傳》："會昌四年，王起奏五人：楊知至，刑部尚書汝士之子；源重，故相牛僧孺之甥；鄭朴，河東節度使崔元式女婿；楊嚴，監察御史發之弟；竇緘，故相易直之子。有旨令送所試雜文，付翰林重考覆。

續奉進旨,楊嚴一人,宜與及第,源重等四人落下。知至因以長句呈同年曰:‘由來梁燕與冥鴻,不合翩翩向碧空。寒谷謾勞鄒氏律,長天獨遇宋都風。此時泣玉情雖異,他日銜環事亦同。二月春光正搖蕩,無因得醉杏園中。’知至,字幾之,登進士第。爲宰相劉瞻所善,累擢户部侍郎。”則知至進士落下之後,又重新登第歟? 亦見朱補。

　　＊溫珀,《彙編》[會昌 048]會昌六年(846)五月七日《大唐故明州刺史御史中丞韋公(塤)夫人太原溫氏之墓誌》(周紹良藏拓本)云:溫夫人“孝弟前進士珀泣血於庭,誌銘其墓”。知其擢第當在大中元年(847)之前。亦見羅補。

　　＊徐濟,陳冠明補:“《全唐詩》卷六六二羅隱《寄徐濟進士》:‘丹桂相傾愧後徒。’是徐濟爲登第之進士,非鄉貢進士。”

　　＊孫珺,《千唐》[1113]馮牢撰大中五年(851)七月三日《唐故銀青光禄大夫工部尚書致仕上柱國樂安縣開國男食邑五百户孫府君(公乂)墓誌銘》(參見《彙編》[大中 054])云:“公諱公乂,字□□,其先魏之樂安人。……第四子珺,登進士第,以校書郎爲浙右從事。”

　　＊司馬札(司馬扎),《直齋書録解題》卷十九著録“《司馬先輩集》一卷”,注:“唐司馬札撰,與儲嗣宗同時。” 按札有《秋日懷儲嗣宗》詩。儲嗣宗登大中十三年(859)進士第,見《記考》卷二十二。集稱“先輩”,則其嘗登進士第,亦當在大中年間。又《全唐詩》卷五七八録溫庭筠《春日將欲東歸寄新及第苗紳先輩》詩,題下注:“一作《下第寄司馬札》。”詩云:“幾年辛苦與君同,得喪悲歡盡是空。猶喜故人先折桂,自憐羈客尚飄蓬。”考《唐音統籤》卷六二六《戊籤》二十四:“司馬札,字里莫詳,大中時人,詩一卷。”注云:“溫飛卿集有寄其及第詩。”殆指此詩。又《唐詩品彙》卷首作“司馬禮”,誤;然其傳云:“大中時人,工詩,時稱爲先輩。”《全唐詩》卷五九六作“司馬扎”,“扎”當爲“札”之訛。

　　＊李垣,《全唐詩》卷五八五劉駕《送李垣先輩歸嵩少舊居》詩云:“君於此地行,獨以尋春色。文章滿人口,高第非苟得。”知李垣嘗登進士第。亦見施補。

　　厲圖南,見李頻詩。

　　吳康仁,見李頻詩。○按黃補云:“李頻《送太學吳康仁及第南歸》

云：‘因爲太學選，志業徹春闈。首領諸生出，先登上第歸。’由此可知吳康仁以狀元及第。《登科記考》與《玉芝堂談薈》卷二《歷代狀元》缺大中六年和咸通五年狀元。若李頻晚於吳康仁及第當稱其爲先輩。不應居高臨下直呼其名，因此，吳康仁當爲咸通五年狀元。”　　孟按：此段考證文字有三點值得懷疑：第一，李詩“首領諸生出”句，或可理解爲太學之首薦，未必是禮部試進士科狀元。第二，《記考》及《談薈》所載歷年狀元，時亦有誤，未可全信。第三，“先輩”之稱，亦未必以登第先後區分，如孟郊貞元十二年（796）登第，周況元和三年（808）登第，然孟郊有《憑周況先輩於朝乞茶》詩（見《全唐詩》卷三八〇）；又如李商隱開成二年（837）登第，謝防會昌元年（841）登第，然李商隱有《謝先輩防紀念拙詩甚多異日偶有此寄》詩（見《全唐詩》卷五三九）。總之此處尚缺少有力證據，今仍存疑俟考。

　　＊姚郜，《全唐詩》卷五八八李頻有《送姚郜先輩赴汝州辟》詩，知姚郜嘗登進士第。

　　王績，白居易有《前進士王績授校書郎江西巡官制》。

　　苗玖，《玉泉子》：“苗玖以進士及第，終江州刺史。”

　　張復魯，杜牧《韋温墓誌》：“女四人，長嫁南陽張復魯。復魯得進士第，有名於時。”

　　盧甚，《東觀奏記》：“京兆府參軍盧甚，升進士第，有文學。”

　　于球，〇孟按：原徐松於于球下著録“于璵”，考云：“《舊書·于休烈傳》：‘敖四子，球、珪、瓌、琮，皆登進士第。’按珪登第於大中三年，琮登第於大中十二年。”趙校：“應爲大中七年進士，卷二十二大中七年誤作‘于璵’，詳《施補》。”故“于璵”名已删併至大中七年（853）。

　　楊仁贍，《東觀奏記》：“前郷貢進士楊仁贍女弟，嫁前進士于瓌。”

　　韋庾，

　　韋序，

　　韋雍，〇孟按：徐松原於此下著録有“韋郊”，注云：“《舊書·韋貫之傳》：‘潾子庾，登進士第，序、雍、郊皆登進士第。’”今韋郊已移正至卷二十四乾寧元年（894）進士科下，詳該年考。

　　崔鈞，

崔銖，《舊書·崔元略傳》：“元受子鈞、鍘、銖，相繼登進士第。” 按崔鍘已見大中十年。

沈先，沈先上第，見《雲溪友議》。

應咸，《南部新書》：“崔元翰晚年，取應咸爲首捷。京兆解頭，禮部狀頭，宏詞敕頭，制科三等敕頭。”

* **徐遜**，

* **徐群**，《唐文拾遺》卷三十二馬郁撰咸通五年(864)二月十三日《維唐故隴西李府君墓誌銘并序》：“夫人彭城劉氏……生二女，一人適東海徐遜，千卷書生，一枝晋郄。……夫人汝南周氏植德無徵，早從風燭，生嗣子……娶東海徐氏，前進士群之愛女也。”

盧知猷，字子蓄，簡能之子，登進士第。見《舊書·盧簡辭傳》。傳言知猷釋褐秘書省正字，宰臣蕭鄴鎮江陵、成都，辟爲兩府記室。 薛廷珪《授盧知猷兵部侍郎制》：“爾前尚書右丞盧知猷，在和武光孝皇帝朝以文學詞賦擢進士第，登宏詞科。”《摭言》：“乾寧末，駕幸三峰。太子太師盧知猷於西溪亭子赴進士關宴，因謂前達曰：‘老夫似這關宴，至今相繼赴三十個矣。’” 按“和武光孝”，大中二年所上尊號。

盧玄禧，簡辭無子，以玄禧入繼，登進士第。

盧虔灌，弘正子，〔趙校：“弘正”應作“弘止”，參卷十八校注。〕有俊才，進士登第。〇孟按：此下原著錄盧嗣業、盧汝弼，徐氏考云：“皆簡求子，登進士第。見《舊書·盧簡辭傳》。《南部新書》：‘范陽盧氏，自興元元年甲子至乾符二年乙未，凡九十二年，登進士者一百十六人，而字皆連於子。’”今盧嗣業已刪併至卷二十三乾符五年(878)進士科；盧汝弼已移正至卷二十四景福二年(893)進士科。

盧告，《舊書·良吏傳》：“盧弘宣子告，字子有，及進士第。”〇孟按：《全唐文》卷七四八杜牧草《盧告除左拾遺制》：“盧告……以甲科成名，以家行著稱。”

* **盧耽**，《中朝故事》：“盧耽自進士登科後，出將入相四十九年，不曾稱前銜，皆從此任受於彼。”按《新唐書·藝文志》二：“《文宗實錄》四十卷。盧耽、蔣偕、王渢、盧告、牛叢撰，魏謩監修。耽，字子嚴，一字子重，歷四川節度使、同中書門下平章事。”

　　＊韋士逸，《唐文拾遺》卷六十七闕名撰《唐貞士韋君（士逸）墓誌》：“貞士諱士逸，字士逸，萬年杜陵人。舉進士，釋褐爲赤縣尉。”按韋氏卒於中和四年（884）七月。亦見張補。

　　黃金生，《尚書故實》：“有黃金生者，擢進士第，問與顏同房否，對曰：‘別洞。’黃本溪洞豪姓，生故以此對。”

　　楊技，嗣復之子，進士擢第。

　　楊拭，

　　楊撝，皆嗣復子，並進士擢第。

　　楊擢，

　　楊拯，

　　楊據，

　　楊揆，皆紹復子。

　　楊拙，

　　楊振，皆師復子。《舊書·楊於陵傳》：“大中後，楊氏諸子登進士第者十人。”楊授已見大中九年，故不載。

　　王超，收之子，進士登第。見《舊書·王徽傳》。

　　金可記（紀），《太平廣記》引《續仙傳》：“金可記，新羅人也，賓貢進士。博學强記，屬文清麗，俄擢第。”〔趙校：《全唐詩逸》“記”作“紀”。〕○孟按：《全唐詩》卷五○六章孝標《送金可紀歸新羅》詩云：“登唐科第語唐音，望日初生憶故林。……想把文章合夷樂，蟠桃花裏醉人參。”

　　獨孤庠，《舊書·獨孤郁傳》：“郁子庠，登進士第。”

　　高湜，鍇子。

　　高湘，鍇子，皆登進士第。見《舊書·高鍇傳》。劉得仁有《高湘擢第詩》。

　　馮衮，

　　馮顗，

　　馮軒，

馮巖，四人定之子，皆登進士第。軒又見杜牧集。

馮緘，寬之子，進士擢第。皆見《舊書·馮宿傳》。

李眈，《舊書·李漢傳》：“漢子眈，登進士第。”

＊李瞻，宋蜀刻本《新刊經進詳注昌黎先生文》卷三十四《中大夫陜府司馬李公（邢）墓誌銘》，題下王儔補注：“《世系表》，漢二子，亦登進士第。”檢《新唐書·宗室世系表上》雍王房，載李漢二子：“眈、瞻。”眈登第見上考，今補瞻名。

令狐渙，

令狐渢，絢之子，俱登進士第。

令狐澄，緘之子，進士登第。皆見《舊書·令狐楚傳》。

李琨，○孟按：徐氏原於李琨下著録“李瓚”，考云“《舊書·李宗閔傳》：‘子琨、瓚大中朝皆進士擢第。’” 按李瓚已删併至本書卷二十二大中八年（854）進士科。

李恬，○孟按：徐氏原於李恬下著録“王羽”，注云：“見方干詩。”按“王羽”已删併至本卷《附考·進士科》“王信翁”名下。

＊沈仁偉（沈仁衛、沈文偉），原作“沈仁衛”，徐氏考云：“詢之子，進士。見《元和姓纂》。”趙校：“《姓纂》卷七‘衛’作‘偉’。” 孟按：原本卷《附考·進士科》著録有“沈文偉”，徐氏考云：劉崇望《授崔凝沈文偉守本官充翰林學士制》：‘皆以墨妙詞芬，策名試第。’”趙校：“岑仲勉云，此與本卷前所著録之沈仁衛實爲一人，其名似應作‘仁偉’。見《訂補》。”按岑補云：“同卷（二十七）據《元和姓纂》著録沈仁偉，復據劉崇望授制著録沈文偉。余按此實是一人，其名似應作‘仁偉’，作‘仁衛’或‘文偉’者均訛，説見拙著《重修翰林學士壁記訂補》沈仁偉條。”今正名並删併。

魏潛，魏謩子，登進士第。見《舊書·魏謩傳》。

豆盧瓚，

豆盧璪，《舊書·豆盧璪傳》：“弟瓚、璪，皆進士登第。”

路岳，

路巖，《舊書·路巖傳》：“路群二子，岳、巖，大中中相次進士登第。”

畢知顔，誠之子，紹顔之弟，登進士第。見《舊書·畢誠傳》。○按胡補於天祐二年（905）著錄畢知顏，考云：“《萬姓統譜》卷一一五：‘畢紹顏，大中二年進士。知顏，天祐二年進士。’”　孟按：紹顏登大中八年（854）進士第，見本書卷二十二徐考（本《永樂大典》引《宜春志》），知《統譜》誤。且天祐二年去大中八年相距五十一年，謂知顏登天祐二年進士第，未足爲信。今仍附此俟考。

陳鍇，《東觀奏記》：“大中十二年，白敏中與前進士陳鍇銷憂閣靜話。”

*丁居□，《千唐》[1146]丁居立撰大中十三年（859）十月廿七日《唐故鄭州原武縣尉贈尚書工部員外郎丁府君（佑）河南于夫人封河南君太君合祔墓誌銘并序》云：“府公諱佑，字玄成，其先濟陽人。……嗣子五人：曰居約，鄉貢進士；次居□，前鄉貢進士。”

崔芻言，

崔罕言，白居易《崔元亮墓誌》：“子曰芻言、罕言，舉進士。”　按《唐詩紀事》引作“芻言、罕言登進士第。”

*張雲，《彙編》[大中120]蔣伸撰大中十年（856）十月廿七日《唐故天平軍節度鄆曹濮等州觀察處置等使朝請大夫檢校禮部尚書使持節鄆州諸軍事兼鄆州刺史御史大夫上柱國賜紫金魚袋贈兵部尚書孫府君（景商）墓誌銘并序》（周紹良藏拓本）云：“公諱景商，字安詩，樂安人也。……女子子五人……長嫁南陽張雲，雲文敏之士，第進士，今爲集賢校理。”

崔珏，大中進士第，見《唐詩紀事》。　《新書·藝文志》：“珏字夢之。”

李節，大中進士第，見《唐詩紀事》。

張賁，大中進士第，見《唐詩紀事》。

*鄭顗，

*鄭項，

*鄭就，《補遺》冊六，第174頁，盧軺撰大中十二年（858）五月十二日《唐故范陽盧氏（軺）滎陽鄭夫人墓誌銘》云：“夫人之兄五人：……次曰顗，前進士，未及諸侯之命，以疾歿於招國私第。次曰項，後五年繼踵於春官。其人文之美，無以加焉。次曰就，常以二昆未立，不願偕進。每自養

勇，尤精於八韻，同志者伏其能。驅車西來，果一戰而捷，人不以爲忝。”

＊趙鴻，《全唐詩》卷五八九李頻《和太學趙鴻博士歸蔡中》詩云：“得禄從高第，還鄉見後生。田園休問主，詞賦已垂名。”因知趙鴻曾登進士第。

＊鄭頎，《補遺》册六，第 183 頁，鄭頎撰咸通九年（868）十一月八日《唐故范陽盧夫人（鄭頎妻）墓誌銘并序》云：“頎登進士第，由試秘省校書、山南西道掌書記，歷鄠縣尉。”

＊李林宗，《補遺》册六，第 189 頁，盧震撰咸通十二年（871）十月七日《唐故朝議郎使持節均州諸軍事守均州刺史范陽盧府君（鞈）墓誌銘》云：“外族姑臧氏，河内公之孫，白雲先生之子，伯舅林宗，擢進士第。”

＊薛訢，本書卷二十二大中九年（855）徐氏引《東觀奏記》：“初，裴諗兼上銓，主試宏、拔兩科，其年爭名者衆。應宏詞選前進士苗台符、楊嚴、薛訢、李詢古、敬翊已下一十五人就試，諗寬豫仁厚，有賦題不密之説。前進士柳翰，京兆尹柳憙之子也。故事，宏詞科只三人，翰在選中。不中者言翰於諗處先得賦題，托詞人温庭筠爲之。翰既中選，其聲聒不止，事徹宸聽。杜德公時爲中書舍人，言於執政曰：‘某兩爲考官，未試宏詞，先鑽考官，然後考文書。若自先得賦題者必佳。糊名考文書得佳者，考官乃公。當罪止。諗爲考官不合坐。’宏詞趙柜，丞相令狐綯故人子也，同列將以此事嫁患於令狐相。丞相逐之，盡覆去。”　孟按：此載所覆落者，乃諸人應宏詞試，而非進士科。“前進士”云云甚明。其中楊嚴、苗台符《記考》已分別録入會昌四年（844）及大中六年（852）之進士科，然薛訢、李詢古、敬翊、柳翰四人《記考》皆失載，今據補。其登第時間當在大中九年之前。

＊敬翊，見上。

＊柳翰，見上。

＊李詢古，見上。考《補遺》册七，第 130 頁，韋澳撰大中八年（854）七月二十五日《唐故華州司馬韋府君（洞）墓誌銘并序》文末署：“表弟前鄉貢進士李詢古書。”可證上考之不誤。

＊張台，原列卷二十二大中十三年（859）進士科，徐氏考云：“宋張禮《遊城南記》引《唐登科記》，進士中有大中十三年及第之張台，而無《嘉話

録》所載慈恩題名之張莒。"岑補云："余檢康熙七年黃修《咸寧縣志》七所載張《記》，無台名，不知徐據何本。張莒大曆十三年詩，或訛大中十三（見前卷一○），則莒非本年進士可知；況《嘉話録》大中十年成書，何爲説十三年事也？抑台、莒字略類，後人謂莒詩大中十三年作，是否緣《城南記》而誤，《城南記》所引大中十三年張台，是否大曆十三年張莒之訛，似均須闕疑待證也。"　孟按：《補遺》册三，第 233 頁，張台撰大中十年（856）二月十日《唐故青州司户參軍韋君（挺）夫人柏氏（莕）墓銘并序》署："前鄉貢進士張台。"知張台登第之年當在大中十年（856）之前。徐考誤。今移入附考。

　　＊呂熄，《彙編》[大中 107]呂焕撰大中十年（856）四月十三日《唐故中散大夫秘書監致仕上柱國賜紫金魚袋贈左散騎常侍東平呂府君（讓）墓誌銘并序》云："先府君諱讓，字遜叔，其先炎帝之胤也。……公五子……次曰熄，前鄉貢進士。"按熄登第當在大中十年（856）之前。亦見王補。

　　＊朱賀，《千唐》[1132]大中十年（856）五月十八日《唐故江州尋陽縣丞支公（光）墓誌銘并序》（參見《彙編》[大中 109]）及《千唐》[1133]大中十年五月十八日《唐故贈隨州刺史太子少詹事殿中監支公（成）墓誌銘并序》（參見《彙編》[大中 110]）題下皆署曰："前鄉貢進士朱賀撰。"知其擢第當在大中十一年（857）之前。亦見張補"存疑"類。

　　＊陳晝，孫樵《唐故倉部郎中康公墓誌銘并序》云："唐尚書倉部郎中姓康氏，以咸通十三年月日薨於鄭州官舍。其年月日，前左拾遺陳晝寓書孫樵曰：'與子俱受恩康公門，今先還有期，其孤徵誌於子，子其無讓。'樵哭之慟已，而揮涕叙平生。公諱某字某，會稽人。……大中二年，復調授京兆府參軍，其年冬爲進士試官，峭獨不顧，雖權勢不能撓，其與選者，不逾年繼踵升第。故中書侍郎高公璩、倉部郎中崔亞、前左拾遺陳晝及樵十輩，皆出其等列也。"（《四庫全書》本《孫可之集》卷八；"晝"原作"畫"，據《四部叢刊》本《唐孫樵集》卷八、《全唐文》卷七九五校改）知高璩、崔亞、陳晝及孫樵於大中二年（848）由京兆府等第，次年應禮部試。其後入仕，皆當由進士出身也。高璩大中三年（849）擢第，孫樵大中九年（855）擢第，皆見《記考》。按《彙編》[大中 113]大中十年（856）五月十八日《唐故鴻臚卿致仕支公小娘子墓誌銘》（周紹良藏拓本）題下署："從表生前鄉貢進士陳晝撰。"知其擢第當在大中十一年（857）之前。

　　＊崔亞，見上。又亞嘗任眉州刺史，見本書卷二十三中和二年（882）進士科程賀考。

　　韋顗，《劇談録》：“大中歲，韋顗舉進士，詞學贍而貧窶滋甚。有韋光者，待以宗黨，輒所居外舍館之。放榜之夕，風雪凝沍，報光成事者絡繹而至，顗略無登第之耗。光延之於堂際小閣，備設酒饌慰安。顗夜分歸所止，擁爐愁嘆而坐，候光成名，將進修賀禮。顗坐逼於壞牖，以橫竹挂席蔽之。簷際忽有鳴梟，頃之集於竹上，顗神魂驚駭，持策出户，逐之，飛起復還，久而方去。乃謂諸候者曰：‘我失意無所恨，妖禽作怪如此，兼恐橫罹禍患。’俄而禁鼓忽鳴，榜放，顗已登第。光服用車馬悉將遺焉。”　按此事亦見俗本《朝野僉載》，當以《劇談録》爲正。

　　濮陽寧，《寶刻叢編》引《集古録目》云：“《唐閭遷新社記》，攝館驛巡官、前進士濮陽寧撰。或疑‘寧’爲‘守’之訛。”　按濮陽守爲大曆進士，此記立於大中十年，知其非誤。

　　陸翱，《金華子》：“陸翱字楚臣，進士擢第。詩不甚高，而才調宛麗。及第累年無人召，遊東諸侯，獲鋼僅百萬而已。長子希聲，昭宗朝登庸。”

　　王摶，《新書·王方慶傳》：“摶字昭逸，擢進士第，辟佐王鐸滑州節度府。”李磎《授王摶兵部員外郎兼侍御史知雜事等制》：“某官王摶等，並以科籍，早登朝列。”〔趙校：原作“王搏”，據《新書》卷一二六改。〕

　　裴懿，《江公都墓誌》：“娶河東裴氏，先府君諱懿，登進士第。”

　　謝莀，

　　楊夒，

　　易偲，〔趙校：《全詩》卷七七五作“易思”。〕

　　潘圖，

　　趙拙，

　　梁燭，

　　武瓘，

　　劉温其，

　　黎球，

　　戴遟，

殷琪，

戴光義，

晏璩，

晏墉，歐陽脩《晏殊碑》："自其高祖諱墉，唐咸通中舉進士，卒官江西，始著籍於高安。"

徐瓊，

歐陽薰，

李甲，

張爲，

謝辟，

陳嶰，

吳罕，

黃諷，

劉望，

李滄，

彭遵，

袁希古，

劉廓，

宋鵬舉，

周確，

梁珪，

張咸，

許洞，

蔣勳，

趙防，

崔絳，

劉仁祥，

李餘慶，

易廷槙，

彭惟岳，以上《永樂大典》引《宜春志》。

＊游山甫，

＊游乾晦，

＊游芳，

＊游温，

＊游申伯，

＊游蔚，

＊游震，

＊游邵，宋代游九言《默齋遺稿》卷下《游氏世譜》："唐至五代三百五十餘年，《登科記》僅得九人：曰山甫，曰乾晦，曰芳，曰温，曰申伯，曰蔚，曰恭，曰震，而五代一人：曰邵。名又不顯，唯《九國志》列傳載恭字夢得，建安人，以文才見推，爲楊行蜜知制誥。"按游恭見《記考》卷二十七《附考·進士科》，餘八人並不見《記考》。

＊胡曾，施補云："《四部叢刊》三編影宋本《新雕注胡曾詠史詩》卷首有米崇吉序云：'……近代前進士胡公名曾，著《詠史》律詩一百五十篇，分爲三卷。'是胡曾曾進士及第也。《登科記考》未録，可補入附考。按《唐才子傳》卷八胡曾條云：'曾，長沙人也，咸通中進士。初，再三下第，有詩云："翰苑幾時休嫁女？文章早晚罷生兒。上林新桂年年發，不許閑人折一枝。"《唐音戊籤》卷《統籤》之六四五胡曾詩胡曾小傳遂據以爲"咸通中舉進士不第"（《全唐詩》第十函第二册胡曾詩胡曾小傳同），實未明瞭《唐才子傳》原文之意，宜據米崇吉序更正。'"

＊胡珪，施補云："《唐音戊籤》卷《統籤》之六零三方干詩有《哭胡珪詩》云：'才高登上第，孝極歿廬塋。'（《全唐詩》第十函第三册方干詩卷二同）是胡珪曾進士及第也。《登科記考》未録，可補入附考。"

李夷遇，《三水小牘》："咸通丁亥歲，隴西李夷遇爲郂州從事，有僕曰李約，乃夷遇登第時所使也。"〇孟按：《千唐》[1179]咸通十一年（870）十一月十二日《唐故鄉貢進士南陽郡張公（曄）墓誌銘》（參見《彙編》[咸通085]）題下署："前鄉貢進士李夷遇撰。"知其擢第當在此之前。亦見張補

"存疑"類。

李翺，李磎《授李翺河南府參軍充集賢校理制》："爾翺儒學賢相之後，以進士擢第。"

李庾，《唐語林》："李相石從子庾，少擢進士第，石之力也。"〇孟按：劉禹錫有《送李庚先輩赴選》詩，"李庚"乃"李庾"之訛，考見陶敏《全唐詩人名考證》[4057A]。

盧渥，司空圖《盧渥神道碑》："公未就鄉學舉。會府方重首薦，公爲主試者所強，舉子未效其業於主司，則踵門投贄者已數百輩。時宣宗銳意文治，白衣稍出流類，亦往往上門，故公中選甲科。"《唐詩紀事》："渥在舉場，甚有時稱。曾於溵水逆旅遇宣宗微行，意其貴人，斂身避之。帝呼與相見，乃自稱進士盧渥，帝請詩卷，袖之而去。他日對宰臣語及盧渥，令主司擢第。宰相問渥與主上有何階緣，渥俱陳其由，時亦不以爲忝。"《唐語林》："盧渥司徒以府元爲第五人。"

李彙征，進士第，見《唐詩紀事》。

＊徐膠，《彙編》[中和 001]中和元年(881)十一月八日《大唐故幽州節度要籍祖君夫人弘農楊氏墓誌銘并序》(周紹良藏拓本)題下署："前攝滄州司馬鄉貢進士徐膠撰。"

＊盧峻，《彙編》[乾寧 001]據《考古與文物》1983 年 1 期秦珠所錄《唐末盧峻墓誌銘》云："唐故尚書外膳部郎范陽盧府君諱峻，字子翰。……工五言詩，一舉擢進士第，解褐參京兆軍事。"按峻卒於乾寧元年(894)六月，享年五十二。

王鐐，咸通進士第，見《唐詩紀事》。　《太平廣記》引《抒情集》："王鐐富有才情，數舉未捷。門生盧肇等公薦於春官，果擢上第。"　按鐐，王鐸之從父兄弟也。

杜裔休，《雲溪友議》："杜悰之子裔休、孺休，進士登科。"　按裔休咸通七年登第。

陸鷟，《新書·藝文志》："字離祥，咸通進士第。"

沈栖遠，《新書·藝文志》："字子鷟，咸通進士第。"

蔣凝，《新書·藝文志》："字仲山，咸通進士第。"

＊裴澈，《唐詩紀事》卷六十八《裴澈傳》：“澈，登咸通進士第，後爲相。”朱補據此著録。　　孟按：裴澈，字深源，俅子，相僖宗。見《新唐書》卷七十一上《宰相世系表》。又《全唐詩》卷六〇〇小傳：“裴澈，登咸通進士第。僖宗朝，拜相。”按《文苑英華》卷一八〇《省試一》録其《元日和布澤》詩。

＊蘇循，《舊五代史》卷六〇本傳：“蘇循，父持，陳州刺史。循，咸通中登進士第，累歷台閣，昭宗朝，再至禮部尚書。”亦見張補。

＊張册，《補遺》册六，第190頁，張册撰咸通十五年（874）二月八日《唐故東都防禦軍鞏縣鎮遏兵馬使朝散大夫檢校太子詹事畢公（纇）墓誌并序》云：“册以曾叨進士，夙習知聞，被請誌銘。”

＊張玄晏（張元晏），《全唐文》卷八一八張元晏《謝奉常僕射啟》：“某啟。某今日伏奉聖旨令充職翰林者，龐鴻恩重，螻蟻命微，循涯增感激之誠，揣己積叨踰之懼。伏以某名慚鉅下，人異隆中，乏賦雪之詞華，乏論天之才辯。頃歲纔蒙進取，便獲攀投，及門人指其攀龍，托質時推其附鳳。因得交朋改觀，行止增光。遂忝決科，俄榮筮仕。”又同上《未召試先與奉常啟》：“某啟。某人惟冗末，地匪清華，異前修稽古之勤，乏往彦求己之志。偶塵科級，旋履宦途。”按《新唐書・藝文志四》著録《張玄晏集》二卷”，注：“字寅節，昭宗翰林學士。”知“元”本作“玄”，蓋後人避諱改。

＊樂朋龜。岑仲勉《補唐代翰林兩記》卷上《補僖昭哀三朝翰林學士記・僖宗朝》：“樂朋龜中和元年自右拾遺充。”考云：“《廣記》二三九引《北夢瑣言》云：‘唐例，士子不與内官交遊，十軍軍容田令孜擅回天之力，唐僖皇播遷，行至洋源，百官未集，缺人掌誥，樂朋龜侍郎亦及行在，因謁中尉，仍請中外，由是薦之，充翰林學士。……樂公舉進士，初陳啟事，謁李昭侍郎自媒云，別於九經書史及老莊行都賦外，著八百卷書，請垂比試，誠有學問也，然於制誥不甚簡當，時人或未之可也。’按李昭《登科記考》二三疑是咸通十四年知舉，樂似咸通末進士。”　孟按：徐松所疑未當，不足信，詳該年考。又《全唐文》卷八一四樂朋龜小傳云：“朋龜字兆吉，滑台人，第進士，中和元年官翰林學士承旨，知制誥，後以太子少保致仕。”

吴延保，見鄭谷詩。

劉崇彝，字子憲。

劉珪，字寶臣。

劉璙，○《册府元龜》卷八六六《總録部・貴盛》：“後唐劉岳，八代祖民部尚書渝國公政會，武德時功臣，祖符蔡州刺史，父珪洪洞縣令。符有子八人，皆登進士第。珪之母弟璙、瑋，異母弟崇夷、崇望、崇魯、崇暮、崇龜。（崇龜）乾寧中廣南節度使，崇望乾寧中宰相，崇魯、崇暮、崇夷並歷朝省。”

劉玗，《古今姓氏書辨證》：“劉符八子，皆登進士第。”崇龜、崇望、崇魯、崇謨已見前。據《宰相世系表》補載四人。○孟按：《舊五代史・劉岳傳》：“劉岳，字昭輔。……祖符，蔡州刺史。父珪，洪洞縣令。符有子八人，皆登進士第，珪之母弟璙、玗，異母弟崇夷、崇龜、崇望、崇魯、崇暮。”

李鉅，《玉泉子》：“韋保衡嘗訪同人家，方坐，有李鉅新及第，亦繼至。”

夏侯潭，孜之子，登進士第，見《舊書・夏侯孜傳》。

＊崔兢，《彙編》[乾符 019]乾符四年（877）十一月廿三日《唐故温州刺史清河崔府君（紹）墓誌銘并序》（周紹良藏拓本）署：“三從猶子攝東都畿汝州都防禦巡官前鄉貢進士兢撰。”又誌文云：“府君從父兄前國子博士璙既自襄事，以將圖不朽，必播美於石，以就居阮巷之列，又忝科第，遂命爲誌，故不克讓。”亦見張補“存疑”類。

＊薛昭緯，陳尚君《唐代文學叢考・“花間”詞人事輯》：“薛昭緯，字紀化，河東人。……登進士第。”考云：“《北夢瑣言》卷十云：‘薛侍郎未登第前，就肆賣鞋’，知曾登進士第。前引《喜遷鶯》即登第後作。《登科記考》失收。按其仕歷，當在咸通、乾符間。又逆推其生年，約當在會昌、大中間。”

＊褚峰，《千唐》[1209]崔周楨撰《唐故潤州句容縣尉褚君（峰）墓記》（參見《彙編》[殘志 025]）云：“君名峰，字君石，京兆人也。早歲登進士第。”亦見羅補。

鄭綮，《舊書》本傳：“以進士登第。”《新書》：“綮字蘊武。”

蔣兆，《舊書・蔣乂傳》：“蔣氏世以儒史稱，不以文藻爲事。惟伸及係子兆有文才，登進士第。”　按兆與曙皆係之子，曙見咸通末。

金夷吾，張喬《送賓貢金夷吾奉使歸本國詩》云："渡海登仙籍。"是已登第也。

潘緯，《唐詩紀事》："湘南何涓《瀟湘賦》、緯《古鏡詩》天下傳之。或曰：'潘緯十年吟《古鏡》，何涓一夜賦《瀟湘》。'登咸通進士第。"

司馬都，《玉堂閒話》："前進士司馬都居于青邱。"○孟按：《永樂大典》卷二三六八引《蘇州府志·貢舉題名》"吳郡進士，未詳何年"中列有司馬都，注"見《江陵集》"。

＊莊布，《永樂大典》卷二三六八引《蘇州府志》"吳郡進士，未詳何年"下錄有莊布。亦見張補。按天一閣［正德］《姑蘇志》卷五、［崇禎］《吳縣志》卷三十三同。後二書皆注云："嘗謁軍事判官皮日休不得見，布爲書責之。"

張仁龜，《北夢瑣言》："張禠尚書典晉州，外貯所愛營妓生一子。其內子蘇氏號塵外，妒忌，不敢取歸，乃與所善張處士爲子。居江淮間，常致書題問其存亡，資以錢帛。及漸長成，教其讀書。有人告以非處士之子，爾父在朝爲官。因竊其父與處士緘札，不告而遁歸京國。禠公已薨，至宅門僮僕無有識者，但云江淮郎君，兄弟皆愕然。其嫡母蘇夫人塵外泣而謂諸子曰：'誠有此子，吾知之矣。我少年無端，致其父子死生永隔，我罪多矣。'家眷聚泣，取入宅，齒諸兄弟之列，名仁龜。有文行，好學修詞，應進士舉及第，歷侍御史。"

＊楊篆，

＊楊筠，《補遺》冊六，第 199 頁，楊篆撰中和三年(883)十一月廿一日《我大唐故天平軍節度副大使知節度事鄆曹濮等州觀察處置使銀青光□(祿)□(大)夫檢校戶部尚書使持節鄆州諸軍事兼鄆州刺史御史大夫上柱國弘農郡開國公食邑二千戶贈司徒楊公(漢公)夫人越國太夫人韋氏(媛)墓誌銘并序》云："惟余零丁孤苦，殘息尚存。常忝進士擢第。……弟筠，進士及第，攝荆南支使。"

＊薛貽矩，胡補云："《舊五代史》卷十八《薛貽矩傳》：'薛貽矩，字熙用，河東聞喜人。……唐乾符中，登進士第。'《北夢瑣言》卷十六《薛貽矩畫贊》條：'梁相國薛貽矩，名家子，擢進士第，在唐至御史大夫。'《登科記

考》缺。"

　　＊張俊，《舊五代史》本傳："張俊，字彥臣……善爲五言詩，其警句頗爲時人所稱。……（後梁）太祖即位，用宰臣薛貽矩爲鹽鐵使，俊與貽矩同年登第，甚知其才，即奏爲鹽鐵判官。"

　　皇甫穎，《摭言》："皇甫穎早以清操著稱，乾符中及第。時四郊多壘，穎以垂堂之誡，絶意禄位，隱於鹿門别墅。尋以疾終。"

　　崔道紀，《太平廣記》引《録異記》："唐前進士崔道紀及第後，遊江淮間。"

　　張仁穎，《古刻叢鈔·唐張府君墓誌》："張君諱中立，其先范陽人。高祖紹宗生懷璥，懷璥生涉。涉以文學登制策科。涉生爽，進士及第，登朝爲殿中侍御史。爽生中立，中立以乾符六年卒，年五十五。季弟仁穎，登進士第，有時名。"

　　＊[陳琡，登乾符中第，見《唐詩紀事》。　孟按：《唐詩紀事》卷六十六"陳琡"條原文曰："鴻之子也。咸通中，佐廉使郭常侍銓於徐。性耿介，有所不合，挈家居茅山。平居焚香習禪，妻子罕面。寄居蘭若，自述《檀經》三卷。臨行，留一章與其僧云：行若獨輪車，常畏大道覆。止若圓底器，常恐他物觸。行止既如此，安得不離俗。乾符中，弟璉佐薛能幕於徐，琡自丹陽棹小舟與相見。能重其人，延入城，不可。曰：某已有誓，不入公門矣。薛移舟赴之，話道永日，不宿而去。"知徐松誤讀"乾符中，弟……"爲"乾符中第"。故陳琡名當删。按程毅中《唐代小説史話》第 319—320 頁嘗論及徐松此處之誤。]

　　＊李搏，朱補："《唐詩紀事》卷六一：'（李）搏，登乾符進士第。'按，《記考》著録有大曆五年狀元李搏，當是李搏，又與登乾符進士第之李搏時年相隔甚遠，非一人。"　孟按：《全唐詩》卷六六七小傳："李搏，登乾符進士第。"與此當爲一人。

　　＊李廷璧，《太平廣記》卷二七二引《抒情集》云："李廷璧二十年應舉，方於蜀中策名。歌篇靡麗，詩韻精能。嘗爲舒州軍倅。"《全唐詩》卷六六七小傳："李廷璧，僖宗朝登進士第。"又《唐摭言》卷九："李廷璧乾符中試夜，於鋪内偶獲襖子半臂一對，廷璧起取衣之。同鋪賞之曰：'此得非神

授!'逡巡有一人擒捉,大呼云:'捉得偷衣賊也。'"

徐延休,《十國春秋》:"徐延休字德文,會稽人。唐乾符中進士。"按即徐鉉兄弟之父。○孟按:陸游《南唐書·徐鍇傳》:"父延休,字德文,風度淹雅,故唐乾符中進士。"又見《唐餘紀傳》卷八《徐鍇傳》。

*趙均,《千唐》[1202]乾符五年(878)十月廿三日《唐故昌黎韓府君(綏)墓誌銘》(參見《彙編》[乾符025])題下署:"前鄉貢進士趙均撰。"知其擢第當在乾符六年(879)之前。亦見張補"存疑"類。

*吳廷隱,《彙編》[乾符033]乾符六年(879)五月廿五日《唐故西川少尹支公(訥)墓誌銘并序》(北京圖書館藏拓本)題下署:"門吏武寧軍節度掌書記前鄉貢進士吳廷隱謹撰。"知其擢第當在廣明元年(880)年之前。

*孫拙,《補遺》册五,第63頁,王騫撰天成二年(927)二月十五日《唐故朝散大夫守尚書工部侍郎柱國賜紫金魚袋樂安孫公(拙)墓銘并序》云:"公諱拙,字幾玄,武水樂安人也。……舉進士擢第甲科。"按拙卒於天成元年(926),享年六十九。孫拙爲孫瑝之子。亦見羅補。

封定卿,

丁茂珪,《北夢瑣言》:"大中後進士尤盛,封定卿、丁茂珪場中頭角,舉子與其交者必先登第。而二公各二十舉方成名。"

孔迥,

孔莊,《宋史·孔承恭傳》:"五世祖戡,《唐書》有傳。戡孫迥,迥子昌庶,昌庶子莊。由戡至莊,皆登進士第。"

楊焲,授之子,字公隱,進士及第。見《舊書·楊嗣復傳》。

蕭頎,《舊書·蕭俛傳》:"廩子頎,登進士第。"○徐松著錄"蕭頎",與《補正》卷二十七《附考·進士科》新錄之"蕭頃",實爲一人,前者當删。後者又見《册府元龜》卷七九九《總錄部·聰悟》:"後唐蕭頃,字子澄,京兆萬年人,故相俛之孫,京兆廩之子。頃幼聰悟,善屬文,昭宗朝擢進士第,太常卿、太子少保致仕卒。"

楊鑒,《舊書·楊收傳》:"收子鑒、鉅、鏻,皆登進士第。"按鉅於廣明元年登第,鏻於乾寧三年登第。

*楊枧,詳下。

＊楊㷱，詳下。按此與楊授之子㷱（字公隱）者同名，見上。"㷱"，《太平廣記》卷一五五引作"照"。

＊楊鑢，詳下。

＊楊洞，《北夢瑣言》卷十二："唐相國楊收，江州人。祖爲本州都押衙。父遺直，爲蘭溪縣主簿，生四子，發、假、（原作"嘏"，據兩《唐書·楊收傳》、《新唐書·宰相世系表一下》改，下同）收、嚴，皆登進士第。收即大拜，發以下皆至丞郎。發以春爲義，其房子以枳、以乘爲名。假以夏爲義，其房子以㷱（原注："古鼎反。"）爲名。收以秋爲義，其房子以鉅、鏻、鑢、鑒爲名。嚴以冬爲義，其房子以注、涉、洞爲名。盡有文學，登高第，號曰修行楊家，與靖恭諸楊比於華盛。"按除枳、㷱、鑢、洞四人外，餘均見《記考》。又楊洞名不見《舊唐書·楊收傳》，見於《新唐書·宰相世系表一下》；餘三人並不見兩《唐書》。

孔崇弼，《舊書·孔緯傳》："子崇弼，登進士第。"

王溥，《舊書》本傳："字德潤，第進士。"　按此非作《會要》之王溥。○孟按："《舊書》"，當作"《新書》"。

＊王椿，

＊王樗，

＊王松，《古今姓氏書辨證》卷十四："（王）徽字昭文，相僖宗，贈太尉，諡正。子三人：椿、樗、松，均登第。"按《舊唐書·王徽傳》：徽"大順元年十二月卒，贈太尉，諡曰貞。子三人：椿、樗、松"。《新五代史·王松傳》："王松，父徽，爲唐僖宗宰相。松舉進士，後唐時，歷刑部郎中，唐末，從事方鎮。晋高祖鎮太原，辟松節度判官。晋高祖即位，拜右諫議大夫，累拜工部尚書。"按此王松即開運三年（946）以工部尚書權知貢舉者，見本書卷二十六。

＊韋叔文，孟按：《太平廣記》卷二一三引（唐于逖）《聞奇錄》："唐進士韋叔文善畫馬，暇日，偶畫二馬札絹而未設色。赴舉，過華岳廟前，恍然如夢，見廟前人謁己云：'金天王奉召。'叔文不覺下馬而入，升殿見王。王曰：'知君有二馬甚佳，今將求之，來春改名而第矣。'叔文曰：'己但有所乘者爾。'王曰：'有，試思之。'叔文暗思有二畫馬，即對曰：'有馬，毛色未

就。'曰：'可以爲惠。'叔文曰：'諾。'出廟，急於店中添色以獻之。來春改名而第。"按叔文改何名未詳，今暫以"叔文"名著録。

盧光啟，《舊書》本傳："字子忠，第進士。"

翁承檢，見翁承贊詩。

孫鄂，見曹松詩。

邵錫，見無可詩。

葉蒙，見貫休詩。

＊李裕，《全唐詩》卷六七三周朴《贈李裕先輩》詩云："曉擎弓箭入初場，一發曾穿百步楊。仙籍舊題前進士，聖朝新奏校書郎。"知李裕嘗登進士第。亦見王補。

＊張禕，《舊唐書·張正甫傳》：正甫子"毅夫，位至户部侍郎、弘文館學士判院事。諸群從登第者數人，而毅夫子禕最知名。禕字冠章，釋褐汴州從事、户部判官，入爲藍田尉、集賢校理。"

＊高元固，薛亞軍《〈登科記考〉正補》："《渤海國志長編》卷十：'高元固，於王玄錫之世，入唐應賓貢試。過福建，遇詩人徐夤，謂之曰：國人得公斬蛇劍、御溝水、人生幾何諸賦，皆以金書，烈爲屏障。'同書卷十六《族俗考》：'高元固及烏炤度、光贊父子以賓貢入唐應舉，烏氏父子皆登第。'兩處記載均祇言高元固應賓貢舉進士，未言其及第與否。《全唐詩》卷七〇九（孟按：原誤作七九〇）徐夤《渤海賓貢高元固先輩閩中相訪云本國人寫得夤斬蛇劍御溝水人生幾何賦家皆以金書列爲屏障因而有贈》詩，《渤海國志長編》卷十八《文徵》亦載是詩，題與《全唐詩》同。徐氏詩題稱高元固爲'先輩'，'先輩'乃唐人對及第進士的敬稱（見《唐摭言》卷一），那麽高元固係渤海人應唐賓貢進士而擢第者，可列入《登科記考》卷二十七《附考·進士科》之内。"　孟按：上引徐夤詩云："折桂何年下月中，閩山來問我雕蟲。"是已擢第。

＊劉海（劉喆），薛亞軍《〈登科記考〉正補》："《渤海國志長編》卷十九《叢考》：'王仁俊遼史藝文志補證（遼文萃附編）道家類海蟾子詩一卷，出鄭略。（即通志藝文略）按即劉海也。碣石剩談海蟾姓劉，名喆，渤海人，十六登科甲，五十至相位。……又，陝西通志謂：海蟾子，名哲（同喆），

字元英，陝西人，事燕王劉守光爲相，喜黃老之學，後遁跡終南山下，化鶴飛去。綜上所記，則海蟾子仕於燕王劉守光而爲之相。'據《新五代史》卷三十九《劉守光傳》及《舊五代史》卷一三五《劉守光傳》，守光稱大燕皇帝在梁乾化元年（911），即後唐天祐八年，時以王瞳、齊涉爲左右相。天祐十年大燕爲李存勖所滅。如此，劉海爲相只能於天祐九年、十年間（912—913）。依上引'五十至相位'逆推，其十六歲登科甲當在乾符五年（878）左右。"又云："《舊五代史》卷一〇六《劉審交傳》：'劉審交，字求益，幽州文安人也。祖海，父師遂。審交少讀書，尤精吏道，起家署北平主簿，轉興唐令，本府召補牙職。劉守光之僭號，僞署兵部尚書。……乾祐二年春卒，年七十四。'乾祐二年爲公元949年，以年推之，審交生於乾符三年（876）。如果本傳中所言其祖海即上述五十歲爲劉守光相的劉海，則劉守光稱帝時，劉審交已三十六，與其祖僅差十三四歲，殊不可能。或爲相之劉海與審交之祖非同一人，或上引據材料必有一誤，存以俟考。要之，劉海（哲）登科當在晚唐，'登科甲'一般指進士及第，故宜補劉海入《登科記考》卷二十七《附考·進士科》。"　孟按：《遼史拾遺》卷二十一本傳："都邛《三餘贅筆》曰：'道家有南北二宗，其南宗自東華少陽君得老聃之道以授漢鍾離權，權授唐進士呂巖，巖授遼進士劉操。'薛大訓《神仙通鑑》曰：'劉元英，字宗成，號海蟾子，初名操，字昭遠，後得道改稱焉。燕地廣陵人也（一云大遼人），以明經擢第仕燕主劉守光爲相。'"《五代詩話（補）》卷九"劉元英"條引《宋詩紀事》："劉元英，號海蟾子，初名操，燕地廣陵人。以明經擢第仕燕王劉守光爲相。"又見《全五代詩》卷八"小傳"。按《新唐書·藝文志三》著錄："海蟾子《元英還金篇》一卷。"疑"進士"爲"明經"之誤。此劉操（元英）與薛考之"劉海（喆）"當爲一人。據上引《三餘贅筆》所載，則其人當於遼契丹登科。暫附此俟考。

　　*邵□，《全唐詩》卷七二三李洞《送邵先輩歸覲華陰》詩云："桂枝博得鳳棲枝，歡覲家僮舞翠微。僧向瀑泉聲裏賀，鳥穿仙掌指間飛。休停硯筆吟荒廟，永別燈籠赴鎖闈。騷雅近來頗喪甚，送君傍覺有光輝。"按"邵先輩"，晚唐人，名未詳，俟考。

　　*孫偓（長水縣令），《全唐文》卷八三二錢珝草《授前右補闕孫偓長水縣令賜緋制》："爾嘗以文行，進取科名，列在華資，詎非素志？"按岑仲勉

《唐史餘瀋》卷三《昭宗·昭宗兩相之同時同姓名者》："全唐文八三二，錢珝授前右補闕孫偓長水縣令賜緋制，按珝舟中録自序稱，'乙卯歲冬十一月，余以尚書郎得掌誥命'（《英華》七〇七）。乙卯即乾寧二年，據新書六三宰相表，宰相孫偓已以是歲十月自京兆尹同平章事，則此長水令孫偓爲同姓名者。"

孫揆，《舊書·忠義傳》："孫揆字聖圭，刑部侍郎逖五世從孫也。第進士。"○孟按：此所引當出《新唐書·忠義傳》。

薛廷珪，薛逢子，中和中登進士第。見《舊書·文苑傳》。

厲自南，中和進士第，見《唐詩紀事》。　　按《通志·氏族略》，以自南光啟登科。

李嶠，《摭言》："李嶠及第在偏侍下，俯逼起居宴，霖雨不止，因遣賃油幕以張之。嶠先人舊廬昇平里，凡用錢七百緡，自所居連亘通衢，迨及一里餘。參御輦不啻千餘人，轎馬車輿，闐咽門巷，往來無有霑濕者。而金碧照耀，別有嘉致。嶠時爲丞相韋保衡所委，干預政事，爲李八郎。其妻又南海韋宙女，宙常資之金帛，不可勝紀。"

宇文翃，《北夢瑣言》："唐進士宇文翃，雖士族子，無文藻，酷愛上科。有女及笄，真國色也，朝之令子弟求之不得。時竇璠年逾耳順，方謀繼室，其兄諫議，叵有氣焰，能爲人致登第。翃嫁女與璠，璠爲言之元昆，果有所獲。"

韋甄，《摭言》："韋甄及第年，事勢固萬全矣，然未知名第高下。志在鼎甲，未免撓懷。俄聽於光德里南街，忽睹一人叩一板門盛急，良久軋然門開，呼曰：'十三官，尊體萬福。'既而甄果是第十三人矣。"

李昭嘏，《太平廣記》引《奇聞録》："李昭嘏舉進士不第。登科年，已有主司，並無薦托之地。主司晝寢，忽寤，見一卷軸在枕前，看其題乃昭嘏之卷。令送于架上，復寢。暗視有一大鼠取其卷，銜其軸復送枕前，如此再三。昭嘏來春及第，主司問其故，乃三世不養貓，皆云鼠報。"

裴筠，《摭言》："裴筠婚蕭楚公女，言定未幾，便擢進士。羅隱以一絶刺之，略曰：'細看月輪還有意，信知青桂近嫦娥。'"

余知古，

關圖，《北夢瑣言》：“余知古、關圖、常修，荊州之居人也。率有高文，連登上科。關即衙前將校之子也，關圖妻即常修妹，才思婦也。”

趙琮，《玉泉子》：“趙琮妻父爲鍾陵大將。琮以久隨計不第，窮悴甚，妻族益相薄，雖妻父母不能不然也。一日軍中高會，州郡請之春設者，大將家相率列棚以觀之。其妻雖貧，不能無往，然所服故敝，衆以帷隔絕之。設方酣，廉使忽馳吏呼將，將驚且懼。既至，廉使臨軒，手持一書笑曰：‘趙琮得非君子婿乎？’曰：‘然。’乃告之適報至，已及第矣。即授所持書，乃榜也。將遽以榜奔歸，呼曰：‘趙郎及第矣。’妻之族即撤去帷障，相與同席，競以簪服而慶遺焉。”

＊〔王周，周有《下瞿塘寄時同年詩》，是已登第。　孟按：《唐才子傳校箋》册五《殷文圭傳》陳尚君補箋云：“王周生平可考者爲：明州奉化人，大中祥符五年（1022）進士（《乾道四明圖經》卷一二、《嘉慶浙江通志》卷一二三）累任無錫知縣（《咸淳毗陵志》卷一〇）。慶曆七年（1047）以司封郎中知明州（《乾道四明圖經》卷一二、《王文公文集》卷三三），以光祿卿致仕，歸荊南，杜衍、司馬光爲詩送之。”又見《全五代詩》卷七、《全宋詩》卷一五四王周小傳。知王周擢第在入宋後，徐考誤。故王周名當删。〕

＊謝石，《全唐詩》卷六〇六林寬《送謝石先輩歸宣州》詩云：“名隨春色遠，湖外已先知。花盡方辭醉，鶯殘是放時。天寒千尺岳，頷白半聯詩。笋蕨猶堪採，榮歸及養期。”知謝石嘗登進士第。亦見施補。

林寬，寬有《獻同年孔郎中詩》，是已登第。○孟按：《全唐詩》卷六〇六林寬《獻同年孔郎中》詩云：“炊瓊爇桂帝關居，賣盡寒衣典盡書。驅馬每尋霜影裏，到門常在鼓聲初。蟾枝交彩清蘭署，鶯珮排光映玉除。一顧深恩身未殺，爭期皎皎負吹噓。”又同上有《省試臘後望春宮》詩云：“皇都初度臘，鳳輦出深宮。高憑樓臺上，遙瞻灝溔中。仗凝霜彩白，袍映日華紅。柳眼方開凍，鶯聲漸轉風。御溝穿斷靄，驪岫照斜空。時見宸遊興，因觀稼穡功。”

＊孔□，見上，名未詳，俟考。

＊崔沂，《舊五代史・崔沂傳》：“崔沂，（《新唐書・宰相世系表》：沂，字德潤。）大中時宰相魏公鉉之幼子也。兄沆，廣明初亦爲宰輔。沂舉進

士第，歷監察、補闕。”亦見張補。張補又云：“《記考》卷二二有崔沆，爲大中十二年進士，其弟沂及第亦當與此時不遠。”

　　＊崔協，《舊五代史·崔協傳》：“崔協，字思化。……即彥融之子也。幼有孝行，登進士第，釋褐爲度支巡官、渭南尉。”亦見張補。又《全唐文》卷一〇六後唐明宗《授馮道崔協中書侍郎制》：“崔協，星辰降彩，軒冕聯榮，禮樂稟於生知，詩書博於時習。輝華繼世，可鄙荀陳；清貴傳家，固超王謝。自登高第，踐歷周行。”

　　＊李光庭，朱補：“《册府》卷三二四《宰輔部·薦賢》：‘盧文紀清泰中爲相，以右諫議大夫李光庭爲給事中、弘文館學士、判館事。光庭，唐故曹王皋之曾孫，父龜年，光啟中爲太卿監。光庭從狩蜀，舉進士，屢遷至兵部郎中。’按，僖宗幸蜀在廣明元年至中和五年（880—885），其時科舉亦在西川，李光庭‘從狩蜀，舉進士’，亦當在此期間。”

　　＊蕭頃，《舊五代史·蕭頃傳》：“蕭頃，字子澄，京兆萬年人。故相倣之孫，京兆尹廩之子。頃聰悟善屬文，昭宗時擢進士第，歷官度支巡官、太常博士、右補闕。”

　　李勳，《北夢瑣言》：“薛能尚書鎮郵州，見舉進士者必加異禮。李勳尚書先德爲衙前將校，八座方爲客司小子弟，亦負文藻，潛慕進脩，因舍歸田里。未踰歲，服麻衣執所業於元戎，左右具白其行止，不請引見。元戎曰：‘此子慕善，才與不才，安可拒之！某今自見其人質清秀，復覽其文卷，深器重之。’乃出郵巡職牒一通與八座先德，俾罷職司閑居，恐妨令子修進爾。後果策名第，揚歷清顯，出爲郵州節度使也。”

　　盧藩，《北夢瑣言》：“唐盧尚書藩以文學登進士第，歷數鎮，薨於靈武連帥。”

　　鍾輻，《摭言》：“鍾輻，虔州南康人也。始建山齋爲習業之所，因手植一松於庭際。俄夢朱衣吏白云：‘松圍三尺，子當及第。’輻惡之。爾來三十餘年，輻方策名，使人驗之，松圍果三尺矣。”〇孟按：元刊本《新編排韻增廣事類氏族大全》甲集卷二“金陵才士”條：“鍾輻，五代時金陵才士也。年少氣豪，樊若水愛其才，以女妻之，後輻中甲科。樊氏早世，輻遂隱終南山，終身不仕。”

　　鄭光業，《摭言》：“鄭光業新及第年，宴次有子女卒患心痛而死，同年皆惶駭。光業撤筵中器物，悉授其母，別徵酒器，盡歡而散。”

　　元察，

　　元充，《因話錄》：“刑部郎中元沛之妻劉氏，全白之妹，賢而有文。既寡居，奉道受錄於吳均。長子固，早有名。次子察，進士及第。長子潾，好道不仕。次子充，進士及第。”　按此文疑有脫誤。○孟按：上海古籍出版社1979年版據《稗海》本點校《因話錄》卷三云：“刑部郎中元沛妻劉氏，全白之妹，賢而有文學。著《女儀》一篇，亦曰直訓。夫人既寡居，奉玄元之教，受道錄於吳筠先生，精苦壽考。長子固，早有名，官歷省郎、刺史、國子司業。次子察，進士及第，累佐使府，後高臥廬山。察之長子潾，好道不仕；次子充，進士及第，亦尚靈玄矣。”

　　董禹，薛廷珪《授董禹左諫議大夫制》：“董禹迭中詞科，優有文藝。”

　　＊盧文亮，《補遺》冊七，第169頁，《唐故羅林軍□銀青光祿大夫行尚書兵部侍郎知制誥上柱國范陽縣開國□食邑三百戶盧公（文亮）權厝記并序》：“公諱文亮，字子澄，范陽涿人也。……一舉擢進士上第，□□□宏詞殊科。……時以貨籍之重，論者僉其才可，乃拜春官。振滯□才，頗叶於公議。然有唐三百年，無盧氏主文闈者，公始闢之矣。”按文亮即文紀之兄，卒於同光二年（924），享年五十二。亦見王補。

　　張林，《北夢瑣言》：“唐張林，本士子，擢進士第，官至臺侍御。爲詩小巧，多采景於園林亭沼間，至如‘菱葉乍翻人採後，荇花初没舸行時’，他皆此類。受眷於崔相昭緯。”

　　索元禮，《通志・氏族略》，唐有索元禮登科。

　　亢潮，《通志・氏族略》，唐登科有亢潮，京兆人。

　　崔育，《太平廣記》：“唐前進士崔育，以中原亂離，客於邊土。”

　　王滁，《唐詩紀事》：“滁字用霖，及景福進士第。”

　　＊莫彦修，《嘉定赤城志》卷三十二《人物門・僑寓・唐》：“莫彦修。按孫郃作《才名志》云：‘前進士莫彦修，本貫鄞川人，徙居台州。’”按孫郃登乾寧四年（897）進士第，見本書卷二十四。

　　鄭準，《新書・藝文志》：“字不欺，乾寧進士第。”《北夢瑣言》：“唐榮陽鄭準，以文筆依荆州成中令，常欲比肩陳、阮。自集其所作爲三卷，號

《劉表軍書》。雖有胸襟，而辭體不雅。賀襄州趙令嗣襲其書云：'不沐浴佩玉而有祁兆，不登山取符而無恤封。'是於慶賀中顯言其庶賤也。鄰道之敬，其若是乎？應舉日詩卷，題水牛曰：'護犢橫身立，逢人揭尾跳。'朝士以爲大笑。"○孟按：《唐才子傳校箋》卷十廖圖傳"時有荊南從事鄭準"，箋云："徐松《登科記考》卷二七據《新唐書・藝文志》列準進士第，無年代。按《新志》稱準乾寧進士，而準於乾寧元年（894）入荊南成汭幕，居十年，爲成汭所害（見後）；則準登第應在乾寧元年。貫休有《送鄭準赴舉》詩（《禪月集》卷一五）。"然考《舊五代史》卷六十注引《唐新纂》云："鄭準，士族，未第時佐荊門。"則準登第在入荊南成汭幕之後。按貫休於乾寧二年（895）至天復元年（901）亦居荊州依成汭，天復二年因得罪成汭被黜居黔中（見《唐才子傳校箋》卷十貫休傳箋證），則其《送鄭準入幕》詩當作於居荊南成汭幕期間。故《唐才子傳校箋》繫準爲乾寧元年進士尚有可疑，今仍存徐氏依《新志》之說。

＊**張瑜**，清朱樟纂修、雍正十三年序刊本《澤州府志》卷二十七《選舉・進士科・唐》："張瑜，陵川人，乾寧中進士。"四庫本《山西通志》卷六十五《科目・唐》："乾寧中進士：張瑜，陵川人。"同書卷一百六十六《祠廟三・陵川縣》"真澤二仙祠"條載："金狀元趙安時記云：……天德四年偶見仙墨碑，乃唐乾寧間進士張瑜所撰。"

＊**崔□**，

＊**李楀**，《補遺》冊六，第203頁，崔就撰乾寧五年（898）八月六日《唐故□□□□□□太子太師上柱國清河郡開國公食邑二千戶贈開府儀同三司太尉清河崔公（安潛）墓誌銘并序》云："□諱安潛，字延之，其先東武城人也。……生三子……□曰□，及第進士，任右拾遺，先公一年無功祿。男（下闕）女三人，長適前□□盧□。次適前進士李楀。"知盧□、李楀皆在乾寧五年（898）之前及第。按盧某及第科目原文已泐，因附本卷《附考・科目未詳》。

＊**崔葆**，《新唐書・藝文志四》著錄："崔葆《數賦》十卷。"注："乾寧進士。王克昭注。"按崔葆，兩《唐書》無傳，《嘉泰赤城志》卷八《秩官門一・歷代郡守》於唐乾符五年（878）下著錄有崔葆。

＊**薛推**，施補云："黃滔有《上薛推先輩啟》（見《黃御史集》《四部叢

刊》本〕卷七），《登科記考》未錄，可補入附考。按啟中云：‘伏念近世以科網英髦，榜張取捨，雖例從都試，實採自衆聞。故其負藝而來，懷才以至，是皆闊投哲匠，神拜先鳴，苟有所稱，便馳殊譽。’乃滔未第時求薛推爲之延譽者。黄滔於乾寧二年登進士第（見《四部叢刊》影明萬曆刻本《黄御史集》附錄《昭宗實錄》及《莆陽志》），薛推登第當在此前。”

　　* 陳樵，《全唐詩》卷七一七曹松《送陳樵校書歸泉州》詩云：“巨塔列名題，詩心亦罕齊。除官京下闕，乞假海門西。”又，《全唐文》卷八二四黄滔《工部陸侍郎啟》有“先輩陳樵早同硯席”語，知樵嘗登第。按黄補曾據黄《啟》著錄陳樵。

　　* 李洵，《全唐文》卷八二五黄滔撰《丈六金身碑》言右省常侍隴西李洵諸人“皆以文學之奧比偓商，侍從之聲齊褒向，甲乙升第，巖廊韞望”。又同上卷八二六黄滔《祭右省李常侍》（原注：“洵”）亦謂洵“七升赴命，二妙對楊”。知李洵嘗登科。

　　張茂樞，《新書·張延賞傳》：“次宗子茂樞，字休府，及進士第。”　按茂樞爲延賞曾孫。

　　張濟美，《舊書·張祎傳》：“濟美、貽憲相繼以進士登第。”

　　陳蛻，

　　陳渤，徐鍇《陳氏書堂記》：“潯陽廬山之陽有陳氏書樓，子弟之秀者，弱冠以上皆就學焉。自龍紀以降，崇之子蛻、從子渤、族子乘，登進士第。”

　　錢若愚，《北夢瑣言》：“唐乾寧中，道士楊雲外常以酒自晦。前進士錢若愚甚敬之。”

　　* 蘇拯，蘇舜欽《蘇學士集》卷十四《先公墓誌銘并序》云：“武葬武功，世遂名其籍。隋唐之際多偉人，六葉之內，四至大丞相，襲封邠、許。文憲公之曾孫傳素，廣明亂，以其孥遜蜀。生三子：檢、拯、振。孟還相唐；仲以策擢，官至容管經略使，唐命革，劉巖掩有南海，獨完圍不與巖，容民於今祠之；季留爲銅山令，即我先公之高祖也。”又《唐摭言》卷十一云：“光化中，蘇拯與鄉人陳滌同處。拯與考功蘇郎中璞初叙宗黨，璞故太常滌之子也。拯既執贄，尋以啟事温卷，因請陳滌緘封，滌遂誤書己名，璞得之大怒。拯聞之，蒼黄復致書謝過。”知蘇拯嘗於光化中應舉，後擢第。

　　蕭希甫，《北夢瑣言》：“希甫進士及第，梁時不得意。渡河易姓名爲皇甫校書。莊宗即位，希甫知制誥。”

　　*李景華（李景章），《唐詩類苑》卷一四六馬戴《酬李景華先輩》：“平生詩句忝多同，不得陪君奉至公。金鏑自宜先中鵠，鉛刀甘且學雕蟲。”按《全唐詩》卷五五六詩題作《酬李景章先輩》。按“華”、“章”形近易訛，未詳孰是。按施補據《唐音戊籤》卷《統籤》之六百一十九馬戴詩録有“李景章”。

　　*楊之梁，施補云：“《唐音戊籤》卷《統籤》之六百一十九馬戴詩有《贈楊先輩》，題下注云：‘一作《送楊之梁先輩》’（《全唐詩》第九函第二册馬戴詩卷二同），《登科記考》未録，可補入附考。” 孟按：《文苑英華》卷二六三録馬戴詩題作《贈楊之梁先輩》。

　　*崔周楨，《千唐》[1209]《唐故潤州句容縣尉褚君（峰）墓記》（參見《彙編》[殘志025]）題下署：“前進士崔周楨撰”。亦見羅補。

　　*謝鶚，《十國春秋》卷八十五本傳：“謝鶚，南康人，舉唐進士。”《全唐文》卷八九八録謝鶚文一篇，小傳云：“鶚，南康人，唐末舉進士，事吳越武肅王。”亦見胡補。

　　*李懌，《舊五代史》本傳：“李懌，京兆人也。……懌幼而能文，進士擢第，解褐爲校書郎、集賢校理、清河尉。……時常侍張文寶知貢舉，中書奏落進士數人，仍請詔翰林學士院作一詩一賦，下禮部，爲舉人格樣。學士寶夢徵、張礪輩撰格詩格賦各一，送中書，宰相未以爲允。夢徵等請懌爲之，懌笑而答曰：‘李懌識字有數，頃歲因人偶得及第，敢與後生髦俊爲之標格！假令今却稱進士，就春官求試，落第必矣。格賦格詩，不敢應詔。’君子多其識大體。”《新五代史》本傳：“李懌，京兆人也。少好學，頗工文辭。唐末舉進士，爲秘書省校書郎、集賢校理。唐亡，事梁爲監察御史，累遷中書舍人、翰林學士。……天成中，復爲中書舍人、翰林學士，累遷尚書右丞承旨。時右散騎常侍張文寶知貢舉，所放進士，中書有覆落者，乃請下學士院作詩賦爲貢舉格，學士寶夢徵、張礪等所作不工，乃命懌爲之，懌笑曰：‘年少舉進士登科，蓋偶然耳。後生可畏，來者未可量，假令予復就禮部試，未必不落第，安能與英俊爲準格？’聞者多其知體。”亦見張補。

　　*盧文紀，朱補：“《新五代史》卷四十三本傳：‘盧文紀，字子持，其

祖簡求，爲唐太原節度使，父嗣業，官至右補闕。文紀舉進士，事梁爲刑部
侍郎、集賢殿學士。’”

　　＊于觀文，《分門古今類事》卷七引《該聞録》“觀文榜尾”條：“于觀
文字夢得，射洪人。性清潔，富於文學。別業有林泉之致，乃陳拾遺之舊
鄰也。下第後獻主司《鳳玉賦》，爲時所稱。明年復省試，夢人以軸文與
之，曰：‘此春榜也，可收之。’既覺，自謂曰：‘委我收榜，吾當爲榜尾乎？’言
訖，院吏報先輩第九人，是年只放進士九人，果符所夢。”按《全唐詩補編・
續拾》卷五十三據同上所引于觀文詩“東堂令史報來時，仙桂云攀第九枝”
云云，即擬題爲《及第後作》。又按唐光啟六年（882）放進士九人，未詳是
其年否，俟考。

　　＊趙祝，

　　＊趙哲，

　　＊趙格，

　　＊趙搏，

　　＊趙搋，《廣卓異記》卷十九《舉選》“兄弟五人進士及第”條：“右按
《登科記》：趙祝弟哲、格、搏、搋五人皆進士及第。”按《新唐書・藝文志四》
著録“《趙搏歌詩》二卷”；《唐才子傳》卷十《張鼎傳》亦稱“同時趙搏，有爽
邁之度，工歌詩”。

　　＊羅貫，《舊五代史》卷七十一本傳：“羅貫，不知何許人。進士及第，
累遷臺省官，自禮部員外郎爲河南令。”按羅貫卒於莊宗同光三年（925）。
亦見張補。

　　＊盧蔚，朱補：“《雲笈七籤》卷一二○引《道教靈驗記》‘范陽盧蔚醮
本命驗’：‘范陽盧蔚弱冠舉進士。有日者言其年壽不永，常宜醮本命以增
年禄。……其後策名金紫，亦享中年。’”

　　＊饒廷直，《輿地紀勝》卷三十五《江南西路・建昌軍・仙釋》：“饒
廷直：廷直字朝弼，南城人，第進士。過武昌，有所遇，自是不邇妻妾，修然
端居，如林下道人。自作詩紀其事云：‘丁巳中秋夜半，偶遊黄鶴樓，忽遇
異人授以秘訣，因作詩以識之。’後爲鄂州通判。”《萬姓統譜》卷三十“唐”：
“饒廷直，南城人，第進士。嘗過武昌，遊黄鶴樓，忽遇異人授以秘訣，自是

不通妻妾,蕭然端居。後爲鄧州通判。"

　　＊崔居儉,《新五代史》本傳:"居儉美文辭,風骨清秀,少舉進士。梁貞明中,爲中書舍人、翰林學士、御史中丞。唐莊宗時,爲刑部侍郎、太常卿。"亦見張補。

　　＊王敏,《舊五代史》本傳:"字待問,單州金鄉人。性純直,少力學攻文,登進士第。"見張補。又朱補云:"《册府》卷七二三《幕府部・禪贊》:'(後)漢王敏有文學,舉進士第,依杜重威,歷數鎮從事。'"

　　＊沈遘,《舊五代史》本傳:"字期遠,睢陽人也。父振,貝州永濟令,累贈左諫議大夫。遘幼孤,以苦學爲志,弱冠登進士第,釋褐除校書郎。"亦見張補。

　　＊曹翊,

　　＊曹翔,[嘉靖]《新安名族志》下卷《曹姓・歙・佳源》:"在邑東南百里。唐招討使(曹)全晸生二子,長曰翊,登第,福州牧,追(黄)巢授封巖將;次子曰翔,登第,南州推官,追巢封河南節度使。"按全晸、翔名並見兩《唐書》。

　　＊崔貽孫,《舊五代史》本傳:"崔貽孫,(《新唐書・宰相世系表》:貽孫字伯垂)祖元亮,左散騎常侍。父芻言,潞州判官。貽孫以門族登進士第,以監察升朝,歷清資美職……同光初,除吏部侍郎……後遷禮部尚書,致仕而卒。"亦見張補。

　　＊李鵠,段成式《酉陽雜俎續集》卷一:"前秀才李鵠覲於潁川,夜至一驛,纔卧,見物如豬者突上廳階。鵠驚定,透後門投驛廄,潛身草積中,屏息且伺之。怪亦隨至,聲燄草積數匝,瞪目相視鵠所潛處,忽變爲巨星,騰起數道燭天。鵠左右取燭索鵠於草積中,已卒矣。半日方蘇,因説所見,未旬,無病而死。"《太平廣記》卷三六四引同。

　　李珽,《新五代史・李琪傳》:"琪兄珽,唐末舉進士及第。"

　　李琪,《舊五代史》:"琪字台秀,舉進士第。"《太平廣記》引《李琪集序》:"昭宗朝,聯中科第。"

　　盧邈,《永樂大典》引《宜春志》:"盧邈,唐末寄舉湖南,登第,獻回文詩二百首。"

敖潁，鄧名世《古今姓氏書辨證》："唐有敖潁，進士第，望出魯國。"

＊趙林，《類説》卷十二引《紀異録》云："趙林《朝霞》詩云：'不因紅日照，長作白雲飛。'然太陽一照，不久之像。後及第升朝，賜緋而卒。"按《全唐詩補編・續拾》卷五十四據此收録趙林詩句，小傳亦云："趙林，進士及第，升朝賜緋而卒。"

＊崔宇，《太平廣記》卷十七"薛肇"條引《仙傳拾遺》："薛肇，不知何許人也，與進士崔宇於廬山讀書，同志四人，二人業未成而去，崔宇勤苦，尋已擢第。……崔宇既及第，尋授東畿尉。"

孫展，《摭言》："孫泰，山陽人，少師皇甫潁。操守頗有古賢之風。泰妻即姨妹也。先是姨老矣，以二子爲托，曰：'其長損一目，汝可娶其女弟。'姨卒，泰娶其姊。或詰之，泰曰：'其人有廢疾，非泰不可適。'衆皆服泰之義。嘗於都市鐵燈樓，市之而命刷洗，即銀也，泰亟往還之。中和中，將家於義興，置一別墅，用緡錢二百千，既半授之矣。泰遊吳興郡，約回日當詣所止。居兩月，泰迴停舟，途步復以餘資授之，俾其人他徙。於時睹一老嫗，長慟數聲。泰驚悸，召語之，嫗曰：'老婦常逮事翁姑於此，子孫不肖，爲他人所有，故悲耳。'泰憮然久之，因紿曰：'吾適得京書，已別除官，固不可駐此也。所居且命爾子掌之。'言訖解維而逝，不復返矣。子展，進士及第。入梁爲省郎。"

游恭，《十國春秋》："游恭，建安人，登唐進士第。其後仕吳。"○孟按：馬令《南唐書》卷十《游簡言傳》："父恭，登進士第，有名於時。"《閩書》卷九十二："游簡言，字敏中，父恭，唐末進士，事楊行密爲駕部員外郎、知制誥。"明李霆《唐餘紀傳》卷六《游簡言傳》："游簡言，建安人。父恭，唐末第進士，仕楊吳爲別駕，遷員外郎，卒於任。"

毛文錫，《十國春秋》："毛文錫字平珪，高陽人，唐太僕卿龜範子。年十四，登進士第。後仕蜀。"

李戴，《十國春秋》："李戴，唐平章事蔚從孫，唐末舉進士第。"○孟按：陸游《南唐書》列傳卷二十七《李貽業傳》："李貽業，故唐時平章事蔚從曾孫，父戴，唐末第進士，奔吳，爲起居郎。"又見明李霆《唐餘紀傳》卷七《李貽業傳》。

＊何景山，《十國春秋》本傳："何景山，故唐進士，少有文名。入湖南，爲王逵掌書記。"亦見胡補。

＊楊蘊中，《十國春秋》卷一一五《拾遺》："楊蘊中，故唐進士也。"亦見胡補。

＊楊鼎夫，胡補云："《北夢瑣言逸文》卷一《楊鼎夫是鹽里人》條：'進士楊鼎夫，富於詞學，爲時所稱。'《全唐詩》卷七六〇《楊鼎夫小傳》：'楊鼎夫，成都人，舉進士，爲蜀安思謙幕吏，判権鹽院事。'《登科記考》缺。"

＊盧東表，陳冠明補："《全唐詩》卷七九九竇梁賓有《喜盧郎及第》。竇梁賓爲盧東表侍兒，所稱'盧郎'即盧東表。"　孟按：此當據上引《全唐詩》小傳。

＊王彝訓，《全唐詩》卷八三九齊已《寄洛下王彝訓先輩二首》其二云："北極新英主，高科舊少年。風流傳貴達，談笑取榮遷。"知王氏當爲晚唐進士及第。亦見施補。

＊蔣德山，孟按：《全唐詩》卷七〇五黄滔有《寄蔣先輩》詩。按同上又有《傷蔣校書德山》詩；《全唐文》卷八二三有黄滔《與蔣先輩啟》稱"校書先輩"因知"先輩"指蔣德山，曾官校書郎。按黄滔於乾寧二年（895）及第，則蔣德山及第當在此前後。

＊宋維，孟按：《全唐詩》卷七四九李中《杪秋夕吟懷寄宋維先輩》："江島窮秋木葉希，月高何處搗寒衣。苦嗟不見登龍客，此夜悠悠一夢飛。"又同上《春日招宋維先輩》亦云："爲報廣寒攀桂客，莫辭相訪共銜杯。"

＊孫忌，《江南野史》卷五本傳："孫忌者，本名晟，山東齊郡人。少家貧，力學，能屬文，朱梁時舉進士。會莊宗立號河北，方招募河南仕人，忌因亡之，署爲著作郎、直史館。莊宗滅梁，遂都於洛。"按孫氏舉進士當在五代後梁時。

＊丘光庭，《郡齋讀書志》卷十四著録："《古人姓字相同録》一卷。右唐丘光庭撰。光庭中進士第。"《文獻通考》卷二二八亦著録"《古今姓字相同録》"，注云："鼂氏曰：唐邱光庭撰。光庭中進士第。"

楊義方，《十國春秋》："楊義方，眉山人。少舉進士第，其後仕蜀。"〇孟按：明曹學佺《蜀中廣記》卷四十三《人物記第三·川南道·唐》：“楊義方，眉山人。舉進士，仕蜀，長於詩，自以其才過唐羅隱云。”又見《明一統志》卷七十一、《萬姓統譜》卷四十一。

　　* 朱德孫，《補遺》册四，第273頁，朱德孫撰天祐十二年（915）三月《唐故張府君（康）墓誌》署：“前睦州館驛巡官、鄉貢進士。”知朱氏登第之年當在天祐十二年（即貞明元年，915）之前。

　　* 曹國珍，朱補：“《册府》卷七二九《幕府部·辟署四》：‘曹國珍字彥輔，少值幽薊亂離，因落髮被緇，客於河西延州。高萬興兄弟皆好文，辟爲從事。國珍嘗以文章自許，求貢禮闈。萬興飛表薦之，梁永（貞）明中特敕進士及第。’按《記考》以‘賜進士及第’者皆‘一例載入’，如劉鄩、韋保義等。據此，曹國珍亦可補入‘附考·進士科’下。”　孟按：《舊五代史·曹國珍傳》：“曹國珍，字彥輔，幽州固安人也。……國珍少值燕薊之亂，因落髮被緇，客於河西延州。高萬興兄弟皆好文，辟爲從事。國珍常以文章自許，求貢禮闈，且掌書奏，期年，入爲左拾遺，累遷至尚書郎。”《全唐文》卷八五三曹國珍小傳亦云：“國珍字彥輔，幽州固安人。少舉進士，累遷尚書郎。”

　　欣彪，《通志·氏族略》，五代貞明登科有欣彪，渤海人。

　　沙承贊，《通志·氏族略》，五代貞明登科沙承贊，渤海人。○孟按：《古今姓氏書辨證》卷十二：“梁貞明中有渤海沙承贊，登第。”

　　盧億，《宋史·盧多遜傳》：“父億，字子元，舉明經，調補新鄉主簿。秩滿，復試進士，校書郎、集賢校理。”

　　* 楊鄴，《輿地紀勝》卷二十八《江南西路·袁州·詩》引唐楊鄴《登第後送人歸宜春》：“君歸爲説龍門事，雷雨初生電繞身。”參見《全唐詩補編·續拾》卷五十四。

　　馮玠，《太平廣記》引《廣異記》：“馮玠應舉及第。”

　　蕭孔沖，《十國春秋》：“蕭孔沖，建安人。登同光時進士第。”

　　* 皮台符，朱補：“《册府》卷七七五《總録部·幼敏三》：‘周皮台符，字光信，深州武强人。幼善屬文，唐同光中擢進士第，釋褐爲鎮定從事，位至翰林學士。’按，後唐同光總計四年，元年停舉，三年進士四人《記考》已

考全,皮台符及第當在同光二年(924)或四年(926)。"

劉濤,《宋史》本傳:"濤字德潤,徐州彭城人。後唐天成中舉進士第,釋褐鳳翔掌書記。"

* 余渥,朱補:"《册府》卷六四一《貢舉部·條制》:'後唐明宗天成二年四月中書奏:尚書禮部貢院申,當司奉今月六日敕,吏部流内銓狀申,據白院狀申,當司先准禮部貢院牒稱,具成德軍解送到前進士王蟾狀,請罷攝深州司功參軍,應宏詞舉。……今檢《登科録》内,於偽梁開平三年應宏詞登科二人,前進士余渥、承旨舍人李愚。'又見卷六四五《貢舉部·科目》。按,此條《記考》卷二五天成二年下已引述,並據以著録進士王蟾、宏詞余渥、李愚,惟不載余渥及進士第事。考唐舉進士得第者曰進士第,曰前進士,《記考》既據此著録前進士王蟾,則余渥亦當補入《附考·進士科》下。"

* 周渥,《千唐》[1220]天成四年(929)十月十五日《大唐故東頭供奉官銀青光禄大夫檢校左散騎常侍左千牛尉將軍兼御史大夫上柱國韓公(漢臣)墓誌銘》(參見《補遺》册一第 438 頁)題下署:"前賓貢進士周渥撰。"

* 王豹,《千唐》[1221]天成四年(929)十月十八日《大唐故東南面招討副使寧江軍節度觀察處置兼雲□榷鹽制置等使光禄大夫檢校太保樂安縣開國伯食邑七百户西方公(鄩)墓誌銘并序》(參見《補遺》册一第 439 頁)題下署:"前鄉貢進士王豹撰。"

* 唐汭,朱補:"《册府》卷一七二《帝王部·求舊二》:'(後唐)愍帝長興四年十一月即位。丙辰,以天雄軍節度判官唐汭爲左諫議大夫、掌書記趙象爲起居郎、攝觀察推官吳承範爲左拾遺……皆帝帥鄴時文武參佐也。唐汭舉進士,自帝帥宣武時從事,歷太原、真定三府。帝喜儒學,汭之所啟也,故有此授。又以天雄軍巡官殷鵬爲右拾遺。鵬與吳承範俱魏州人,舉進士,會帝爲帥,歸鄉里,依之,故有是超授焉。'按,殷鵬、吳承範及進士第,《記考》卷二五長興三年下已據《舊五代史》著録,《册府》此條可補一出處;唐汭未及著録,可據此補入《附考·進士科》。"

楊昭儉,《宋史》本傳:"昭儉字仲寶,京兆長安人。曾祖嗣復,祖授,父景梁。昭儉後唐長興中登進士第,解褐成德軍節度推官。"

龐式,《玉堂閒話》:"唐長興三年進士龐式,肄業於嵩陽觀之側。後登第,除樂鄉縣令。"

　　＊賈少瑜,朱補:"《舊五代史·劉昫傳》:'初,昫避難河朔,匿於北山蘭若,有賈少瑜者爲僧,輒衾袍以溫之。及昫官達,致少瑜進士及第,拜監察御史,聞者義之。'又見《册府》卷八六五'總錄部·報恩'。按,劉昫五代時歷仕後唐、後晉兩朝,賈少瑜及第當在此期間。"

　　＊李匡堯,《補遺》册六,第 216 頁,李匡堯撰天福八年(943)正月十一日《故銀青光祿大夫太子左庶子致仕上柱國濟陽蔡府君墓誌并序》署曰:"前六軍推官、鄉貢進士。"知李氏登第在天福八年(943)之前。

　　＊[宋琪,《宋太宗實錄》:"宋琪字叔寶,范陽薊人。少好學問,與同鄉室昉齊名。晉天福中,戎虜昌熾,每歲開貢籍,琪舉僞進士中第。" 孟按:宋代章定撰《名賢氏族言行類稿》卷四十二:"宋琪字俶寶,范陽薊人也。晉天福中在契丹舉進士登第。"《宋史》本傳亦云:"宋琪字叔寶,幽州薊人。少好學,晉祖割燕地以奉契丹,契丹歲開貢部,琪舉進士中第,署壽安王侍讀,時天福六年也。"然《記考·凡例》云:"至十國之蜀、漢、南唐,皆置貢舉,契丹亦禮部試士。其時如……宋琪之第於契丹,當天福之六年。雖與五代同時,而閏位偏安,事非畫一,且非原書之例,故從蓋闕。"若依此體例,則宋琪之名當删。]

　　＊宋溫故,原作"宋溫",徐氏考云:"楊億《宋湜神道碑》:'考溫,故晉天福中擢進士第。'" 孟按:《宋史·宋湜傳》:"宋湜字持正,京兆長安人。……父溫故,晉天福中進士。"故知《記考》誤,原文當作"考溫故,晉天福中擢進士第"。溫故弟名溫舒,詳下。今改正。亦見胡補。

　　＊宋溫舒,孟按:《宋史·宋湜傳》:"宋湜字持正,京兆長安人。……父溫故,晉天福中進士,至左補闕;弟溫舒,亦進士,至職方員外郎,兄弟皆有時名。"亦見胡補。

　　＊丘廷敏,宋陶岳《五代史補》卷四《漢·蘇逢吉際會》:"高祖在河東幕府闕書記,朝廷除前進士丘廷敏爲之,以高祖有異志恐爲所累,辭疾不赴,遂改蘇逢吉。未幾,契丹南侵,高祖仗順而起,兵不刃血而天下定。逢吉以佐命功,自掌書記拜中書侍郎、平章事。逾年,廷敏始選受鳳翔麟游令。過堂之日,逢吉戲之,且撫所坐椅子曰:'合是長官坐,何故讓與鄙

夫耶？'廷敏遂慚悚而退。"

＊崔仁浇，《全唐文》卷九二二純白《新羅國石南山故國師碑銘後記》："仁浇者，辰韓茂竣人也，人所謂一代三鶴、金榜題迴：曰崔致遠、曰崔仁浇、曰崔承祐，□中人也。學圃海岳，加二車於五車；才包風雲，除三步於七步。實君子國之君子，亦大人鄉之大人。是或折桂中花，扇香風於上國；得葱羅域，推學究於東鄉。"考《北京圖書館藏中國歷代石刻拓本滙編》第三十六册《五代十國附大理》卷所錄《行寂塔銘》(拓本編號：各2552)撰者署名爲："門人翰林學士守兵部侍郎知瑞書院事賜紫金魚代臣崔仁浇奉教撰。"

王著，《宋史》本傳："著字成象，單州單父人。漢乾祐中舉進士。"按摹《淳化帖》之王著，字知微，於蜀明經及第，亦有傳，見《宋史》。蓋摹帖者爲翰林侍書王著，此所載爲翰林學士王著。

＊王覃，《補遺》册六，第221頁，王覃撰廣順二年(952)八月二日《故鳳翔節度行軍司馬光禄大夫檢校司空兼御史大夫上柱國扶風郡開國侯食邑一千户馬公(從徽)墓誌銘并序》署曰："前鄉貢進士。"知王氏登第時間在廣順二年(952)之前。亦見羅補。

李瑩，《宋史·隱逸·李瀆傳》："瀆父瑩，字正白，善詞賦，廣順進士。蒲帥張鐸辟爲記室。"

劉袞，《舊五代史》本傳："袞、彭城人。纍進士第任左拾遺。"　按袞與扈載齊名，當亦廣順間進士。

鄭起，《宋史·文苑傳》："鄭起字孟隆，舉進士周廣順初，調補尉氏主簿。"王禹偁《五哀詩》故殿中侍御史滎陽鄭公起詩云："揚袂入澤宫，鵠心一箭中。"

＊穎贊，《千唐》[1232]顯德元年(954)十一月八日《大周故護國軍節度行軍司馬金紫光禄大夫檢校司徒兼御史大夫上柱國武威縣開國男食邑三百户安公(重遇)墓誌銘并序》(參見《補遺》册一第450頁)題下署："前鄉貢進士穎贊撰。"

＊劉德潤，《千唐》[1234]顯德二年(955)二月四日《大周故金紫光禄大夫檢校司徒使持節單州諸軍事單州刺史兼御史大夫上柱國天水郡開

國侯食邑一千户趙公（鳳）墓誌銘并序》（參見《補遺》册一第 452 頁）題下署：“前攝齊州防禦巡官鄉貢進士劉德潤撰。”

　　＊蕭士明，《補遺》册五，第 87 頁，蕭士明撰顯德三年（956）七月二十四日《大周故光禄大夫檢校司徒行右金吾衛將軍兼御史大夫上柱國蘭陵縣開國男食邑三百户贈漢州防禦使蕭公（處仁）墓誌銘并序》署曰：“從姪、前鄉貢進士。”知蕭氏登進士第時在顯德三年（956）之前。按王補作“蕭士剛”，誤。參見《北京圖書館藏中國歷代石刻拓本滙編》第三十六册第 145 頁《劉處仁墓誌》[章 1175]。

　　＊韓泊，四庫本《陝西通志》卷三十《選舉·後周·進士科》：“韓浦。長安人，顯德初。韓泊，浦弟，進士及第。”按《宋史》卷一四〇《文苑二·韓溥傳》：“韓溥，京兆長安人，唐相休之裔孫。少俊敏，善屬文。周顯德初舉進士，累遷歷使府。……弟泊，亦進士及第。”知《陝西通志》“韓浦”乃“韓溥”之誤，徐松於卷二十六顯德元年（954）進士科已著録韓溥。今知其弟泊亦當在顯德間及進士第。

　　郭昱，《宋史·文苑·鄭起傳》：“時有郭昱者，周顯德中登進士第。”

　　楊□，《楊億集·送弟偓歸鄉詩》注：“故侍讀尚書十五翁，周顯德中登第。”

　　王慎徽，

　　王汀，“王汀應舉時，至滑州旅店，夢射王慎徽，一箭而中。及將放榜，或告曰：‘君名第甚卑。’汀答曰：‘苟成名，當爲第六人。’及見榜，果如所言。或者問之，則告以夢。王慎徽則前年第六人及第，今射而中之，故知亦此科第也。”○孟按：此引文原脱出處，今見《太平廣記》卷一八四引《玉堂閒話》。

　　＊姜蟾，《北京圖書館藏中國歷代石刻拓本滙編》第三十七册第 7 頁郭峻撰北宋建隆三年（962）十二月二十八日《姜知述墓誌》[誌 3685]：“公諱知述，字著文。……有三子：……仲曰蟾，舉進士第，任西京留守判官。”其擢第當在唐末。亦見王補。

　　馬極（馬拯），《青箱雜記》：“鄉人上官極累舉不第，年及五十，方得解赴省試。遊相國寺，買詩一册，紙已熏晦，歸視共表，乃五代時門狀一

幅,曰:'敕賜進士及第馬極:右極伏蒙禮部放榜,敕賜及第。謹詣。'"○孟
按:"馬極",《青箱雜記》鈔本及《古今類事》卷十五均作"馬拯"。未詳孰
是,錄出俟考。

高輦,"高輦應舉,夢雷電晦冥,有一小龍子在前,吐出一石子,輦得
之。占者曰:'雷電晦冥,變化之象。一石,十科也,將來科第其十數矣。'
及將放榜,有一吏持主文帖子至,問小吏姓名,則曰姓龍;詢其名第高卑,
則曰第十人。"○孟按,此文原脱出處,今見《太平廣記》卷一八四引《玉堂
閒話》。又,《全唐詩》卷八四〇齊己《寄還闕下高輦先輩卷》詩云:"去歲逢
京使,因還所寄詩。難留天上作,曾換月中枝。趣極僧迷旨,功深鬼不知。
仍聞得名後,特地更忘疲。"同上卷八四一又有《謝高輦先輩寄新唱和
集》詩。

　　*房魯,《全唐文》卷九〇二房魯小傳:"魯,登進士第。"按魯字詠歸,
見《新唐書·宰相世系表一下》房氏。

　　*烏炤度,詳下。

　　*李同,烏氏爲渤海國人,李氏爲新羅國人,唐末入唐應賓貢試同年
進士及第。詳本書卷二十四天祐三年(906)進士科"崔彥撝"、"烏光贊"
下考。

　　*沈融,《會稽三賦》卷上王十鵬撰《會稽風俗賦》:"虞潭、孔奐、沈
融、朱士明舉於秀茂。"宋代周世則注:"晋虞潭,餘姚人;魏孔奐,山陰人;
唐沈融,會稽人,並舉秀才。"天一閣[嘉靖]《浙江通志》卷五十《選舉志》:
"紹興……唐沈融則以秀才舉。"[光緒]《浙江通志》卷一二三《選舉一·
唐·薦辟》:"沈融,會稽人,舉秀才。"

　　*高越,胡補云:"馬令《南唐書》卷十三《高越傳》:'高越,燕人也,少
舉進士。清警有才思,文價藹於北土。時威武軍節度使盧文進有女美而
慧,善屬文,時稱女學士。越聞而慕焉,往謁文進,文進以妻之。晋高祖即
位,文進南奔,越與之俱來。'《登科記考》缺"　孟按:《續唐書》本傳:"高
越,字沖遠,幽州人,少舉進士,精詞賦,有名燕、趙間。"《十國春秋》本傳同
上。又《唐詩類苑》卷一九七錄高越詩:"雪爪星眸衆所歸,摩天專待振毛
衣。虞人莫謾張羅網,未肯平原淺草飛。"詩前注云:"越,燕人,舉進士,文
章藹然。鄂帥李簡賢之,待以殊禮,將妻以女,越窺諭其意,賦詩一絕書於

壁，不告而去。”按高越當在唐末舉進士。

　　＊高若拙，吳考云：“高若拙進士及第史籍未明載，清徐松《登科記考》亦未録。然宋陳振孫《直齋書録解題》卷十一小説家類著録其《後史補》三卷（按《資治通鑑》卷二六九後梁貞明二年十月條注云‘高若拙《後史補》云……’則《直齋書録解題》當可信），又記云：‘前進士高若拙撰。’王定保《唐摭言》卷一《述進士》下篇云：‘得第謂之“前進士”。’據此，則高若拙嘗登進士第，至其登第之年，今已無考。”　孟按：吳考是。檢《宋史》卷二〇三《藝文志二》亦著録“高若拙《後史補》三卷”。又同書卷四八三《世家六・荊南高氏》載：建隆四年（963）三月，“高若拙任觀察判官”。事又見《十國春秋》卷一〇一《荊南二・侍中繼沖世家》。《全唐詩》卷七九五高若拙小傳稱其“荊南高從誨幕客。”綜上諸條可知，高若拙嘗於唐末登進士第，荊南高從誨辟爲幕客，入宋爲觀察判官。

　　＊胡則，[嘉靖]《新安名族志》上卷《胡姓・祁門・城東》：“在邑中街，其先松江華亭人，有諱則者，由進士仕南唐，歷池州刺史，升江州總管、軍民都指揮使。子曰傑，授翰林孔目，父子守節而死。”按宋鄭文寶《江表志》下：“胡則守江州堅壁不下，曹翰攻之危急。”

　　＊陳曙，《唐餘紀傳》卷十六：“陳曙，蜀人，嘗舉進士，唐末避地淮南。”

　　＊左□，《全唐詩》卷七六四譚用之有《寄左先輩》，其名未詳，俟考。按譚用之爲五代末人。

　　＊張洎，《全唐詩》卷七四八李中《獻中書張舍人》詩云：“仙桂從攀後，人間播大名。飛騰諧素志，霄漢是前程。”按陶敏《全唐詩人名考證》[8523A]：李中《獻中書張舍人》。“張舍人，張洎，見[8464A]。”同上[8464A]：伍喬《寄張學士洎》。《十國春秋》本傳：“后主立，擢工部員外郎、試知制誥。滿歲，爲禮部員外郎，知制誥。遷中書舍人，與徐、游同爲清輝殿學士。”是張洎於晚唐擢第而仕於南唐。

　　＊陳嶠（字景山），朱補：“《南部新書》戊卷：‘陳嶠字景山，閩人也。孑然無依，數舉不遂，蹉跎韋轂。至於暮年，逮獲一名，還鄉已耳順矣。’按，《記考》卷二三光啓二年下著録進士陳嶠，字延封，與此陳嶠當是同名異人。”

＊游晉，[道光]《安徽通志》卷二〇八《人物志・流寓一・徽州府・南唐》："游晉，字子改，青州人。以進士仕南唐，爲侍衛上將軍。……（《徽州府志》引宋司空葉亨《碧雲庵記》）。"

＊孫宗閔，《全唐詩補編・續拾》卷五十三"無世次上"録有孫宗閔，小傳云："孫宗閔，梓州人，前進士（《全唐詩》無孫宗閔詩）。"録其《愷悌詩并序》，詩末陳尚君按云："以上組詩及序，皆録自光緒《潼川府志》卷九、民國《三臺縣志》卷二十一。《三臺縣志》云：此詩石刻爲正書小楷，首題前進士孫宗閔撰，舊存文廟《干禄碑》側，民國初毁於兵。"

＊許俞，[嘉靖]《新安名族志》下卷《許姓・祁門・官塘》："一名九里坑，在邑東二十五里。邑志：東許出唐太守許遠之後，孫儒自雍州遷歙，曾孫遂再遷於黟，遂子俞登進士，以孝聞。見胡安定公傳。至宋曰德，遷祁門官塘。"

＊張□，王補《輯繩》建隆元年《孫延郃墓誌》題"前鄉貢進士張□述"。

＊鄭璧（鄭壁），《永樂大典》卷二三六八引《蘇州府志》"吴郡進士，未詳何年"下録有"鄭壁"。《唐詩紀事》卷六十四："鄭璧，唐末江南進士也。"當從《紀事》作"璧"。亦見張補。按天一閣[正德]《姑蘇志》卷五、[崇禎]《吴縣志》卷三十三同《姑蘇府志》。

＊顔萱。《永樂大典》卷二三六八引《蘇州府志》"吴郡進士，未詳何年"下録有顔萱。《唐詩紀事》卷六十四："顔萱，字弘至，江南進士也。"亦見張補。按天一閣[正德]《姑蘇志》卷五、[崇禎]《吴縣志》卷三十三同《姑蘇府志》。

明經科：

＊王岐，《彙編》[文明 008]文明元年（684）八月五日《唐故師州録事參軍王府君（岐）墓誌銘并序》（周紹良藏拓本，開封博物館藏石）云："君諱岐，字太嶷，太原人也，因官宅土，今爲河南人……以明經擢第，釋褐施州録事參軍，又授師州録事參軍。"按王岐卒於貞觀十八年（644）十月廿七日，享年五十五。以年歲推之。其擢第當在武德初期。亦見羅補。

＊李釋，《唐代墓誌彙編續集》[咸亨 006]據周紹良藏拓本録咸亨元年(670)十一月十三日《大唐故唐州慈丘縣令李君(釋)墓誌銘并序》："公諱釋，字元楷，趙郡贊皇人。……以武德之歲，孝廉被舉，射策甲科，擢富平縣尉。"

＊趙玄，《彙編》[永淳 023]王允元撰永淳元年(682)十一月二十五日《大唐故淄州高苑縣丞趙君(義)墓誌銘并序》(周紹良藏拓本，開封博物館藏石)云："君諱義，字懷敬，天水人也。……乃祖玄，皇朝孝廉舉，魏州頓丘縣令。"

＊劉義弘，《千唐》[300]上元三年(672)十一月廿一日《大唐故左武衛兵曹參軍劉君(義弘)墓誌》(參見《彙編》[上元 044])云："公諱義弘，字待詔，弘農郡人也。唐朝應詔孝廉及第，釋褐綿州昌隆縣尉。"按義弘卒於顯慶元年(656)，享年五十五。亦見王補。

＊趙濬，《彙編》[萬歲通天 028]萬歲通天二年(697)八月二十一日《大周洛州永昌縣故趙府君(元智)墓誌銘并序》(北京圖書館藏拓本)云："君諱元智，其先廣平郡人也。……父濬，唐明經及第，授文林郎。"亦見王補。

＊戴開，《彙編》[開元 010]賀知章撰開元二年(714)十二月七日《唐故朝議大夫給事中上柱國戴府君(令言)墓誌銘并序》云："府君諱令言，字應之，本譙郡譙人也。……父開，皇朝明禮，授文林郎。"亦見羅補。

＊楊師善，《彙編》[天授 011]天授二年(691)二月七日《唐故迷州密恭縣丞楊公(師善)及婦人丁氏墓誌文并序》(周紹良藏拓本)云："公諱師善，字綝，漢太尉震之後也。……明經擢第，起家太州參軍。"按師善卒於龍朔元年(661)十月十六日，享年五十八。亦見羅補。

＊李元確，《彙編》[開元 103]開元八年(720)五月八日《大唐故國子明經吏部常選贈趙州長史趙郡李府君(元確)墓誌銘并序》(北京圖書館藏拓本)云："君諱元確，字居貞，趙郡平棘人也。……既冠之後，以資齒冑，入室秘文自傳於家業，升堂奧義見推於國庠……登甲科於秘府。……以麟德二年六月廿六日終于景行里之私第，春秋六十有四。"以年歲推之，其擢第約在武德後期。亦見王補。

裴行儉，《舊書》本傳："行儉曾祖伯鳳，周驃騎大將軍、汾州刺史、瑯琊郡公。祖定高，馮翊郡守。父仁基，隋左光禄大夫。行儉初以門蔭補弘文生，貞觀中舉明經。"張説《裴公神道碑》："公諱行儉，字守約，河東聞喜人。明經，補左屯衛倉曹。詔舉，轉雍州司士。"

任敬臣，《舊書·孝友傳》："任敬臣字希古，棣州人。刻志從學，十六，刺史崔樞欲舉秀才，自以學未廣遁去。又三年卒業，舉孝廉。"

*鄭儉，《彙編》[開元 002]開元二年(714)正月二十三日《大唐故通直郎行曹州濟陰縣尉鄭君(儉)墓誌并序》(北京圖書館藏拓本)云："君諱儉，字元禮，其先榮陽人……因官居洛，爲洛人也。……孝廉擢第，初膺拾芥之榮；列邑分官，即事牽絲之役。起家孝廉，授文林郎。"又銘曰："懷經入仕，射策登科。"按鄭儉卒於大足元年(701)正月二十九日，享年八十一。以年歲推之，其擢第約在貞觀中。亦見王補。

*逯君懷，《彙編》[神功 003]神功元年(697)十月二十二日《大周故中大夫夏官郎中逯府君(貞)墓誌并序》(北京圖書館藏拓本)云："君諱貞，字仁傑，河內河陽人也。……父君懷，唐孝廉，釋褐幽州參軍、蘇州嘉興、岐州普潤、荆州江陵三縣丞。張憑之太常高選，方應孝廉；尹何之美錦其傷，爰毗學製。"

*裴承亮，《唐文拾遺》卷六十一闕名撰《裴琳德政記》："朝請郎檢校今上騎都尉河東裴琳字元瑤……父承亮，文筆秀異，光彩射人，雄略挺生，英姿邁俗，以孝廉擢第，俄授朝議郎。"按記作於長安年間。

*王貞，《千唐》[494]張秀撰長安三年(703)二月十四日《大唐故文林郎王府君(貞)墓誌銘并序》(參見《彙編》[長安 019])云："君諱貞，字子正，河南洛陽人也。……皇唐以孝廉授文林郎。"按王貞卒於長壽三年(694)三月十五日，享年五十一。以年歲推之，其擢第約在貞觀後期。

*楊孝弼，《千唐》[569]先天元年(712)十月廿五日《唐故徵士朝散大夫許州司馬楊君(孝弼)墓誌銘并序》(參見《彙編》[先天 003])云："公諱孝弼，字恭，恒農華陰人也。……摳衣問道，入孔肆以登科。膏吻飛談，下鄒庭而炙輠。貞觀之際，嚴遵遘歿；顯慶之初，慈親見背。吉凶冊載，弟兄數三人，生盡因心之養，死極終身之痛……於是息機人事，遊心道寂。"

＊邢政，《彙編》［長安062］長安四年（704）八月七日《大周故處士邢府君（彥裒）墓誌銘并序》（周紹良藏拓本）云：“君諱彥裒，其先河間人，後因官河南，今爲洛州洛陽縣人也。……父政，唐貞觀中明經擢第，上護軍。”亦見張補。

＊蔣儼，朱補：“《冊府》卷六六一‘奉使部·守節’：‘蔣儼，常州義興人也。少以明經累遷右屯衛兵曹參軍。’《新唐書·蔣儼傳》：‘蔣儼，常州義興人。擢明經第，爲右屯衛兵曹參軍。’”　孟按：《翰苑新書》後集下卷四：“唐蔣儼，常州人，擢明經，進浦州刺史，號良二千石。”又見《名賢氏族言行類稿》卷三十九、《咸淳毗陵志》卷十一、十六。

＊王師順，《補遺》冊五，第239頁，神功元年（697）十月廿二日《王師順墓誌》云：“公諱師順，字克從，琅耶臨沂人也。……貞觀之年，明經擢第，授幽州范陽縣尉。”

＊徐齊聃，《全唐文》卷二二七張説撰《唐西臺舍人贈泗州刺史徐府君（齊聃）碑》：“公諱齊聃，字將道，姓徐氏，東海郯人也。……公始以宏文生通五經大義，發跡曹王府參軍。……咸亨元年出爲蘄州司馬，二年坐事徙於欽州……歲餘而没，春秋四十有三。”按以齊聃八歲爲神童，見本書卷一貞觀十一年（637）考，其擢明經亦當在貞觀中。

＊楊紹基，《千唐》［392］天授二年（691）十月十二日《唐故渠州司倉楊府君（紹基）墓誌文并序》（參見《彙編》［天授028］）云：“府君諱紹基，字克構，家本弘農，後因從宦，又爲洛州合宮人焉。……明經及第，釋褐襄州義清縣主簿。”按紹基卒於垂拱二年（686）十月二日，享年六十四。以年歲推之，其擢第當在貞觀中。亦見楊希義《輯釋》。

＊劉胡，《千唐》［470］聖曆三年（700）正月二十一日《大周故文林郎彭城劉府君（胡）墓誌銘并序》（參見《彙編》［聖曆042］）云：“君諱胡，字素，彭城叢亭里人也。……才優歲貢，以鄉舉擢文林郎，尋而稱疾不仕。子奇樂道，竟不過於孝廉；黃憲辭榮，初暫同於倫輩。……以聖曆二年七月九日終於清化里第，春秋七十有四。”按其當爲孝廉科登第。以年歲推之，其擢第約在貞觀末期。亦見王補。

＊鄭進思，《彙編》［開元361］據《中州冢墓遺文》所錄開元年間《大

唐故贈博州刺史鄭府君(進思)墓誌并序》云:"府君……諱進思,字光啟,皇朝舉孝廉,□褐授韓王府典籤。"按進思卒於上元二年(675)二月,享年五十。以年歲推之,其擢第約在永徽前後。

　　*于玄基,《補遺》册六,第410頁,開元十五年(727)八月二日《□故朝議郎□州長史河南于府君(秉莊)墓誌銘并序》云:"君諱秉莊,字□□,河南人也。……父玄基,孝廉擢第,授□州司户。"

　　*畢誠,《全唐文》卷三九三張九齡撰《故安南副都護畢公墓誌銘并序》:"公諱某字某,東平人。……父誠,舉孝廉,高尚不仕。"

　　*李長卿,《彙編》[開元461]據《山右冢墓遺文》所録開元二十六年(738)正月十三日《唐故李府君(素)墓誌銘并序》云:"君諱素,字仁,隴西燉煌郡。……父長卿,含光道圇,實養性於岩泉。唐舉孝廉,肥遯不仕者。"

　　*王胡,《補遺》册五,第316頁,開元三年(715)正月二日《大唐上騎都尉王君(胡)墓誌銘》云:"君諱胡,字仁,太原郡祁縣人也。……弱不好弄,長而筮仕。郡舉孝廉,射□(策)高第。"按王氏卒於開元二年(714)六月,享年八十一。

　　*蘇卿,《彙編》[天授044]倪若水撰天授三年(692)正月十七日《大周故承議郎行德州蔣縣令上騎都尉蘇君(卿)墓誌銘并序》(周紹良藏拓本)云:"公諱卿,字仕隆,汝州梁縣人也,其先自武功徙焉。……唐貞觀中,以國子明經擢第。"亦見羅補。

　　*王方,《補遺》册六,第428頁,開元二十七年(739)二月十日《唐故幽州都督壽陽縣男王府君(方)墓誌》云:"公諱方,字平,太原人也。……公尚幼而明經,既冠而得禄。"按王氏卒於長安元年(701),享年七十八。可推知其登科時間當在貞觀中。

　　*王挺,《隋唐五代墓誌滙編·洛陽卷》第七册第13頁(參見《唐代墓誌彙編續集》[長壽002])長壽二年(693)二月十二日《大唐故邢州任縣主簿王府君(挺)墓誌銘并序》:"公諱挺,字正符,其先太原人也。……以明經擢第,調補邢州任主簿。"按王挺卒於龍朔元年(661)十月十日,享年五十三。以年歲推之,其擢第約在貞觀中。

*蘇澄，乾隆二十六年刊明康海纂修《武功縣志》卷三《選舉志第七》載唐人擢明經者有蘇澄。又四庫本《陝西通志》卷三十《選舉·唐》明經科："蘇澄，武功人。"按《唐刺史考全編》卷八十五《河東道·池州（陽城郡）》"約武后初"任，考云："《姓纂》卷三鄳西蘇氏：'澄，沁州刺史。'《新表四上》蘇氏同。乃隋左僕射蘇威之孫，中宗、睿宗相蘇瓌之叔父。"

*張貞，《千唐》[403]長壽二年（693）正月十九日《南陽白水張君（貞）之墓銘》（參見《彙編》[長壽 008]）云："諱貞，字直，南陽白水人也。……公幼標岐嶷，飛聲載象之年；早擅珪章，架辯對羊之歲。洎乎橫經槐隧，刻鶴貞堅；鼓篋杏壇，雕龍遽就。方從觀國，即應賓王，終騰上岫之鱗，會振凌霄之羽。尋而擢第，即授部戎副尉。……以長壽二年春秋七十有二寢疾，卒於私第。"按誌文所敘，當爲擢明經第。以年歲推之，其擢第當在貞觀中。亦見王補。又，此張貞與顯慶六年（661）登進士第之張貞並非一人。

*奇玄表，《彙編》[咸亨 035]咸亨二年（671）五月十四日《大唐故承務郎前相州林慮縣丞奇府君（玄表）墓誌銘并序》（周紹良藏拓本，開封博物館藏石）云："君諱玄表，字護，其先燕人也。…… 今爲洛陽縣人焉。……括羽挺於東箭，鼓篋入於南雍。升第厠於匡衡，利用侔於敬仲。永徽之際，蒙授登仕郎。"又銘文曰："德逾劭訓，第擬公孫。"按據"升第厠於匡衡"乃知其射策中丙科。《史記·匡衡傳》：衡"數射策不中，至九，乃中丙科。其經以不中科故明習。調補平原文學卒史。"又《漢書·匡衡傳》："衡射策甲科，以不應除爲太常掌故，調補平原文學。"注："師古曰：'投射得甲科之策，而所對文指不應令條也。《儒林傳》說歲課甲科爲郎中，乙科爲太子舍人，景科（按即丙科）補文學掌故。今不應令，所以止爲掌故。'"又按關於奇玄表之登科時間，據其初授官時在永徽之際，卒年（咸亨二年）僅四十餘，則大致可以推測其登科時間當在貞觀末期。

*仵願德，《千唐》[193]龍朔三年（663）十一月十二日（按《彙編》[龍朔 081]及《補遺》冊二第 187 頁作"龍朔二年"，並誤。誌文載仵氏卒於龍朔三年九月十一日）《大唐故文林郎仵君（願德）墓誌銘并序》云："君字願德，其先楚大夫員之後也。……以經術擢第，授文林郎。"按"經術"，張補引作"經脩"，因附入制科。

　　*狄知遜，《全唐文》卷九九三闕名撰《大唐贈使持節邛州諸軍事邛州刺史狄公(知遜)碑》:"父孝緒，唐行軍總管大將軍金紫光禄大夫尚書左丞使持節汴州諸軍事……公即臨潁公之第五子也。……起家以國子明經擢第，補東宮内直。……嫡子故中書令尚書右僕射、贈司空、梁國文惠公。"原碑文闕墓主名，據《元和姓纂》卷十天水狄氏:"孝緒，唐尚書左丞、右常侍、臨潁男;生知遜，夔州刺史;(案知遜官越州刺史，此作"夔"，不合。)生仁傑，納言、内史令、梁國公文惠公。"又見兩《唐書·狄仁傑傳》及《新唐書·宰相世系表四下》。故知墓主爲狄仁傑之父，名知遜。亦見胡補。

　　*黄元徹，《補遺》册七，第 339 頁，長安四年(704)十一月二日《黄君墓誌》:"……父元徹，唐明經□，制舉對策，□□□□□丞□德□□□言應物。……公即司刑丞之長子。"按誌文闕字頗多，然此處尚可斷定:墓主之父名元徹，曾第明經及制科，官至司刑丞。

　　*宇文珽，《全唐文》卷一九三楊炯撰《唐同州長史宇文公(珽)神道碑》:"公諱珽，字叔珉，河南洛陽人也。……初任國子生擢第，授道王府參軍兼鄭州參軍事。横經太學，射策王庭，高陽才子，宣慈惠和之譽。"按珽卒於永淳元年(682)，享年六十五，其擢第當在貞觀年間。

　　*桑湛，《千唐》[527]神龍二年(706)五月十八日《大唐故中大夫上柱國行婺州東陽縣令桑君(貞)墓誌銘并序》(參見《彙編》[神龍 028])云:"君諱貞，字正道，黎陽臨河人也。……祖湛，明經高第，累遷梓州飛鳥、洛州温縣二縣令。"亦見張補。

　　牛□，《太平廣記》引《紀聞》:"唐牛騰字思遠，其子未弱冠明經擢第，王勃等四人皆出其門下。"

　　崔汲，明經擢第，見進士崔漪下。

　　孟曜，明經擢第，見進士孟詵下。

　　馮元常，《舊書·良吏傳》:"元常，相州祐陽人。舉明經。"

　　王義方，《舊書·忠義傳》:"王義方，泗州漣水人。舉明經。"

　　唐休璟(唐璿)，《新書》本傳:"名璿，以字行。"《舊書》本傳:"京兆始平人。曾祖規，祖宗。休璟少以明經擢第。"蘇頲《唐璿神道碑》:"璿字休璟,晋昌酒泉人。射策高第。"

元讓,《舊書·孝友傳》:"元讓,雍州武功人。弱冠明經擢第。"

裴炎,《舊書》本傳:"絳州聞喜人。少補弘文生,在館垂十載,尤曉《春秋左氏傳》及《漢書》,擢明經第。"

* 郭願,《隋唐五代墓誌滙編·洛陽卷》第十冊第 166 頁(參見《唐代墓誌彙編續集》[開元 172])呂指南撰開元二十七年(739)十月一日《(上泑)衛中郎郭府君(溫)墓誌銘并序》:"君諱溫,字溫,其先太原人也。……曾祖政,皇朝晋州司戶參軍;祖願,國子明經。"按誌文所述,郭願之國子明經當在初唐。

* 張愃,《彙編》[神功 004]神功元年(697)十月廿二日《唐故朝散大夫益州大都督府郫縣□(令)張君(愃)墓誌銘》(北京圖書館藏拓本)云:"君諱愃,字承寂,魏州昌樂縣人也。……唐弘文□明經對册甲科,授霍王府記室參軍事。……以萬歲登封元年三月五日寢疾彌留,卒於私第,春秋五十有二。"

* 王烈,《千唐》[306]儀鳳三年(678)正月二十七日《大唐故通直郎行唐州録事參軍事王府君(烈)墓誌銘》(參見《彙編》[儀鳳 018])云:"公諱烈,字□威,太原人也。……荷戟參玄,名紛於早歲;明經拾紫,譽重於當時。解褐授金州行參軍。"亦見王補。

* 馮廓,《補遺》册三,第 486 頁,天授二年(691)五月三日《周故處士馮君(廓)之墓誌銘并序》云:"君諱廓,字師壽,潞州上黨人也。……少標聰察,起家任成均學生。澄衿璧泓,砥行石渠,橫經擅槐肆之英,射策仁蘭臺之秀。"按馮氏卒於天授二年(691),享年七十一。味誌文其似以成均生明經及第,今附此。

姚璹,《舊書》本傳:"璹字令璋,散騎常侍思廉之孫。永徽中明經擢第。"

* 慕容思廉,《彙編》[太極 007]太極元年(712)十月廿四日《唐故太中大夫隰州司馬慕容府君(思廉)墓誌銘并序》云:"公諱思廉,字激貪,其先昌黎人也。……弱冠授左衛翊衛,附學明經,解褐授璧州司倉、成州司戶。"按思廉卒於太極元年三月五日,享年八十三。其弱冠歲在貞觀二十三年(649)，則其明經擢第當在永徽年間。

＊崔訥，《彙編》[景龍 017]景龍三年(709)二月十五日《唐故雍州鄠縣丞博陵崔君(訥)墓誌銘并序》(周紹良藏拓本)云："君諱訥，字思默，博陵安平人也。……起家以明經擢第，爲訓教，調補虢州閿鄉縣主簿，從班例也。……粵以大唐永淳三年三月四日遘疾，終於永寧里之私第，春秋五十二。"亦見王補。

＊路惲，《千唐》[717]開元二十年(732)九月三(原作二，據誌文改)十日《大唐故朝議郎行蒲州桑泉縣丞輕車都尉路府君(惲)墓誌》(參見《彙編》[開元 353])云："府君諱惲，字子重，陽平郡人也。……舉孝廉爲郎，譽滿時聽。"

＊崔恕，《千唐》[784]開元二十八年(740)十二月二十六日《唐故朝議郎前行括蒼令崔府君(恕)墓誌銘并序》(參見《彙編》[開元 520])云："公諱恕，字□，清河東武城人也。……始以孝廉登科，俄參□之軍事。"按崔恕卒於開元二十八年十二月二十六日，享年八十八。以年歲推之，其擢第約在高宗朝中。亦見王補。

＊管琮，《補遺》册三，第 11 頁，蘇預撰天寶元年(742)二月十五日《唐故中大夫福州刺史管府君(元惠)神道碑并序》云："公諱元惠，字元惠，平昌人也。……皇考，成均孝廉琮，醇素貽式。"

＊朱循，舉孝廉上第。見本卷《附考·進士科》朱貞筠考。

＊蘇均，乾隆二十六年刊明康海纂修《武功縣志》卷三《選舉志第七》載唐人擢明經者有蘇均。又四庫本《陝西通志》卷三十《選舉·唐》明經科："蘇均，武功人。"按《唐刺史考全編》卷一六一《江南西道·虔州(南康郡)》"約武后時"任，考云："《姓纂》卷三郳西蘇氏：'均，虔州刺史。'《新表四上》同。乃秦府學士、駙馬都尉勗之子。按均弟幹，工部尚書，長壽二年被殺。"

＊魏體玄，《彙編》[景龍 025]據《八瓊室金石補正》卷四十九所録景龍三年(709)十月十一日《唐故朝議大夫上柱國澧州司馬魏府君(體玄)墓誌銘并序》云："公諱體玄，其先鉅鹿鼓城人也。……皇朝明經擢第，解褐授楚州司法參軍。"按體玄卒於景龍二年(708)四月二十日，享年七十二。

＊楊行褘，《彙編》[總章 034]總章二年（669）八月二十六日《大唐故楊君（行褘）墓誌銘并序》（周紹良藏拓本，開封博物館藏石）云：“君諱行褘，字代□，弘農華陰人也。……皇朝明經高第，以顯慶元年任安州應城縣主簿。”意其登第時間當在永徽末期。亦見羅補。

　張玄弼，張東之《故益州大都督府功曹參軍事張君墓誌》：“府君諱玄弼，字神匡，范陽方城人。五歲而孤，志學，伏膺於大儒谷那律，爲諫議大夫，紬書秘府，府君以明經擢第，隨律典校墳籍。七徙職爲益州府功曹參軍事。”　按玄弼即東之之父。其後丁鳳撰玄弼曾孫輅墓誌，言玄弼秀才擢第，拜長安尉、益府功曹。以明經爲秀才，誤。

　＊鄭素，《千唐》[673]鄭虔撰開元十五年（727）七月廿七日《大唐故汾州崇儒府折衝滎陽鄭府君（仁穎）墓誌銘并序》（參見《彙編》[開元 259]）云：“君諱仁穎，字惟一，滎陽開封人也。……父素，皇明經擢第。”按《記考》卷十四貞元十四年（798）所録進士及第之鄭素，爲同姓名而非一人。亦見張補。

　＊蘇幹，朱補：“《舊唐書·蘇幹傳》：‘（蘇）幹少以明經累授徐王府記室參軍，王好畋獵，幹每諫止之。’又見《新唐書·蘇幹傳》、《册府》卷七〇一《宮臣部·輔導》。”

　＊張懷器，天一閣藏[嘉靖]《翼城縣志》卷三《官師志》有唐翼城令張懷器，注引盧照鄰撰《去思碑》云：“公名懷器，字志成，貝州武城人也。……起家補成均學生，明經擢第。……甲乙登其高第，青紫因其俯拾。俄補麟臺讎校。……應清白舉及第，授武功縣尉。……應大禮舉及第……以嗣聖元年授公此邑。”按此文今通行本《盧照鄰集》及《全唐文》皆失載，唯祝尚書箋注《盧照鄰集箋注》（上海古籍出版社 1994 年 2 月版）卷七據上書收録此文，題作《翼令張懷器去思碑》。另參見四庫本《山西通志》卷三十、卷五十七、卷八十九，《大清一統志》卷一百。

　＊慕容知廉，《彙編》[聖曆 032]聖曆二年（699）八月九日《大周故左肅政臺御史慕容府君（知廉）墓誌銘并序》（周紹良藏拓本）云：“公諱知廉，字道貞，昌黎棘城人也。……以明經擢第，解褐虢州參軍。”亦見張補。又《補遺》册六，第 68 頁，陳齊卿撰天寶元年（742）十月十三日《大唐故朝散大夫上柱國行河内郡武德縣令慕容府君（相）兼夫人晋昌縣君唐氏誌文并

序》云："君諱相，字嵩高，其先河内人也。……父知廉，皇朝對策高第，累遷侍御史。"

＊王朗，《彙編》[開元 131]據《八瓊室金石補正》卷五十一所録開元九年(721)十一月三日《大唐故岳嶺軍副使王府君(修福)墓誌銘并序》云："君諱脩福，字脩福，其先太原人，因官今爲晋人矣。……父朗，明經擢第。"亦見羅補。

＊南郭生，《千唐》[426]證聖元年(695)十二月廿三日《大周故朝議大夫南君(郭生)墓誌銘并序》(參見《彙編》[證聖 006])云："君諱郭生，其先固安人也。……惟書惟劍，迺武迺文，行擢第於兩經，坐均芳於拾紫。……去延載元年八月十八日終於官第，春秋五十有七。"亦見張補。

＊黃□，《補遺》册七，第 339 頁，長安四年(704)十一月二日《黃君墓誌》："弱冠國子明經擢第，解褐拜蘭臺校書郎。"按黃氏爲元徹之子，官至洪州刺史，卒於長安四年四月，享年七十一。

＊孫謀道，《千唐》[613]開元九年(721)十月十日《唐故銀青光禄大夫和州刺史上柱國琅琊縣開國伯顏府君(謀道)墓誌銘》(參見《彙編》[開元 123])云："公諱謀道，字宗玄，琅琊臨沂人也。……公乃應孫弘之舉，即授生芻；以郄詵之才，還蒙擢桂。遂授婺州司户參軍事。"按謀道卒於開元九年(721)七月二十九日，享年八十。

＊裴德，《彙編》[天寶 138]王稷撰天寶七載(748)十一月卅日《大唐故前濟陽郡盧縣令王府君(同福)並夫人裴氏(雍熙)墓誌銘并序》(北京圖書館藏拓本，開封博物館藏石)云："夫人諱雍熙，字太和，河東聞喜人也。……祖德，太學明經出身，辭疾不仕。"

＊王師，《彙編》[開元 033]開元三年(715)十月廿五日《大唐故明經舉王府君(師)墓誌銘并序》(周紹良藏拓本)云："君諱師，字行則，太原人也。……君令問幼奇，清通早慧，志諧棲隱，賞出風塵。每以黃老安排，特謂神仙有道。晚而慷慨曰：'公孫卌始學《春秋》。'遂鋭意詩書，澡身庠塾，侍中重席，其所仰止，郄詵一枝，果升嘉擢。……以咸亨元年七月十一日終於私第，春秋五十有六。"

＊姚珽(姚班)，原作"姚班"，徐氏考云："《舊書·姚璹傳》：'班少好

學，舉明經。'"趙校："岑建功《舊唐書校勘記》云，當作'姚斑'。" 孟按：《新唐書·姚思廉傳》亦載思廉孫《斑，篤學有立志，擢明經》。《校勘記》云："'斑'，汲、殿、局本作'班'；衲本缺筆作'班'，下文亦作'班'。按本書卷七四下《宰相世系表》、卷八一《節愍太子重俊傳》及《舊書》卷七三《姚思廉傳》、卷八九《姚斑傳》，衲本均作'斑'或缺末筆。《考異》卷五二云：'班、斑字行相涉，或宋初避諱，斑字缺末筆，後人誤爲班耳。'據改。"

＊李元確，《千唐》[556]景龍四年(710)六月四日《大唐前并州司馬府果毅羅承先夫人故李氏(柔)墓誌》(參見《彙編》[景龍048])云："夫人諱柔，字體□，趙郡贊皇人也。……父元確，明經孝廉高第，不仕。"亦見張補。

＊甯安，《彙編》[天寶018]天寶元年(742)十月十六日《唐故處士潁川郡陳府君(懿)夫人漁陽郡甯氏墓誌銘并序》(北京圖書館藏拓本)云："夫人……父安，明經甲科。"

＊周利貞，《千唐》[007]孫浩然撰開元八年(720)十月十八日《唐故正議大夫上柱國巢縣開國男邕府長史周君(利貞)墓誌銘并序》(參見《彙編》[開元107])云："君諱利貞，字正，汝南廬江人也。……初以門胄入於國庠，明經擢第，解褐爲鐃曹尉。"卒於開元七年(719)七月，享年六十四。亦見羅補。

＊韋勉，《補遺》冊七，第368頁，開元十二年(724)十二月五日《唐故朝請大夫使持節復州諸軍事守復州刺史京兆韋府君(勉)墓誌銘并序》："公諱勉，字進業，京兆杜陵人也。……始以明經高第，拜岐州參軍。……以開元十二年七月十七日終于郡於官舍，享年六十有五。"亦見王補。

＊辛仲平，《補遺》冊七，第369頁，《(上闕)司馬上柱國辛府君(仲平)墓誌銘并序》："君諱仲平，□□□隴西狄道人也。……初以明經(下闕)……大理司直，更□□□司馬。"此誌脫文頗多，然可知其由明經入仕，官至司馬；卒于開元十四年(726)，享年六十。

乙速孤行儼，苗神客《乙速孤神慶碑》："子國子明經高第、朝請大夫、行綿州司馬行儼。"劉憲《乙速孤行儼碑》："公諱行儼，永徽中司成生，擢第。"

＊楊政，《補遺》冊五，第234頁，萬歲通天二年(697)十月廿一日《大

周故陝州桃林縣博士楊君（政）墓誌銘并序》云："君諱政，字武，弘農華陰人也。……唐顯慶年中，明經擢第。"

＊何福，《千唐》[770]裴汯撰開元二十六年（738）四月十一日《唐故河南府兵曹何府君（宷）墓誌銘并序》（參見《彙編》[開元467]）云："公諱宷，蜀郡人也。……父福，明經常選。"

＊劉璿（劉如璿），《補遺》册五，第263頁，長安二年（702）十月廿七日《大周故兗州都督彭城劉府君（璿）墓誌銘并序》云："公諱璿，字如璿，天水上邦人也。……十三遊太學，雖篇章妙絕，取貴文場，而思理精微，更專儒術。尋而州鄉推擇，以明經充賦，射策甲科，選授益州唐隆縣尉。……春秋七十二，長安元年十二月十五日終於官舍。"亦見王補。又按如璿以字行，其事見《太平廣記》卷二六九引《御史臺記》、《新唐書·酷吏傳》。參見本卷制科劉璿考。

＊屈突伯起，《千唐》[394]天授二年（691）十月十八日《故朝議郎行辰州司倉參軍事屈突府君（伯起）墓誌銘并序》（參見《彙編》[天授031]）云："君諱伯起，字震代，本昌黎之族，因官徙居京兆，今爲長安人也。……年甫弱冠，以門蔭補弘文館學生。左雄專業，大成增甲乙之科；郭憲當時，中朝有鳳凰之賦。以咸亨元年敕授宣德郎、太子宮門丞裏行。……以永昌元年九月廿一日終於任所，春秋卅有九。"據《後漢書·左雄傳》："左雄，字伯豪……安帝時，舉孝廉，稍遷冀州刺史。"知屈突氏當爲明經科及第。其弱冠歲在總章三年（670），擢第當在此後。

格輔元，《舊書·岑文本傳》："輔元弱冠舉明經。"　按輔元見乾封元年幽素科。

孫義普，字智周，樂安人。以明經擢第，釋褐魏州昌樂縣令。見《孫君墓誌》。

李昭德，《舊書》本傳："京兆長安人，父乾祐。昭德强幹有父風，少舉明經。"

李嗣真，《舊書·方伎傳》："李嗣真，滑州巨城人。父彥悰。嗣真弱冠明經舉。"

＊趙睿，《千唐》[437]萬歲通天二年（697）四月二十日《大周故朝請

大夫行司禮寺主簿趙公（睿）墓誌銘并序》（參見《彙編》[萬歲通天 019]）云：“公諱睿，字玄俊，酒泉郡人也。……西序橫經，未屑情於拖紫；南臺射册，即揚名而拾青。解褐太州參軍。……以證聖元年四月廿九日，終於洛州道政坊之私第，春秋卅有五。”又銘曰：“策名特達，筮仕觀光。”　按張補錄入進士科。

　　*蕭思一，《千唐》[466]聖曆二年（699）十月十六日《蕭錄事公（思一）墓誌銘并序》（參見《彙編》[聖曆 037]）云：“君姓蕭氏，蘭陵蘭陵人也。……君諱思一，則蘭陵公之第六子也。弱不好弄，長而不群，覃思研精，先彰下惟之業；懷仁服德，早奉趨庭之訓。起家國子學生，橫經璧沼，入太學而騰芳；射策金門，登甲科而取儁。授珍州錄事參軍，從班例也。”按張補錄入進士科。

　　*張景，《彙編》[神龍 013]據《陝西金石志》卷十所錄張秦客撰神龍元年（705）十月廿七日《南陽白水郡張公（景）墓誌銘并序》云：“公諱景，字世雄，即京兆高陵安道里人也。……公遂唱策五經，躬參百揆，時膺選妙，惟公得人，解褐拜金州參軍。”

　　*賈舉，《補遺》册六，第 379 頁，景雲二年（711）七月廿九日《大唐故毛處士夫人賈氏（三勝）墓誌銘并序》云：“毛氏夫人姓賈氏，諱三勝，字正念，雍州咸陽人。……父舉，明經擢第。”亦見王補。

　　*梁皎，《彙編》[開元 133]梁炫撰開元九年（721）十一月六日《大唐贈懷州河內縣令梁公（皎）石誌哀□》（北京圖書館藏拓本）云：“公諱皎，字元亮，安定烏氏人。……以明經秘書校書。”按梁皎卒於天授二年（691）八月二十九日，享年四十九。

　　*王震，《千唐》[550]梁載言撰景龍三年（709）十月廿六日《大唐故朝議大夫行洋州長史上柱國王府君（震）墓誌銘并序》（參見《彙編》[景龍 032]）云：“君諱震，字伯舉，琅耶臨沂人也。……弱冠，入太學，以明經擢第，除許州鄢陵縣尉。……享年五十有九，以神龍三年三月十六日終於洋州官舍。”以神龍三年（709）年五十九推之，其弱冠之年在乾封三年（668），則其登明經第當在此後數年間。亦見羅補。

　　*李璋（字仲象），羅補云：“《鄭州錄事參軍李璋墓誌》：‘字仲象，趙郡人也。上元二年，弱冠宿衛，舉明經高第。’”

＊王素臣，《彙編》[景龍 005]景龍二年（708）二月廿四日《大唐故申州羅山縣令王府君（素臣）墓誌銘并序》（周紹良藏拓本，開封博物館藏石）云：“君諱素臣，中山人也。……明經擢第，捧檄隋班。解褐授并州盂縣尉。……以長安五年七月廿九日終於莊，春秋六十。”以年歲推之，其擢第當在高宗朝中。亦見張補。

＊鄭元璲，《千唐》[652]韋良嗣撰開元十三年（725）九月十六日《唐故朝議郎德州司倉鄭君（元璲）墓誌銘并序》（參見《彙編》[開元 219]）云：“君諱元璲，字元璲，滎陽開封人也。……力行孝友，身修經藝。及二昆繼殞，而大義日聞；三道登科，而資適逢世。”又云：“君始以明左氏學，射策甲科，初補尉氏主簿。”按元璲卒於開元十三年九月四日，享年七十三。以年歲推之，其擢第當在高宗朝中。

王晙，《舊書》本傳：“滄州景城人，徙家於洛陽。祖有方，岷州刺史。晙弱冠明經擢第。”

張知玄，

張知晦，

張知謇，

張知泰，

張知默，《舊書·良吏傳》：“張知謇，蒲州河東人，徙家於岐。兄弟五人皆以明經擢第。”○孟按：《小學紺珠》卷七：“五明經”條云：“張知謇、知元、知晦、知泰、知默，兄弟五人皆明經高第。”又《名賢氏族言行類稿》卷二十五：“張知謇字匪躬，幽州人。兄弟五人知玄、知晦、知泰、知默皆明經高第。”

宋慶禮，《舊書·良吏傳》：“宋慶禮，洺州永平人。舉明經，授衛縣尉。”

羅道琮，《舊書·儒學傳》：“道琮，蒲州虞鄉人。以明經登第。”

高子貢，《舊書·儒學傳》：“子貢，和州歷陽人。弱冠遊太學，遍涉六經，以明經舉。”

王元感，《舊書·儒學傳》：“元感，濮州鄄城人。少舉明經。”

韋叔夏，《舊書·儒學傳》：“叔夏，尚書左僕射安石兄也，舉明經。”

韋安石，《舊書》本傳："京兆萬年人，周大司空、郇國公孝寬曾孫也。祖津，大業末爲民部侍郎。父琬，成州刺史。安石應明經舉。"

＊張肅珪，《補遺》册一，第155頁，王寰撰天寶四載（745）四月廿二日《大唐故上谷郡司功參軍張府君（肅珪）墓誌銘并序》云："府君諱肅珪，字肅珪，其先清河人也。……君以起家補清廟齋郎，以明經舉也。"卒於開元四年（716），享年六十。亦見羅補。

＊高志遠，《千唐》[503]長安三年（703）十月二日《大周故潞州司士參軍□（高）君（志遠）誌文并序》（參見《彙編》[長安042]）云："公諱志遠，字悠，渤海蓨人也。……兄柩衣負笈，蘊道懷經，孝以心淳，忠由義立。拔篆連彙，拾芥登科，解褐豫州參軍，從班例也。"安志遠卒於長安二年（702）四月十四日，享年三十七。按張補附入制科。

＊盧仲璠，《補遺》册六，第440頁，天寶十載（751）八月廿二日《唐故宣德郎□州陽翟縣尉盧府君（仲璠）夫人滎陽鄭氏墓誌銘并序》云："公諱仲璠，字伯琰，范陽涿人也。……明經擢第，□逸超群。解□授潤州江□主簿，轉并州榆次縣尉，遷洛州陽翟縣尉。"按盧氏卒於景龍二年（708）十月，享年四十二。

高叡，《舊書·忠義傳》："高叡，雍州萬年人。少以明經累除桂州都督。"

祝欽明，《舊書·儒學傳》："欽明，雍州始平人。少通五經，兼涉衆史百家之説，舉明經。"

張路斯，《唐張公廟碑》："南陽張公諱路斯，潁上百社人。年十六，中明經第。景龍中爲宣城令。"宋蘇軾有《昭靈侯廟碑》。米芾作《辨名志》，云張名路者，當是句讀以斯字屬下句，《揮麈後録》辨其誤。　按張公即蘇詩之張龍公。

狄仁傑，《舊書》本傳："仁傑字懷英，并州太原人。祖孝緒，父知遜。仁傑以明經舉。"

韋抗，《舊書·韋安石傳》："從父兄子抗，弱冠舉明經。"蘇頲《韋抗神道碑》："抗字抗，明經射策，補魏州參軍。"

蕭文裕，楊炯《飛烏（孟按："烏"原作"鳥"，據《全唐文》卷一九一改）

縣主簿蕭文裕贊》："文裕就列，明經擢第。"

楊去盈，楊炯《從弟去盈墓誌》："國子進士楊去盈字流謙，弘農華陰縣人。"　按誌言："德成麟角，道尊於璧水之前；翼若鴻毛，俯拾於金門之下。"銘又言："明經太學，策射鴻都。"是明經及第也。

格遵，《新書·岑文本傳》："格輔元子遵，亦舉明經第。"

　＊**馬克忠**，孟按：原作"馬□"，徐氏考云："張説《故洛陽尉贈朝散大夫馬府君碑》：'君諱某，扶風人。入太學，舉明經，補巴西尉。'"按《全唐文》卷二二七張説撰馬府君碑云："君諱某字謀，扶風人也。……大父鷹揚郎將諱士幹，嚴考獲嘉令諱果，濟美惟舊，冥德於君。君幼而瓌奇，長有規操，樂道稽古，升堂睹奥。伯父匡武撫之曰：'亢宗保家，吾有望爾。'悉以先人家牒圖傳付之。入太學，舉明經，補巴西尉。……厥子搆、據、擇，皆國之良也。"考《新唐書·宰相世系表二下》馬氏："仲緒，隋荆府長史"；子"匡武、匡儉"；儉子"克忠，洛陽尉"；克忠子"搆，駕部員外郎；措；擇，兵部員外郎、河間太守"。所記人名與碑文略異，而"馬□"實即馬克忠。此條亦見陳冠明補。又參見《元和姓纂》卷七"扶風茂陵馬氏"岑校（第1036頁）。

陸孝斌，張説《贈齊州司馬陸公神道碑》："孝斌字順，河南洛陽人。舉國子明經，選絳州參軍、始州司法。"

陸元方，張説《文昌左丞陸公墓誌》："元方字希仲，蘇州吳縣人。始以司成明經業優擢第。"《舊書·陸元方傳》："元方舉明經。"

　＊**陸元朗**，張補云："《永樂大典》卷二三六八引《蘇州府志》：'明經科，陸元朗。'　按陸元朗即陸德明，兩《唐書》有傳，然其明經及第爲本傳所未載。"

　＊**朱行斌**，《彙編》[開元245]開元十五年（727）二月十七日《大唐故并州陽曲縣主簿朱君（行斌）墓誌銘并序》（周紹良藏拓本，開封博物館藏石）云："君諱行斌，字行斌，沛國人也。……俄而州舉孝廉擢第，拜滁州參軍。"又《千唐》[665]開元十五年二月十七日《大唐故高士朱君（君信）墓誌銘并序》（參見《彙編》[開元246]）云："君諱君信，字君信，沛國人也。……嗣子行斌，業暢三冬，孝廉擢第。"按行斌卒於載初元年（690）六月一日，享

年五十餘。

許伯會，《舊書·孝友傳》：“伯會，越州蕭山人。舉孝廉。”

光楚客，盧藏用《景星寺碑》：“都督光府君名楚客，樂安郡人。始以孝廉擢第，倅西城尉。”

韋繩，

韋虛心，

韋虛舟，皆舉孝廉，見新、舊《書·韋湊傳》。

王賈，《太平廣記》引《紀聞》：“王賈年十七，詣京舉孝廉。既擢第後，選授婺州參軍。”

＊王□慶，《千唐》[874]天寶十一載（752）八月廿八日《大唐故鉅鹿郡南和縣令□（王）府君（念）墓誌銘并序》（參見《彙編》[天寶205]）云：“公諱念，字同光，琅耶臨沂人也。……父諱□慶，唐舉孝廉擢第。”亦見王補。

＊路庭禮，《千唐》[484]久視元年（700）十二月十七日《大周故右肅政臺主簿路府君（庭禮）誌石文》（參見《彙編》[久視022]）云：“公諱庭禮，字寶中，魏郡陽平人也。……始以孝廉擢第，歷趙州房子主簿、懷州武陟縣尉。……久視元年十二月六日終於從善里，享年卅七。”亦見王補。

鄭孝本，孫逖《鄭孝本墓誌》：“孝本，滎陽開封人。始以明經高第。”

李元福，李華《李夫人傳》：“趙郡李氏，自後魏義豐懿公璨，七代至明經君元福。”

封□（封玄景？），陳子昂《臨邛縣令封君遺愛碑》：“公名某，以明經擢第。”〇按陳冠明補云：“《全唐文》卷二一五載《封君遺愛碑》曰：‘祖德興，北齊著作郎，隨扶風郡南陽縣令。……父安壽，皇朝尚衣直長、懷州司馬、豪州刺史、湖州刺史。’《新唐書·宰相世系表一下》有南陽令德興，子安壽，湖州刺史。安壽子玄景。是封□即封玄景。”　孟按：《彙編》[咸亨058]據《芒洛冢墓遺文五編》卷三所錄咸亨三年（672）八月十四日《大唐中大夫使持節湖南諸軍事湖州刺史封公（泰）墓誌銘并叙》云：“公諱泰，字安壽，渤海蓨人也。……父德興，齊著作郎、隋扶風南由令。……嗣子中牟令玄郎，次子玄景、玄震、玄節、玄慶。”知封泰有五子，《新表》僅載一人。今未詳五子之中孰嘗官臨邛令，故此明經擢第之“封□”未必爲玄景，仍當存疑俟考。

康國安，顏魯公《康希銑神道碑》："父國安，明經高第。"又云："君之先君至南華，四代進士，登甲科者七人；舉明經者一十三人。"蓋謂自希銑之父國安至希銑之姪瓈，及瓈之子南華爲四代。《新書·藝文志》："康國安以明經高第直國子監，教授三館進士。"〔趙校：顏碑並《新志》皆作"康國安"。原作"安國"，今乙正。〕

崔神慶，《舊書·崔義玄傳》："神慶明經舉，則天時累遷萊州刺史。"

盧從愿，《舊書》本傳："弱冠明經舉。"　按從愿於神功元年應絶倫科。

楊靈賏，常袞《渭州匡城縣令楊君墓誌》："靈賏字靈賏，弘農華陰人。幼以五經上第。"

＊郭豫，原作"郭□"，徐氏考云"常袞《咸陽縣丞郭君墓誌》：'公諱某，以明經擢第。'"　孟按：《元和姓纂》卷十"諸郡郭氏"："光禄少卿郭仁勖，馮翊人；或云，本党氏，生茂褘。茂褘生崇禮、崇默、崇嗣。崇禮，濟州刺史，生震、觀、豫。……豫生圖。圖生降。"岑校云："按《制詔集》二〇《咸陽縣丞郭君墓誌銘》云：'祖，汝州司馬茂褘。父，濟州刺史崇禮。……公即濟州府君之長子也。……季父崇默。……嗣子大理丞縱，侍御史絳。'《誌》祇云'公諱某'，不著其名，但《誌》之絳，當即此之降。由此推之，蓋郭豫墓誌也。《姓纂》書例，恒不循行序，故豫雖長子而居最後。"

＊盧嗣冶，《補遺》册六，第446頁，《□□州靈石縣令盧府君（嗣冶）墓誌銘并序》云："公諱嗣冶，字嗣冶，幽州范陽人。……公天縱□才，強學待問。一舉孝廉上第，解褐汴州封丘□。"按盧氏卒於聖武年（756）十一月，享年六十九。亦見王補。

＊王瓊，《補遺》册七，第88頁，李方舟撰元和七年（812）十月二十四日《唐故隴州汧陽縣尉太原王府君（昇）暮（按，原文如此，當作"墓"）誌銘并序》："公諱昇，字朝陽，其先太原人。……曾祖諱瓊，皇孝廉。"

＊蘇務寂，乾隆二十六年刊明康海纂修《武功縣志》卷三《選舉志第七》載唐人擢明經者有蘇務寂。又四庫本《陝西通志》卷三十《選舉·唐》明經科："蘇務寂，武功人。"按《唐刺史考全編》卷二二九《劍南道·梓州

（梓潼郡）》“約開元中”任，考云：“《新表四上》蘇氏：‘務寂，梓州刺史。’乃
高宗時宰相蘇良嗣之孫。”

　　* 李夐，《隋唐五代墓誌滙編·洛陽卷》第七册第205頁（參見《唐代
墓誌彙編續集》[長安003]）崔玄暐撰長安二年（702）五月六日《周故宋州
碭山縣令李府君（義琳）神道碑銘并序》署：“明經天官常選姪孫夐書。”是
夐以明經擢第而備吏部常選之資。其擢第當在長安二年五月之前。

　　* 元振，《彙編》[天寶057]楊光煦撰天寶三載（744）十一月廿六日
《大唐故淮安郡桐柏縣令元公（振）墓誌銘并序》（北京圖書館藏拓本）云：
“公諱振，字振，河南氏拓跋後也。……少遊太學，以經術登科，拜武强
尉。”按元振卒於天寶三載，享年六十七。以年歲推之，其擢第約在武后
朝。亦見王補。

　　* 蘇昱，張補云：“《唐文續拾》卷一四《大唐絳州聞喜縣令蘇昱德政
碑》：‘蘇府君名昱，魏都亭侯河東相侍中則之十一代孫，扶□武功人。弱
冠明經高第，尋授右屯衛倉曹參軍。’按蘇昱又見《新唐書·宰相世系表四
上》，官至濟州刺史，以世系推之，其爲武后時人。”

　　* 楊□（楊政之子），《補遺》册五，第234頁，萬歲通天二年（697）
十月廿一日《大周故陝州桃林縣博士楊君（政）墓誌銘并序》云：“君諱政，
字武，弘農華陰人也。……有子五人：……第二明經擢第、天官常選。”則
其擢第之年在萬歲通天二年（697）之前。

　　殷元覺，馮宿《殷公家廟碑》：“衛尉府君諱元覺，字元明，十八明經
出身。”

　　張擇（張無擇），白居易《和州刺史張擇神道碑》：“既冠，好學能屬
文，從鄉試，登明經第。”○孟按：張擇，字無擇，當以字行，參見《唐刺史考
全編》卷一二六《淮南道·和州（歷陽郡）》。無擇卒於天寶十三載（754），
享年八十三，其登明經第約在武后朝中。

　　* 竇賓，原作“竇□”，徐氏考云：“張九齡《河南少尹竇府君墓碑》：
‘公諱某，扶風平陵人。以明經上第。’”趙校：“岑仲勉云，據張九齡所撰碑
下文，此爲‘竇賓’。見《訂補》。”按岑補云：“碑又云：‘自後魏大將軍侍中
永富公，至烈考瀛州刺史贈刑部尚書莘國公六葉矣。’據《姓纂》善封永富

公,善生榮定,榮定生抗,抗生誕,誕生孝慈,孝慈生希璬,希璬生銓,所謂六葉也。銓生賓,兵部郎中,河南少尹,然則此賓某者賓賓也。”

韋□,張九齡《故韶州司馬韋府君墓誌》:“君諱某,京兆杜陵人。始以崇文生明經上第。”

孔若思,《舊書·文苑傳》:“孔紹安孫若思,明經舉。”○孟按:元洪景修編《新編古今姓氏遥華韻》庚集卷一:“孔若思,祖紹安,越州人,文與孫萬壽齊名。若思及進士第。”所傳唐人之《登科記》至元代猶存,景修或有所本,今録以俟考。

麻察,河東人,明經第。見《新書》。

田歸道,田仁會子,弱冠明經舉。見《舊書·良吏傳》。

韋景駿,韋岳子,明經舉。見《舊書·良吏傳》。

姜師度,《舊書·良吏傳》:“姜師度,魏人,明經舉。”

徐有功,《新書》本傳:“有功名弘敏,避孝敬皇帝諱,以字行。”《舊書》本傳:“有功,國子博士文遠孫也。舉明經。”

杜景儉,《舊書》本傳:“冀州武邑人,少舉明經。”《新書》作“景佺初名元方,垂拱中改”。《太平廣記》引《御史臺記》:“杜景佺,進士擢第。”〔趙校:《通鑑考異》以爲當作“景儉”,作“佺”者乃以草書致誤。見天授元年條。〕

敬暉,《舊書》本傳:“絳州太平人,弱冠舉明經。”

杜暹,《舊書》本傳:“濮州濮陽人。父承志,則天初爲監察御史。暹事繼母以孝聞,舉明經。”

崔日知,《新書·崔日用傳》:“日用從父兄日知,字子駿,以明經進。”

李傑,《舊書》本傳:“本名務光,相州滏陽人。後魏并州刺史寶之後也。少以孝友著稱,舉明經。”

蘇珦,《舊書》本傳:“雍州藍田人。明經舉。”

裴寬,

裴珣(裴恂),《舊書·裴漼傳》:“寬兄弟八人皆明經及第。” 按傳有弟珣爲河内郡太守,則珣即八人之一也。○孟按:《新唐書·宰相世系表一上》作“裴恂”。

＊裴卓，詳下。

＊裴坦，詳下。按此裴坦與大和八年（834）登進士第之裴坦同名而非一人。

＊裴昌，詳下。

＊裴歆，詳下。

＊裴晏，詳下。

＊裴京，徐松上引《舊書・裴漼傳》：“寬兄弟八人皆明經及第。”同傳又云：“漼從弟寬。寬父無晦，袁州刺史。”又《新唐書・裴漼傳》亦載：“寬兄弟八人，皆擢明經，任臺、省、州刺史。”考《新唐書・宰相世系表一上》裴氏：“無悔，袁州長史。”子：“卓，岐州刺史。坦，太平令。昌，弘農太守。寬，禮部尚書。歆，侍御史、大理正。恂，河内太守。晏。京，汝州別駕。”按以上兄弟八人，徐氏僅著錄寬、珣（恂）二人，餘皆失載，今補。

褚无量，《舊書》本傳：“字弘度，杭州鹽官人。精三禮及《史記》，舉明經。”

＊張仲臣，《彙編》[開元 510]據《芒洛冢墓遺文四編》卷五所錄開元二十七年（739）十一月四日《唐故滄州清池縣尉張君（仲臣）墓誌銘并序》云：“君諱仲臣，其先漢丞相蒼，蒼孫居中山，故今爲中山人也。……以孝廉授滄州清池尉。”按仲臣卒於開元二十七年（739）十一月四日，享年四十三。

＊庾若訥，《千唐》[829]天寶五載（746）二月三十日《大唐故趙郡司户參軍庾公（若訥）墓誌銘并序》（參見《彙編》[天寶 087]）云：“公諱若訥，字皎，潁川人也。……載廿三，臨汝郡察以孝廉登科。”

＊元復業，《彙編》[廣德 001]陳翃撰廣德元年（763）八月十四日《大唐京兆府美原縣丞元府君（復業）墓誌銘并序》（周紹良藏拓本）云：“府君諱復業，河南人。……舉孝廉，射策第一。”按復業卒於開元二十八年（740）三月二十八日，享年六十。以年歲推之，其擢第約在武后朝中。

＊張景陽。《彙編》[開元 538]張楚金撰序開元二十九年（741）十一月二十五日《唐故右監門衛兵曹參軍張君（景陽）墓誌銘》（周紹良藏拓本，開封博物館藏石）云：“君諱景陽，字再，其先清河人也。……始以太學孝

廉擢第,解褐魏州莘縣尉。……以開元廿九年十月廿九日終於洛陽殖業里之私第,春秋卌有二。"

　　＊**倪彬**,《千唐》[867]天寶十載(751)十二月十一日《大唐故中大夫守晉陵郡別駕千乘倪府君(彬)墓誌銘并序》(參見《彙編》[天寶196])云:"公諱彬,字子文,常山槀城人也。……以孝廉擢第,調補太常寺太祝。"按倪彬卒于天寶九載(750)十月十日,享年六十六。亦見王補。

　　＊**崔澄**,《千唐》[873]□源撰天寶十一載(752)八月十日《有唐故京兆府三原縣尉崔公(澄)墓誌銘并序》(參見《彙編》[天寶204])云:"公諱澄,字澄,清河人也。……適公繼踵丕德,傳序甲科,始以孝廉入仕,起家常州武進尉。"按崔澄卒于天寶十一載二月十三日,享年六十三。

　　＊**源衍**,《補遺》冊六,第61頁,陸據撰開元二十八年(740)四月《源衍墓誌》云:"君諱衍,河南人也,左丞府君諱光俗之中子。開元中辟孝廉,調補郟城尉。"

　　＊**崔義邕**,《千唐》[866]天寶十載(751)十一月廿一日《故濟陰郡參軍博陵崔府君(義邕)墓誌銘并序》(參見《彙編》[天寶195])云:"公諱義邕,字嵒,博陵安平人也。……年十有五,用門蔭齒大學,累舉孝廉,命或未偶,後鄉薦射策,俄而登科。"按義邕卒于天寶十載九月二日,享年四十七。以年歲推之,其擢第當在開元中。亦見王補。

　　＊**鄭宇**,《千唐》[890]天寶十二載(753)十二月廿四日《唐故淮南道採訪支使河東郡河東縣尉滎陽鄭府君(宇)墓誌銘并序》(參見《彙編》[天寶236])云:"公諱宇,滎陽人也。……未幾而孝廉擢第。"按鄭宇卒於天寶十二載六月十一日,享年四十五。以年歲推之,其擢第當在開元中。亦見王補。

　　岑植,張景毓《縣令岑君德政碑》:"君名植,字德茂,南陽棘陽人。弱冠以簪纓貴胄調補修文生,明經擢第。"

　　＊**李成性**,原作"李□",徐氏考云:"常袞《贊善大夫李君墓誌》:'君諱某,以五經高第冠名太學。'"　孟按:常袞誌文云:"君諱某字某,其先隴西成紀人也。……父犯肅宗廟諱,皇膳部郎中、淄州刺史。……有子二人:長曰榮,終潤州司功。"(《全唐文》卷四二○)考《新唐書·宰相世系表

二上》：隴西李姓，"亨，字嘉令，淄州刺史"；亨子"成性，太子右贊善大夫"；成性子"榮，潤州司功參軍"。知墓主李某即李成性。按此條亦見陳冠明補。

韋縝，獨孤及《故朝議大夫申王府司馬上柱國贈太常卿韋公神道碑》："公諱縝，鄉舉經行，吏部登賢能。"

＊王玄度，《彙編》[殘志 004]《有唐太子文學王公（太貞）墓誌銘并序》（周紹良藏拓本）云："公諱太貞，字大正，陽平人也。……祖玄度，明經登科。"

＊王同人，《彙編》[開元 292]據《關中金石文字存逸考》卷一所錄趙不爲撰開元十七年（729）八月廿六日《唐故太中大夫使持節泗州諸軍事泗州刺史瑯耶王公（同人）墓誌銘并序》云："公諱同人，周太子晉之後，因號命族，家於河東。……早辟孝廉，明經高第，解褐雍州參軍。"　按同人卒於開元十六年（728）七月十三日，享年五十七。

＊裴宥，《補遺》冊六，第 429 頁，開元二十八年（740）正月廿二日《大唐故貝州宗城縣丞裴君（宥）墓誌銘并序》云："君諱宥，河東聞喜人也。……年未弱冠，明經高第。……以開元廿七年九月十八日，遘疾卒於儀州楡社縣界之旅社，春秋五十有一。"

＊李璿之，《彙編》[太極 001]太極元年（712）正月廿六日《唐李君夫人裴氏墓誌并序》（北京圖書館藏拓本）云："夫人……長子璿之，明經擢行宜城公主府參軍、柱國。"

＊王□，《彙編》[天寶 156]天寶九載（750）三月十四日《皇唐故西河郡平遙縣尉王府君墓誌銘并序》（北京圖書館藏拓本）云："公諱□字□□□□河內人也。……早登儒□之科，釋巾任宣城郡宣城縣主簿。"按王氏卒於天寶九載二月九日，享年五十六。按張補據《唐文拾遺》卷六六《王氏墓誌》亦作"王□"。

陳巖，《宣室志》："潁州陳巖字叶夢，武陽人。景龍末舉孝廉，後以明經入仕。"

王進思，《王進思碑》："進思字令□，本太原祁人，今爲洛陽人。年十八，宿衛附學，明經擢第，授潞州潞城縣尉。"

崔良佐,《新書·崔元翰傳》:"父良佐,與齊國公日用從昆弟也,擢明
經甲科。"○孟按:《全唐文》卷四八九權德輿《比部郎中崔君元翰集序》:
"崔君元翰……考某,以明經歷衛州汲縣尉、虢州湖城縣主簿。"

　　*達奚逢,《彙編》[咸通 063]據《安徽通志金石古物考稿》(二)所錄
裴端辭撰咸通八年(867)八月十八日《唐故鄉貢進士達奚公(革)墓誌銘并
序》云:"公諱革,字日新,其先軒轅氏之垂裔。……大父諱逢,明經及第,
本州陳留縣尉試大理評事,贈許州司馬。"

　　*騫思泰,《補遺》册三,第 55 頁,侯郢玲撰開元九年(721)二月七
日《大唐故益州都督府士曹參軍事騫君(思泰)墓誌銘并序》云:"公諱思
泰,字有道,京兆金城人也。……生知自然,性與天道。孝行爲立身之本,
明經爲取位之資,解褐授太子司經局讎校。……尋應賢良方正舉,對策高
第,遷楚王府法曹參軍事。"

　　*高仲舒,《新唐書·高睿傳》:"子仲舒,通故訓學,擢明經,爲相王
府文學,王所欽器。"

　　*裴育,登明經高科,見本卷進士科裴育考。

　　*任□,《全唐文》卷二三六王維撰《故右豹韜衛長史賜丹州刺史任
君神道碑》:"君諱某字某,其先奚仲之後……今爲萬年縣人也。……以鄉
貢明經擢第,解褐益州新都尉。"

　　*李述,《補遺》册六,第 36 頁,席豫撰開元十八年(730)十一月十日
《大唐故中散大夫守少府監上柱國趙郡李府君(述)墓誌銘并序》云:"君諱
述,字處直,趙郡元氏人。……未弱冠,以明經擢第,常調入官。"按李氏卒
於開元十年(722)二月,享年五十八。

　　*王秘,《補遺》册六,第 50 頁,趙子羽撰開元十七年(729)《唐故游
□(擊)將軍守左領軍衛右郎將上柱國燉煌縣開國公太原王公(秘)墓誌銘
并序》云:"公諱秘,字遜之,太原人也。……時春秋一十有九,明經擢第,
解褐調補襄州襄陽尉。"按王氏卒於開元十七年(729)二月,然其享年
未詳。

　　*趙仙童,《彙編》[天寶 092]天寶五載(746)八月十六日《大唐故餘
杭郡司户參軍趙府君(仙童)墓誌銘并序》(北京圖書館藏拓本)云:"君諱

仙童，字岸，天水人也。……明經擢第，解褐宣城郡宣城縣尉。……以天寶三載閏二月十四日終於官舍，春秋五十有七。”亦見羅補。

　　潘好禮，《舊書·良吏傳》：“潘好禮，貝州宗城人。舉明經。”《永樂大典》引《廣宗縣圖經志》：“好禮，宗城人。事唐，第明經。”《元和姓纂》：“唐侍御史、岐王府司馬潘好禮，潘尼之後。”

　　李憕，《舊書》：“李憕，太原文水人。早年聰敏，以明經舉。”

　　尹思貞，《新書·儒學傳》：“尹愔父思貞，字季，弱冠明《春秋》，擢高第。”〔趙校：尹思貞已見卷二顯慶四年，詳《施補》。〕○按施補云：“卷二頁10顯慶四年下據《舊唐書·尹思貞傳》錄尹思貞，卷二十七頁28附考又據《新唐書·儒學傳·尹愔傳》錄尹思貞。考《舊唐書》卷一百《尹思貞傳》云：‘尹思貞，京兆長安人也。弱冠明經舉……睿宗即位，徵爲將作大匠，累封天水郡官……’。（《新唐書》卷一二八《尹思貞傳》略同）《新唐書》卷二百《儒學傳》下《尹愔傳》云：‘尹愔，秦州天水人。父思貞，字季弱，明《春秋》，擢高第。’實即一人。附考所錄尹思貞應删。　孟按：《新唐書·儒學傳·尹愔傳》原文如下：“尹愔，秦州天水人。父思貞，字季弱，明《春秋》，擢高第。嘗受學於國子博士王道珪，稱之曰：‘吾門人多矣，尹子亙測也。’以親喪哀毀。除喪，不仕。左右史張説、尹元凱薦爲國子大成。每釋奠，講辨三教，聽者皆得所未聞。遷四門助教，撰《諸經義樞》、《續史記》皆未就。夢天官、麟臺交辟，寤而會親族叙訣，二日卒，年四十。”此與兩《唐書·尹思貞傳》所載“遷户部尚書，轉工部尚書。以老疾累表請致仕，許之。開元四年卒，年七十七，贈黄門監，諡曰簡”者絶非一人。又《元和姓纂》卷六天水尹氏：“西海太守尹玖；生猛，晉昌太守，又居京兆。六代孫惠，唐寧州司馬；生恩貞，刑户二部侍郎、御史大夫、户部尚書、天水公，生中和、中庸、中言。”此“恩貞”，岑校云：“據《郎官柱》及《舊書》一〇〇，‘恩’當作‘思’。《會要》五〇及《辯證》二五皆作‘思正’，避嫌諱也。”其子中亦無愔，益證尹思貞實爲二人。今仍從徐考。

　　陸璪，字仲采，舉明經，元方之子。見《新書·陸元方傳》。

　　裴子餘，《舊書·孝友傳》：“斐守真〔孟按：“真”原作“貞”，據《舊書》改。〕子子餘，舉明經，累補鄂縣尉。”

　　朱守瓊，國子監明經，見《宰相世系表》。

＊竇兢，《新唐書·竇懷貞傳》：“懷貞從子兢，字思慎，舉明經，爲英王府參軍、尚乘直長。”

＊段行琛，《全唐文》卷四四五張增撰《段府君（行琛）神道碑銘》：“君諱行琛，字行琛。……府君生知六行之美，學究三經之奧，既齒鄉賦，高標甲科，簡修獨耀於錦衣，從事仍屈於黄綬。”按行琛即秀實之父，卒於天寶九載（750），享年七十五。

＊韋濟，《補遺》册二，第25頁，韋述撰天寶十三載（754）閏十一月十一日《大唐故正議大夫行儀王傅上柱國奉明縣開國子賜紫金魚袋京兆韋府君（濟）墓誌銘并序》云：“君諱濟，字濟，京兆杜陵人。……初以弘文明經，拜太常寺奉禮郎，遷鄠縣尉。”

＊李叔卿，《全唐文》卷四五八李季卿《三墳記》：“□（叔）卿，字萬，天骨琅琅，德□文蔚，識度標邁。弱冠以明□（經）觀國，莅鹿邑、虞鄉二尉。”按叔卿爲工部侍郎李適之子，卒於天寶五、六年間。其事參見李季卿《栖先塋記》（見同上）、岑仲勉《金石論叢·貞石證史·三墳記》。

＊張采，日本藏［萬曆］《雷州府志》卷十五《名宦志·府傳》：“唐：張采，曲江人，祖九章，文獻公弟也，奕世顯仕。至采以明經刺雷州。”按《新唐書·宰相世系表二下》記采爲九章之子，又載：“采，雷州刺史。”

＊裴翰，《千唐》［570］先天元年（712）十月廿五日《大唐故右衛率府親府親衛上騎都尉王君（傑）墓誌銘并序》（參見《彙編》［先天002］）題下署曰：“前國子明經河東裴翰撰。”知其擢第當在先天元年之前。亦見張補。

常敬忠，《唐語林》：“開元初，潞州常敬忠，十五明經擢第。數年遍通五經，上書自舉，云一遍誦千言，敕赴中書考試。張燕公問曰：‘學士能一遍誦千言，十篇誦萬言乎？’對曰：‘未曾自試。’燕公遂出書謂之曰：‘可十遍誦之。’敬忠危坐而讀，每遍畫地爲記。讀七遍，起曰：‘此已誦得。’燕公執本，觀覽不暇，而敬忠誦畢，不差一字。即日聞奏，拜東宫衛佐，仍直集賢院，侍講《毛詩》。”

＊盧昂，《彙編》［大和021］盧商撰大和三年（829）十月廿六日《唐故中大夫澧州刺史賜紫金魚袋范陽盧府君（昂）墓誌銘并序》（北京圖書館藏拓本，開封博物館藏石）云：“府君諱昂，字子皋。……始以明經解褐衣參

陝州軍事。"按昂卒於永泰元年(765)六月十八日,享年七十。亦見羅補。

李季卿,《新書·李適傳》:"適子季卿,舉明經,博學宏詞。"〇孟按:賈至《唐故正議大夫右散騎常侍贈禮部尚書李公(季卿)墓誌銘》:"早歲登科,以文從吏。"

張志和,《新書》本傳:"張志和字子同,婺州金華人。始名龜齡。父游朝。志和十六擢明經。"顏真卿《張志和碑》:"玄真子姓張氏,本名龜齡。十六遊太學,以明經擢第。"

盧巒,《宰相世系表》:"巒,明經,直太常。"〇孟按:《全唐文》卷四九七權德輿撰《唐故劍南東川節度副大使知節度事管内支度營田觀察處置等使正議大夫持節梓州諸軍事守梓州刺史兼御史大夫護軍賜紫金魚袋贈禮部尚書盧公(坦)神道碑銘并序》:"盧公諱坦,字保衡,涿郡范陽人也。代爲北州冠族,曾祖審經,皇齊州祝阿縣令;祖河童,徐州豐令;父巒,明經上第,贈鄭州刺史。"考《新唐書·宰相世系表三上》盧姓,有兩名"巒"者。"直太常"之巒譜系爲:"元珪,當塗令。"元珪子:"湛;澹;澂,豐令。"澂子:"岳,上洛郡司馬;屈,衛尉卿;嵒,滎陽尉;巒,明經,直太常;呂。"盧坦父巒譜系爲:"審經,瑕丘令。"審經子:"河童,豐令。"河童子:"嵒,河中倉曹參軍;岳;嵇;呂;巒。"巒子:"坦,字保衡,劍南東川節度使。"二巒之父皆爲豐令,二巒皆明經第,二巒之兄弟名又多同。故疑二者本爲同一譜系,後傳訛而分爲二,似以後者爲正。

* 孫令名,《千唐》[1211]《唐故滑州韋城縣尉孫府君(令名)墓誌銘》(參見《彙編》[殘志 062])云:"君諱令名,樂安人,中書侍郎處約之猶子。幼稟穎粹,能明經術,尤善屬文,工於詞翰,初以甲科補相州成安主簿,調遷韋城尉。……春秋五十二,終於洛陽私第。"按《元和姓纂》卷四清河孫氏著録:"孫武之後。魏清河太守靈懷;曾孫處約,唐中書侍郎;生侹、俊、儆、佺。"岑校又據《廣記》二一補"侑"名。然無"令名"。俟考。

王璠,《王君德政碑》:"公諱璠,字伯玉,其先瑯琊人。以國子監太學明經擢第,釋褐授上黨郡長子縣主簿。"　按此與《唐書》列傳所載之元和進士王璠別一人。

鄭又元,《宣室志》:"滎陽鄭又元,名家子也。以明經上第。"

張卓,《太平廣記》引《會昌解頤録》:"張卓者,唐開元中明經及第。"

　　＊張嚴，《千唐》[1114]李蜀撰大中五年（851）十月十一日《唐故東畿
汝防禦使都押衙兼都虞候正議大夫檢校太子賓客上柱國南陽張府君（季
戎）墓誌銘并序》（參見《彙編》[大中056]）云：“府君……諱季戎，字定遠，
其先南陽人也。……開元中擢經明華州華陰縣尉諱嚴，公之曾王父。”亦
見張補。

　　＊陸廣成，《千唐》[1206]丁仙之撰序、萬楚撰銘《唐故隨州司法參
軍陸府君（廣成）墓誌銘并序》（參見《彙編》[殘志064]）云：“君□（諱）
□□（字）廣成，吳郡吳人也。……始以弱冠補國子生，明申公詩及左氏
傳，登太常第，調補隨州司法參軍。”亦見張補。

　　＊張価，《彙編》[貞元009]尹雲撰貞元三年（786）四月十九日《唐故
汝州司户參軍張君（価）墓誌銘并序》（北京圖書館藏拓本）云：“君諱価，字
価，清河人也。……君明經升第，解褐補濮州范縣主簿。”按張価卒於建中
四年（783）十月七日，享年七十八。以年歲推之，其擢第約在開元中。亦
見羅補。

　　＊盧之翰，《補遺》冊七，第69頁，盧綸撰貞元十二年（796）十月十
六日《唐故魏州臨黃縣尉范陽盧府君（之翰）玄堂記》：“府君諱之翰，范陽
人也。……弱歲志學，涉通訓奥。始以明經登第，調署魏州臨黃縣尉。”按
之翰即綸父。之翰卒於至德二載（757），享年四十一，登第當在開元末期。

　　＊崔傑，《彙編》[天寶178]鄭涉撰天寶十載（751）五月二日《大唐故
潁王府士曹參軍崔府君（傑）墓誌銘并序》（周紹良藏拓本）云：“公諱傑，字
伯雄，清河人也。……弱冠以明經甲科，精九流之奥，故解褐授崇文館校
書郎。”按崔傑卒於天寶八載（749）。享年五十餘。

　　＊盧招，《彙編》[天寶252]崔祐甫撰天寶十三載（754）十一月十八
日《有唐登仕郎行魏郡冠氏縣尉雲騎尉盧公（招）墓誌銘并序》（周紹良藏
拓本）云：“公諱招，字子思，涿郡范陽人也。……幼丁先夫人憂，既冠丁河
内憂，皆哀過於禮，爲鄉族所稱。既而來遊京師……俄以鄉貢明經，射策
上第，調補魏郡冠氏縣尉。”按盧招卒於天寶十三載十月一日，享年五十
三。以年歲推之，其擢第當在開元中。亦見朱補。

　　＊于偃，《千唐》[854]天寶九載（750）十一月四日《大唐故凉州府功

曹于公（偃）墓誌》（參見《彙編》［天寶 165］）云：“公諱偃，字攸宜。……弘文館明經及第，調補慶王府典籤。”按于偃卒於天寶九載十一月四日，享年四十一。亦見羅補。

　　*王解公，《補遺》册四，第 172 頁，賈暄撰會昌六年（846）三月朔日《唐故幽州節度押衙銀青光禄大夫檢校太子賓客兼監察御史太原王公（時邑）墓誌銘并序》云：“公諱時邑，字子泰，其先太原人也。……祖諱解公，錯綜五經，深秘奧義。禮闈對策，而取十全。條奏精辯，才冠等列，首選涿州范陽縣丞。”

　　*鮮于叔明（李叔明），朱補：“《新唐書·李叔明傳》：‘李叔明字晋，閬州新政人。本鮮于氏，世爲右族。……叔明擢明經，爲楊國忠劍南判官。……大曆末，或言叔名本嚴氏，少孤，養外家，冒鮮于姓，請還宗，詔可。叔明初不知，意醜之，表乞宗姓，列屬籍，代宗從之。’按，楊國忠遥領劍南節度使在天寶十載至十四載（751—755）間，叔明擢明經第當在此前不久。又叔明於大曆末表乞宗姓而代宗從之，則天寶中擢第時仍姓鮮于氏。鮮于叔明可補入《附考·明經科》下。”

　　*段良秀，

　　*段良伯，《千唐》［664］開元十五年（727）二月六日《故朝議郎行中書主書上柱國段府君（萬頃）墓誌銘并序》（參見《彙編》［開元 244］、《補遺》册二第 469 頁）云：“君諱萬頃，字禮，其先西河人也……今爲晋陽人矣。嗣子前鄉貢明經良秀，前國子監明經良伯，將士郎良□等，號天罔極，泣血何從。”按此二人登科時間當在開元十五年（727）之前。良伯，亦見張補。

　　*高宇，《彙編》［開元 264］高蓋撰開元十五年（727）閏九月十七日《先府君（高憲）玄堂刻石記》（周紹良藏拓本）下署云：“嗣子前鄉貢進士蓋述，次子前鄉貢明經宇書。”知其擢第在開元十五年之前。亦見王補。

　　*王察，《全唐文》卷九九五闕名撰《大唐故范氏夫人墓誌銘》：“夫人……始以色事朝請大夫行河内縣令上柱國瑯琊王昇次子前鄉貢明經察。”范氏卒於天寶三載（744）二月，享年三十七。亦見王補。按此王察與至德二載（757）登進士第之同姓名者並非一人。

　　陳利賓，《太平廣記》引《廣異記》：“陳利賓者，會稽人。弱冠明經擢第。"

鄧承緒,《永樂大典》引《豫章志》:"鄧承緒,豫章南昌人。開元中九經擢第,對策三登科甲。"

* 瞿令□,

* 瞿令珪,《彙編》[貞元 071]據《古誌石華》卷十四所録瞿佣撰貞元十二年(796)十月四日《唐故朗州五陵縣令博陵瞿府君(令珪)墓誌銘》云:"府君諱令珪,其先本博陵越人也。……考曰智,皇國子助教,纂承儒業……府君則國子監助教第二子。幼而孤天□□□弟更相誨訓,未嘗從師,早歲業成,各登上第。"按令珪卒於貞元十二年七月,享年七十八。以年歲推之,瞿氏兄弟擢第約在開元後期。又按誌文所叙,其家傳儒業,皆當爲明經及第。

* 張參,原列本卷進士科下,徐氏注云:"見錢起詩。"按胡補云:"朱彝尊《曝書亭集》卷四九《跋五經文字》云:'《孟浩然集》有《送張參明經舉觀省詩》,《錢起集》有《送張參及第還家作》,而郎官石柱題名,參曾入司封員外郎之列。蓋參在開元天寶間舉明經,至大曆初佐司封郎,尋授國子司業也。今其姓名,僅一見於《宰相世系表》,一見於《藝文志》小説家類,他不詳焉。'是錢起詩所謂及第者,亦謂明經及第。《登科記考》録入進士科,非是,應移置《附考》明經科中。" 孟按:孟浩然《送張參明經舉兼向涇州觀省》詩云:"十五綵衣年,承歡慈母前。孝廉因歲貢,懷橘向秦川。四座推文舉,中郎許仲宣。泛舟江上別,誰不仰神仙。"錢起《送張參及第還家》詩云:"大學三年聞琢玉,東堂一舉早成名。借問還家何處好,玉人含笑下機迎。"按孟浩然卒於開元二十八年(740),見唐王士源《孟浩然集序》;《新唐書》本傳亦云浩然"開元末,病疽背卒"。浩然既有詩送張參明經舉,錢起詩又云"一舉早成名",是張參擢明經第當在開元間。今移正。

* 元真,《千唐》[919]大曆四年(769)七月八日《唐故杭州杭州錢塘縣尉元公(真)墓誌銘并序》(參見《彙編》[大曆 011])云:"公諱真,字深,河南人。……明經及第,調補潤州參軍。"按元真卒於至德二載(757)五月二日,享年四十。亦見張補。

* 李湍,《千唐》[922]邵説撰大曆四年(769)十二月二十日《唐故瀛州樂壽縣丞隴西李公(湍)墓誌銘》(參見《彙編》[大曆 017])云:"惟隴西李公湍，地望清甲，冠於邦祖。……公始以經術擢第，署滑州匡城尉，次補瀛州樂壽丞。理尚剛簡，蓋肅如也。酷好寓興，雅有風骨。時新鄉尉李頏、前秀才岑參皆著盛名於世，特相友重。方振雄藻，比肩英達，孰是異才？而無顯榮。以乾元元年終於貝丘。"又《千唐》[1020]王玄同撰長慶元年（821）三月十三日《大唐故袁州宜春縣尉李府君墓誌銘并序》（參見《彙編》[長慶008]）云："公諱□，字□□，隴西姑臧人也。……祖湍，皇瀛州樂壽縣丞……洎乾元初，公祖樂壽府君以經明行修春官上第。"按此言"乾元初"誤，詳邵説誌，湍擢第當在開元、天寶間；又言"經明行修"亦未當，邵説誌言"經術擢第"爲明經擢第，而"經明行修"則屬制舉，誤。按羅補繫於乾元二年（759），陳補附於乾元元年（758），皆未當。

　　章仇元素，韋述《章仇元素神道碑》："元素弱冠以孝廉登科。" 按即章仇兼瓊之父。

　　顏傳經，孝廉，見張參《五經文字序》。

　　＊**蔣沇**，《舊唐書·良吏下》本傳："蔣沇，萊州膠水人，吏部侍郎欽緒之子也。性介獨好學，早有名稱。以孝廉累授洛陽尉、監察御史。與兄演、溶，弟清，俱以幹局吏事擅能名於天寶中。"《新唐書·蔣欽緒傳》："子沇，亦專潔博學，少有名。以孝廉授洛陽尉，遷監察御史。與兄演、溶，弟清，俱爲才吏，有名天寶間。"

　　＊**李長**，《全唐文》卷五二〇梁肅撰《明州刺史李公（長）墓誌銘》："大歷七年冬十月甲子，前明州刺史李公寢疾終於晋陵之無錫私館，嗚呼！公諱長，字某，隴西狄道人。……公生而聰明，治《左氏春秋》，舉孝廉，初任貝州參軍。"

　　＊**李仲**，《補遺》册六，第426頁，開元二十六年（738）十一月十五日《唐故蒲州猗氏縣令隴西李府君（景由）墓誌銘并序》云："公諱景由，字逆客，隴西成紀人也。……長子偉，不仕。次仲，前孝廉，先夫人卒。" 按李仲母范陽盧氏卒於開元十九年（731）。

　　＊**張仲暉**，《補遺》第三册，第92頁，敬括撰天寶十二載（753）八月十六日《大唐故朝議郎行河南府士曹參軍敦煌張公（仲暉）墓誌銘并序》云："公諱□□（此處原空二字），字仲暉，敦煌人也。……郡舉孝廉，捨拔則獲。嗤前賢之自滯，首皓一經；旌後生之難誣，策高片玉。無何，調補左

衛率府録事參軍。"又銘文曰:"經術拾青,忠貞踐職。"

顔同寅,顔含十二代孫,明經升庠。

顔澂之,

顔澹之,顔含十四代孫,並明經。

顔揩,

顔援,

顔挺,

顔據,

顔揆,

顔撰,顔含十四代孫,並明經。以上皆見顔魯公《晋顔含碑》。

顔中和,

顔至誠,

顔敬仲,

顔大智,

顔温,

顔泳,

顔陵,並明經,見顔魯公《顔惟貞碑》。

＊顔克明,《全唐文》卷三四〇顔真卿《唐故通議大夫行薛王友柱國贈秘書少監國子祭酒太子少保顔君(惟貞)碑銘》:"克明,崇文明經,衛密標榜之。"

＊顔説,《全唐文》卷三三九顔真卿《晋侍中右光禄大夫本州大中正西平靖侯顔公(含)大宗碑》:"説,明經,有才器,渭南丞。"

顔春卿,《新書》:"春卿十六,舉明經,拔萃高第。"顔真卿《顔勤禮神道碑》:"春卿工詞翰,有風義,明經,拔萃。"

顔真長,真長耿介,舉明經。

顔頲,頲仁孝方正,明經。以上皆見顔魯公《顔勤禮神道碑》。

＊吴絢,詳下。

＊吴訓,詳下。

＊吳珪，詳下。

＊吳溆，《補遺》冊七，第 82 頁，陳鴻撰元和四年（809）十一月十八日《唐故朝議郎行大理司直臨濮縣開國男吳君（士平）墓誌銘并序》：“元和四年五月甲戌，大理司直吳君終於長安□興里私第，享年卌八。……高祖絢，德陽縣令，贈司空。曾祖訓，神泉縣令，贈司徒。祖珪，郫縣丞，贈太尉。父溆，右金吾大將軍，贈太子太傅。四代經明，藉在春官。人物公望，儀冠當時。”按吳溆即章敬皇后之弟，其祖訓（兩《唐書》稱“神泉”）父珪（兩《唐書》稱“令珪”）事並見兩《唐書·吳溆傳》，然均未載其“四代經明，藉在春官”事。

＊馬珉，《補遺》冊六，第 104 頁，鄭叔規撰貞元八年（792）二月十七日《唐故銀青光祿大夫兵部尚書上柱國漢陽郡公贈太子少保馬公（炫）墓誌銘并序》云：“公諱炫，字抱元。……王父珉，州舉明經高第，三命爲開州萬歲令，贈工部尚書。”

＊蘇妙，乾隆二十六年刊明康海纂修《武功縣志》卷三《選舉志第七》載唐人擢明經者有蘇妙。又四庫本《陝西通志》卷三十《選舉·唐》明經科：“蘇妙，武功人。”按《唐刺史考全編》卷一五三《江南東道·泉州（豐州、武榮州、清源郡）》“大曆中”任，考云：“《姓纂》卷三郿西蘇氏：‘妙，泉州刺史。’《新表四上》同。《八閩志》及《閩書》稱大曆間任。”

王俌，《新書·王方慶傳》：“孫俌，字靈龜，明經。”

崔器，《舊書》本傳：“深州安平人。曾祖恭禮，尚神堯館陶公主。父肅然，平陰丞。器舉明經。”○孟按：《新唐書·酷吏》本傳：“天寶中，舉明經，爲萬年尉。”

李彭，李憕子，擢明經第。見《新書》。

趙隨，五經登科，見韋應物詩。

蔣清，《舊書·忠義傳》：“蔣清者，故吏部侍郎欽緒之子，舉明經。”

李承，《舊書》本傳：“趙郡高邑人，吏部侍郎至遠之孫，國子司業畬之第二子也。舉明經高第。”

裴胄，《舊書》本傳：“字胤叔，〔趙校：《新表》作“遐叔”。〕明經及第。”

裴諝，《舊書》本傳：“字士明，河南洛陽人。父寬。諝舉明經。”《歷代名畫記》：“斐諝，河東人，以明經進。” 按諝與冑爲從兄弟。

　　＊陳如，《補遺》册六，第 101 頁，陳苑撰興元元年（784）正月廿四日《唐故通議大夫試秘書少監兼漢州別駕上柱國陳府君（如）墓誌銘并序》云：“府君諱如，潁川人也。……初弘文明經高第，解褐京兆府參軍。” 按陳氏卒於大曆九年（774）二月，享年四十九。

　　＊張遊藝，《彙編》［貞元 119］高弘規撰貞元十八年（802）十二月一日《唐故相州臨河縣尉張府君（遊藝）墓誌銘并序》（周紹良藏拓本）云：“府君諱遊藝，清河貝人。……幼以經術升資，由涼州番禾主簿應辟於安西，以參節制之畫，授相州臨河尉。當天寶之中，方鎮雄盛，若非名芳行著，無以膺是選。”亦見羅補。

　　＊賈朝采，《彙編》［天寶 005］王弼撰天寶元年（742）三月廿八日《大唐故朝議郎行相州臨河縣令上柱國賈公（令琬）墓誌銘并序》（北京圖書館藏拓本）云：“公諱令琬，河南洛陽人也。……次子朝采，前國子明經。”按朝采擢明經第當在天寶元年之前。亦見張補。

　　＊陳希望，《補遺》册六，第 77 頁，徐浩撰天寶八載（749）十月九日《唐故河南府河陽縣丞陳府君（希望）墓誌銘并序》云：“府君諱希望，字希望，潁川人也。……年十有七，孝廉登科。”按陳氏卒於天寶八載（749）八月，享年未詳，銘文謂其“尚卑位，猶壯齒”。亦見王補。

　　＊周急，《補遺》册五，第 372 頁，天寶某載十一月廿五日《大周故周府君（急）墓誌銘并序》云：“公諱急，字抱林子，汝南人也。……年未弱冠，以孝廉登科。”按周氏卒於天寶某載八月廿四日，享年二十四。亦見王補。

　　＊李宅心，見下。

　　＊李居中，《彙編》［天寶 197］天寶十載（751）十二月十二日《大唐故監察御史趙郡李府君夫人博陵崔氏墓誌銘并序》（周紹良藏拓本）云：“夫人博陵人也。……而親授諸子，夙興不怠，能修業者存以燠休，未成功者先之夏楚。故累歲之後，登孝廉者數人，詩禮所至，比之嚴父矣。……長子前東海郡司法宅心，次子前許昌尉居中等，倉卒無地，充窮靡依。”又銘曰：“歷訓諸子，克成於學，咸總角兮。就其禄養，使有令名，風教清兮。”知宅心、居中皆孝廉擢第。

＊**沈脩祐**，《補遺》冊六，第72頁，崔藏曜撰天寶四載（745）十月廿五日《大唐潁川郡夫人三原縣令盧全壽故夫人陳氏（照）墓誌銘并序》題曰：“前鄉貢明經吳興沈脩祐書。”知其及第時間在天寶四載之前。亦見王補。

＊**盧偶**，《彙編》[元和146]據《芒洛冢墓遺文五編》卷五所錄盧泰撰元和十五年（820）九月十日《唐故大理評事賜緋魚袋范陽盧府君（偶）墓誌》云：“府君諱偶，字偶。……弱冠爲太學生，明經甲科，釋褐豫州上蔡縣尉。”按盧氏卒於貞元六年（790）十二月十九日，享年六十四，弱冠歲在天寶五載（746），其擢第當在此後數年間。

＊**蘇易**，乾隆二十六年刊明康海纂修《武功縣志》卷三《選舉志第七》載唐人擢明經者有蘇易。又四庫本《陝西通志》卷三十《選舉·唐》明經科：“蘇易，武功人。”按《唐刺史考全編》卷一三四《淮南道·黃州（齊安郡）》“約德宗時”任，考云：“《姓纂》卷三鄴西蘇氏：‘易，黃州刺史。’《新表四上》蘇氏同。乃玄宗相蘇頲之孫。”

＊**孫成**，《千唐》[949]孫絳撰貞元六年（790）五月壬申（七日）《唐故中大夫守桂州刺史兼御史中丞充桂州本管都防禦經略招討觀察處置等使上柱國樂安縣開國男賜紫金魚袋孫府君（成）墓誌銘并序》（參見《彙編》[貞元026]）云：“君諱成，字思退。……髫歲崇文館明經及第，參調選部，年甫志學，考判登等，竦聽一時，解褐授左內率府兵曹參軍。乾元初，荆州長史張惟一表授荆州江陵縣尉。……以貞元五年五月廿一日即代於桂州理所，春秋五十三。”以年歲推之，其明經及第當在天寶前期。亦見張補。

＊**胡敬文**，《彙編》[會昌029]薛蒙撰會昌四年（844）七月十日《唐故登仕郎前守左金吾衛兵曹參軍胡府君（泰）墓誌銘并序》（周紹良藏拓本）云：“公諱泰，字寬時，其先安定人也。……王父諱敬文，孝廉登第，官至潤州錄事參軍。”亦見張補。

＊**慕容敞**，《補遺》冊四，第48頁，元份撰天寶九載（750）二月廿五日《大唐故汴州尉氏縣令衡公前夫人范陽盧氏墓誌銘并序》云：“夫人無子，有三女。長適前國子明經昌黎慕容敞。”按慕容敞登第當在天寶九載之前。

＊**王恕**，原作“王□”，徐氏考云：“白居易《揚州倉曹參軍王府君墓

誌》：‘公諱某，字士寬。好學善屬文，天寶中應明經舉及第。’”按即王播、
王起之父。　孟按：《舊唐書·王播傳》：“王播字明揚。……父恕，揚府參
軍。”又《新唐書·宰相世系表二中》載王播、王起之父：“恕，字士寬，揚府
倉曹參軍。”今補其名。亦見胡補。

　　段秀實，《新書》本傳：“舉明經，其友易之，秀實曰：‘搜章摘句，不足
以立功。’遂棄去。”

　　鄭回，《舊書·南詔蠻傳》有鄭回者，本相州人，天寶中舉明經，授嶲
州西瀘縣令。

　　* 鄭玉，《彙編》[貞元 128]據《古誌石華》卷十五所錄貞元十九年
(803)十一月十三日《唐莫州唐興軍都虞候兼押衙試鴻臚卿鄭府君（玉）墓
誌銘》：“府君諱玉，字廷玉，本滎陽人也。……府君鄉舉孝廉，弱冠從事，
有救世之才。……以貞元十八年十二月十九日寢疾，終於鄭亭，春秋六十
有八。”以其年歲推之，其舉孝廉當在天寶中。按張補據《嘉靖河間府志》
卷十五錄其名。鄭玉登科事又見[乾隆]《任丘縣志》卷八、卷九，[光緒]
《畿輔通志》三十三、卷二〇一。又《全唐詩》卷七七二“無世次爵里可考”
者錄有鄭玉《葦谷》詩一首。

　　* 陳皆，《千唐》[985]崔芄撰貞元二十年(804)二月十五日《唐故中
散大夫使持節台州諸軍事守台州刺史上柱國賜紫金魚袋潁川陳公（皆）墓
誌銘并序》（參見《彙編》[貞元 130]）云：“公姓陳氏，潁川人也，諱皆，字士
素。……公天寶中，孝廉釋褐，授左監門兵曹。”

　　* 王太貞，《彙編》[殘志 004]《有唐太子文學王公（太貞）墓誌銘并
序》（周紹良藏拓本）云：“公諱太貞，字大正，陽平人也。……郡舉孝廉，吏
補正字。”

　　* 劉如珣，《補遺》冊三，第 212 頁，魏則之撰會昌元年(841)十月三
十日《唐故銀青光禄大夫行内侍省内常侍上柱國彭城縣開國子食邑五百
户賜紫金魚袋劉公（漢洌）墓誌銘并序》云：“公諱漢洌，字得言，京兆三原
縣人也。……祖如珣，皇天寶中明經及第。”

　　* 丁漻，《千唐》[840]天寶七載(748)十月廿三日《唐故延王府户曹
丁府君（韶）墓誌銘并序》（參見《彙編》[天寶 129]）云：“公諱韶，字子韶，魯

郡濟陽人也。……次子溁，孝廉擢第。"按溁擢第當在天寶八載(749)之前。亦見王補。

　　* 張義，《補遺》册六，第467頁，貞元三年(787)十月《張延賞墓誌銘》云："我府君諱延賞，河東人也。祖義府君，以明經仕成紀丞，贈秦州都督。"

　　* 鄭韜，《千唐》[890]天寶十二載(753)十二月廿四日《唐故淮南道採訪支使河東郡河東縣尉滎陽鄭府君(宇)墓誌銘并序》(參見《彙編》[天寶236])云："公諱宇，滎陽人也。……長子韜，明經及第。"知其擢第當在天寶十三年之前。亦見張補。

　　穆寧，《舊書》本傳："懷州河内人，父元休。寧少以明經調授鹽山尉，是時安禄山始叛，寧倡起義兵。"

　　元正，

　　元季方，《新書·元萬頃傳》："萬頃孫正，擢明經高第。正弟季方，舉明經。"

　　裴演，

　　裴江，叔卿子，皆明經。見《宰相世系表》。

　　鄭叔則，穆員《福建觀察使鄭公墓誌》："叔則，滎陽人，未冠以明經擢第。"

　　吕□，梁肅《外王父贈秘書少監吕公神道表》："公諱某，二十舉孝廉。"

　　* 乘著，《彙編》[元和142]崔莒撰元和十五年(820)七月九日《唐故朝散郎守珍王府録事參軍飛騎尉乘府君(著)墓誌銘并序》(周紹良藏拓本)云："公諱著，字太質，魏郡人也。……年未弱冠，以孝廉擢第，起授越州蕭山縣尉。"按乘氏卒於元和十四年(819)十一月十三日，享年六十六。以其"年未弱冠"推之，其擢第時間當在大曆八年(773)之前。

　　* 殷亮，四庫本《河南通志》卷四十四《選舉一·薦辟·唐》："德宗：殷亮，踐猷孫，舉明經。"按《元和姓纂》卷四陳郡長平縣殷氏："踐猷生寅，永寧尉。寅生亮，給事中、杭州刺史、駕部郎中。"岑校："《華州司士碑》：'故給事中杭州刺史亮，其兄也。今侍御史郴州刺史永，其弟也。'(貞元九

年作)永泰中,亮與顏真卿同次東林西林二寺,見《魯公集》六。寶應二年
官校書郎,見《舊書》一一四。"則其明經擢第當在寶應二年(763)之前。

　　＊王杲,《補遺》册四,第 172 頁,賈暄撰會昌六年(846)三月朔日《唐
故幽州節度押衙銀青光禄大夫檢校太子賓客兼監察御史太原王公(時邕)
墓誌銘并序》云:"公諱時邕,字子泰,其先太原人也。……皇考諱杲,躅其
先迹,以五經及第。"

　　＊令狐簡,《補遺》册七,第 12 頁,令狐簡撰上元元年(760)十一月
三日《唐故長安縣尉韋公(諷)墓誌》署:"前鄉貢明經敦煌令狐簡撰。"亦見
王補。

　　＊馬文質,《彙編》[寶應 001]元年(762)建子(十一)月廿一日《唐右
金吾郎將馬君夫人燉煌令狐氏墓誌銘并序》(周紹良藏拓本)云:"夫
人……有子二人,伯曰文質,前鄉貢明經。"知其擢第當在寶應二年(763)
之前。

　　李楚金,李翱《皇祖實録》:"公諱楚金,明經出身。"　按《舊書》本傳
以楚金爲翱之父。

　　＊[衛密,顏真卿《顏惟貞碑》:"崇文明經衛密標榜之。"　孟按:《顏
惟貞碑》原文作:"(顏)克明,崇文明經,衛密標榜之。"見《全唐文》卷三
四〇;參見本卷明經科顏克明考;又參見《唐尚書省郎官石柱題名考》卷十
一《户部郎中》"衛密"注引《顏惟貞碑》。徐松誤讀。故此條當删。]

　　董晉,《舊書》本傳:"明經及第。"韓愈《董晉行狀》:"晉字混成,河中
虞鄉萬歲里人。少以明經上第。"

　　盧士瓊,李翱《盧士瓊墓誌》:"士瓊字德卿,范陽人。明經及第。"《盧
士瓊墓誌》:"士瓊字德卿,范陽人,祠部郎中融之長子。明經及第,寧陵、
華陰二縣主簿。"〇孟按:此誌見《隋唐五代墓誌滙編·北京大學卷》第 88
頁;又參見《彙編》[大和 006]。士瓊卒於大和元年(827)九月,享年六
十九。

　　趙□,張九齡《辰州瀘溪令趙公碣銘》:"君諱某,俯就鄉舉,尋而明經
登科。"

　　盧邁,《舊書》本傳:"兩經及第,歷太子正字、藍田尉。以書判拔萃授

河南主簿。"權德輿《盧公行狀》："邁字子玄,明經筮仕。"

王□,

王彝倫,柳宗元《王君先太夫人劉氏誌文》："夫人從於北海王府君,諱某。府君舉明經,授任氏尉。夫人生二子,長曰彝倫,舉五經,早夭。少曰叔文。"

蕭□,穆員《成都功曹蕭公墓誌》："公諱某,幼以明經擢第。"

裴渙,弘文明經,見《宰相世系表》。

鄭約,穆員《河南府洛陽縣主簿鄭君墓誌》："君諱約,擢明經。"

韋丹,《舊書·良吏傳》："韋丹字文明,京兆萬年人。早孤,從外祖顏真卿學,擢明經,調安遠令。以讓庶兄,復舉五經高第,歷咸陽尉。"又見杜牧《遺愛碑》、韓愈《墓誌》。

李巽,《舊書》本傳："字令叔,趙郡人。少苦心爲學,以明經調補華州參軍。拔萃登科。"又見權德輿《李公墓誌》。

*鄭□,《全唐文》卷四九二權德輿《送右龍武鄭録事東遊序》："予弱歲時從師於黨塾,鄭生已用經術上第。"

權少成,權德輿《權少成墓誌》："君甫成童,通左史、古文、《小戴禮》,以明經調選爲睦州桐廬尉。"

房武,韓愈《房武墓誌》："以明經歷官至興元少尹。"

*劉十兒,原作"劉卜兒",徐氏考云："五經及第,見《宰相世系表》。"　孟按:《新唐書·宰相世系表一上》曹州南華劉氏："十兒,五經及第。"按十兒曾祖蔚卿,唐初爲弘文館學士。

王緯,《舊書》本傳："字文卿,太原人。祖景,司門員外郎、萊州刺史。父之咸,長安尉。緯舉明經,又書判入等。"

陳曇,《歷代名畫記》："曇字玄成,國初丞相叔達之後,明經出身。河南尹嚴武薦爲參軍,昭義節度使李抱真辟爲從事。"

韋子威,《太平廣記》引《廣異記》："唐大曆中,有韋行式爲西川採訪使,有姪曰子威,年及弱冠,聰敏温克,後擢明經第。"

*鄭弘敏,《千唐》[1130]李述撰大中九年(855)□月十七日《唐故穎州穎上縣令李府君夫人鄭氏(琯)合祔玄堂誌》(參見《彙編》[大中091])

云：“太夫人諱琯……烈考杭州唐山縣令府君諱弘敏，早精儒業，以明經上第，釋褐補蘇州華亭尉。”王補錄作“鄭弘敞”。

＊鄭憬，《千唐》[1016]鄭賓撰元和十五年（820）四月十九日《大唐故儒林郎守陳州司兵參軍鄭府君（憬）墓誌銘并序》（參見《彙編》[元和140]）云：“父諱憬，皇陳州司兵參軍。身明經及第……第三任陳州司兵參軍。”按憬卒於元和十五年二月二十一日，享年七十一。亦見羅補。

＊王郊，《彙編》[貞元126]李潤撰貞元十九年（803）閏十月七日《大唐故奉義郎行京兆府涇陽縣主簿王府君（郊）墓誌銘并序》（周紹良藏拓本）云：“公諱郊，字文秀，琅耶臨沂人也。……公自弘文館明經虢州弘農尉。”按王氏卒於貞元十九年，享年五十七。亦見朱補。

＊劉粲，《彙編》[大和050]大和六年（832）七月十九日《唐故朝請大夫唐州長史兼監察御史彭城劉府君（密）墓誌并序》（周紹良藏拓本）云：“公諱密，字霞夫，其先望出彭城。……昭考府君諱粲，明經擢第，終澤州刺史。”亦見羅補。

＊蘇繫，乾隆二十六年刊明康海纂修《武功縣志》卷三《選舉志第七》載唐人擢明經者有蘇繫。又四庫本《陝西通志》卷三十《選舉·唐》明經科：“蘇繫，武功人。”按《唐刺史考全編》卷一三四《淮南道·滁州（永陽郡）》“長慶時（？）”任，考云：“《新表四上》蘇氏：‘繫，滁州刺史。’《姓纂》卷三鄴西蘇氏同。岑仲勉《姓纂四校記》云：‘按《舊紀》一四：蘇繫元和二年七月爲京兆府司錄。是否七年修書（《姓纂》元和七年修纂）時已躋刺史，殊有疑問。’姑列於長慶中。”

＊滕蓋，《萬姓統譜》卷五十七“唐”：“滕蓋，東陽人。代宗時以明經及第爲萊州刺史，有惠政，終禮部侍郎。”按[萬曆]《金華府志》卷十八、[光緒]《浙江通志》卷一二三俱作穆宗長慶時。《唐刺史考全編》卷七十七《河南道·萊州（東萊郡）·待考錄》：“滕蓋，康熙十七年《山東通志》卷二十四職官：‘滕蓋，東陽人，爲萊州刺史。’”

＊褚沖，《萬姓統譜》卷七十五：“褚沖，字士和，通《禮》《易》，舉明經，授奉化主簿，辭歸。觀察使李栖筠復表授國子助教。”按其事參見《新唐書·李栖筠傳》。

＊武迥，《補遺》册六，第471頁，貞元十二年（796）十一月廿七日《唐

故昭武校尉延州金明府折沖上柱國武君（龍賓）墓誌銘并序》云：“君諱龍賓，字璿，其先沛郡人也。……次子迥……十九明經擢第，廿七授汝州魯山縣主簿。”

　　＊賀蘭憲，羅補云：“見柳珹摹《雁塔題名》。”

　　＊張正則，《補遺》册六，第152頁，張知實撰會昌元年（841）十月七日《唐故贈著作佐郎張府君（正則）及夫人贈隴西縣太君李氏祔葬墓誌》云：“公諱正則，字叔度，燉煌人。……由明經入仕，始爲宋州單父尉，調改陝州靈寶縣尉。”按張氏卒於貞元十六年（800）十二月，享年四十五。亦見羅補。

　　＊崔可準，《補遺》册六，第118頁，崔遂撰貞元十七年（801）廿二日《唐故洛陽縣尉崔府君（可準）墓誌銘并序》云：“府君諱可準，字允中。……以經明行脩□舉里選，解褐以明經蔭第，制授朝散郎、試左衛率府兵曹。”按崔氏卒於貞元十七年（801）六月，享年五十二。

　　＊崔淙，朱補：“《記考》卷一〇大曆四年博學宏詞科下著録崔淙，注云：‘按，吕温作《崔淙行狀》但言明經上第，則進士及第者名琮，與淙爲二人。……按，吕云：“始以明經上第，調佐陽夏；次以詞甲科，超尉王屋。”’以上言崔淙於登博學宏詞科前先已明經及第甚明，可補其名於《附考・明經科》下。”

　　＊樊釗，《彙編》[大中041]據《古刻叢鈔》所録大中四年（850）十月十日《唐故右内率府兵曹參軍朱府君夫人南陽樊氏誌銘并序》云：“南陽之後，軒冕間世，最爲國内所稱。曾祖釗，皇明經出身泗州漣水縣令。夫人漣水嫡女。”

　　＊薛安親，《全唐文》卷三七五李建撰《黔州刺史薛舒神道碑》：“君諱舒，字仲和。……長子前鄉貢明經安親。”按誌文撰於大曆十一年（776）七月，則安親登第當在大曆間。

　　＊橋叔獻，

　　＊喬欽道，《輿地紀勝》卷四十三《淮南東路・高郵軍》：“喬康舜，高郵人。初，唐代宗朝吏部有選人橋叔獻、喬欽道，以明經出身，同甲科而奏。帝見喬、橋二姓，批其狀曰：‘大高爲喬，理甚明白，加之以木，一何贅

乎?'並令去木爲喬。"

　　*馬曙，《補遺》冊六，第 98 頁，常袞撰大曆十二年（777）六月五日《大唐故四鎮北庭行營節度兼涇原潁鄭等節度觀察使尚書左僕射扶風郡王贈司徒馬府君（璘）墓誌銘并序》云："公諱璘，字仁傑。……嗣子……前弘文館明經曙等，匍匐拜賜，充窮銜恤。"知馬氏明經及第在大曆十二年（777）之前。

　　*李暢，《全唐文》卷五〇六權德輿撰《唐故潤州昭代寺比邱尼元應墓誌銘并序》："維貞元六年冬十一月戊子，比邱尼元應化滅於潤州丹陽縣昭代寺，享年五十四。……初以既笄之年，歸隴西李君晉卿，仕至東陽決曹掾。……初，決曹府君前夫人范陽盧氏子曰暢，幼懷字育之仁，夙奉試書之訓，再以經術踐甲科，歷校書郎、密縣尉。"

　　馬彙，韓愈《贈絳州刺史馬府君行狀》："君諱某，北平莊武王之長子。少舉明經。"《韓文考異》："諱某，或作諱彙。"

　　令狐丞簡，劉禹錫《令狐楚家廟碑》："惟太保府君志爲君子儒，以明經居上第。"　按即楚之父。〔趙校：《舊書》卷一七二及《新表》"丞"作"承"。〕

　　錢仁昉，羅隱《司儀錢公傳》："公諱仁昉，字德純，舉孝廉高第。"

　　李素，韓愈《李素墓誌》："以明經選，主虢之弘農簿。"

　　韋置，韓愈《韋丹墓誌》："有子曰置，年十五，明經及第，嗣其家業。"

　　李少安，權德輿《李少安墓誌》："少安字公和，隴西成紀人。方舉孝廉，偶爲所親者薦，授冀州阜城縣尉。"

　　馬晞，

　　馬煜，熊執易《武陵郡王馬公神道碑》："公之令弟晞，前太常寺奉禮郎。次煜，前揚州參軍。並擢弘文館明經。"

　　*焦西鸞，《隋唐五代墓誌滙編·北京卷》第二冊第 7 頁（參見《唐代墓誌彙編續集》〔貞元 005〕）王叔之撰貞元二年（786）十一月《唐故夫人鄭氏墓誌銘并序》："夫人滎陽人也。……婉其令儀，以配君子，歸我前孝廉焦公西鸞，和鳴未幾，兆禍行及，以貞元二年三月乙巳終於幽都縣遵化里之私第，春秋廿有六。"據誌文所載事跡，焦公之擢孝廉，約爲建中或

稍前。

　　＊薛贊，《彙編》[開成048]據《安徽通志金石古物考稿》(二)所錄薛居晌撰開成五年(840)十一月二十四日《唐故絳州翼城縣令薛公(贊)墓銘》云：“公諱贊，字佐堯，其先河東人也。……專經登第。”按贊卒於開成五年十一月二十四日，享年七十九。以年歲推之，其擢第約建中前後。

　　＊鄭淮，《彙編》[貞元102]鄒儒立撰貞元十七年(801)五月五日《唐故京兆府三原縣尉鄭府君(淮)墓□銘并序》(周紹良藏拓本)云：“府君諱淮，字長源，滎陽人。……弘文館明經，解巾封丘尉。”亦見羅補。

　　姜荊寶，《雲溪友議》：“荊寶明經及第，再選青城令。”　按荊寶於韋皋未鎮蜀之先登第，蓋在德宗之初也。

　　＊李翼，《彙編》[大和085]武公緒撰大和九年(835)正月十五日《唐故朝散郎行河中府虞鄉縣尉李公(翼)墓誌銘并序》云：“公諱翼，字子羽，其先趙國人也。……幼以門蔭自崇文館明經調補太常寺奉禮郎，再授河中府虞鄉縣尉。”按李翼卒於大和六年十月十五日，享年七十一。亦見羅補。

　　＊鄭敬，《千唐》[1006]鄭易撰元和十一年(816)二月十三日《唐故朝散大夫絳州刺史上柱國賜紫金魚袋鄭公(敬)墓誌銘并序》(參見《彙編》[元和088])云：“公諱敬，字子和。……以明經爲郎，尋丁家艱。”按鄭敬於貞元元年(785)登“賢良方正，能直言極諫科”，見本書卷十二。其擢明經第當在此前。王補入附考“制科”。

　　畢坰，《新書·畢構傳》：“構子炕，爲廣平太守，拒安祿山，城陷。炕生坰，始四歲，以細弱得不殺。後舉明經。”○孟按：韓愈《唐故河南府王屋縣尉畢君(坰)墓誌銘》：“坰既至長安，宏養於家，教讀書，明經第。”

　　程異，《舊書》本傳：“京兆長安人，明經及第。”

　　孔戢，《舊書·孔巢父傳》：“戢字方戢，戢母弟也。舉明經登第，判入高等。”

　　許孟容，《舊書》本傳：“究王氏《易》登科。”○孟按：《詩話總龜》前集卷四十一引《湘山野錄》：“許孟容進士及第，學究登科，時人嘲之曰：‘錦襖子上着蓑衣。’”《新唐書》本傳亦載其“擢進士異等，又第明經”。

＊周道榮，《補遺》册三，第234頁，周在中撰大中十年（856）九月三日《唐故平州刺史盧龍節度留後周府君（璵）墓誌銘并序》云："先公諱璵，字仲信，其先出於汝南。……王考諱道榮，舉孝廉，調補左衛兵曹參軍。貞元中，南海節度使趙昌表授廣州司馬，實赴知己之請。"

＊韋冰，《補遺》册三，第189頁，崔中規撰大和元年（827）五月廿三日《唐故同州録事參軍京兆韋府君（冰）墓誌銘并序》云："維唐馮翊郡督郵韋冰，字祥風，享年五十四。時大和元年四月十四日，終於位。……公始佩觽，頗立志概。不由師資，一舉明經上第。"

張質，《太平廣記》引《續玄怪録》："張質者，猗氏人。貞元中明經，授亳州臨渙尉。"

＊趙君旨，《千唐》[1060]袁都撰大和九年（835）四月十日《唐故國子監禮記博士趙公（君旨）墓誌銘》（參見《彙編》[大和087]）云："公諱君旨，字正卿，天水人也。……業既就，來上國，應三禮科，果得高等，因授右監門衛録事參軍。"按君旨卒於大和八年（834）十二月十九日，享年五十九。以年歲推之，其擢第當在貞元中。按張補録作"趙君有"。

＊盧中規，《千唐》[1200]崔翦撰乾符五年（878）四月廿六日《唐故壽州司馬清河崔府君（植）墓銘并序》（參見《彙編》[乾符021]）云："夫人范陽盧氏，外王父諱中規，明經出身，歷任兗州金鄉縣令。"亦見張補。

＊李逢吉，朱補："《新唐書·李逢吉傳》：'李逢吉字虛舟，系出隴西。父顏，有痼疾，逢吉自料醫劑，遂通方書。舉明經，又擢進士第。'按，《記考》卷一三貞元十年進士下著録李逢吉，據引《舊書》本傳，而不載其及明經第事。考《記考·凡例》：'大抵第明經者，仍得舉進士，牛蔚、王凝是也。'《新書》本傳載逢吉擢進士第前又舉明經，當有所據，可補其名於《附考·明經科》下。"　孟按：《名賢氏族言行類稿》卷三十五亦載："李逢吉，字虛舟，系出隴西。舉明經、擢進士第。"

＊先汪，《明一統志》卷七十二《瀘州·人物·唐》："先汪，合江人。七歲日誦萬言，貞元中舉孝廉，尋退居安樂山講九經。其後宋開慶初有登進士曰先甲龍者，其裔也。"《萬姓統譜》卷二十七："先汪，合江人。七歲日誦萬言，貞元中舉孝廉，尋退居安樂山，講九經。"《全唐詩》卷四七二小傳：

“先汪，合江人。貞元中舉孝廉。”按《輿地紀勝》卷一五三《潼川府路·瀘州·人物》：“先汪，以孝行顯。”然明曹學佺《蜀中廣記》卷四十三謂：“先汪，合江人。七歲日誦萬言，貞元中舉神童，爲本縣令，尋退居安樂山，以九經教授弟子。”

　　* 元積，《全唐文》卷六八〇白居易元和二年（807）撰《唐河南元府君（寬）夫人滎陽鄭氏墓誌銘并序》：“河南元府君諱寬，夫人滎陽太君鄭氏……有四子……次曰積，同州韓城尉；次曰積，河南縣尉。……夫人爲母時，府君既歿，即積與積方髫齒，家貧，無師以授業。夫人親執詩書，誨而不倦。四五年間，二子皆以通經入仕。”按元積登明經第在貞元九年（793），見卷十三，則其兄積登第之年，亦當在此前後。

　　韋辭，《舊書》本傳：“字踐之。祖召卿，洛陽丞。父翃，官至侍御史。辭少以兩經擢第，判入等。”

　　裴均，《新書·裴行儉傳》：“裴光庭子積，積子倩。倩子均，字君齊，以明經爲諸暨尉。”

　　辛秘，《舊書》本傳：“隴西人。少嗜學，貞元中累登五經、《開元禮》科。”柳宗元《裴墐崇豐二陵集禮後序》注：“辛秘，貞元中擢明經第。”《酉陽雜俎》：“辛秘，五經擢第。”○孟按：《全唐文》卷六八二牛僧孺撰《昭義軍節度使辛公（秘）神道碑》：“諱秘字藏之，即常侍府君第四子也。以能通五經、《開元禮》三命至華原主簿。”

　　* 盧平仲，《千唐》[962]劉長孺撰貞元十二年（796）七月《唐故鴻臚少卿貶明州司馬北平陽府君（濟）墓誌銘并序》（參見《彙編》[貞元070]）云：“少卿諱濟，字利涉。……有女四人：……次適前鄉貢明經范陽盧平仲。”亦見王補。

　　趙業，《酉陽雜俎》：“明經趙業，貞元中選授巴州清化令。”○孟按：《太平廣記》卷三八一引作“趙裝”，誤。

　　韋綬，《新書·韋貫之傳》：“伯兄綬，擢明經。”

　　張存，《王仲堪墓誌》：“子婿前鄉貢明經清河張存。”

　　崔戎，《舊書》本傳：“字可大，高伯祖元暐，神龍初封博陵郡王。祖嬰，郢州刺史。父貞固，太原榆次尉。戎舉兩經登科。”○孟按：《全唐文》

卷七七一李商隱《爲安平公謝除兗海觀察使表》：“臣某中謝，臣幸逢昭代，本自諸生，文以飾身，學實爲己。寧韞玉而待賈，竊運甓以私勞。春闈再中於明經，天官一升於判第。”又同上《代安平公遺表》：“臣某中謝，臣少而羈紲，長乃遭逢，常將直道而行，實以明經入仕。”

　　＊趙峘，《補遺》册六，第 151 頁，趙遵撰開成五年（840）二月十三日《唐故陳州澉縣令趙府君（峘）墓誌銘并序》云：“府君諱峘，字岱之，其先天水人也。……早歲以明經擢第，釋褐調補渠州大竹令。”按趙氏卒於開成三年（838）二月，享年六十。

　　＊常獻，《補遺》册四，第 234 頁，王仲孚撰咸通六年（865）十月十二日《大唐河内故常府君（克謀）墓誌銘并序》云：“府君諱克謀，字境安。……王父諱獻，年纔弱冠，鄉舉孝廉，遂遥攝檀州司户參軍。”

　　＊劉諒，《補遺》册四，第 267 頁，史陪撰光啟二年（886）三月廿九日《大唐故河間（當作“間”）郡劉公（仲）合祔墓誌銘并序》云：“公諱仲，字孟英，伯倫公之苗裔。……祖諱諒，字藺章，家惟一身，業攻三傳，精研道義，十赴禮闈，果遂前心，選得滄州平原縣令。”

　　杜義符，吕温《杜公夫人李氏墓誌》：“子曰義符，弘文館明經。”

　　李位，柳宗元《故邕管經略招討等使李公墓誌》：“公諱某，始以通經入弘文館，登有司第。”韓注：“李公諱位。”

　　李澣，柳宗元《李侍御墓碣》：“監察御史澣字濯纓，明兩經，仕歷永興臨晋尉。”

　　趙矜，趙弘智曾孫，舉明經。見《新書》。柳宗元《故襄陽丞趙君墓誌》：“始矜由明經爲舞陽主薄。”

　　許□，歐陽詹《送常熟許少府之任序》：“今年孝廉郎高陽許君授常熟尉。君十三舉明經，十六登第。後三舉進士，皆屈於命。”

　　鄭伯義，歐陽詹《同州韓城縣西尉廳壁記》：“余友人滎陽鄭伯義，以明經登科。又三舉進士，屈於命。”又有《與鄭伯義書》。

　　唐充，韓愈《唐充妻盧氏墓誌》：“唐充明經。”

　　石洪，《新書·烏重胤傳》：“石洪字濬川，有至行，舉明經。”李翱《薦士於中書舍人書》處士石洪原注云：“明經出身，十五年前曾任冀州糾。”

王彥威，《舊書》本傳：“彥威，太原人。”《新舊》：“舉明經甲科。”劉禹錫《王俊神道碑》：“季子彥威，字子美，始以五經登甲科。”

權頊，權德輿《權少成墓誌》：“長男頊，以經明爲鳳州兩當令。”

崔蕃，《崔公墓誌》：“公諱蕃，字師陳，魏郡博陵人。大王父元隱，王父誧，父瀚。公早以門蔭補□文館學，試經高第，授華州參軍。”

林邁，林俊《見素文集》：“邁，舊名曰蕚，披第八子。明經第。”

路隨，《舊書》本傳：“字南式。高祖節，高宗朝爲越王府東閣祭酒。曾祖惟恕，官至睦州刺史。祖俊之，仕終太子通事舍人。父泌，陷蕃，卒於戎鹿。隨以通經調授潤州參軍。”○孟按：《新唐書》本傳作：“舉明經，授潤州參軍事。”

＊馮□，胡補云：“唐張讀《宣室志》卷九：‘元和初，長樂縣有馮生者，家於吳，以明經調選於天官氏。是歲見黜於有司，因僑居長安中。’是其明經及第而至吏部未授官。依《登科記考》之例，元和元年明經科應補馮□。”　孟按：《宣室志》言馮生元和初以明經調選於天官氏，則其明經擢第當在此前。

＊崔罍，《彙編》[大中090]崔干撰大中九年（855）二月廿三日《□□□□□使持節曹州諸軍事守曹州刺史賜紫金魚袋清河崔府君（罍）墓誌銘并序》（北京圖書館藏拓本）云：“府君諱罍，字遐舉，清河東武城人。……以明經隨貢，一舉上第，釋褐河中府參軍事。”　按罍卒於大中八年（854）十一月十二日，享年六十八。亦見王補。

＊哥舒嶼，

＊哥舒嵫，

＊哥舒岯，《新唐書·哥舒翰傳》載：翰子曜，曜“子七人，俱以儒聞。峘，茂才高第，有節概。嶼、嵫、岯皆明經擢第。”按岯登貞元十九年（803）拔萃科，見本書卷十五。

＊秦儒衡，

＊秦宗暢，《補遺》册三，第149頁，秦宗衡撰元和三年（808）十一月十二日《左神武軍將軍秦公故夫人弘農楊氏墓誌銘并序》云：“哀子五人……次曰儒衡，以兩館明經調成都府參軍。幼曰宗暢，前崇文館明經。”

　　＊陳廣，《宣室志》卷九《惠照》條：“元和中，武陵郡開元寺有僧惠照，貌衰體贏，好言人之休戚而皆中。……後有陳廣者，由孝廉科爲武陵官。廣好浮圖氏，一日因謁寺，盡訪群僧……時元和十一年。”亦見胡補。

　　＊韋行敦，《補遺》册七，第79頁，李宗衡撰元和三年（808）七月廿二日《唐右庶子韋公（聿）夫人故滎陽縣君鄭氏墓誌銘并序》：“（韋聿）如姬之子□人：曰行敦，操堅强立，舉明經第。”

　　蔡少霞，《太平廣記》引《集異記》：“蔡少霞者，陳留人。早歲明經得第，選蘄州參軍。”《集異記》：“蔡少霞，陳留人。早歲明經得第，再授兗州泗水丞。元和初物故。”　蘇詩注引薛用弱《集異記》、《太平廣記》引《集異記》。

　　馮漸，《宣室志》：“河東馮漸，名家子，以明經入仕。”

　　＊董齊，《彙編》［元和013］據《西安郊區隋唐墓》所録朱讜言撰元和二年（807）四月十六日《唐故銀青光禄大夫行蘇州長史上柱國隴西郡董府君（榲）墓誌銘并序》云：“公諱榲，起家至蘇州長史。……有子四人：……仲曰齊，應鄉里之選，舉孝廉登第。”亦見王補。

　　＊范詢，《彙編》［大中122］據《吳中冢墓遺文》所録王頊撰大中十年（856）十一月廿一日《唐故潁川陳夫人墓誌銘并序》云：“夫人潁川郡人也。……外祖順陽范公詢，始以孝廉入仕，多赴公侯延辟，爲巡察之職，季年終於丹徒令。”亦見羅補。

　　＊董全道，四庫本《山西通志》卷六十五《科目·唐》：“明經甲科：董全道，虞鄉人，晋長子，秘書省著作郎。”考《元和姓纂》卷六河東董氏：“唐右僕射、平章事董晋，生全道、谿、全素、瀣。全道，殿中少監。”《新唐書·宰相世系表五下》亦載董晋子“全道，殿中少監”。

　　＊白緩，《彙編》［元和045］據《芒洛冢墓遺文》卷中所録元和六年（811）八月二十八日《唐故李□太原王夫人墓誌銘并序》題下署：“前弘文館明經白緩撰。”亦見羅補。

　　＊宇文玎，《補遺》册六，第16頁，宇文鍼撰元和十一年（816）二月一日《南浦郡報善寺主（宇文）德曜公道行碑銘并序》末題：“元和十一年二月一日建。鄉貢明經、文林郎、試襄州宜城縣尉宇文玎。”按此處“鄉貢明

經"雖未加"前"字,然其必由明經及第而入仕者。

    * **崔公輔**,朱補:"《雲笈七籤》卷一一九《道教靈驗記》'崔公輔取寶經不還驗':'崔公輔明經及第,歷官雅州刺史。至官一年,忽覺精神恍惚,多悲恚猖急。……此事是開成年中任雅州刺史也。'"

    * **盧崿**,《全唐文》卷七六八盧肇《閱城君廟記》:"元和中,故宜春縣令盧府君嘗遊宦南越,乞靈於龍,契乎其旨,嘗夢龍伯謂之曰:'君將宰邑江西,其致我焉?'許之。及太和五年,歲在壬子(孟按:"壬子"爲太和六年),府君來宜春,遂立祠於邑東昌山津右。府君諱崿,舉孝廉,三遷爲宜春令。"

    周□,《宣室志》:"汝南周氏子,吳郡人也。元和中以明經上第,調選得尉崑山。"

    * **崔植**,元洪景修編《新編古今姓氏遥華韻》乙集卷九:"崔植字公修,元和年明經進士。時皇甫鎛議減百官俸,植封還詔書。長慶年拜中書侍郎同平章事。"此言"明經進士",不確。考《册府元龜》卷七六八:"崔植潛心經史,尤精《易》象,後爲中書侍郎平章事。"又同書卷八六三:"崔植字公修……用弘文生授河南府參軍。"是當以弘文生明經及第。

    顧謙,《宗城縣令顧府君墓誌》:"謙字自脩,其先吳郡人。公體質魁梧,風神朗秀。早歲舉明經,三禮二科,洞達微言,貫穿精義。"

    康言,孫樵《故倉部郎中康公墓誌》:"公十二男,長曰齊,鄉貢進士。次曰顔,鄉貢進士。次曰言,明經及第。"

    李掖,權德輿《李伯康墓誌》:"次子前明經掖。"

    皮行修,皮日休《皮子世錄》:"從翁諱行修,明經及第,官至項城令。"

    李或,權德輿《李雍墓誌》:"有子元之,仕至洪洞縣令。洪洞之子前明經或。"

    權少清,權德輿《叔父隼墓誌》:"有男子五人,次曰少清,以明經甲科。"〇孟按:權氏所撰《叔父隼墓誌》在貞元九年(793)十月,原題作《叔父朝散郎華州司士參軍墓誌銘并序》,見《全唐文》卷五〇三。又權德輿於貞元十三年(797)三月有《送再從弟少清赴潤州參軍序》云:"少清以明經解巾參南徐州軍事。"見同上卷四九二。

＊韓特，《補遺》册二，第40頁，韓特撰元和十一年（816）七月四日《唐故法雲寺寺主尼大德曇簡墓誌銘并序》署曰："前鄉貢明經。"則其登明經第時在元和十一年七月之前。亦見王補。

＊盧大炎（盧大琰），《全唐文》卷四九七權德輿撰《唐故劍南東川節度副大使知節度事管內支度營田觀察處置等使正議大夫持節梓州諸軍事守梓州刺史兼御史大夫護軍賜紫金魚袋贈禮部尚書盧公（坦）神道碑銘并序》："盧公諱坦，字保衡，涿郡范陽人也。……冢子大炎，前明經調拔萃，以地勢嫌抑。""大炎"，《新唐書·宰相世系表三上》作"大琰"。按盧坦卒於元和十二年。

＊李游道，《補遺》册三，第183頁，裴儉撰元和十五年（820）十一月廿二日《唐故太原府太谷縣尉元府君（重華）亡夫人河東裴氏墓誌銘并序》末署："外生、前鄉貢明經李游道書。"按其登第當在元和十五年（820）十一月之前。

＊鄭瀆，《彙編》[咸通116]張玄晏撰咸通十五年（874）十月十五日《唐故楚州盱眙縣令滎陽鄭府君（瀆）墓誌銘并序》（周紹良藏拓本）云："府君諱瀆，字信士，滎陽開封人也。……未弱冠明經高第，解褐鹽城尉。"按鄭瀆卒於咸通十五年六月，享年六十二。其弱冠歲在長慶二年（822），則其明經擢第當在此前數年內。亦見羅補。

＊李景文，《彙編》[長慶020]據1981年第二期《考古與文物》所錄李元古撰長慶三年（823）四月十三日《大唐故隴西郡君卑失氏夫人（李素妻）神道墓誌銘》云："夫皇朝授開府儀同三司、行司天監兼晉州長史、翰林待詔、上柱國、開國公食邑一千户李素。……次男前鄉貢明經景文。"按李景文登第當在長慶三年（823）四月之前。

＊李頊，《補遺》册六，第162頁，李暨撰大中三年（849）二月十一日《唐故太中大夫使持節衢州刺史上柱國贊皇縣開國子食邑五百户李公（頊）墓誌銘》云："公諱頊，字溫，其先趙郡人也。……公始以弘文館明經補京兆府參軍事，次以調授渭南縣尉。大和二年，天子憂邊，換帥理於邠，時有賢帥，即表公爲監察御史裹行，充觀察支使。"按李氏卒於大中二年（848）六月，享年四十四。以其行年推之，其明經及第約在長慶年間。

＊余從周，《彙編》[大中060]據《芒洛冢墓遺文五編》卷六所錄權寔

撰大中五年（851）八月五日《唐故朝議郎行尚書刑部員外郎會稽余公（從周）夫人河南方氏合祔墓誌銘并叙》云："君諱從周，子廣魯，其先會稽人。"又："以明經爲鄉里所舉，再舉登上第。"又《補遺》册六，第151頁，皇甫鐔撰會昌元年（841）八月廿三日《唐故蘇州吳縣尉余府君（憑）洪氏夫人墓誌銘并序》云："公諱憑……有子二人：長曰從周……從周幼而明敏，與衆殊。專經擢第。"按從周卒於大和五年八月，享年四十六。以年歲推之，其明經擢第約在長慶前後。亦見羅補。

　　* 包恭，《千唐》[1033]張賈撰大和二年（828）二月十六日《國子祭酒致仕包府君（陳）墓誌銘并序》（參見《彙編》[大和011]）云："君諱陳……一子恭，年未弱冠，明經登第。"知其擢第當在大和二年之前。亦見張補。

　　* 余珦，《彙編》[大中060]據《芒洛冢墓遺文五編》卷六所録權寔撰大中五年（851）八月五日《唐故朝議郎行尚書刑部員外郎會稽余公（從周）夫人河南方氏合祔墓誌銘并叙》云："君諱從周，子廣魯，其先會稽人。……生男子五人：曰珦、曰璠、曰璟、曰璋、曰頊。珦已升明經第，方礪修文行，卓然有繼君之志。"知其擢第當在大和五年（851）八月之前。亦見羅補。

　　* 王絢，

　　* 王絢，《彙編》[大和054]李珏撰大和六年（832）七月《唐故朝散大夫守尚書吏部郎中兼侍御史知雜事上柱國臨沂縣開國男食邑三百户琅邪王府君（袞）墓誌銘并序》（開封博物館藏石藏拓）云："公諱袞，字景山，本名高。……子男三人：長曰存夫，光陵挽郎；次曰絢，幼曰絢，皆前明經。"知王氏兄弟當在大和七年（833）七月之前擢第。亦見王補。

　　* 獨孤驤，《補遺》册三，第241頁，獨孤霖撰咸通二年（861）二月二十八日《唐故兗海觀察支使朝散大夫檢校秘書省著作郎兼侍御史河南獨孤府君（驤）墓誌銘》云："君諱驤，字希龍，臨川八世孫也。……舉明經，初補鄂州文學，再調授同州馮翊縣尉。……咸通元年閏十月二十三日暴疾，一夕而終，年五十七。"

　　韋瓃，杜牧《韋温墓誌》："生四男，次曰瓃，前明經。"

　　張聿之，《宗城縣令顧府君墓誌》："長女適吳郡張聿之，明經出身。"

姚安之，《宗城縣令顧府君墓誌》："次女許嫁吳興姚安之，登童子、學究二科。"

舒守謙，《杜陽雜編》："舒守謙即元興之族，處元興舍，未嘗一日有間。薦取明經及第，官歷秘書郎。無何，忽以非過怒守謙，守謙辭往江南。行及昭應，元興及禍。"

李德元，《唐李君故夫人杜氏墓誌》："夫人生二男，長男德元，明經擢第，釋褐隨縣尉。"

高重，《新書·高士廉傳》："士廉五世孫重，字文明，以明經中第。李巽表鹽鐵轉運判官。"

錢朗，《十國春秋》："錢朗，洪州人，少以五經登科。"

＊崔愼由，《補遺》册五，第43頁，崔愼由自撰《唐太子太保分司東都贈太尉清河崔府君(愼由)墓誌(自撰)》云："愼由字敬止，代爲清河武城人。……愼由始以習《左氏春秋》、《尚書》、《論語》、《孝經》、《爾雅》，隨明經試，獲第於有司。後舉進士，對直言極諫制，皆在其選。"按崔氏之進士及第和制科及第，《記考》已分別錄入大和元年(827)及二年(828)，唯其明經及第未錄，今據補。其明經及第時間當在大和元年之前。

＊李搏，《補遺》册五，第36頁，盧諫卿撰大和二年(828)八月十三日《唐故特進檢校工部尚書使持節都督延州諸軍事行延州刺史充本州防禦左神策行營先鋒安塞軍等使兼御史大夫上柱國隴西李府君(良僅)誌銘并序》云："隴西郡夫人生二子：……次曰搏，前崇文館明經。"知李搏明經及第當在大和二年(828)之前。王補錄作"李搏"。又：《記考》卷十大曆五年(770)所錄進士科狀元李搏(當作搏)、新補《附考》登乾符進士第之李搏，與此同姓名而非一人。

＊狄元封，按朱補"存疑"類附錄有狄元封，注云："《册府》卷一三一《帝王部·延賞二》：'(文宗太和二年)六月，以故中書令褚遂良五代孫虔爲汝州臨汝縣尉、内史狄仁傑曾孫前鄉貢明經元封爲懷州修武縣尉。'"孟按：本卷《附考·明經科》徐氏著錄張存，據引："《王仲堪墓誌》：'子壻前鄉貢明經清河張存。'"又同上戴昭撰《王季初墓誌》署："應書判拔萃、前鄉貢明經"，是已明經擢第而又應書判拔萃者也。又本書卷五開元六年

(718)明經科所著録寇釗，據引《寇釗墓誌》，題稱"前鄉貢明經"，誌文則曰："年十八，郡舉孝廉，射策甲科。"是"前鄉貢明經"已爲擢第。

　　*李熲，《補遺》冊六，第182頁，崔郢撰咸通八年(867)二月廿日《唐故陝州安邑縣令隴西李府君(熲)墓誌銘并序》云："公諱熲，其先隴西人也。……公明經出身，調補絳州大平尉。"按李氏卒於咸通七年(866)，享年五十二。

　　*高徵，《補遺》冊七，第114頁，沙門還浦撰開成三年(838)九月十二日《唐故攝忻州長史秀容縣令將仕郎前守易州淶水縣令高君(徵)墓誌銘并序》："公諱徵……志學之歲，精博九經。貢謁禮闈，銓之擢第。"按誌文，其擢第當在大和年間。

　　*陸質，張補云："《永樂大典》卷二三六八引《蘇州府志》：陸質，春秋科。"

　　張智周，張仲方之子，明經，見白居易《張公墓誌》。

　　孔遵孺，

　　孔遵憲，

　　孔温裕，韓愈《孔戣墓誌》："子遵孺、遵憲、温裕，皆明經。"　按《舊書·孔巢父傳》以遵孺、温裕爲登進士第，今兩載之。

　　潘元簡，《吏部常選潘府君墓誌》："父元簡，積學成業，温恭允克，仁惠鄉閭，博通古今。弱冠明經擢第。"

　　*盧知退，《千唐》[1039]載《唐故滑州司法參軍范陽盧君(初)墓誌銘并序》(參見《彙編》[大和022])"附記"末署："孫前鄉貢明經知退。"　按"附記"撰于大和三年(829)十月廿六日。亦見張補"存疑"類。

　　*盧知晦，《千唐》[1073]盧愨撰開成五年(840)十一月三十日《唐故知鹽鐵轉運鹽城監事殿中侍御史内供奉范陽盧府君(伯卿)墓銘并序》(參見《彙編》[開成049])云："公諱伯卿，字元章，其先姜姓，食菜於盧，因而受氏。……有子二人：長曰知退，前鄭州滎陽尉；次曰知晦，前鄉貢明經。"知其擢第當在此之前。亦見張補"存疑"類。

　　*鄭綬，《千唐》[1061]鄭紀撰大和九年(834)四月十日《唐故滎陽鄭氏女(黨五)墓誌銘并序》(參見《彙編》[大和089])云："鄭氏女小字黨

五……其兄綬，明經登第，未禄而逝。"亦見羅補。

　＊李稠，擢明經科，見開成三年(838)進士科李稠考。

　＊裴宏，《補遺》册六，第188頁，柳芘撰咸通十四年(873)二月十四日《唐故京兆府美原縣令河東裴府君(宏)墓誌銘并序》云："府君諱宏，字文偉。早以伯父基蔭補弘文生，升明經第，調授汴州參軍。"按裴氏卒於咸通十三年(872)四月，享年五十五。

　牛蔚，僧孺子，十五應兩經舉。見《舊書·牛僧孺傳》。

　王晟，《宰相世系表》："晟明經及第。"

　張紹儒，《宰相世系表》："紹儒明經及第。"

　張忠，忠明經及第，見《宰相世系表》。忠與紹儒同時。

　艾居晦，前四門館明經。

　陳玠，前四門館明經，皆石經書石學生，見開成石經。

　劉暎，李商隱有《贈送前劉五經暎三十四韻詩》。

　朱沖和，《金華子》："朱沖和，五經及第。恃其强敏，好於忤人，號爲宦途惡少。"

　＊劉昌魯，《九國志》卷十一《楚·劉昌魯傳》："昌魯字安國，相州鄴縣人。唐末明經登第，釋褐項城主簿。"朱補亦據此著録。又，《南漢書》卷十八本傳："劉昌魯字安國，相州鄴縣人。唐末明經登第，授項城主簿，累遷尚書郎。乾符中出刺高州。"

　＊羊愔，朱補："《續仙傳》卷下：'羊愔者，泰山人也，以世禄官家於縉雲。明經擢第，解褐嘉州夾江尉。'"

　＊邵圖，朱補："《神仙感遇傳》卷二'邵圖'條：'邵圖者，餘姚人也。以孝廉擢第，任江東糺曹，連假宰邑。'"

　＊劉繼倫，朱補："《册府》卷一五四'帝王部·明罰三'：'(後周太祖廣順)二年八月救："前明經劉繼倫決杖，仍追奪出身文書。"先是，繼倫醉酒於臨街民家，踞床而坐。權知開封府袁義前驅騶道，叱之不起，又加謾罵。所司詰之以聞，遂有是責。'"

　＊孟元方，《太平御覽》卷四一四《人事部五十五·孝下》引《史係》："孟元方字弘規，東平野人。……年十八明經擢第。……會昌末……元方

在河內。"

　　＊盧操,《太平御覽》卷四一四《人事部五十五·孝下》引《史係》:"盧
操字安節,河東人。九歲通《孝經》、《論語》。……明經擢第。"四庫本《山
西通志》卷一四一《孝義一·平陽府·唐》:"盧操,河東人,幼勤學,通《孝
經》、《論語》。……後擢明經,授臨勇尉。"按操名見《新唐書·宰相世系表
三上》,爲寰之父,政之祖。

　　＊韋承誨,

　　＊韋承裕,《彙編》[會昌008]陸洿撰會昌元年(841)十月廿四日《唐
故朝議郎使持節明州諸軍事守明州刺史上柱國賜緋魚袋韋府君(塤)墓誌
銘并序》(周紹良藏拓本,開封博物館藏石)云:"府君諱塤,字導和,京兆人
也。……男長曰承誨,次曰承裕,皆明經及第。"又《彙編》[會昌048]會昌
六年(846)五月七日《大唐故明州刺史御史中丞韋公(塤)夫人太原溫氏之
墓誌》(周紹良藏拓本)云:韋塤"有子八人:長曰承誨,登董仲舒孝廉科,授
汝州臨汝尉;次曰承裕,亦登孝廉科。"知韋氏兄弟擢第當在會昌二年
(842)之前。亦見王補。

　　＊盧獲,《彙編》[會昌009]崔璵撰會昌元年(841)十一月廿四日《唐
故河南府司録參軍趙郡李府君(璆)墓誌銘并序》(周紹良藏拓本,開封博
物館藏石)云:"趙郡李君諱璆,字子輻。……六女……次適前明經盧獲。"
知盧獲擢第當在會昌二年(842)之前。亦見王補。

　　＊尹宗經,《補遺》册四,第166頁,孫事問撰會昌三年(843)二月十
二日《唐故朝散大夫□成都府司録參軍上柱國徐公墓誌銘并序》云:"公諱
□□,字□□……京兆府萬年縣□□鄉胄貴里之人也。……長女歸尹宗
經,明經登第。"按尹氏登第時間當在會昌三年(843)之前。

　　＊趙瑤,《補遺》册二,第57頁,姚汝能撰會昌六年(846)二月十三日
《唐故試右內率府長史軍器使推官天水郡趙府君(文信)墓誌銘并序》云:
"公諱文信,字不約,天水郡人也,今家長安焉。……令孫曰瑤,以明經擢
第,授□興寧陵令。"

　　＊韋思道,

　　＊韋崇,《千唐》[1160]張之美撰咸通三年(862)十二月廿六日《渤海

李氏一娘子墓誌銘并序》(參見《彙編》[咸通 023])云:"一娘子姓李氏,京兆鄠縣人。元和中,以柔順著於鄉里,故從於我陝州士曹韋公。……三子,長曰思道,明經及第,初任汝州參軍,再任陝州靈寶尉;次崇,亦以明經入仕,釋褐參河南府軍事。"亦見羅補。

　　*孫俐,《千唐》[1127]孫向撰(原署:"父前試大理評事兼監察御史孫向譔。")大中九年(855)閏四月廿四日《唐故鄉貢進士孫府君(俐)墓誌》(參見《彙編》[大中 092])云:"府君諱俐,字可器,河南鞏人也。……雖始與舉明經第,實冀策進士。"按俐卒於大中九年四月廿四日,享年十九。以年歲推之,其登明經第當在大中年間。亦見王補。又《千唐》[1205]孫紓撰大中九年(855)七月廿五日《唐前試大理評事兼監察御史孫公(向)亡妻隴西李氏墓誌銘并序》(參見《彙編》[大中 095]);《補遺》冊一,第 432 頁)云:"祖母夫人姓李氏,其先隴西人也。……男□,前鄉貢明經,先夫人數月而卒。"按李氏卒於大中九年六月十六日。知此"男□"即孫俐。

　　*支讓,

　　*支訢,《千唐》[1133]朱賀撰大中十年(856)五月十八日《唐故贈隨州刺史太子少詹事殿中監支公(成)墓誌銘并序》(參見《彙編》[大中 110])云:"公諱成,字良器,世家江左間。……公之孫見存十二人……讓、訢,通經得第,讓應超絕科,訢暨詡、謙文學奇贍,舉進士。"按支氏兄弟擢明經第皆當在大中年間。亦見羅補。

　　*盧諤,《補遺》冊六,第 174 頁,盧輅撰大中十二年(858)五月十二日《唐故范陽盧氏(輅)滎陽鄭夫人墓誌銘》云:"輅未婚前有兩男一女,皆已成人。男曰詠,舉進士。次曰諤,以經業出身。"又同上第 189 頁,盧震撰咸通十二年(871)十月七日《唐故朝議郎使持節均州諸軍事守均州刺史范陽盧府君(輅)墓誌銘》云:"公諱輅,字子致,范陽涿郡人。……公未娶之前有二男二女,今唯少子諤存焉。得明經第,爲陝州文學。"

　　*田行源,《補遺》冊二,第 65 頁,万俟錥撰大中十三年(859)十二月九日《唐故朝議郎成都府犀浦縣令京兆田府君(行源)墓誌銘并序》云:"公諱行源,字汪之,以明二經擢第,釋褐衣授榮州糾曹掾。"

　　*顏時,《文苑英華》卷二八二鄭谷《送太學顏時明經及第東歸》詩云:"平楚干戈後,田園失耦耕。艱難登第一,喪亂省諸兄。"

＊陳贄，《全唐文》卷八二四黄滔《潁川陳先生集序》：“先生諱黯字希儒，父諱贄，通經及第。”

柳玭，《舊書·柳公綽傳》：“仲郢子玭，應兩經舉。”○孟按：《新唐書·柳公綽傳》：“玭以明經補秘書正字，由書判拔萃，累轉左補闕。”

王台老，《宰相世系表》：“台老明經及第。”

張克勤，《太平廣記》：“張克勤者，應明經舉，後五年登第。”

劉寡辭，《金華子》記釣駱駝事，有前明經劉寡辭。

＊李郴，《唐文拾遺》卷三十二李郴撰《唐秘書省秘書郎李君（郴）夫人宇文氏墓誌銘并序》：“夫人……工五言七言詩，詞皆雅正。常侍公每賢之，爲人曰：‘是女當宜配科名人。’咸通甲申歲，因丞相今宛陵楊公媒適隴西李郴，任以内事。夫人姓鄙華飭而安儉薄。時郴守官京兆府參軍也。……前明經郴執筆追悼，因誌于石。”按同上李郴小傳云：“郴，咸通中守京兆府參軍、長安尉，轉監察御史，終秘書郎。”

＊鄭迪，《彙編》[大中 165]大中十四年（860）十月廿一日《唐故鄉貢進士鄭府君（堡）墓銘并叙》（周紹良藏拓本，開封博物館藏石）題下署：“仲兄前鄉貢明經迪撰。”知其擢第當在此前。亦見王補。

＊獨孤獻，《補遺》册三，第 241 頁，獨孤霖撰咸通二年（861）二月二十八日《唐故兗海觀察支使朝散大夫檢校秘書省著作郎兼侍御史河南獨孤府君（驤）墓誌銘》云：“君諱驤，字希龍，臨川八世孫也。……三子：長曰獻，前鄉貢明經。”

＊王休復，《千唐》[1184]王鈺撰咸通十二年（871）十一月十二日《唐故南陽樊府君（駟）墓誌》（參見《彙編》[咸通 097]）云：“府君諱駟，字自牧，其先河南人也。……妹一人，適琅琊王休復，三禮登科，宰鄭州管城縣。”亦見羅補。

＊高續，《補遺》册六，第 186 頁，魯湘撰咸通十一年（870）二月廿四日《唐故宣州宣城縣令渤海高公（宗彝）並夫人京兆韋氏合葬墓誌銘并序》云：“公諱宗彝，字表正，其先得氏於姜姓。……長子續，察明經上第，不幸未禄云逝。”

李同，彬之子，前明經，見彬妻《宇文氏墓誌》，咸通時人。○孟按：

“彬”當作“郴”，見上李郴考。

　　＊崔銖，《千唐》[1195]崔閱撰乾符三年（876）二月十八日《唐故通議大夫檢校國子祭酒行蔚州司馬兼侍御史上柱國博陵崔府君（璘）墓誌銘并序》（參見《彙編》[乾符006]）云：“公諱璘，字温之。……有子三人……次曰銖，通經上第，調授左監門衛録事參軍。”亦見羅補。

　　＊周知新，《彙編》[殘志023]據《續語堂碑録》所録黄滔撰《朝散大夫使持節韶州諸軍事守韶州刺史上柱國陳府君（讜）墓誌銘并序》（參見《唐文拾遺》卷二十九）云：“府君諱讜，字昌言，其先潁川人。……公前娶於汝南周氏……内弟知新，三禮登科，見任陝州司馬。”

　　崔韜，《太平廣記》引《集異記》：“崔韜，蒲州人，明經擢第。”

　　杜禮，按禮即景福中進士晏之父，舉明經，爲僖宗諫官。見宋查籥撰《杜莘老行狀》。

　　＊戴昭，《補遺》册三，第284頁，戴昭撰乾符六年（879）八月廿七日《唐故銀青光禄大夫檢校太子賓客守涇州長史兼侍御史上柱國賜紫金魚袋王公（季初）墓誌銘并序》署：“應書判拔萃、前鄉貢明經。”

　　文龜年，《十國春秋・文谷傳》：“漢文翁之裔有龜年者，唐乾符中明經及第，任彰明令。”

　　＊楊迎兒，《補遺》册三，第281頁，楊咸撰乾符四年（877）十月十七日《唐故隴西郡李夫人（雅）墓誌銘并序》云：“夫人諱雅……前楚州司馬弘農楊公弘之妻。……前夫人劉氏之子……曰迎兒，經明擢第。”其擢第時間當在乾符四年十月之前。王補入制科，蓋疑其爲“經明行脩”也。

　　＊賈翃，徐鉉《騎省集》卷十五《大唐故中散大夫檢校司徒持節泰州諸軍事兼泰州刺史御史大夫洛陽縣開國子賈宣公（潭）墓誌銘》云：“公諱潭，字孟澤，洛陽人也。……考翃，以經術擢太常第，以才用爲諸侯卿。”

　　＊蔡□□，《補遺》册六，第216頁，李臣堯撰天福八年（943）正月十一日《故銀青光禄大夫太子左庶子致仕上柱國濟陽蔡府君墓誌并序》云：“君諱□□，京兆人也。……公自明經及第，三禮登科。”亦見羅補。

　　敬稷，宋文彦博撰其王父文鋭墓誌云：“府君諱鋭，字挺之。本姓敬，當晋室以犯高祖御名，改賜今姓，取文之象也。至聖朝，以避翼祖廟諱，遂不復舊。高祖晤，太和中由鴻臚丞辟北都留守判官。曾王父稜，時以明經中第，守汾州參軍。”　按改姓在後晉時，則在唐時姓敬也。

劉度，《永樂大典》引《龍江志》：“劉度，京兆萬年人。唐末明經及第。”　按度即宋劉恕之六世祖，見司馬光《十國紀年序》。

楊廷式，《十國春秋》：“楊廷式，泉州人。唐末明經登第。”

＊沈義倫（沈倫），宋代王曾撰《王文正筆錄》：“沈倫以明經事太祖，潛躍中伐蜀凱旋，奏事稱旨，遂有意於大用，其後命倫爲相。”按《宋史》卷二六四本傳：“沈倫，字順宜，開封太康人。舊名義倫，以與太宗名下字同，止名倫。……周顯德初，太祖領同州節度，宣徽使昝居潤與倫厚善，薦於太祖，留幕府。太祖繼領滑、許、宋三鎮，皆署從事，掌留使財貨，以廉聞。及受周禪，自宋州觀察推官召爲户部郎中。”以此知沈倫明經及第當在唐末。

＊印□，徐鉉《騎省集》卷十六《唐故印府君墓誌銘》：“君諱某，字某，其先京兆人也。因官徙牒，遂居建康。……弱冠明經擢第，釋褐太子校書。……保大丙寅夏四月日考終命……春秋六十有九。……子崇禮、崇粲舉進士，崇簡明法及第，爲舒州司法參軍。”按保大無丙寅歲，誤，當爲丙午（保大四年，946）或丙辰（保大十四年，956）。

＊沈豪之，《嘉泰吳興志》卷十六《賢貴事實》：“沈孝澄，吳興武康人，學通九經，官至國子博士。子山之，通禮傳訓詁，官至校書郎。山之子豪之，通詩禮，舉孝廉。皆以儒術著名。”

＊沈懷文，《嘉泰吳興志》卷十六《賢貴事實》：“沈懷文，吳興人，舉孝廉，爲休寧主簿。”

＊沈綜，

＊沈志廉，《嘉泰吳興志》卷十六《賢貴事實》：“沈綜，吳興武康人，年十四察孝廉，上吏部尚書嚴挺之主銓衡書於廳壁。時又有沈志廉，年八歲誦《尚書》、《毛詩》，通大義，年四十（按疑當作‘十四’）察孝廉，官至大中大夫。並見《統記》。”

＊淳于晏，《舊五代史》卷七十一本傳：“淳于晏，以明經登第。”亦見張補。

＊蘇仲容，

＊蘇禹珪，《舊五代史》卷一二七《蘇禹珪傳》："蘇禹珪，字玄錫，其先出於武功，近世家高密，今爲郡人也。父仲容，以儒學稱於鄉里，唐末舉九經，補廣文助教，遷輔唐令，累贈太師。禹珪性謙和，虛襟接物，克構父業，以五經中第。"上二人亦見張補。

＊吳守明，《全唐詩》卷八三九齊己《送吳守明先輩遊蜀》云："既遂高科後，東西任所之。"又同上卷八四五齊己《送吳先輩赴京》云："烟霄已遂明經第，江漢重來問苦吟。"知吳氏當爲晚唐明經及第。

＊周□，《全唐文》卷八六七楊夔《烏程縣修東亭記》："故相國趙郡李公諱紳，寶歷中廉問會稽日，以吳興僧大光有神異之跡，爲碑文托郡守敬公建立於卞山法華寺。會昌中詔毀佛寺，此寺隨廢。時縣令李式，其碑述相國先人曾宰烏程，遂移立於縣之東亭，迨今五十載，其碑毀折。汝南周生以明經賜命重宰烏程……癸丑夏，復詔生宰烏程，民吏欣欣，再遇寬政，閣鞭聽訟，事簡庭閑。君子哉汝南，學古入仕，有其經矣。生家於陽羨，數世以明經獲禄，後群從昆弟並一舉而捷，凡浙右之士因以嚮風。"按"癸丑"爲唐昭宗景福二年（893），則周生登明經第當在此前。

＊王翶，《唐文拾遺》卷四十崔致遠草《前宣州當塗縣令王翶攝揚子》："前件官相門積慶，儒室推賢，早登孝廉之科，嘗歷句稽之任。"

周延禧，徐鉉《周廷構墓誌》："考延禧，明經擢第。有吳之霸，受辟爲淮南巡官。"

夏侯浦，《宋史·夏侯嶠傳》："父浦，梁開平中以明經至棣州録事參軍。"

田敏，《宋史·儒林傳》："田敏，淄州鄒平人。少通《春秋》之學，梁貞明中登科。"

＊盧億，明經擢第。見本卷《附考·進士科》盧億考。

＊王汭，《千唐》[1221]王豹撰天成四年（929）十月十八日《大唐故東南面招討副使寧江軍節度觀察處置兼雲□榷鹽制置等使光禄大夫檢校太保樂安縣開國伯食邑七百户西方公（鄴）墓誌銘并序》（參見《補遺》册一，第439頁）署："前國子明經王汭書。"亦見羅補。

景範，扈載撰《景範神道碑》："以公輔之位必由稽古升，廊廟之才必以經濟顯，而公以明經擢第於春官氏。"　按範卒于周顯德二年，年五十二，登第當在晋漢時。

＊梁旴，《彙編》[殘誌007]據《匋齋藏石記》卷三十所錄《唐平盧節度□□徵□□試右武衛兵曹參軍何叔平故夫人彭城劉氏墓誌銘□（並）□（序）》撰者署："□□節度隨軍前明經梁旴撰並書。"亦見羅補。

＊蔡仁□，《補遺》册六，第216頁，李匡堯撰天福八年（943）正月十一日《故銀青光禄大夫太子左庶子致仕上柱國濟陽蔡府君墓誌并序》云："君諱□□，京兆人也。……有二子：長□（曰）仁□，明經登第。"

聶崇義，《宋史·儒林傳》："聶崇義，河南洛陽人。少舉三禮。漢乾祐中，累官至國子《禮記》博士。"

＊郭嶭，原列本卷《附考·諸科》，徐氏考云："《容齋續筆》云：'予家有舊監本《周禮》，其末云廣順三年癸丑五月雕造九經書畢，前鄉貢三禮郭嶭書。'"　孟按："三禮"屬明經科，見本書凡例。今移正。

＊楊海，《全唐文》卷八七四陳致雍《故歙州刺史太尉楊海諡議》："海始以明經調選，有開厥嗣，傑作將臣。"

＊劉蟠，《補遺》册六，第2頁，劉蟠撰顯德五年（958）二月三日《大周棣州開元寺故宗主臨壇律大德瑯琊顏上人（弘德）幢子記》中自言："蟠忝《周南》《召南》之科，漏大乘小乘之趣。讓請書而無計，詳行狀以揮毫。"按劉蟠撰此文時署"登仕郎、前守青州益都縣主簿"。

孫蘭，《通鑑長編》："宋太祖建隆元年二月，前鄉貢三傳孫蘭治《左氏春秋》，聚徒教授。其門人有被黜退者，蘭乘醉突入貢部，喧譁不已。"　按稱前鄉貢，則當五代末登第。

＊常懷德，《萬姓統譜》卷五十一"唐"："常懷德，新豐人，習三禮，明經及第。仕歷郡邑，俱有治聲，爲湖州刺史，以禮教民，皆化之，澆訛爲之一變。"按"湖州刺史"當爲"潮州刺史"之訛。四庫本《廣東通志》卷三十八《名宦一·潮州府》："常懷德，新豐人，少習三禮，明經及第，仕歷郡邑有聲。高宗儀鳳間刺潮，厓山賊寇郡，遣兵討之，戮其渠魁以狥，餘黨悉散。其爲政務禮教，郡中喪祭至鮮用佛屠，澆訛之風爲之一變。"《唐刺史考全

編》卷二五九《嶺南道·潮州（潮陽郡）》：“常懷德：儀鳳二年（677）。《雍正廣東通志》卷十二《職官表》：‘常懷德，新豐人，儀鳳二年潮州刺史，有傳。據黃志。’”

　　＊鄧吉（鄧佶）。宋劉應李輯《新編事文類聚翰墨全書》後丙集卷四《氏族門》：“鄧佑，五代末擢童科，弟吉擢三禮科，改所居爲揚名鄉兩秀里。”元刊本《新編排韻增廣事類氏族大全》卷八“兩秀里”條：“鄧佑五代末擢童科，弟吉擢三禮科，改所居爲揚名鄉兩秀里。”《萬姓統譜》卷一〇九“五代”：“鄧佑，五代末擢童科；弟吉，擢三禮科。改所居爲揚名鄉兩秀里。”然《輿地紀勝》卷三十四《江南西路·臨江軍·人物》：“二鄧：新淦峽江人。長名佑，季名吉，所居曰黃金鄉黃金里。南唐時長擢童子科，季登三禮科，遂易鄉曰‘揚名’，里曰‘雙秀’云。”天一閣［嘉靖］《臨江府志》卷五《選舉表六·科第·南唐·新淦》：“鄧佑，童子科，有傳。……鄧佶，三禮科（按原誤作‘二禮’），有傳。”同書卷六《人物志·五代》：“鄧佑，新淦人，南唐擢童子科；弟佶，擢三禮科，鄉人易其鄉曰‘揚名’，里曰‘雙秀’”。天一閣［隆慶］《臨江府志》卷十二同。疑當爲五代末擢第，附此俟考。

　　制科：

　　張行成，《舊書》本傳：“行成，定州義豐人。大業末，察孝廉，爲謁者臺散從員外郎。王世充僭號，以爲度支尚書。世充平，以隋資補宋州穀熟尉。又應制舉乙科，授雍州富平縣主簿。”

　　＊嚴仁楷，《隋唐五代墓誌滙編·陝西卷》第一冊第94頁（參見《唐代墓誌彙編續集》［開元020]）張希迥撰開元六年（718）正月十四日《大唐故朝議大夫行尚書兵部郎中上柱國馮翊嚴府君（識玄）墓誌銘并序》云：“公諱識玄，字識玄，馮翊重泉人也。……父仁楷，學業傳家，儒風習祖，才高命舛，仕不得途，皇朝應詔舉授新繁縣尉。”按誌文所述事跡，仁楷之應詔舉當在唐代初期。

　　＊孫願，《彙編》［神龍026]神龍二年（706）五月七日《大唐故上柱國孫府君（惠）夫人李氏墓誌并序》（周紹良藏拓本，開封博物館藏石）云：“君諱惠，字智藏，其先樂安人也。……祖願，唐授文林郎，早沐詩書，預遵堂構，登四科而入仕，累辟金門；對三道以升賢，載飛雲路。”按羅補作“李

顧”，誤。

　　＊席泰，《彙編》[永徽 111]（周紹良藏拓本）永徽五年（654）七月二十九日《大唐故建陵縣令席君（泰）墓誌銘并序》云：“君諱泰，字義泉，安定人。……武德中，隨例任東宮左親衛，雅譽所歸，風猷自遠。尋以四科應詔，擢補東宮右虞候率府倉曹參軍事。”知其擢第時間當在武德年間。亦見羅補。

　　＊陳懷儼，《彙編》[上元 027]上元三年（676）正月廿二日《大唐陳府君（懷儼）墓誌并序》（周紹良藏拓本，開封博物館藏石）云：“君諱懷儼，字道，潁川人也。……屬四科明辟，遂以時務早第，授襄州襄陽縣尉。”按懷儼卒於上元二年（675）九月十二日，享年七十八。以年歲推之，其登第當在武德年間。亦見羅補。

　　＊唐河上，《補遺》册二，第 269 頁，儀鳳三年（678）二月十四日《大唐故殿中少監上柱國唐府君（河上）墓誌銘并序》云：“君諱河上，字嘉會，晉昌人也。……釋褐東宮千牛，陞景冑也。尋應詔射策乙第，授東宮通事舍人，又除尚書虞部員外郎。”按據誌文所叙，其登制科時當在武德年間。王補録作“唐嘉會”。

　　＊格處仁，《補遺》册七，第 305 頁，垂拱元年（685）二月八日《唐故洺州司户參軍事格府君（處仁）墓誌銘并序》：“君諱處仁，字處仁，汝南郡人也。……屈情隨諜，任管州司户參軍事。俄又應詔舉，射策甲科，授洺州司户參軍事。黄童雅譽，既夙表於無雙；郄詵高舉，復已登於第一。……貞觀六年五月十五日，遘疾終於洺州之官第，春秋五十有六。”

　　＊王植，應詔舉及第，見本書卷一武德八年（625）諸科王植考。

　　＊田仁汪，《隋唐五代墓誌滙編·陝西卷》第三册第 73 頁（參見《唐代墓誌彙編續集》[乾封 006]）乾封元年（666）十一月十日《大唐故司衛正卿田君（仁汪）墓誌銘》：“君諱仁汪，字履貞，北平人也。……義寧之初，任右親衛。貞觀之始，授右衛兵曹參軍。侍戟丹陛，飛纓紫闈。尋因詔舉，移任右領軍衛長史。”《册府元龜》卷十四《帝王部·都邑第二》：“顯慶元年，敕司農少卿田仁汪，因事東都舊殿餘址修乾元殿。”與誌載其“尋授洛陽宮總監，又除司農少卿”事合，此即其人。按其應詔舉當在貞觀初期。

　　＊傅爽，《千唐》[449]聖曆元年（698）九月廿八日《大周故傅君（思

諫)墓誌銘并序》(參見《彙編》[聖曆 003])云:"君諱思諫,字庭芝,北地泥陽人也。……祖爽,唐右武衛倉曹,應武舉,制授游擊將軍長上果毅。"按此"應武舉"當爲制科。

　　＊劉應道,《隋唐五代墓誌滙編·陝西卷》第三册第 93 頁(參見《唐代墓誌彙編續集》[開耀 001])開耀元年(681)十一月七日《大唐故秘書少監劉府君(應道)墓誌銘并序》:"府君諱應道,字玄壽,廣平易陽人,漢景帝之後。……年廿一,自弘文館學生選爲太穆皇后挽郎,再爲太子通事舍人。出補□州□□縣令。……今上在東朝監國,下令搜揚。府君膺其選,對册高第。貞觀廿二年,擢授户部員外郎。"劉應道卒於調露二年(680)七月四日,享年六十八。按應道見《元和姓纂》卷五,《新唐書》卷一〇六《劉祥道傳》,同書卷七十一上《宰相世系表一上》,《郎官石柱題名考》卷三、卷七、卷八。

　　＊霍處訥,《補遺》册六,第 404 頁,開元十二年(724)十一月十六日《唐梓州鹽亭縣令霍府君(處訥)墓誌銘并序》云:"君諱處訥,字敏行,本望平陽,因官今爲魏郡汲人也。……乃應制舉,對揚高□(第),拜并州太谷縣令,轉梓州鹽亭令。"按霍氏卒於上元二年(761),享年六十九。亦見王補。

　　＊夏侯絢,《補遺》册三,第 355 頁,永徽六年(655)十月廿五日《大唐故使持(按原誤作"特")節睦州諸軍事睦州刺史夏侯府君(絢)之墓誌銘并序》云:"公諱絢……貞觀元年,除宜州土門縣令。屬蝗飛晚夏,霜隕早秋,鄰縣薦傷,合境無入。雖韓稜毓德,魯恭闡化,古之良宰,蔑以過之。宋國公挺命世之偉才,有知人之達鑒。既以幾深見許,又以遠大相期。首應明揚,射策高第。六年,徙河東縣令。"按其"射策高第"當爲應制舉,其時在貞觀六年之前。誌文所言"宋國公"當指蕭瑀,見《舊唐書》本傳。

　　盧莊道,《太平廣記》引《御史臺記》:"盧莊道,年十二造高士廉,士廉具以聞。太宗召見,策試擢第。年十六,授河池尉,滿二歲,制舉擢甲科。"〇孟按:唐劉肅《大唐新語》卷八《聰敏第十七》:"盧莊道,年十三,造於父友高士廉,以故人子引坐。會有獻書者,莊道竊窺之,請士廉曰:'此文莊道所作。'士廉甚怪之,曰:'後生何輕薄之行!'莊道請諷之,果通。復請倒諷,又通。士廉請叙良久,莊道謝曰:'此文實非莊道所作,向窺記之耳.'士廉即取他文及案牘試之，一覽倒諷，並呈己作文章。士廉具以聞，太宗召見，策試擢第。十六，授河池尉。滿，復制舉，擢甲科。"

　　任敬臣，舉制科，擢許王文學。見《舊書·孝友傳》。

　　孔昌寓，《新書·孔述睿傳》："祖昌寓，字廣成，貞觀中對策高第。"

　　＊**裴行儉**，應詔舉及第，見本卷《附考·明經科》裴行儉考引張説《裴公神道碑》。

　　＊**李諮**，貞觀中應詔舉高第，見卷一貞觀五年（631）明經科李諮考。亦見羅補。

　　＊**崔誠**，《千唐》[150]顯慶五年（660）二月十三日《大唐故承務郎崔君（誠）墓誌銘并序》（參見《彙編》[顯慶128]）云："君諱誠，字守誠，博陵安平人。……就業餘金，擢第四科，府登一命，授吏部承務郎。方參鵷侶，整六合於雲路；忽悲唐肆，躓千里於虞泉。貞觀十一年遘疾，終於長安里第，時年廿三。"亦見王補。

　　＊**高儼仁**，《補遺》册六，第252頁，永徽六年（655）十二月廿五日《唐故始州黃安縣丞高君（儼仁）墓誌銘并序》云："君諱儼仁，字儼仁，渤海蓨人也。……爰應仲舒之舉，俯拾孫弘之第。……以貞觀十五年除揚州高郵縣丞，尋遷始州黃安縣丞。"按董仲舒嘗於武帝時以賢良對策稱旨，疑高氏即應此科，附此俟考。其登第時間當在貞觀十五年（641）之前。

　　＊**賈隱**，《補遺》册五，第208頁，長壽二年（693）二月十二日《賈隱及妻合袝墓誌》云："君諱隱，洛陽人也。……始以廉潔孝悌舉，隨例爲郎。及辰韓逆命，方資運策。起家補雞林道兵曹。"按誌文所言"辰韓逆命"當指貞觀十九年（645）太宗伐高麗事，故賈氏登第之年當在此之前。

　　＊**鄭肅**，《彙編》[嗣聖002]據《芒洛冢墓遺文五編》卷三所錄嗣聖元年（684）正月廿六日《大唐故朝議大夫守刑部侍郎鄭公（肅）墓誌銘并序》云："公諱肅，字仁恭，滎陽開封人也。……解巾以秀才拜定州恒陽縣尉。俄丁内憂去職。服闋，授雍州始平縣尉。應詔明揚，以甲科除簡州録事參軍事。"其先以秀才及第，其後又以應制及第。按鄭肅卒於永淳二年（683）二月，享年七十六。以年歲推之，其擢第當在貞觀年間。

　　＊**鄧行儼**，《千唐》[561]王紹望撰景雲二年（711）二月七日《大唐故

中散大夫守荆州大都□（督）□（大）司馬上柱國南陽鄧府君（森）墓誌銘并序》（參見《彙編》[景雲007]），題作《大唐故中散大夫守荆州大都督府司馬上柱國南陽鄧府君（森）墓誌銘并序》）云：“公諱森，字茂林，南陽新野人也。……父行儼，皇朝應舉擢第，蒙授松州嘉城縣令。”按應舉擢第而授縣令，當爲制科。亦見張補。

　　＊李嗣本，《補遺》册五，第299頁，景龍三年（709）十二月《唐故寧州録事參軍隴西李府君（嗣本）墓誌銘并序》云：“府君諱嗣本，隴西成紀人也。……初舉進士甲科，補金州西城尉。舉清白尤異高第，轉雍州高陵尉，徙越州録會稽丞。”按李氏卒於上元二年（675）六月廿日，享年六十九。

　　＊成幾，《補遺》册三，第452頁，永隆二年（681）《大唐故朝議郎行徐州長史成公府君（幾）墓誌銘并序》云：“公諱幾，東郡淄川人也。……初以明法擢第，歷絳州曲□□□。秩滿，應詔舉遷雍州萬年縣尉。”按成氏卒於永隆二年（681）正月，享年七十。

　　＊王玄默，《千唐》[874]天寶十一載（752）八月廿八日《大唐故鉅鹿郡南和縣令□（王）府君（㒥）墓誌銘并序》（參見《彙編》[天寶205]）云：“公諱㒥，字同光，琅耶臨沂人也。……祖諱玄默，唐應制，再登甲科，累授汴州浚儀縣令。”亦見張補。

　　＊袁嘉祚，《太平廣記》卷四五一“袁嘉祚”條引《紀聞》：“寧王傅袁嘉祚，年五十，應制舉授垣縣縣丞。”按嘉祚與源乾曜、潘好禮同時，皆曾任邠王府長史，見兩《唐書・章懷太子賢傳》及《册府元龜》卷七〇八。

　　王勉，《舊書・王質傳》：“勉制策登科。”劉禹錫《王質神道碑》作“試賢良上第”。

　　冉實，張説《河州刺史冉實神道碑》：“應八科舉，策問高第，授綿州司户參軍。轉揚州大都督倉曹參軍。又舉四科敷言簡帝，除益州導江縣令。”

　　馬頎，李宗閔《馬公家廟碑》：“頎舉進士，又舉八科士。”

　　＊李沖，《彙編》[永昌005]永昌元年（689）五月十日《□□□朝議郎行并州大都督府太原縣令李君（沖）墓誌銘并序》（北京圖書館藏拓本）云：“君諱沖，趙郡人也，今家臨清縣焉。……屬有詔行焉，方振九皋之間，爰

應八科之首,對策高第,令授岐州録事參軍,改任并州太原縣令。"按沖卒於永昌元年(689)五月十日,享年六十五。

　　* 鄭瞻,《彙編》[永昌003]永昌元年(689)四月十五日《大唐故瀛州束城鄭明府君(瞻)墓誌銘并序》(周紹良藏拓本)云:"君諱瞻,字行該,滎陽滎澤人也。……以門蔭調授左衛翊衛,俄擢藝能,遷左金吾衛引駕。既弘武術,仍厠文場,材預銓衡,出任坊州司倉參軍事,秩滿入爲右金吾衛兵曹參軍事,尋應八科舉,授英王府法曹參軍事,轉太子詹事府主簿。"按鄭氏卒於永昌元年(689)三月十八日,享年六十。

　　* 楊訓,《千唐》[400]如意元年(692)八月十日《大周故文林郎楊府君(訓)墓誌銘并序》(參見《彙編》[如意003])云:"君諱訓,字玄明,河南偃師人也。……唐任成均生,應制舉,射册及第,授文林郎。"亦見張補。

　　* 趙知儉,《補遺》册五,第348頁,開元十五年(727)閏九月廿三日《大唐故抱德幽栖舉吏部常選天水趙君(知儉)誌銘并序》云:"君諱知儉,其先造父之後也。……行有餘力,兼以學文。皇抱德幽栖舉,吏部三擬吳王府文學。"按趙氏卒於儀鳳三年(678)正月,享年四十五。

　　* 王貞,約于永徽中應制舉擢第,見本卷《附考·進士科》王貞考。亦見羅補。

　　* 李正本,《補遺》册四,第15頁,洪子興撰開元二年(714)十一月六日《唐故朝散大夫行洋州長史李府君(正本)墓誌銘并序》云:"君諱正本,字虛源,隴西狄道人也。……乃明法舉及第,解褐慈州昌寧縣主簿。未幾,應八科舉,敕除陝州河北縣尉。"按李氏卒於開元二年(714),享年七十三。

　　李懷遠,《舊書》本傳:"邢州柏仁人,應四科舉擢第。"

　　* 董行思(董行文),孟按:本書卷二顯慶五年(660)下徐氏注云:"按《河朔訪古記》載藁城縣九門城西有唐高宗上元三年建浮圖碑,題云'唐應詔四科舉董行文撰文',《寶刻叢編》載《集古録目》引作'前應詔四科舉董行思'當亦此年制舉。"然於該年徐氏並未著録董行思(或董行文),似爲疑而未決者,然於《附考》亦失收。朱補據《寶刻叢編》卷六引《集古録目》著録"董行思"於"待考"之列。今據補。

　　＊姚元慶，《補遺》册七，第 318 頁，天授二年（691）一月十日《大唐故朝散大夫守文昌臺司門郎中檢校房州刺史姚府君（元慶）墓誌銘并序》："公諱元慶，字威合，河東芮城人也。……永徽中進士擢第，授均州豐利縣尉。……尋應制舉，授監察御史。"

　　＊黄元徹，制舉登第，見本卷明經科下黄元徹考。

　　＊楊順，《彙編》[長壽 022]據《芒洛冢墓遺文續編》所録長壽二年（693）八月廿七日《大周故檢校左金吾郎將楊府君（順）墓誌銘并序》云："公諱順，字師整，河南洛陽人也。……公瓌瑋博達，遠心曠度，高氣蓋代，雄節靡儔，早著聲名，少懷倜儻。投筆以申斑燕，彎孤（孟按：當作"弧"）而妙李猿，立事立功，以取富貴。歷任左衛翊衛帖仗，應舉及第，除蔚州開陽鎮將。……長壽二年四月十五日終於道光里第，春秋五十。"按誌文所叙，其"應舉及第"當爲制科。以年歲推之，其擢第當在高宗朝。

　　＊張識，《千唐》[924]李繫撰大曆六年（771）八月十九日《唐故河南府新安縣令張公（炅）墓誌》（參見《彙編》[大曆 026]）云："公諱炅，字仙客……清河人也。……父識，皇大禮出身，慈州司法參軍。"王補入"諸科"。

　　＊慕容知廉，《彙編》[聖曆 032]聖曆二年（699）八月九日《大周故左肅政臺御史慕容府君（知廉）墓誌銘并序》（周紹良藏拓本）云："公諱知廉，字道貞，昌黎棘城人也。……大人挹邁軸之賢，君子應蒲旌之召，應制舉及第，授雍州鄠縣主簿。又應文擅詞場舉□第，改授雍州盩厔縣丞。"亦見張補。又《補遺》册六，第 68 頁，陳齊卿撰天寶元年（742）十月十三日《大唐故朝散大夫上柱國行河内郡武德縣令慕容府君（相）兼夫人晉昌縣君唐氏誌文并序》云："君諱相，字嵩高，其先河内人也。……父知廉，皇朝對策高第，累遷侍御史。"亦見王補。

　　＊樊文，《補遺》册五，第 259 頁，長安二年（702）三月六日《大周銀青光禄大夫司衛少卿上柱國新城郡開國公樊公（文）墓誌銘并序》云："公諱文，字彦藻，南陽人也。……以功擢授昭州恭誠縣令，遷廣州㳺安縣令。……制使訪召賢良，徵公詣闕，獻書升庭，伏奏青蒲。或陳金鏡之樞機，或薦玉鈐之秘要。冕旒垂鑒，欣此得賢。擢以甲科，每令入閣供奉。"亦見王補。

＊**王及德**，《千唐》[517]神龍元年(705)三月六日《大唐故朝議郎行司僕寺長澤監王君(及德)墓誌銘并序》(參見《彙編》[神龍 006])云：“公諱及德，字文暉，太原人也。……挺生天縱，竊譽鄉曲，擢科甲乙，起家通直郎行楚州司户參軍事。”據其銘文“經明行修，鄉黨令德”之語可知其當爲制科擢第。按王補入進士科。

＊**李憼**。《千唐》[523]神龍二年(706)正月廿一日《大唐故使持節亳州諸軍事亳州刺史李府君(憼)墓誌銘并序》(參見《彙編》[神龍 021])云：“公諱憼，字納言，趙郡元氏人也。……弱冠明經及第，調補梓州飛烏尉。……丁内憂，柴毀過禮。服闋，舉清白尤異，對策升科，授洛陽丞。”按李氏卒於神龍元年(705)，享年七十二，則其弱冠之年在永徽四年(653)。其應“清白尤異”科及第，未詳何年。亦見王補。

＊**崔玄隱**，《彙編》[開元 501]開元二十七年(739)十月廿六日《大唐故朝散大夫檢校尚書比部員外郎博陵崔君(玄隱)墓誌銘并序》(北京圖書館藏拓本)云：“公諱玄隱，字少徽，博陵安平人也。……庭習鐘鼓，家傳禮儀，敏洽天成，詞華代許，射策擢第，拜揚州大都督府參軍。行滿專城，譽流江國，無何，制舉授許州司户。……時屬求賢，對揚居最，特授右補闕。”按崔氏卒於萬歲通天元年(696)八月，享年六十四。其進士擢第當在永徽、顯慶間；後兩應制舉當在此後。

＊**李思元(李思玄)**，《輿地紀勝》卷二十七《江南西路·瑞州·人物》唐代：“李思元，唐賢良科。”按“思元”又作“思玄”，爲永徽、顯慶間進士，見本卷進士科考。又，此李思元(玄)與長慶元年(821)登“博通墳典、達於教化科”之李思元(玄)爲同姓名，而時代不同。

＊**楊志誠**，原列卷四大足元年(701)“文擅詞場科”，徐氏考云：“張説《贈太州刺史楊公神道碑》：‘公諱志誠，弘農華陰人。明慶中，詔郡國舉賢良，公對策，天朝無能出其右者，遷太子通事舍人。再舉高第，徙國子監丞。除禮部員外郎，又轉吏部員外郎。丁憂去職。服闋，授幽州三水令。又應文擅詞場舉，試爲天下第一。’”按陳補云：“今按碑不載志誠卒年，然載其卒後，‘九子呱呱，哀縗喪位，賴夫人(趙氏)是顧是復，日就月將，徙宅就仁，閨門成訓。三十年内，八子登朝廷。’趙氏景龍二年卒，是志誠當卒於高宗之世，不及見大足元年。徐氏失考。高宗時未見有文擅詞場科，故

尚難繫年。"今從陳補移入附考。

李嶠，《新書》本傳："始調安定尉，舉制策甲科，遷長安。"

徐彥伯（徐洪），《舊書》本傳："兗州瑕邱人。少以文章擅名，河北道安撫大使薛元超表薦之，對策擢第。"〇孟按：《新唐書》本傳："徐彥伯，兗州瑕丘人，名洪，以字顯。"

魏奉古，《大唐新語》："魏奉古舉擢第，授雍邱尉。"〇孟按：《大唐新語》卷八原文作："魏奉古制舉推第，授雍丘尉。""推"乃"擢"之訛。

宋璟，蘇頲《授姚元之等兼太子庶子制》："姚元之、宋璟等並以賢良方正、茂才異等著於天下，揚於王庭。"　按姚元之已見下筆成章科。

陸元方，《舊書》本傳："元方又應八科舉。"

＊楊嶠，張補云："《嘉靖河間府志》卷十五：'楊嶠，其先北平人。世徙洛陽，北齊尚書右僕射休之四世孫，舉八科皆中，調將陵尉，累遷詹事司直。'"

＊祝綝，《新唐書·祝欽明傳》："祝欽明字文思，京兆始平人。父綝，字叔良，少通經，頗著書質諸家疑異；門人張後胤既顯宦，薦於朝，詔對策高等，終無極尉。"綝名又見《元和姓纂》卷十、《新唐書·宰相世系表五上》。按四庫本《陝西通志》卷三十《選舉一·諸科·唐》於制舉科下著錄："祝綝，始平人，詔對策高第。"按徐松於卷二顯慶六年（661）"召拜官一人"下注引《新書·祝欽明傳》，疑綝爲其年召拜官者，然不能定，仍附此俟考。

＊柏造，《補遺》册四，第 132 頁，郭捐之撰大和六年（832）十一月《唐故中散大夫守衛尉卿上柱國賜紫金魚袋贈左散騎常侍魏郡柏公（元封）墓誌銘》云："公諱元封，字子上，其先晋伯宗之後。……大父造，贈鄧州刺史。……公曰：予家世儒也。昔予大父以射策甲科授獲嘉令。"當爲制舉。

＊康希銑，《全唐文》卷三四四顏真卿撰《銀青光禄大夫海濮饒房睦台六州刺史上柱國汲郡開國公康使君（希銑）神道碑銘》："君諱希銑，字南金。……年十四明經登第，補右内率府胄曹。應詞藻宏麗舉甲科，拜秘書省校書郎，轉左金吾衛録事參軍。應博通文史舉高第，授太府寺主簿，轉丞。又應明於政理舉，拜洛州河清令。"按徐松已據此文録希銑登明經第於卷二顯慶三年（658），然於其三登制科則未單列，今據補。

＊束良，《彙編》[景龍 015]南金續撰景龍三年（709）二月九日《大唐永州刺史束君（良）墓誌銘并序》（北京圖書館藏拓本）云：“君名良，字嘉慶，魏郡元城人也。……惟君弱冠鄉貢，明經及第，即授江王府倉曹，又授單于大都護府功曹。應清白著稱舉，敕授代州五臺縣；又應清白著稱舉，又授恒州棄城縣令。……景龍元年九月二日，終於荆府邸舍，春秋六十有八。”按束良登顯慶四年（659）明經科（見本書卷二），其後兩“應清白著稱舉”未詳年份。

＊皇甫鏡幾，《千唐》[347]文明元年（684）八月五日《大唐故徵士皇甫君（鏡幾）墓誌銘并序》（參見《彙編》[文明 009]）云：“君諱鏡幾，字晤道，安定朝那人也。……應詔舉幽素，三府支辟，一時英妙。方登甲乙之科，奄遘膏肓之疾，麟德二年三月廿五日終於私第，春秋廿三。”亦見張補。

＊朱佐日（朱斌），范成大《吳郡志》卷二十二引《翰林盛事》：“朱佐日，郡人。兩登制科，三爲御史。子承慶，年十六，登秀才科，代濟其美。天后嘗吟詩曰：‘白日依山盡，黃河入海流。欲窮千里目，更上一層樓。’問是誰作？李嶠對曰：‘御史朱佐日詩也。’”事又見《輿地紀勝》卷五《兩浙西路・平江縣・人物》。《永樂大典》卷二三六八引《蘇州府志》“制科”：“朱佐日，兩登制科。”然《國秀集》卷下選《登樓》（“白日依山盡”）詩，作者題“處士朱斌”。按張補據《永樂大典》卷二三六八引《蘇州府志》錄其名，又按云“朱佐日開元二十三年進士擢第”，誤。

＊黃□，《補遺》册七，第 339 頁，長安四年（704）十一月二日《黃君墓誌》：“弱冠國子明經擢第，解褐拜蘭臺校書郎。……又應八科舉及第，遷司直。”按黃氏爲元徹之子，官至洪州刺史，卒於長安四年（704）四月，享年七十一。

＊王震，《千唐》[550]梁載言撰景龍三年（709）十月廿六日《大唐故朝議大夫行洋州長史上柱國王府君（震）墓誌銘并序》（參見《彙編》[景龍032]）云：“君諱震，字伯舉，琅耶臨沂人也。……弱冠，入太學，以明經擢第，除許州鄢陵縣尉。……尋累勳至上柱國。侍御史呂元嗣以君歷職清白，舉應是科，所司承旨，天下類例，四任清白，一人而已。乃加朝請大夫，尋進朝議大夫。……享年五十有九，以神龍三年三月十六日終於洋州官舍。”以神龍三年（709）年五十九推之，其弱冠之年在乾封三年（668），則其

登明經第當在此後數年間。又其後登"歷職清白"制科未詳何年。

＊**楊約**，《千唐》[433]萬歲通天二年(697)二月十七日《唐故處士楊君(約)墓誌銘并序》(參見《彙編》[萬歲通天012])云："君諱約，字君素，洛州永昌人也。……經明行脩，擢充高選。芳蘭欲茂，棠陰遽移。春秋二十有八，以咸亨三年三月十八日卒於綏福里第。"亦見張補。

＊**馬懷素**，《全唐文》卷九九五闕名撰《故銀青光祿大夫秘書監兼昭文館學士侍讀上柱國常山縣開國公贈潤州刺史馬公(懷素)墓誌銘》(參見《彙編》[開元074])："公諱懷素，字貞規。……少監京兆韋方直好學喜士，善飛白書，以公既及冠禮未嘗立字，遂大署飛白云：'懷素字貞規，扶風之學士也。'封以相遺。其爲時賢相重如此。以忠鯁舉除左鷹揚衛兵曹參軍，轉咸陽尉。"按懷素此前嘗舉孝廉，又以文學優贍對策乙科，徐松已分別錄入卷二咸亨四年(673)及上元三年(676)，然其應忠鯁舉及第則漏收。

＊**李璋**(字仲象)，羅補云："《墓誌》：'應八科舉，射策稱最，擢授并州都督府參軍。'按璋見前明經科。"　孟按：此言"《墓誌》"，指《鄭州錄事參軍李璋墓誌》，李璋於上元二年(675)擢明經第。

＊**趙行本**，《補遺》册六，第346頁，聖曆二年(699)二月十一日《大周故邵州邵陽縣令趙府君(行本)墓誌銘并序》云："君諱行本，字士則，其先天水人也，今家於洛陽焉。……有唐龍朔之始，宿衛巖廊，久之，選授容州都督府兵曹參軍事。居無何，丁繼母憂，去職。服闋，應舉除郴州南平縣令。大周革命，加朝散大夫。"按趙氏應制舉當在高宗朝後期。

＊**張炅**，《千唐》[924]李繫撰大曆六年(771)八月十九日《唐故河南府新安縣令張公(炅)墓誌》(參見《彙編》[大曆026])云："公諱炅，字仙客……清河人也。……弱齡以制舉見用。"按張炅卒於開元十一年(723)三月十九日，享年五十八。以年歲推之，其制舉擢第約在高宗朝後期。亦見羅補。

＊**郭承亨**，《彙編》[開元153]署"鄉貢進士孫沈尤撰"開元十年(722)八月三日《大唐故宣義郎行邢州柏仁縣丞太原郭君(承亨)墓誌銘并序》(北京圖書館藏拓本)："君諱承亨，字渙，太原榆次人也。……制舉賢良，授兗州金鄉主簿。又制舉奇才，授邢州柏仁縣丞。"按承亨卒於開元十年(722)七月十六日，享年六十七。按羅補作"郭承享"，誤。拓本參見《北

京圖書館藏中國歷代石刻拓本滙編》册二十二頁 12《郭承亨墓誌》［誌
2050］。

　　＊李仁穎，制科擢第。見本卷《附考・進士科》李仁穎考。

　　權若訥，權德輿《故通議大夫梓州諸軍事梓州刺史上柱國權公文集
序》：“公諱若訥，永崇、開耀之後，以人文求士，應詔累踐甲科。”

　　閻朝隱，《舊書・文苑傳》：“中孝弟廉讓科，補武陽尉。”

　　＊路隱，《千唐》［574］開元三年（715）二月二十日《大唐陽平郡路府
君（隱）并夫人陳氏墓誌銘》（參見《彙編》［開元 014］）云：“公諱□，字隱，陽
平人。……以永淳二年通直郎行連州司倉參軍。任逾未幾，高聲遠振，雅
譽遐通，應舉，遷朝散郎行永州零陵令。”按以“任逾未幾”推之，其應舉當
在垂拱二年（686）前後。亦見張補。

　　＊趙潔，《千唐》［637］開元十二年（724）二月一日《大唐故錦州刺史
趙府君（潔）墓誌文并序》（參見《彙編》［開元 189］）：“公諱潔，字思貞，天水
人也。……公去垂拱中武舉及第，制授左羽林衛長上。……後制舉英雄
蓋伐，詞令抑揚，公第以甲，授左領軍衛司戈。”

　　鄭惟忠，《舊書》本傳：“天授中，應舉召見，則天臨軒問諸舉人，何者
爲忠？諸人對不稱旨。惟忠對曰：‘臣聞忠者，外揚君之美，内匡君之惡。’
則天曰：‘善。’授左司禦率府胄曹參軍。”　按惟忠儀鳳中進士，則此爲
制舉。

　　＊王晋俗，《彙編》［開元 350］雍惟良撰開元二十年（732）九月二日
《唐故朝散郎行潞州長子縣尉太原王公（怡）墓誌銘并序》（周紹良藏拓本，
開封博物館藏石）云：“公諱怡，字友睦，太原人也。……烈考晋俗，以賢良
射策，價重一時，授益州蜀縣尉，轉大理評事。”又《千唐》［923］崔儒撰大曆
六年（771）五月十日《唐故大理評事王府君（晋俗）墓誌銘并序》（參見《彙
編》［大曆 024］）云：“公諱晋俗，太原祁人”；“在天後時，對策高第”。亦見
羅補。

　　＊苗延嗣，《千唐》［1128］苗恪撰大中九年（855）閏四月廿五日《唐
故朝議郎守殿中少監兼通事舍人知館事上柱國賜紫金魚袋苗公（弘本）墓
誌銘》（參見《彙編》［大中 093］）云：“公諱弘本，字天錫。……曾大父延嗣，

登制舉科,官至中書舍人、桂管採訪使。"按苗延嗣見兩《唐書·張嘉貞傳》,其擢制舉當在武后朝。亦見張補。

　　*劉穆,《彙編》［先天 007］據《芒洛冢墓遺文續編》下所録先天二年(713)十一月十二日《唐故石州刺史劉君(穆)墓誌銘并序》云:"君諱穆,字穆之,河間鄭人也。……開耀二年,以鄉貢進士擢第。桂林(孟按:原誤作"杯")一枝,譽流鄉曲;崐岑片玉,暉映廊廡。俄而從常調選,補曹州冤朐縣尉,尋應制改絳州翼城尉。"其應制舉年份未詳。亦見羅補。

　　*姚處賢,《彙編》［長安 071］長安四年(704)十一月廿八日《大周故濮州司法參軍姚府君(處賢)墓誌銘并序》(周紹良藏拓本)云:"君諱處賢,宅彥累葉,河東人也。……晚年,尤工易象莊老書藝,有制徵詣洛京,歷試高第。……以長安四年十一月廿八日終於道化里,春秋六十有七。"按處賢弱冠以明經及第,見本書卷二顯慶二年(657),其晚年又應制舉及第。

　　王珣,珣以進士應制科,遷藍田尉。見《新書》。

　　王邱(王丘),《舊書》本傳:"弱冠應制舉,拜奉禮郎。"○孟按:《新唐書》本傳作"王丘"。

　　*劉璿(劉如璿),《補遺》册五,第 263 頁,長安二年(702)十月廿七日《大周故兗州都督彭城劉府君(璿)墓誌銘并序》云:"公諱璿,字如璿,天水上邽人也。……十三遊太學,雖篇章妙絶,取貴文場,而思理精微,更專儒術。尋而州鄉推擇,以明經充賦,射策甲科,選授益州唐隆縣尉。丁内憂去職。……服除,授絳州曲沃縣主簿。河東道巡察大使以公清白著稱,准制升進。俄應封太山舉,未授職而龍安府君薨。泣血三年,過人一等,幾乎殞滅,聞者稱之。禮闋,授雍州好畤縣主簿。八科舉,制授雍州乾封縣尉。……春秋七十二,長安元年十二月十五日終於官舍。"按頗疑劉璿於乾封元年(666)應封岳舉及第,其年三十六歲,然無他證,附此俟考。又按如璿以字行,其事見《太平廣記》卷二六九引《御史臺記》、《新唐書·酷吏傳》。

　　*鄭績,《補遺》册一,第 116 頁,賀知章撰開元十五年(727)十一月廿二日《大唐故中散大夫尚書比部郎中鄭公(績)墓誌銘并序》云:"公諱績,字其凝,滎陽開封人。……屬聖后詔郡國舉賢良,公對策天朝,海内莫比,授越州永興主簿。"

　　＊袁仁爽，《彙編》[天寶 020]天寶元年(742)十二月一日《唐故前游擊將軍陝郡忠孝府折衝袁府君(仁爽)墓誌銘并序》(北京圖書館藏拓本)云："君諱仁爽，字良輔，陳郡汝南人也。……應制天闕，閱武王庭，擢爲上第，拜左羽衛長上，轉遷寧州麟寶府右果毅。又應舉，再登甲科，拜雍州輔德府右果毅。"按仁爽卒於天寶元年，享年八十一。其首次應制擢第，當爲武舉。次應舉科目未詳。亦見張補。

　　＊王脩福，《彙編》[開元 131]據《八瓊室金石補正》卷五十一所錄開元九年(721)十一月三日《大唐故岳嶺軍副使王府君(脩福)墓誌銘并序》云："君諱脩福，字脩福，其先太原人，因官今爲晋人矣。……暨乎成立之年，有敏捷之致，乃學騎射，妙絕時人。宿衛滿，授慶州永業府右果毅。五校斯臨，六韜攸寄。應舉及第，轉岐州洛邑府左果毅。"按脩福卒於開元四年(716)五月十二日，享年五十五。觀誌文似爲武舉制科及第。

　　＊倪若水(倪泉)，《補遺》册六，第 391 頁，開元七年(719)十一月六日《大唐故尚書右丞倪公(泉)墓誌銘并序》云："公諱泉，字若水，中山槀城人也。……曾未弱冠，聲已□於河朔矣。應八道使舉射□(策)登科，授秘書正字。復以舉遷在驍衛兵曹參軍，俄轉洛州福昌縣丞。又應封岳舉，授雍州□□□丞，調補長安縣丞。"倪氏卒於開元七年(719)正月，享年五十九。其初擢第是當在儀鳳間。按《彙編》[天授 044]天授三年(692)正月十七日《大周故承議郎行德州蓨縣令上騎都尉蘇君(卿)墓誌銘并序》(周紹良藏拓本)署云："麟臺正字倪若水文。"又兩《唐書》亦皆稱"若水"，是以字行耳。

　　＊張懷器，應清白舉及第，又應大禮舉及第，見本卷《附考·明經科》張懷器考。

　　＊李乂，《全唐文》卷二五八蘇頲撰《唐紫微侍郎贈黃門監李乂神道碑》："公諱乂，字尚真，趙房子人也。……十九郡舉茂才策第……特授藍田尉。又策高第，累遷乾封萬年尉。"　按乂年十九登進士第，已見《記考》卷二永隆二年(681)，然其後登制科則徐氏漏收。《新唐書·李乂傳》亦載乂"第進士、茂才異等，累調萬年尉"。

　　＊何寂，《千唐》[770]裴法撰開元二十六年(738)四月十一日《唐故河南府兵曹何府君(寂)墓誌銘并序》(參見《彙編》[開元 467])云："公諱

宬，蜀郡人也。……年弱冠，宿衛通經高第，調選補簡州平泉、邛州臨邛二簿。應制舉，授絳州夏尉。……廿六年春，終於洛陽惠和里私第，春秋七十。四月十一日，安厝於北邙之原。”按其弱冠歲在垂拱四年（685），其應制舉當在此後數年間。

＊宋禎，《補遺》册四，第 401 頁，神龍二年（706）十二月二日《大唐故正議大夫使持節延州諸軍事延州刺史上柱國宋府君（禎）墓誌銘并序》云：“君諱禎，字麟福，廣平人也。……垂拱二年，授游擊將軍、幽州昌平府左果毅都尉，又加寧遠將軍，除忻州秀容府折衝都尉。守邊得李牧之略，保塞用嚴允之要。尋制舉高第，改授朝議大夫、涪州刺史。……聖曆二年，改授慶州刺史。”知其制舉及第在武后朝。

＊鄭攄，《彙編》[開元 484]蔣溢撰開元二十七年（739）正月二十八日《大唐故濟州司户參軍鄭府君（攄）墓誌銘并述》：“公諱攄，字流謙，滎陽人也。……弱冠宿衛出身，拔萃舉及第。初乃忠誠抗節，侍衛軒墀；終以詞藻顯名，發揮簪紱。解褐楚州司户，調遷濟州司户參軍。”按鄭攄卒於開元二十六年（738）十二月廿八日，春秋七十。其弱冠時在垂拱四年（688），則其拔萃舉當在此後。按王補以其“弱冠宿衛出身”爲“拔萃舉及第”之年，又誤以鄭攄夫人皇甫氏之卒年（開元二十三年，735）、享年（五十三）繫鄭攄拔萃舉及第在長安元年（701），非。

＊王望之，《千唐》[459]奉禮郎張氏撰聖曆二年（699）二月十二日《大周故相州鄴縣尉王君（望之）墓誌銘并序》（參見《彙編》[聖曆 018]）云：“君諱望之，字光旦，太原晋陽人也。……大周光膺旦暮，尚想唐虞，求舜闕之昌言，徵漢庭之大對，爰降明制，大舉五□。君由是被朝散大夫司農寺主簿李昭先舉忠孝，景行對策，考盤□則，衰里登科，當三道而茂陳，顧九德而咸事。仲舒首舉，别向之致已高；廣基延問，一枝之辯斯在。有敕召見湛露殿，特加優禮，乃降敕曰：才學優長，文史□著，並資邦選，必仁時英，可相州鄴縣尉。……以聖曆元年三月廿二日終於相州嘉惠里之旅舍，春秋廿有九。”按王氏始任相州鄴縣尉而卒於任所，大致可推知其登科時間當在萬歲登封元年（696）前後，附此俟考。亦見張補。

＊楊瑊，《千唐》[691]開元十七年（729）十月十六日《大唐故商州司馬楊府君（瑊）墓誌銘》（參見《彙編》[開元 298]）云：“公諱瑊，宣義郎，初應

制拜宋州襄邑主簿。”亦見羅補。

徐安貞（徐楚璧），《舊書·文苑傳》：“徐安貞，信安龍邱人，嘗應制舉，一歲三擢甲科。”《唐詩紀事》：“安貞始名楚璧，三登制舉甲科。”《新書·褚无量傳》作“徐楚璧”。

張□□，敦煌李君莫高窟佛龕碑造於聖曆元年，題張大忠書，弟應制舉。

*樊庭觀，《千唐》[638]宋務静撰開元十二年（724）五月二日《故京兆府宣化府折衝攝右衛郎將橫野軍副使樊公（庭觀）墓誌銘并序》（參見《彙編》[開元196]）云：“君諱庭觀，字宏，南陽人也。……爰居弱冠之辰，遂以明經擢第。……次應舉及第，授河南府懷音府右果毅都尉。……已而徵材聘勇，懸藝於四科；超等絕倫，收奇於七札。……開元十二紀正月廿六日，暴亡於軍城官舍，春秋卌有六。”可推知其弱冠歲在聖曆元年（698）。其後兩次當爲應制舉，年份未詳。

*劉□□（嘉德子），應制舉及第。見本卷進士科劉□□考。

杜文範，《太平廣記》引《御史臺記》：“杜文範，襄陽人，自長安尉應舉擢第，拜監察御史。”

王祚，劉禹錫《王涯先廟碑》：“會詔徵賢良，策在甲科。”

*郭思訓，《彙編》[景雲025]景雲二年（711）十二月十五日《唐故孝子朝議郎行大理司直上柱國郭府君（思訓）墓誌銘并序》（周紹良藏拓本）云；“公諱思訓，字逸，太原平陽人也。……襲門緒，解褐睦州建德縣主簿，應吏職清白舉及第，轉滄州樂陵縣丞。……應孝悌廉讓舉及第，救授大理司直。”　按《記考》卷四據以録入神龍二年（706）“孝弟廉讓科”。然其此前“應吏職清白舉及第”則未著録。

*騫思泰，應賢良方正舉，對策高第，見本卷明經科騫思泰考。

陸象先，《舊書·陸元方傳》：“元方子象先，本名景初。少有器量，應制舉。”〔趙校：“子”原誤“字”，據《舊書》卷八八改。〕

陸餘慶，《舊書·陸元方傳》：“元方從叔餘慶，陳右軍將軍珣孫也。”《新書》：“餘慶舉制策甲科。”

楊悟虛，《舊書·楊收傳》：“高祖悟虛，應賢良制科擢第，位終朔州司馬。"

楊茂謙，《舊書·良吏傳》："楊茂謙，清河人。起家應制舉，拜左拾遺。"

王昇，白居易《揚州倉曹參軍王府君墓誌》："府君諱昇，有文行學術。應制舉沈謀秘略策，登科。"按《文苑英華》作"王昂"，沈謀秘略策亦載《文苑英華》。昇即王播之祖，《舊書·王播傳》："祖昇，咸陽令。"

林游楚，《元和姓纂》："林勝，北齊散騎侍郎，生曇，曇生通。通生登，唐清苑、博野二令，生游楚。游楚自萬全令應變理陰陽科，第二等，擢夏官郎中。"

張擇（張無擇），白居易《和州刺史張擇神道碑》："應制舉，中精通經史科，補弘文館校書郎。"

＊嚴識玄，應制舉以"奇才"、"拔萃"擢第，見卷三永淳二年（683）進士科嚴識玄考。亦見王補。

呂仁誨，

呂太一，梁肅《外王父贈秘書少監呂公神道表》："郴州之嗣曰仁誨，以文學稱，與從父兄太一俱用射策科。"

張承休，張說《恒州刺史張府君墓誌》："君諱承休，吳郡吳人。再任始州司倉。應八科舉，改鄭州録事參軍。又舉賢良方正。"

程□，李邕《桂府長史程府君神道碑》："公諱某，字某，廣平新安人。解褐徐城尉，旋膺五臣升第。"

楊鷗，符載《犀浦縣令楊府君墓誌》："府君諱鷗，字叔儀。年甫弱冠，儔朋推擢，鄉里舉秀士。未果銓試，遭司馬捐館，崩迫歸絳營邱。三年服除，承順遺命，再射羿彀，以制科登第。解褐授隴州汧隴縣尉。〔趙校：原脱"尉"字，據《全文》卷六九一補。〕

鄧承緒，對策三登甲科，見明經科下。○孟按：日本藏〔萬曆〕《新修南昌府志》卷十八《人物傳》："鄧承緒，南昌人。……開元中九經擢第，登三甲科，爲丞相李林甫所重。嘗試内殿超等，解褐京兆府參軍。"

＊賈玄應，《補遺》册六，第82頁，杜芳撰天寶十二載（753）二月廿四日《唐故高士通直郎賈府君（隱）并夫人京兆杜氏墓誌銘并序》云："公諱

隱,字思敬,平陽人也。……父玄應,郡舉賢良,官至令長。"亦見羅補。

邵瓊之,邵說《讓吏部侍郎表》:"臣父殿中侍御史瓊之,遇玄宗撥亂興邦,揚歷數四,累登甲乙之第,再踐準繩之任。"

李季卿,《舊書·李適之傳》:"季卿頗工文詞,應制舉,登博學宏詞科。"

＊李述,《補遺》冊六,第 36 頁,席豫撰開元十八年(730)十一月十日《大唐故中散大夫守少府監上柱國趙郡李府君(述)墓誌銘并序》云:"君諱述,字處直,趙郡元氏人。……未弱冠,以明經擢第,常調入官。屬吏部侍郎騫味道、孟履忠遞掌銓衡,咸加賞嘆。而積微以著,升高自下。解褐授漢州金堂縣尉。……未幾,爲中書舍人韋嗣立所薦,對策甲科,授洛陽縣尉。"按李氏卒於開元十年(722)二月,享年五十八。

＊包融,《嘉泰吳興志》卷十六《賢貴實事》:"包融,吳興人,制舉擢第,有才名,官至集賢院學士。融子何,起居舍人;佶,刑部侍郎。"又見《萬姓統譜》卷三十一。

＊段俊之,《補遺》冊六,第 82 頁,元習撰天寶十二載(753)正月廿五日《大唐故朝議郎行白水軍兵曹參軍段君(俊之)誌銘并序》云:"君諱俊之,是北海人也。……辭場應制,命□合於龍庭。□南錦酬功,一選舉甲,補漢陽郡□川縣尉。"按段氏卒於天寶六載(747),享年五十九。

＊敬守德,《彙編》[開元 507]開元二十八年(740)二月十五日《唐故朝請大夫行晉州洪洞縣令敬公(守德)墓誌銘》(北京圖書館藏拓本)云:"公諱守德,其先平陽人也。……其後因官南徙,今爲河東人矣。……弱冠以進士出身,應撫字舉及第,授寧州羅川縣尉。開元初,獻書直諫,敕授幽州新平縣主簿。應強幹有聞科第二等,同清白第三等,授河南府陽翟縣尉,授絳州萬泉縣令,加朝散大夫轉晉州洪洞縣令,加朝請大夫。秩滿後歸閑養疾,至開元廿八年歲次庚辰正月戊子朔十二日己亥,終於河南之從善里,時年六十有八。……公詞藻清瞻,孫弘、董仲舒之亞也,故四登甲科。"按其弱冠之歲在天授三年(692)。其後兩次應制舉當在開元初期。(按《彙編》[開元 098]與此誌文重出,其文載卒年爲開元八年,誤。)亦見王補。

＊張思鼎,《千唐》[812]天寶三載(744)閏二月八日《大唐故朝散大

夫使持節唐州諸軍事守唐州刺史張公（思鼎）墓誌銘并叙》（參見《彙編》
［天寶043］）云：“君諱思鼎，字□□，河東桑泉人也。……神龍年，郡辟秀
才，擢第調補潞州銅鞮縣尉。……舉茂才，尋遷宋州宋城縣尉。”按思鼎卒
於天寶元年（742）二十六日，享年六十七。誌文言“舉茂才”者，當爲舉茂
才異行制科。亦見羅補。

　　＊趙夏日，《千唐》［712］開元二十年（732）六月十一日《唐故邠王文
學天水趙府君（夏日）墓誌銘》（參見《彙編》［開元344］），題作《唐故邠王文
學天水趙公墓誌銘并序》）云：“公諱夏日，其先天水人……今爲河南府河
南縣人也。家世以秀才進士見用，六世于茲矣。……開元中，詔擇能爲縣
宰者，公應詔高第。除平□令。……以開元廿年六月十一日終於私第，春
秋五十有九。”按夏日登長壽二年（693）進士第，見本書卷三。

　　＊蕭浮丘，《千唐》［722］開元二十一年（733）二月十六日《唐故唐州
別駕蕭君（浮丘）墓誌銘并序》（參見《彙編》［開元364］）云：“君諱浮丘，字
子真，蘭陵人也。……解褐授魏州參軍，秩滿應將帥舉，對策高第。”亦見
張補。

　　＊張時譽，《千唐》［723］張翃撰開元二十一年（733）三月五日《唐故
京兆府渭南縣尉張府君（時譽）墓誌銘并序》（參見《彙編》［開元365］）云：
“君諱時譽，字虞卿，安定人也。……年十五，總太學文章，居無何，預南郊
禮物，乃歷試從調，行衢州參軍。……制閿調集，褒然登科。……以開元
廿一年正月朔日終於官，時春秋卌有六。”按時譽當應制舉登科。

　　＊徐令名，《千唐》［757］徐易撰開元二十四年（736）十一月七日《大
唐故德州安陵縣宰徐府君（令名）墓誌銘并序》（參見《彙編》［開元441］）
云：“府君諱令名，高平金鄉人。……解褐以重試授邢州柏仁縣尉，次任舉
賢良拜魏州魏縣尉。”亦見羅補。

　　＊賈怡，《千唐》［887］蕭穎士撰天寶十二載（753）十月十七日《唐故
沂州丞縣令賈君（欽惠）墓誌銘并序》（參見《彙編》［天寶227］）云：“君諱欽
惠……長子司農主簿怡，茂才異行，觀光聖代。”按賈欽惠卒於開元二年
（714），享年四十一。亦見張補。

　　＊鄭愔，《册府元龜》卷六五〇《貢舉部・應舉》：“鄭愔，常以言行聞，
轉桃林丞。又舉賢良，玄宗時在春宮，親問國政，愔對策第一，擢授左補

闕，尋判主爵員外郎。"

　　＊王鈞，《唐代墓誌彙編續集》[大曆027]據《洛陽出土歷代墓誌輯繩》錄大曆十一年(776)二月十五日《唐故遂州長史王公(鈞)墓誌》："唐故遂州長史王公名鈞，太原祁人也。……以名家子經明行脩解褐，補絳州曲沃主簿。"按"經明行脩"爲制科。王鈞卒年八十一，葬於大曆十一年二月十五日，卒期略前。以年代推之，其登第約在開元初期。

　　敬括，《舊書》本傳："括應制登科。"

　　王晃，劉禹錫《王涯先廟碑》："玄宗御層樓，發德音，懸文詞政術科以置髦士，府君策最高。"按晃即涯之父。

　　＊孔齊參，《彙編》[天寶048]天寶三載(744)四月廿八日《唐故河東郡寶鼎縣令會稽孔府君(齊參)墓誌文并序》(北京圖書館藏拓本)云："公諱齊參，字齊參。……弱冠孝廉擢第，解褐行宋州參卿事。秩滿，就會有詔置諸學士，考判之尤者，公翻然中的，□河南府陽翟縣尉。方慎牧宰，大搜其人，公又對策高等，恩授濮州臨濮縣令，今上親臨前殿，以束帛遣之，優任賢也。……春秋五十有二，以天寶三載三月十一日蓋寢疾，七日而終於官舍。"按其弱冠之歲在景雲三年(712)，後應制舉約在開元前期。亦見羅補。

　　＊趙駉，《彙編》[大中011]趙璜撰大中元年(847)九月十四日《唐故進士趙君(珪)墓誌銘》(北京圖書館藏拓本)云："進士趙珪，字子達，天水人也。……曾祖府君諱駉，制策登科，朝散大夫魏郡司馬。"此亦見王補。又《彙編》[咸通021]趙璘撰咸通三年(862)十月十四日《唐故處州刺史趙府君(璜)墓誌》(北京圖書館藏拓本，開封博物館藏石)云："君諱璜，字祥牙，其先自秦滅同姓，降居天水。……曾王父諱駉，大明帝時制舉，自同州韓城令擢拜京兆府士曹，轉河陰令，再遷扶風郡長史。"

　　＊房琯，《舊唐書》本傳："房琯，河南人。……應堪任縣令舉，授虢州盧氏令。"《新唐書》本傳："舉任縣令科，授盧氏令。"

　　＊衛憑，《千唐》[892]趙向撰天寶十三載(754)正月廿五日《唐故彭城郡蘄縣令安邑衛府君(憑)墓誌銘并序》(參見《彙編》[天寶240])云："公諱憑，字佳祖，河東安邑人也。……策賢良登科，拜秘書省校書郎。"按衛

憑卒於天寶十二載（752）八月十一日，享年六十二。亦見羅補。

　　＊韋鎰，制策入殊等，見本卷《附考·進士科》韋鎰考。

　　＊劉晏，舉賢良方正，見本書卷七開元十三年（725）諸科下劉晏考。

　　＊儲光羲，應制及第。見卷七開元十四年（726）進士科儲光羲考。

　　＊管元惠，開元中應制舉“武可戢兵”登甲科，見本書卷七開元十五年（727）武足安邊科管元惠考。

　　＊李□，《彙編》［建中006］建中二年（781）三月廿三日《大唐故宣州宣城縣尉李府君夫人賈氏（嬪）墓誌銘并序》（周紹良藏拓本）云：“公隴西人也，舉賢良，授宣城尉。”

　　＊劉脊虛，清稿本《江右先賢錄·賢良》引《豫章書》：“唐崇文館校書郎新吳劉脊虛：脊虛字全乙，新吳人，時吳兢爲洪州刺史，方直少許可，獨高其行，改所居之里爲孝弟鄉，以表異之。開元中舉宏辭，累官崇文館校書郎。”

　　＊武就，《全唐文》卷五〇〇權德輿撰《故中散大夫殿中侍御史潤州司馬贈吏部尚書沛國武公（就）神道碑銘并序》：“公諱就，字廣成，沛國人。……始以方聞之士對詔策佐宮衛。李梁公峴之守右扶風也，表爲兵曹掾。”按武就爲元衡之父，卒於貞元六年（790），享年七十八。

　　＊盧元裕（盧正己），《全唐文》卷四二〇常袞撰《太子賓客盧君（正己）墓誌銘》：“大歷五年七月癸酉制：‘故太子賓客盧正己，可贈太子少保。’……始以經明四佐大邑，三歷京掾，五遷藩鎮，三踐臺郎，一處右轄，再兼中憲，以至於九卿、元戎、師賓，居守小司寇冬官卿。公字子寬，本諱元裕，以聲協上之尊稱，時方大用，優詔改錫焉。”按“經明”即“經明行修”之省稱，屬制科。

　　＊王鍈，《全唐文》卷四二〇常袞撰《御史大夫王公（鍈）墓誌銘》：“公諱鍈，太原祁人也。……公始以茂才異行首於策詔。”按鍈卒於大歷三年（768）。

　　＊鄭洵，應制科登第。見卷八開元二十一年（733）明經科鄭洵考。

　　李崿，《新書·元德秀傳》：“崿擢制科，遷南華令。” 按崿字伯高，趙人，擢制科，歷官瀘州刺史。見顏真卿《登峴山觀李左相石尊聯句詩》注。

于休烈，《舊書》本傳："應制策登科。"

＊王端，中宏詞科，詳卷八開元二十一年(733)進士科王端考。

郗純(郤昂)，《舊書·郗士美傳》："父純，舉進士。繼以書判制策三中高第。"○孟按：郗純，一作"郤昂"，見本書卷八開元二十二年(734)進士科下"郗純"考。

元德秀，《獨異志》："元公德秀，明經，制策入仕。其一篇《自述》云：'延英對引緑衣郎，紅硯宣毫各別床。天子下廉親自問，宫人手裏過茶湯。'是時貴族競應制科，用爲男子榮進，莫若兹矣，乃出自河南之詠也。"

按德秀開元二十一年進士，此誤以爲明經。○《記考》開元二十一年(733)進士科著録元德秀。今補云：《隋唐五代墓誌滙編·洛陽卷》第十一册第214頁載天寶十三載(754)十月甲申日《唐故魯山縣令元府君(德秀)墓誌銘并序》："君諱德秀，字紫芝，河南人也。……以進士出身，授南和縣尉。"亦證《雲溪友議》之誤。

房凛，梁肅《房正字墓誌》："河南房君諱凛，字敬叔。十歲好學，十五能屬文，二十餘值陸渾爲戎，遁於東南。劉僕射以賢良薦，授秘書省正字。"

辛璿，牛僧孺《昭義軍節度使辛公神道碑》："皇考璿，制科高第，乞官山水。"

李濤，獨孤及《李濤墓誌》："弱歲好學，篤志經術，專戴氏禮。晚節耽《太史公書》，以經明行修，宗正寺舉第一。"　按經明行修當是制科。○孟按：又見梁肅撰《唐故衢州司士參軍府君李公(濤)墓誌銘并序》(《彙編》[大曆068])。

＊李並，《全唐文》卷三二一李華撰《揚州司馬李公(並)墓誌銘》："公諱並，字某，趙郡高邑人也。……以經明行修登第，直崇文館，授雍邱尉。"

＊張景陽，《彙編》[開元538]張楚金撰開元二十九年(741)十一月二十五日《唐故右監門衛兵曹參軍張君(景陽)墓誌銘》(周紹良藏拓本，開封博物館藏石)云："君諱景陽，字再，其先清河人也。……博學舉登科，遷右監門衛兵曹參軍。嗟德業及時，將升賈誼之策；札瘥奪魄，空切趙嘉之志。以開元廿九年十月廿九日終於洛陽殖業里之私第，春秋卌有二。"其

卒於任右監門衛兵曹參軍之職不久，故可推知其"博學舉登科"亦當在此前未久。

　　＊李揆，《舊唐書》本傳："李揆字端卿，隴西成紀人，而家於鄭州，代爲冠族。……少聰敏好學，善屬文。開元末，舉進士，補陳留尉。獻書闕下，詔中書試文章，擢拜右拾遺。"《新唐書》本傳："揆性警敏，善文章。開元末，擢進士第，補陳留尉。獻書闕下，試中書，遷右拾遺。"按李揆開元末舉進士第，已見本書卷八開元二十九年（741）。又據《太平廣記》卷一五〇"李揆"條引《前定録》：揆既上書，帝召見，"既見，乃宣命宰臣試文詞。時陳黃門爲題目三篇，其一曰《紫絲盛露囊賦》，二曰《答吐蕃書》，三曰《代南越獻白孔雀表》。揆自午及酉而成。……既進，翌日授左拾遺"。按"左"乃"右"之訛。按《唐語林》卷八："唐制：常舉人之外，又有制科。……復有通五經、明一史及獻文章並著述之輩，或附中書考試，亦同制舉。"徐松所擬體例，上書拜官亦同制舉例，故予著録。

　　＊陳章甫，按黃補第十條著録"陳章甫"與"孫階阰"二人，考云："《全唐文》卷三七三陳章甫小傳云其'開元中進士'。按《封氏聞見記》卷三云：'陳章甫制策登科，吏部放榜，章甫上書："昨見榜云：户部報無籍（孟按："籍"，原誤作"笈"，據《封氏聞見記》改。下同）記者。昔傅説無姓，商后置於鹽梅之地；屠羊隱名，楚王延以三旌之位，未聞徵籍也。范雎改姓易名爲張禄先生，秦用之霸；張良爲韓報仇，變姓名而遊下邳，漢高用之爲相。則知籍者所以計賦耳。本防群小，不約賢路。若人有大才，不可以籍弃之；苟無其德，雖籍何爲？今員外吹毛求瑕，務在駁放，則小人也，却尋歸路，策藜杖，著草衣，田園芸蕪，鋤犁尚在。"所司不能奪，特諮執政收之。天下稱美焉。'《元和姓纂》三云：'太常博士陳章甫，江陵人。'按章甫有《與吏部孫員外書》，當爲封氏所本，尚多出'上書吏部員外孫公階阰'云云。查《郎官石柱題名考》無此人。依《全唐文》小傳，開元中爲主司者有孫逖，乃考功員外郎。且開元二十三年以後主司之執掌因權輕纔移禮部由侍郎專之。故此進士必制策登科者，孫氏亦當及第者。"　　孟按：此所引《封氏聞見記》文，亦見《唐語林》卷八，陳章甫登制科無疑。然《全唐文》小傳稱其"開元中進士"，至於及第與否，查無他證，今不取。又陳章甫《與吏部孫員外書》，見於《唐文粹》卷八十九，其文開篇曰："某叩頭伏地，上書吏部員

外孫公階阰：伏惟拔英苗而佐明主……"云云。按"階阰"指堂前臺階，非人名，蓋誤讀耳。"孫階阰"故無其人，更無"及第"之説，故亦不取。

　　＊蘇盈，乾隆二十六年刊明康海纂修《武功縣志》卷三《選舉志第七》載唐人舉賢良方正者有蘇盈。又四庫本《陝西通志》卷三十《選舉·唐》賢良方正科："蘇盈，武功人。"考《元和姓纂》卷三鄭西蘇氏："穎生盈、炎。盈，嘉王傅。"岑校："《華岳題名》有開元二十六年朝請大夫守別駕臨潼縣開國男蘇穎。"則其子盈擢賢良方正亦當在開元天寶間。又《新唐書·宰相世系表四上》鄭西蘇氏："盈，嘉王傅。"

　　顏惟貞，惟貞字叔堅，屢登甲科。

　　顏日損，應制高第。

　　顏知微，制舉。

　　顏温之，舉方正。

　　顏舒，制舉。　　以上皆見顏真卿《顏含碑》。

　　顏允臧，制舉。

　　顏强學，

　　顏鄰幾，

　　＊顏説，

　　＊顏順，孟按：此處原徐松著録"顏説順"。考《全唐文》卷三四〇顏真卿《唐故通議大夫行薛王友柱國贈秘書少監國子祭酒太子少保顏君（惟貞）碑銘》："康成、强學、希莊、日損、隱朝、鄰幾、知微、舒、説、順、勝、式宣、韶，並進士、制舉。"又同上卷三三九顏真卿《晉侍中右光禄大夫本州大中正西平靖侯顏公（含）大宗碑》："舒，俊才，制舉，長安尉。説，明經，有才器，渭南丞。順，孝悌，進士，評事。勝，進士，左補闕。"可知徐氏將顏説、顏順二人誤合爲一人。碑言"並進士、制舉"者，未必指所列諸人，其中或進士，或制舉，或並舉。顏説初以明經，後又應制舉。

　　顏式宣，並進士、制舉。　　以上見顏真卿《顏惟貞碑》。

　　＊顏隱朝，見上，徐氏失收。又見《全唐文》卷三三九顏真卿《晉侍中右光禄大夫本州大中正西平靖侯顏公（含）大宗碑》。

　　＊顏春卿，《全唐文》卷三三九顏真卿《晉侍中右光禄大夫本州大中

正西平靖侯顏公（含）大宗碑》：“春卿，明經、拔萃，蜀縣尉，舉茂才，偃師丞。”四庫本《陝西通志》卷三十《選舉·唐·茂才科》：“顏春卿，長安人。以蘇頲舉爲偃師丞。”按春卿舉明經，徐松已著録。此“舉茂才”者，當屬制舉，徐氏失收，今補。

　　＊孫宿，詳下。

　　＊孫公器，《彙編》[殘志 015]孫徹撰《唐故朝議郎前守蓬州刺史樂安孫府君（讜）墓誌銘并序》（周紹良藏拓本）云：孫讜，字廷臣，“曾祖府君諱宿，篤富刀翰，摛麗瑰藻，判入高等，授秘書省校書郎，遷諫議大夫、中書舍人、華州刺史。大父府君諱公器，抗志耽學，應書判超絕登第，授京兆府鄠縣主簿，遷監察御史，終于邕管經略招討等使兼御史中丞，累贈司空。”又《補遺》册四，第 211 頁，令狐絢撰大中十一年（857）十一月廿六日《唐故銀青光禄大夫檢校司空□□□□□司□□上柱國樂安縣開國侯食邑一千户賜□□孫公（簡）墓誌銘并序》云：“公諱簡，字樞中……大父諱宿，又傳文公之業，登制舉爲諫議大夫、中書舍人，終華州刺史。烈考諱□（公）器，又繼詞科高第，歷監察，後爲濠、信二州刺史、邕州經略使、兼御史中丞。”又同上册六，第 193 頁，孫綵撰乾符二年（875）四月九日《唐故湖南觀察巡官前同州郃陽縣尉樂安孫府君（絢）墓誌銘》云：“府君諱絢，字佩之，其先有嬀之後。……曾祖府君諱宿，判入高等，累遷中書舍人、華州刺史。大父府君諱公器，超絕登科，累遷邕管經略招討等使、兼御史中丞，贈司空。”亦見羅補。

　　張涉，《舊書·喬琳傳》：“張涉者，蒲州人。依國學爲諸生，遷國子博士。亦能爲文，嘗請有司日試萬言，時呼張萬言。德宗在春宫，受經於涉。及即位，詔居翰林，恩禮甚厚。遷散騎常侍。”《唐語林》亦言：“天寶中，漢州雒尉張涉應一藝自舉、日試萬言。中書考試，涉令善書者二十人各執筆操紙，就席環庭而坐，俱占題目。身自巡歷，依題口授，言訖即過，周而復始。至午後詩成七千餘言，仍請滿萬。宰相云：‘七千可謂多矣，何必須萬。’具以狀聞。拜太公廟丞，直廣文館，時號張萬言。”《張中立墓誌》云：“涉以文學登制策科。”

　　＊王論，《彙編》[會昌 056]朱藩撰會昌七年（847）正月廿四日《唐故瑯琊王公（惲）墓誌銘并序》（周紹良藏拓本）云：“曾祖論，家本晋州洪洞縣

人,以文德儁成鄉薦登賢良□(方)正,任至本郡守。”

　　＊韓翃,日本藏[萬曆]《粤大記》卷八:“韓翃,字宏肱,并州晋陽人。少治兵家,天寶中授翊衞尉、羽林軍宿衞,擢才兼文武科,大曆中擢經略使。”按此韓翃與詩人韓翃爲同時人,《新唐書·文藝下》:“(韓)翃字君平,南陽人。……時有兩韓翃,其一爲刺史,宰相請孰與,德宗曰:‘與詩人韓翃。’”

　　＊元結,《新唐書》本傳:“結少不羈,十七乃折節向學,事元德秀。天寶十二載舉進士,禮部侍郎陽浚見其文,曰:‘一第恩子耳,有司得子是賴!’果擢上第。復舉制科。”《唐才子傳》亦稱結“後舉制科”。按結登進士科已見本書卷九天寶十三載(754)。

　　＊元□,原列卷七開元九年(721)“知合孫吳,可以運籌決勝科”,徐氏考云:“《杜集·送元二適江左詩》注:‘元常應孫吳科舉。’當即是科。錢箋言劉會孟本題下有‘公自注元結也’六字,宋善本無之。所謂元二者,必非元結,今從蓋闕。”陳補云:“知合孫吳科之元□,據杜甫《送元二適江左詩》。按杜甫景雲二年生,本年方十歲。此詩各本多作蜀中詩,作於本年後四十餘年,元非本年舉甚明。”

　　＊李□,《全唐文》卷四二八于邵《送陳留李少府歸上都序》:“天寶年中,以公持刈楚之柄,言採其華,將拔其俗,蓋良馬逐逐,在公之伯仲乎? 忝嘗齊衡,永以爲好。追兹二紀,相逢蜀遊,不虞斯來,復與前合。況總括六藝,又擢一枝,青春之年,黄綬標映……可以直上人之望也。”此李某當與于邵爲同年(天寶十四年),後又擢制科(“又擢一枝”)。

　　＊劉邈之,原列本卷《附考·進士科》,徐氏考云:“《前定録》:‘劉邈之,天寶中調授岐州陳倉尉。後樓某下登科,拜汝州臨汝縣令。’按‘樓’疑‘楊’之誤,天寶中知舉無樓姓者。”　孟按:邈之既於天寶中調授岐州陳倉尉,其後拜臨汝縣令者,當因應制舉登科所授。今移正。又《太平廣記》卷一五○引《前定録》無“樓”字。

　　王俊,劉禹錫《王公神道碑》:“公諱俊,字真長。始以崇文生應深謀秘策,考入上第,拜監察御史。”

　　奚敬玄,劉禹錫《奚陟神道碑》:“第三子敬玄,以詞藝似續登文科。"　按陟登文詞清麗科,則此亦制科。

張因,柳宗元《先君石表陰先友記》:"張因舉詔策,爲長安尉。"又《東明張先生墓誌》云:"東明先生張氏曰因,嘗以文薦於天子,天子策試甚高,以爲長安尉。"

張署,見進士。

韓昆,《南部新書》:"韓昆,大曆中爲制科第三等敕頭,代皇異之。詔下日,坐以采輿翠籠,命近臣持采仗鞭,厚錫繒帛,以示殊澤。"

＊李汲,兩應制舉及第。見卷十廣德二年(764)進士科李汲考。亦見張補。

＊李□,《唐文拾遺》卷二十四李文則撰《大唐故宣州宣城縣尉李府君夫人賈氏墓誌銘并序》:"公隴西人也,舉賢良,授宣城尉。"按誌文撰於建中二年(781)三月。亦見羅補。

＊張聿,《記考》卷十九長慶三年(823)"日試萬言科"著録"張□",徐氏考云:"白居易有《報衢州張使君詩》云:'萬言舊手才難敵。'注:'張曾應萬言登科。'按張涉登萬言科在天寶時,德宗朝已放歸田里,不應至長慶中年爲衢州刺史、蓋張使君於是年登科也。"陳補:"徐氏據白居易《報衢州張使君》詩注,本年日試萬言科録'張□',名缺。按衢州張使君即張聿,見岑仲勉先生《翰林學士壁記注補》。但聿於貞元二十年自秘書省正字充翰林學士,長慶四年刺衢州,寶曆中自屯田郎中拜睦州刺史,其登科顯然不會遲至長慶三年。《全唐詩》卷三一九:'張聿,建中進士。'未詳所據,大致可以相信。其萬言登科,當在建中、貞元間,確年無可考。"

＊凌準,宋蜀刻本《新刊增廣百家詳注唐柳先生文》卷十《故連州員外司馬凌君權厝誌》:"年月日,尚書都官員外郎、和州刺史、連州司馬、富春凌君諱准,卒於桂陽佛寺。……君字宗一,以孝悌聞於其鄉。……年二十,以書干丞相。丞相以聞,試其文,日萬言,擢爲崇文館校書郎。"按中華書局本《柳宗元集》卷十作"凌准"。又,羅隱《東安鎮新築羅城記》:"天下之無事也,吾鄉則有河間凌准宗一、濮陽吳降下己、汝南袁不約還朴,以文學進。"按《元和姓纂》卷五、兩《唐書·王叔文傳》並作"凌準"。

＊趙闡,《全唐文》卷四〇一常袞草《授趙闡等右拾遺制》:"誥,獻再

試文學考入第三等處士趙闡等……俾升榮於中外，庶有光於獎擢，可右拾遺。"按此文略見於《文苑英華》卷三八三。

＊林蘊，《全唐文》卷八二五黃滔《莆山靈巖寺碑銘》："初，侍御史濟南林公藻與其季水部員外郎蘊，貞元中谷兹而業文，歐陽四門捨泉山而詣焉，其後皆中殊科。……水部應賢良方正科，擅比干之譽。（原注：策云：臣遠祖比干，因諫而死，天不厭直，生微臣也）"按蘊嘗登貞元四年（788）明經科，見本書卷十二。又，黃補亦嘗據此證林蘊登制科。

李虞仲，《舊書》本傳："以制策登科。"

馮蒟，蒟登制科，見《舊書·馮伉傳》。

張登，《乾䐣子》："南陽張登，制舉登科，裴樞與爲師友。"

虞咸，制科三等敕頭，詳進士下。

＊胡證，宋祝穆《古今事文類聚前集》卷二十七《仕進部》錄楊巨源《重送胡大夫赴振武》詩，題下注："武舉。"詩云："何年擢桂儒生業，今日分茅聖主恩。旌旆仍將遇鄉路，軒車爭出看都門。人間文武能雙捷，天下安危待一論。布惠宣威大夫事，不妨詩思許琴樽。"　按"胡大夫"即胡證，見陶敏《全唐詩人名考證》[3728D]及錢仲聯《韓昌黎詩系年集釋》卷八《奉酬振武胡十二丈大夫》詩注。知胡證登進士第後，又嘗以武舉及第（按此當屬制科），其年未詳。《文苑英華》卷二五四載王建《上胡證將軍》詩云："書生難得是金吾，近日《登科記》揔無。"蓋謂胡證曾登第而名見於《登科記》也。

＊裴嚴，《萬姓統譜》卷十六："裴嚴，壽春人。舉賢良方正策第一，拜拾遺。辭章峭麗，遷駕部郎中、知制誥。太和五年間，以太常少卿權京兆尹。強幹不阿貴勢，後爲翰林學士。"天一閣［嘉靖］《壽州志》卷七《人物志·名賢·唐》："裴嚴，進士，賢良方正第一，拜拾遺，以太常少卿權京兆尹。"亦見張補。四庫本《陝西通志》卷二十一《職官二·唐·京兆尹》："裴嚴，壽張人，太和五年。"

＊趙寬，詳下。

＊謝文達，詳下。

＊山鈇，詳下。

＊**馬喬**，胡補云："岑仲勉先生《貞石證史·敕頭》(《金石論叢》167頁)云：'《太倉署題名碑》，題名者有署令馬喬、趙寬，署丞謝文達、山鉞，及其他官職不明者十三人，各人授官之日，雖有小闕泐，然綜全碑觀之，則皆貞元二十年正月十四日所授也。《補正》六七云："此碑所謂敕頭者，史所不詳，馬喬、趙寬、謝文達下並注云，敕頭身爲，山鉞以下十四人，下注敕頭謝文達者二，敕頭馬喬者十二，是敕頭即令、丞所充者矣。"'按《唐摭言》卷二：'張又新時號張三頭，進士狀頭，弘詞敕頭，京兆解頭。'《乾馔子》：'牛僧孺以制科敕頭除伊闕尉。'《南部新書》卷甲：'韓昆，大曆中爲制科第三等敕頭。'同書卷丙：'崔元翰晚年取應，咸爲首捷，京兆解頭、禮部狀頭、弘詞敕頭、制科三等敕頭。'是唐時制科中第者，每等第一名爲敕頭。岑仲勉先生又言：'唐時府州送士用解文，故曰解頭，禮部用狀，故曰狀頭，弘詞宣以敕，故曰敕頭。'而馬喬等四人均爲敕頭，故知均中制科。應補入《登科記考》。"

＊**孫遘**，《彙編》[大中120]蔣伸撰大中十年(856)十月廿七日《唐故天平軍節度鄆曹濮等州觀察處置等使朝請大夫檢校禮部尚書使持節鄆州諸軍事兼鄆州刺史御史大夫上柱國賜紫金魚袋贈兵部尚書孫府君(景商)墓誌銘并序》(周紹良藏拓本)云："公諱景商，字安詩，樂安人也。……王父諱遘，年未弱冠，兩登制策殊等，至左補闕。"亦見羅補。

＊**崔芸卿**，《補遺》册六，第192頁，崔曄撰咸通十五年(874)十月廿九日《唐故朝散大夫前使持節澧州諸軍事守澧州刺史柱國清河崔公(芸卿)墓誌銘并序》云："公諱 (此處原空一字)，字芸卿，清河東武城人。……元和中以經明行脩科，解褐授韓城尉，後調補衛佐。"

＊**鄭特**，《千唐》[1152]崔居晦撰咸通二年(861)五月廿三日《唐故宋州碭山縣令榮陽鄭府君(紀)故范陽盧氏夫人墓誌銘并序》(參見《彙編》[咸通006])云："府君諱紀，字龜年，官至宋州碭山縣令。……次子曰特，經明登第，選授許州郾城縣主簿。"按誌文言"經明登第"，當以經明行脩登第，蓋制科也。亦見張補。

＊**孫發**，[紹定]《吳郡志》卷二十五《人物》："孫發，吳人，舉百篇科。皮日休贈以詩云：'百篇空(宮)體喧金屋，一日官衙下玉除。'陸龜蒙亦云：'直應天授與詩情，百詠惟消一日成。'其見推當時如此，後未有繼之者。"

按上引皮日休詩題爲《孫發百篇將遊天台請詩贈行因以送之》，見《全唐詩》卷六一三；陸龜蒙詩題爲《和襲美送孫發百篇遊天台》，見同上卷六二五。又方干《贈孫百篇》詩云："御題百首思縱橫，半日功夫舉世名。……莫嫌黃綬官資小（一作少），必料青雲道路平。"見同上卷六五一。又其《寄台州孫從事百篇》詩題下原注："登第初授華亭尉。"見同上卷六五二。按張補據《永樂大典》卷二三六八引《蘇州府志》及皮日休詩著録孫發，按云："皮爲咸通八年進士，孫發及第與此時不遠。"又黃補據《文苑英華》卷二六二録方干《寄台州孫從事百篇登第初授華亭尉》詩云："聖代科名酬志業，山川秀色助神機。梅真入仕提雄筆，阮瑀從軍着綵衣。"

＊胡□，《全唐詩》卷六五二方干《贈上虞胡少府百篇》詩云："求仙不在鍊金丹，輕舉由來別有門。日晷未移三十刻，風騷已及四千言。宏才尚遺居卑位，公道何曾雪至冤。斂板塵中無恨色，應緣利禄副晨昏。"

＊龐□，《全唐詩》卷六三八張喬《送龐百篇之任青陽縣尉》詩云："都堂公試日，詞翰獨超群。品秩台庭與，篇章聖主聞。鄉連三楚樹，縣對九華雲。多少青門客，臨岐共羨君。"是龐氏以日試百篇科擢第。

＊祝尚丘，《明一統志》卷四十三《衢州府‧人物‧唐》："祝尚丘，江山人，中制科，爲太學博士。"又見《萬姓統譜》卷一一一。考宋代章如愚撰《群書考索》卷十一著録《廣韻》，記唐人爲其增加字者有祝尚丘，"丘"或作"邱"。又見《四庫全書總目‧重修廣韻提要》。

＊張澤，《永樂大典》卷二三六八引《蘇州府志》制科："張澤，又通經史科。"亦見張補。

裴次元。《南部新書》："裴次元，制策、宏詞同日敕下，並爲敕頭，時人榮之。"

諸科：

＊岑文本，張補云："《嘉靖鄧州志》卷七：'諸科：岑文本，棘陽人。見人物傳。'同書卷十六人物傳云：'岑文本，字景仁，棘陽人。性沉敏，善文詞，貞觀初爲秘書郎，遷中書侍郎。'"

＊許樞，《彙編》[久視 005]邵昇撰久視元年閏七月六日《大周故正

議大夫使持節都督巂州諸軍事巂州刺史上柱國高陽縣開國男許君墓誌銘并序》:"君諱樞,字思言,高陽新城人也。……公開披靈府,綜核彝章,解褐以名法授詳刑評事,遷大理丞。……以久視元年五月廿五日遘疾,薨於神都進德里,春秋有八十。"亦見王補。

　　*成幾,《補遺》册三,第452頁,永隆二年(681)《大唐故朝議郎行徐州長史成公府君(幾)墓誌銘并序》云:"公諱幾,東郡淄川人也。……初以明法擢第,歷絳州曲□□□。"按成氏卒於永隆二年(681)正月,享年七十。

　　*吉懷惲。《彙編》[垂拱032]據《芒洛冢墓遺文四編》卷三所錄垂拱三年(687)閏正月廿五日《唐故東宮左勳衛騎都尉宣義郎馮翊吉君(懷惲)墓誌銘并序》云:"君諱懷惲,字崇東,馮翊人也。……君覃精三尺,鏡十簡之明科;專懷九章,洞五刑之妙賾。既該條憲,俄應褒然,高第文昌,亻攵升清列。方振圖南之羽,遽閱歸東之流,以垂拱三年閏正月十日遘疾,卒於延福里第,享年卌有五。"又銘曰:"金條該總,玉署升榮。方騫五色,溢閟三泉。"當爲明法及第。

　　*梁師亮,《彙編》[萬歲通天017]萬歲通天二年(697)三月六日《大周故珍州榮德縣丞梁君(師亮)墓誌銘并序》(周紹良藏拓本、北京圖書館藏拓本)云:"君諱師亮,字永徽,安定烏氏人也。……究農皇之草經,研葛洪之藥錄。術兼元化,可以滌疲痾;學該仲景,因而升上第。……以萬歲通天元年七月二日終於益州蜀縣,春秋卌有七。"又銘曰:"鴻陸初漸,龍門早升。"按其當以明醫登第。

　　*傅思諫,《千唐》[449]聖曆元年(698)九月廿八日《大周故傅君(思諫)墓誌銘并序》(參見《彙編》[聖曆003])云:"君諱思諫,字庭芝,北地泥陽人也。……君以地望崇絶,天姿秀偉,選衆而舉,擢爲清廟臺齋郎。旋屬玉册披祥,金繩展采,奉郊壇之盛事,陪望秩之大儀,而天造曲成,矜其薦饌之美;上玄垂渥,擢以觀光之選。雖年齊英妙,早標童子之名;而賦擅成都,未被將軍之用。……以聖曆元年九月十七日卒於通遠坊私第,春秋一十有八。"又銘曰:"樂只君子,觀國之賓。氣衝星斗,名書月輪。"按思諫當爲童子科擢第。

　　*房興昌,《彙編》[聖曆020]聖曆二年(699)二月十七日《大周故貝州清河縣尉柱國房府君(逸)墓誌銘并序》(周紹良藏拓本)云:"君諱逸,字

文傑,魏郡清河人也。……季子鄉貢明法及第興昌等,因心遂遠,毀骨庭闈。"按興昌擢第當在聖曆二年(699)之前。

　　*李正本,《補遺》册四,第 15 頁,洪子興撰開元二年(714)十一月六日《唐故朝散大夫行洋州長史李府君(正本)墓誌銘并序》云:"君諱正本,字虛源,隴西狄道人也。……乃明法舉及第,解褐慈州昌寧縣主簿。"按李氏卒於開元二年(714),享年七十三。

　　*員半千(員餘慶),《新唐書》本傳:"員半千,字榮期,齊州全節人。……半千始名餘慶,生而孤,爲從父鞠愛,羈丱通書史。客晉州,州舉童子,房玄齡異之,對詔高第,已能講《易》、《老子》。長與何彦先同事王義方,以邁秀見賞。義方常曰:'五百歲一賢者生,子宜當之。'因改今名。"元洪景修編《新編古今姓氏遥華韻》壬集卷三所載略同。知其舉童子時名爲"餘慶",今爲檢索之便,仍以"半千"爲正。

　　賈言忠,《大唐新語》:"賈言忠數歲,記諷書一日萬言,七歲神童擢第。"

　　王邱(王丘),《舊書》本傳:"光禄卿同皎從兄子也。父同晊,左庶子。邱年十一,童子舉擢第。時類以誦經爲課,邱獨以屬文見擢,由是知名。"○孟按:《新唐書》本傳作"王丘"。

　　*喬夢松,《補遺》册七,第 44 頁,陶翰撰開元二十年(732)二月廿三日《唐故朝請大夫上柱國檢校尚書屯田郎中梁郡喬府君(夢松)墓誌銘并序》:"公早以義烈稱,剛勁而不犯,文而有禮。以明法高第,補瀛洲河間尉。"按夢松事見《新唐書·西域傳》。

　　*崔光嗣,《千唐》[720]開元二十年(732)十一月二十一日《故大唐揚州揚子縣令崔府君(光嗣)墓誌銘并序》(參見《彙編》[開元 358])云:"君諱光嗣,字光嗣,博陵安平人。……解褐以明三教舉高第,授左率府兵曹參軍。……春秋七十有一,大唐開元廿年六月十六日卒於官舍。"以年歲推之,其擢第約在高宗朝後期。亦見羅補。

　　*楊岌,《千唐》[832]崔潛撰天寶六載(747)正月二十六日《故河内郡武德縣令楊公(岌)墓誌銘并序》(參見《彙編》[天寶 100])云:"公諱岌,字順,弘農華陰人也。……究法家之學,以作登科之首。"按楊岌卒於天寶

五載(746)八月十九日,享年六十七。亦見王補。

　　＊車孚,《千唐》[879]車諤撰天寶十二載(753)四月一日《亡妻侯氏墓誌銘并序》(參見《彙編》[天寶 218])云:"嗣子孚,十七法律擢第。雖學襲聚螢,而夭隨顏氏,苗而不秀,未齒先殂。"按侯氏卒於天寶十二載四月,享年五十六。其年十五時(景雲三年,712)適車諤,則其子孚年十七時當在開元中。亦見羅補。

　　＊豆盧復,《唐詩紀事》卷一〇三:"豆盧復,《國秀集》云:前崇玄生。"按所引見今本《唐人選唐詩·國秀集》目録。

　　＊李鈞,見下。

　　＊李鍔,朱補:"《册府》卷一五二《帝王部·明罰一》:'代宗永泰元年,殿中侍御史内供奉李鈞、鈞弟京兆府法曹參軍鍔,並不守名教,配鈞於施州、鍔於辰州,縱會非常之赦,不在免限。鈞、鄂,温州人也,天寶中州舉道舉,咸赴京師。既升第、參官,遂割貫長安,與鄉里絕凡二十餘載,母死不舉。'又見《册府》卷九二三《總録部·不孝》。按,自永泰元年(765)上溯二十年,即天寶四載(745);據文意,李鈞、李鍔舉道舉科及第當在天寶元年至天寶四載(742—745)間。"　孟按:《舊唐書·李皋傳》:"皋行縣,見一嫗垂白而泣,哀而問之,對曰:'李氏之婦,有二子:鈞、鍔,宦遊二十年不歸,貧無以自給。'時鈞爲殿中侍御史,鍔爲京兆府法曹,俱以文藝登科,名重於時。……由是舉奏,並除名勿齒。"

　　＊源溥,《千唐》[943]蔣鈇撰建中四年(783)二月二日《唐故朝議郎守楚州長史賜緋魚袋源公(溥)墓誌銘并序》(參見《彙編》[建中 017])云:"公諱溥,字至德,後魏之裔。……學宗三玄,才通八政,初以崇玄生及第,調補太原府參軍。"按源溥卒於建中三年(782)十二月二十四日,享年五十五。亦見羅補。

　　＊梁履謙,《千唐》[900]郭懷琰撰天寶十四載(755)三月一日《唐故朝散大夫使持節龍溪郡諸軍事守龍溪郡太守上柱國梁君(令直)墓誌銘并序》(參見《彙編》[天寶 267])云:"公諱令直,字元祥,安定人也。……嗣子前道舉文部常選履謙。"知其擢第當在天寶十四載之前。

　　李朝隱,《舊書》本傳:"京兆三原人。少以明法舉,拜臨汾尉。"

裴潤，

裴凈，叔卿子，皆明法，見《宰相世系表》。

裴濟，昱子，明法，見《宰相世系表》。

盧復，李華《與表弟盧復書》：“與弟別來十餘年，比聞在代朔之地，明時道舉出身。”

＊竇瑞，《彙編》［元和 008］據《續語堂碑錄》所錄于方撰元和元年(806)十一月廿六日《唐裴氏(琚)子(承章)墓誌銘并序》云：承章“年十八，娶扶風竇氏，父瑞，余之從祖姑之子，七歲以孝廉登名太常。”　按誌文所敘，竇瑞擢第約在大曆之前。是當爲童子明經。亦見羅補。

＊鞏玄敏，《千唐》［1154］陳汀撰咸通二年(861)十一月二日《唐故東都留守防禦都押衙兼都虞候正議大夫檢校太子賓客南陽張府君夫人河南鞏氏(內範)墓誌銘并序》(參見《彙編》［咸通 010］)云：“夫人諱內範，字守規，其先張掖人也。……曾祖玄敏，性惟神授，學自生知，十二神童登科，十四拜韓王府祭酒，歷仕至賀州司馬。”亦見羅補。

＊王澡，《補遺》冊六，第 460 頁，大曆十一年(776)二月十五日《唐故遂州長史王公(鈞)墓誌》云：“唐故遂州長史王公名鈞，太原祁人也。……三子澡，明道經登科。”其登科當在大曆十一年(776)之前。亦見王補。

王沼，劉禹錫《王涯先廟碑》：“大尉府君生三子，長曰沼，以神童仕至檢校禮部郎中。”即涯之兄。

吳通玄，神童舉，見《舊書・文苑傳》。

程異，《舊書》本傳：“明經及第，釋褐揚州海陵主簿。登《開元禮》科，授華州鄭縣尉。”

＊辛秘，貞元中登《開元禮》科，見本卷《附考・明經科》辛秘考。

嚴灌夫，《雲溪友議》：“三史嚴灌夫，娶毗陵慎氏。”按三史，蓋以三史登科也。

＊裴乂，原作“裴□”，徐氏考云：“元稹《贈左散騎常侍裴公墓誌》：‘公諱某，通《開元禮》書，中甲科。’”　孟按：《全唐文》卷六五五元稹撰《唐故福建等州都團練觀察處置等使中大夫使持節都督福州諸軍事守福州刺史兼御史中丞上柱國賜紫金魚袋贈左散騎常侍裴公墓誌銘》：“公諱某字

某，河東聞喜其望也。唐故長安縣令諱安期、贈左散騎常侍諱後己、贈工部尚書諱郜，其父、祖、其曾也。……昭應縣令稷、虔州刺史愻、鰲屋縣令及，其季也。進士誨、進士警，其子也。……少好學，家貧，甘役勞於師。雨則負諸弟以往，卒能通《開元禮》書，中甲科。"考《新唐書·宰相世系表一上》裴姓："安期，汾州司馬"；子"後己，濟源令"；後己子"郜，汾州別駕"；郜子"乂，福建觀察使"；乂子"誨。警。謨。坦，字知進，相僖宗。"又《新唐書·裴坦傳》："裴坦字知進。……父乂，福建觀察使。"因知"左散騎常侍裴公"即裴乂。今補其名。亦見胡補。

薛敖，前鄉貢明法，見《世系表》。敖爲嵩之從孫。

竇澇，道舉出身，見《宰相世系表》。

　＊陳少遊，原列本卷進士科，徐氏考云："《舊書》本傳：'博州博平人。祖儼，安西副都護。父慶，右武衛兵曹參軍。少遊爲崇文館學生，甚爲大學士陳希烈所嘆賞，又以同宗，遇之甚厚。擢第。'"　孟按：徐氏所引原文有誤，"崇文館"當作"崇玄館"。《舊唐書》卷一二六本傳原文如下："陳少遊，博州人也。祖儼，安西副都護。父慶，右武衛兵曹參軍，以少遊累贈工部尚書。少遊幼聰辯，初習《莊》、《列》、《老子》，爲崇玄館學生，衆推講經。時同列有私習經義者，期升坐日相問難。及會，少遊攝齊升坐，音韻清辯，觀者屬目。所引文句，悉柒他義，諸生不能對，甚爲大學士陳希烈所嘆賞，又以同宗，遇之甚厚。既擢第，補渝州南平令，理甚有聲。"因知少遊當爲應道舉及第，而非進士科。

李栖桐，道舉擢第，見錢起詩。

　＊吳卓，《補遺》册二，第37頁，王叔簡撰元和九年（814）七月廿八日《唐故正議大夫持節都督雲州刺史充大同軍使兼侍御史賜紫金魚袋長樂郡王食邑三千戶渤海吳府君（卓）墓誌銘并序》云："公諱卓，字山立。其先太伯以建國命氏，吳有世家。……以童子明經上第，特拜衛尉寺主簿。"亦見王補。

　＊趙□，李端《贈趙神童》詩云："聖朝殊漢令，才子少登科。每見先鳴早，常驚後進多。獨居方寂寞，相對覺蹉跎。不是通家舊，頻勞文舉過。"見《全唐詩》卷二八五。

　＊姚安之，登童子科。見本卷《附考·明經科》姚安之考。

＊賈洮，《千唐》[1189]賈涉撰咸通十四年（873）八月廿八日《唐故朝議郎河南府户曹參軍柱國長樂賈府君（洮）墓誌銘并序》（參見《彙編》[咸通 105]）云：“公諱洮，字德川。……弱歲詣太學，入舉登三史第。”按洮卒於咸通十四年五月六日，享年五十一。以年歲推之，其擢第約在開成間。亦見羅補。

＊史實，《千唐》[1091]會昌四年（844）九月四日《唐故彭城劉夫人墓誌銘并序》（參見《彙編》[會昌 035]）題下署：“前鄉貢開元禮史實撰。”知其擢第當在會昌五年（845）之前。亦見張補。

＊楊諲，《補遺》册六，第 178 頁，鄭薰撰咸通二年（861）十一月廿日《唐故銀青光禄大夫檢校户部尚書使持節鄆州諸軍事守鄆州刺史充天平軍節度鄆曹濮等州觀察處置等使御史大夫上柱國弘農郡開國公食邑二千户弘農楊公（漢公）墓誌銘并序》云：楊漢公有“別七子：曰諲，以志學取禮科，今爲著作佐郎”。

＊劉全交，《彙編》[殘志 023]據《續語堂碑録》所録黄崇撰《朝散大夫使持節韶州諸軍事守韶州刺史上柱國陳府君（讜）墓誌銘并序》（參見《唐文拾遺》卷二十九）云：“府君諱讜，字昌言，其先潁川人。……皇姚彭城劉氏，贈彭城郡君。……親舅全正，鴻少卿；次全交，前開元禮，見任河南清縣主簿。”

朱朴，《新書》本傳：“朱朴，襄州襄陽人，以三史舉。”○孟按：《全唐文》卷九〇昭宗《貶朱朴郴州司户制》：“朱朴，本在寒微，偶升科第。”

劉□，《太平廣記》引鄭谷詩集：“劉神童者，昭宗朝以鄉薦擢第，時年六歲。”

鄭小誦，《宰相世系表》：“小誦神童出身。”

杜蕢，宋李光撰《杜纘墓誌銘》：“杜氏故京兆人。五世祖蕢，唐末習《開元禮》，以本科出身。仕太子太保，贈太師。”

＊柏廷徽，《全唐文》卷八二八羅袞撰《倉部柏郎中（宗回）墓誌銘》：“府君諱宗回，字幾聖。……子廷徽，開元禮登科。”按誌文作於光化二年（899）。亦見張補。

＊趙鳳，朱補：“《舊五代史·趙鳳傳》：‘趙鳳，冀州棗强人。幼讀書，

舉童子。既長，凶豪多力，以殺人暴掠爲事，吏不能禁。'又見《册府》卷九四一'總録部·殘虐'。按，此趙鳳與《記考》所載天成二年知貢舉趙鳳同時而稍晚，係同名異人，可補其名於《附考·諸科》下。"　孟按：《補遺》册一，第453頁，劉德潤撰顯德二年(955)二月四日《大唐故金紫光禄大夫檢校司徒使持節單州諸軍事單州刺史兼御史大夫上柱國天水郡開國侯食邑一千户趙公(鳳)墓誌銘并序》云："公諱鳳，字國祥，冀州棗强人也。……初童子及第。"誌文所載其事蹟與《舊五代史》合，是爲一人。按此趙鳳卒于廣順三年(953)十二月五日，享年四十一，其登科之年約在貞明年間。

　　羅修古，《十國春秋》："羅隱父修古，應《開元禮》。"

　　* 李涪，《北夢瑣言》卷九："唐李涪尚書，福相之子，以《開元禮》及第，亦爲小文，好著述。朝廷重其博學，禮樂之事諮稟之，時人號爲'周禮庫'，蓋籍於舊典也。廣明以前，《切韻》多用吳音，而清青之字不必分用。涪改《切韻》，全刊吳音。當方進而聞於宰相，僉許之。無何，巢寇犯闕，因而寢止。"考《新唐書·宰相世系表上》》大鄭王房：李福子涪。

　　王恕，《宋史·王濟傳》："父恕，後唐時童子及第。"

　　* 祖仲宣，《千唐》[1252]端拱元年(988)十月八日《大宋故朝散大夫試大理評事前行許州臨潁縣令兼監察御史贈太常博士祖府君(仲宣)墓誌銘并序》云："府君諱仲宣，字子明，本幽州范陽人，東晋將軍遜之後也。……後唐明宗朝，童子擢第。"亦見張補。

　　* 祖岳，《千唐》[1252]端拱元年(988)十月八日《大宋故朝散大夫試大理評事前行許州臨潁縣令兼監察御史贈太常博士祖府君(仲宣)墓誌銘并序》云："府君諱仲宣，字子明，本幽州范陽人，東晋將軍遜之後也。……有子二人：長曰岳，明法登第，歷官州縣，次任京僚，累遷朝秩，通理甌越。洎回上國，旋奉殊恩，任朝請郎守國子博士、通判河南府兼留守。"其登第時間當在唐末五代時。

　　* 張惟彬，《江南野史》卷九《張翊傳》："張翊，其先京兆人。……弟惟彬，幼以通誦二經中童子科。迨成人，授蘄州黃梅尉。周世宗下淮南，起爲武昌崇陽簿，復入選授廬陵令。既代，未行，而金陵陷，疾作而卒。"《續唐書》卷五十六本傳："張惟彬，西昌令翊之弟也。幼以通誦二經中童子科，有能文之名。"又見《十國春秋》卷三十一本傳。按張氏中童子科當

在唐末五代時。胡補據《十國春秋》補其名。

　　＊范贊時，宋代樓鑰撰《范文正公年譜》：“（范仲淹）祖贊時，仕吳越，九歲童子出身，終秘書監，宋贈太師、唐國公。”

　　＊鄧佑。五代末擢童子科，見本卷明經科鄧吉考。

　　＊武舉：孟按：凡已考知唐世應武舉及第而未知的年者，略以時代先後爲序並繫於下。

　　＊張山烏，《補遺》册五，第 338 頁，開元十一年（723）十月十七日《唐故張君（山烏）墓誌銘并序》云：“君諱山烏，字伯仁，南陽人也。……起家自舉，武藝超絶，越階授皮氏府旅帥。”按張氏卒於乾封元年（666），享年五十五。其擢第當在貞觀年間。

　　＊鄭瞻，《彙編》[永昌 003]永昌元年（689）四月十五日《大唐故瀛州束城鄭明府君（瞻）墓誌銘并序》（周紹良藏拓本）云：“君諱瞻，字行該，滎陽滎澤人也。……以門蔭調授左衛翊衛，俄擢藝能，遷左金吾衛引駕。既弘武術，仍厠文場，材預銓衡，出任坊州司倉參軍事。”按鄭氏卒於永昌元年（689）三月十八日，享年六十。

　　＊黄師，《千唐》[357]垂拱元年（685）十二月十三日《大唐故游擊將軍黄君（師）墓誌銘并序》（參見《彙編》[垂拱 016]）云：“君諱師，字玄綺，其先江夏安陸人也。……雄摽俠窟，勇冠戎場。列眥沖冠，幼挺拔山之力；穿楊落雁，多奇飲羽之能。應辟揚明，超名甲第，詔授左驍衛翊府長上，即於洮河道征。……以垂拱元年十一月十八日卒於私第，春秋卅有八。”又銘曰：“爰應明詔，擢第甲科。”王補入附考“制科”。

　　＊張仁愿，四庫本《陝西通志》卷三十三《選舉四·武科·唐》：“張仁愿，渭南人，武舉。”按《舊唐書》卷九十三《張仁愿傳》：“張仁愿，華州下邽人也。本名仁亶，以音類睿宗諱改焉。少有文武材幹，累遷殿中侍御史。”

　　＊李經，《彙編》[天寶 153]天寶九載（750）二月一日《唐故隴西李公（經）墓誌銘》（北京圖書館藏拓本）云：“公諱經，字經，其先隴西人也。……公操凛言温，長材偉度，文華冠世，武藝絶倫。年廿三，賓薦擢

第,便授懷州朔善府别將、游擊將軍、賞緋魚袋。暨神龍元年,終於上黨之
私第。"

　　＊董虔運,《彙編》[開元 155]據《芒洛冢墓遺文四編》卷五所錄開元
十年(722)九月廿九日《大唐故左羽林軍長上果毅都尉董公(虔運)誌石文
并序》云:"公諱虔運,字虔運,隴西狄道人也。……初應武舉擢第,授羽林
軍押飛騎引駕。"按虔運卒於開元十年八月二日,享年五十九。王補入"諸
科"。

　　＊李偘偘,《千唐》[699]崔珪璋撰開元十八年(730)十二月廿九日
《唐故左領軍衛執戟李公(偘偘)墓誌銘并序》(參見《彙編》[開元 317])云:
"公諱偘偘,字元光,隴西狄道人也。……雖歷年勤戍,空疲汗馬之勞;入
貢西曹,一舉高第,旨授左領軍執戟。年卅有九,以開元十七年己巳載六
月暴亡軒禁。"觀誌文當爲武舉及第。

　　＊張嘉祐,《彙編》[天寶 003]據《古誌石華》卷十一所錄天寶元年
(742)二月八日《唐故左金吾將軍范陽張公(嘉祐)墓誌銘并序》云:"公諱
嘉祐,范陽人,相國河東公季弟。……弱冠武舉及第。"按嘉祐即嘉貞季
弟,傳見兩《唐書》張嘉貞傳附。《全唐文》卷三五八所錄柳賁撰此誌文作
"嘉祜",誤。

　　＊郭子儀,《舊唐書》本傳:"子儀長六尺餘,體貌秀傑,始以武舉高等補
左衛長史,累歷諸軍使。"《新唐書》本傳:"郭子儀字子儀,華州鄭人。長七尺二
寸。以武舉異等補左衛長史。"

　　＊瞿曇譔,《彙編》[大曆 049]張翃撰大曆十一年(776)十月乙酉朔
《唐故銀青光禄大夫司天監瞿曇公(譔)墓誌銘并序》(周紹良藏拓本)云:
"公諱譔,字貞固。……筮仕之首,以武舉及第,授扶風郡山泉府别將。"按
譔卒於大曆十一年四月,享年六十五。以年歲推之,其擢第當在開元中。

　　＊夏侯杲,《彙編》[開元 474]據《芒洛冢墓遺文三編》所錄開元二十
六年(738)十一月八日《大唐故朝議郎行尚書都事上柱國夏侯府君(思泰)
墓誌并序》云:"公諱思泰,字懿,譙郡人也。……次子左衛朔衛武舉及第,
兵部常選杲。"　按其武舉及第當在開元二十六年之前。

　　＊元嶧,《彙編》[天寶 057]楊光煦撰天寶三載(744)十一月廿六日

《大唐故淮安郡桐柏縣令元公（振）墓誌銘并序》（北京圖書館藏拓本）云：
"公諱振，字振，河南氏拓跋後也。……胤子嶧，執射成名，應賓擢第，調京
兆府龍栖府別將，遷西畿壽城府別將。"按元氏當爲應武舉擢第，以歷官推
之，其擢第當在開元後期。王補附明經科。

　　* 王濬，《彙編》[會昌056]朱藩撰會昌七年（847）正月廿四日《唐故
瑯瑘王公（惲）墓誌銘并序》（周紹良藏拓本）云："祖浚，應兵部武舉，授官
汴州大梁折衝都尉職。"

　　* 張暈，《補遺》册四，第68頁，甘伷撰貞元四年（788）八月九日《唐
故游擊將軍行蜀州金堤府左果毅都尉張府君（暈）夫人吳興姚氏墓誌銘并
序》："夫人亡夫張府君諱暈，字暈，其先清河人也。……少年豪俠，志氣風
雲。棄筆從戎，留心學劍。應武舉擢第，以常選授官。歷職優深，加拜五
品。大曆十三年五月十三日，暴卒于金堤府之任也，時年六十三。"按《記
考》卷八，開元二十三年（735）進士科所録之張暈，與此人同姓名而非
一人。

　　* 伊慎，《全唐文》卷四九七權德興撰《唐故光禄大夫檢校尚書右僕
射兼右衛上將軍南充郡王贈太子太保伊公（慎）神道碑銘并序》："南充郡
王諱慎，字寡悔。剛毅勇悍，鷹揚鶚立。勞勤四朝，終始一心。涉覽《春
秋》、《戰國策》、太史天官、五行之書。用善射中鵠，補廣州綏南府折衝都
尉。"此當爲武舉及第。按慎卒於元和六年（811）。

　　* 諸葛澄，《彙編》[寶曆010]韓戚撰寶曆元年（825）九月十五日
《（上缺）左武衛執戟守中武將軍試左金吾衛郎將諸葛府君（澄）墓誌銘》
（周紹良藏拓本。參見《補遺》册四第109頁）云："□□澄，其先瑯瑘人
也。……以武舉擢第，拜左武衛執戟，實鼎鉉之清階也。"

　　* 尉縫，《補遺》册六，第143頁，李寮撰大和二年（828）八月十九日
《唐南陽張府君（瑗）墓誌銘并序》云："次女適河南尉縫，縫武妙文□，弱冠
武舉擢第，累遷虢州全節府折沖都尉。"

　　* 廖汾，天一閣[弘治]《將樂縣志》卷八《人物·武功》：唐"廖汾，有膂
力謀略，由武舉授九江團練使，討黃林兒有功，拜金吾大將軍。"四庫本《福建
通志》卷三十一《名宦三·延平府·唐》："廖汾，字元清，有膂力，多謀略，授

九江團練使,討黃林兒賊有功,拜金吾衛大將軍。"

＊周寶。《吳越備史》卷一:"(周)寶字尚珪……唐制,武選以馬上擊毬,較其能否,有置鐵鈎於毬杖以相擊。寶嘗遇此選,爲鐵鈎所摘一目睛突,寶即取而吞之,復擊毬,遂獲頭籌,授涇原。"按周寶卒於光啟四年(888)十二月,享年七十四。其武舉擢第當在晚唐。

＊科目未詳:孟按:凡已考知爲唐世登科而科目未詳者,略以時代先後爲序並繫於此下。

＊張覽,《彙編》[垂拱020]垂拱二年(686)三月廿日《大唐故蔣王府參軍張府君(覽)墓誌銘并序》(北京圖書館藏拓本,開封博物館藏石)云:"君諱覽,字智周,清河人也。……貞觀十六年四月,任東宮右尉翊衛。文簡及第,隨牒蔣王府參軍。"

＊邢同琳,

＊邢禮安,

＊邢惟彦,張補云:"《千唐誌》七九一《相州林慮縣尉邢超墓誌》:'君諱超,河間束城人。曾祖同琳,皇朝洛州大基縣丞;祖禮安,故監察御史;父惟彦,故汾州司士參軍,咸以孝秀登科,清能著位。'按,既稱'孝秀登科',則爲進士第又爲明經也。邢超爲玄宗時人。" 孟按:上錄三人統言"孝秀登科",然諸人所登之具體科目仍未詳。

＊孫德,《彙編》[光宅002]據《山右冢墓遺文》所錄光宅元年(684)十月六日《唐故著作佐郎孫君(德)墓誌銘并序》云:"君諱德,字道,樂安人也。……君□乾坤之秀氣,韞星象之精靈。升孔父之堂,啟儒門而盡妙;闚周公之牖,履玄肆而窮微。鳳藻開□,鼓凌雲之逸氣,龜文絢彩,泣□露之芳滋。肇應弓旌,俄登甲第,蒙授著作佐郎,標令德也。"亦見羅補。

＊張敬之,《唐文拾遺》卷五十二張□撰《唐將仕郎張君(敬之)墓誌銘并序》:"君諱敬之,字叔睿,功曹府君之第五子也。耿介不群,文藻貫世。年十一,中書舍人王德本聞其俊材,當時有□□制舉天下奇俠,召與相見,賦《城上烏》,勒'歸、飛'二字,仍遣七步成篇。君借書於手,不盈跬息,其詩曰:'靈臺自可依,爰止竟何歸。祇由城上冷,故向日輪飛。'王公

嗟昧,乃推爲舉首。文昌以其年幼,第不入科。以門蔭補成均生,高第,授將仕郎,非其好也。遂與諸兄紬校經史,專以述作爲務。唐咸亨四年七月十六日卒於家,春秋廿五。"按朱補"存疑"類亦據此附錄其名。

　　* 張弘(字泰),《補遺》册四,第 403 頁,景龍三年(709)十一月廿日《大唐故齊州祝阿縣丞張府君(弘)墓誌銘并序》云:"君諱弘,字泰,其先清河人也。……起家國子學生甲第,任辰州麻陽縣主簿。"按張氏卒於景龍三年(709),享年六十七。

　　* 梁鑒,《補遺》册五,第 17 頁,徐彦伯撰久視元年(700)十月五日《大周故滑州韋城縣主簿梁君(鑒)墓誌銘并序》云:"公諱鑒,字南金,安定人也。……以門□補左衛翊衛。及第,解褐滑州韋城縣主簿。"按梁氏卒於久視元年(700)七月,享年五十二。

　　* 司空朗,《補遺》册三,第 511 頁,聖曆二年(699)八月廿一日《大唐故雍州新豐縣令朝議郎上柱國司空府君(朗)墓誌銘并序》云:"君諱□,字朗,廣平人也。……公紹隆貽厥,不墜嘉謀,登璧沼之乙科,踐金門之甲第,解褐任德州宫高縣丞。"按司空氏卒於上元二年(675),享年六十三。今按《唐代墓誌彙編續集》據《隋唐五代墓誌滙編·陝西卷》第三册第 121 頁所錄此誌文作:"君諱儉,字朗,廣平人也。"故今正名作"司空儉"。

　　* 李文寂,《補遺》册七,第 347 頁,景龍二年(706)十一月八日《大唐徵士隴西李公(文寂)墓誌銘并序》:"徵士李公諱文寂,隴西成紀人也。……爰初射策,早升上第。……以神龍三年七月十六日終於鄭州私第,春秋七十七。"

　　* 劉延慶,《彙編》[開元 185]劉居簡撰開元十一年(723)九月二十日《唐故銀青光禄大夫博州刺史趙郡李府君故夫人彭城郡夫人劉氏墓誌銘并序》(北京圖書館藏拓本)云:"皇考延慶,射策甲科,捧檄累任。"王補入附考"制科"。

　　* 楊元亨,《千唐》[731]開元二十一年(733)十月廿七日《大唐故朝議郎守邛州司馬楊公(瑶)墓誌銘并序》(參見《彙編》[開元 387])云:"君諱瑶,字瑶,弘農華陰人也。……父元亨,射策甲科,授鄭王府典籤。"亦見羅補。

　　* 宋懿,《補遺》册五,第 216 頁,延載元年(694)九月三日《大周故延

州參軍宋君（懿）墓誌并序》云：“君諱懿，字延嗣，廣平人也。……君生而俊乂，長而端雅。以成均生擢第，拜延州參軍。”按宋氏卒於延載元年（694）六月，享年三十三。

　　＊薛儆，《補遺》冊七，第37頁，王光庭撰開元九年（721）七月十六日《唐銀青光禄大夫駙馬都尉上柱國汾陰郡開國公贈兗州都督薛君（儆）墓誌銘并序》：“君諱儆，別名縝，軒轅之裔也。……弱而惠，幼而知，長而敏，成而孝。克樹丕業，纂修厥躬。性情以利貞，學古以合志。行充於内，聲溢於外。酒甲科升焉，補安國府典籤，轉法曹。”按儆卒於開元八年（720）十二月，享年四十二。

　　＊王甗，《彙編》[元和148]杜并撰元和十五年（820）十月十日《唐故太原王公（佺）夫人李氏合祔墓誌銘并序》（周紹良藏拓本）云：“公諱佺，字佺，其先冀州人也。……皇祖諱甗字甗，文可經國，武可濟時，德漠早推，名器不假，壯年迴擢於高第。”

　　＊殷□，《補遺》冊七，第101頁，鄭儵撰寶曆二年（763）六月廿五日《唐故朝散大夫使持節明州諸軍事守明州刺史上柱國陳郡殷府君（文穆）墓誌銘并序》：“公□□，字文穆，其先陳郡人也。……父皇大理司直……先司直出身登科……建中中，除試大理司直、充浙江東西道節度推官。”

　　＊張諲，《唐才子傳》卷二《張諲傳》：“諲，永嘉人。初隱少室山下，閉門修肄，志甚勤苦，不及聲利。後應舉，官到刑部員外郎。”按張氏爲盛唐時人，與王維、李頎等相友善。《歷代名畫記》卷十：“張諲，官至刑部員外郎。”

　　＊庾何，《彙編》[咸通034]庾道蔚撰咸通五年（864）六月癸酉（十八日）《唐朝散大夫前行尚書司勳員外郎柱國苗紳妻故新野縣君庾氏夫人墓誌銘并序》（周紹良藏拓本）云：“夫人南陽新野也。……祖諱何，皇尚書兵部郎中、澧州刺史，負濟物之才，蘊佐時之略，纔踰弱冠，迭中科名。”按庾何即庾敬休父，見《元和姓纂》卷六、《新唐書・庾敬休傳》。

　　＊王係，《彙編》[咸通045]咸通六年（865）十月十三日《唐故處士王君（誕）墓誌銘并序》（開封市博物館藏石藏拓）云：“君諱誕，太原郡人也。……皇祖諱係，經史不群，早登擢第，年在弱冠，受洛州河南府澠池縣令。”

　　＊**房從會**，《補遺》册六，第108頁，房濟撰貞元十二年（796）十月廿七日《唐故洪州武寧縣令房府君（從會）墓誌□》云："洪州武寧縣令房從會，清河人也。……年過志學，補弘文生，及第。"按房氏卒於貞元十二年（796）二月，享年五十七。

　　＊**于季文**，《彙編》[元和078]李素規撰元和九年（814）十月廿九日《唐故洪州都督府武寧縣令于府君（季文）墓誌銘并序》（北京圖書館藏拓本）云："府君諱季文，其先東海于公之裔也。……府君起家兩館生擢第，解褐授潤州句容縣尉。"按季文卒於元和八年（813）十一月七日，享年五十七。王補附入明經科。

　　＊**李方**，《全唐文》卷七二六崔嘏草《授李方右諫議大夫等制》："爾等皆擢秀瑤林，飛華桂苑，早登俊造，共許清貞。"

　　＊**李敬彝**，《千唐》[1122]高璩撰大中七年（853）七月廿日《唐故鄆州壽張縣尉李君（珪）墓誌銘兼序》（參見《彙編》[大中079]）云："公諱珪，字三復……今爲隴西人也。……烈考敬彝，皇隨州刺史。憲皇朝，鼓經笥，揮筆陣，掇取一第，易於反掌。其後佐侯府，登王廷。"

　　＊**王譚**，《補遺》册四，第231頁，盧庠撰咸通五年（864）十月廿日《唐故鄂岳都團練判官將仕郎試大理評事太原王公（譚）墓誌銘并序》云："廷評，太原祁縣人，漢司徒允之後。……文雄行特，廷評有之；西府薦彥，廷評首之；甲第擢五，廷評美之；賢侯優辟，廷評唯之。"按王譚卒於咸通五年（864），享年五十二。

　　＊**唐技**，《東觀奏記》下卷："大中九年正月十九日，制曰：'朝議郎、守尚書刑部郎中、柱國、賜緋魚袋唐技，將仕郎、守尚書職方員外郎裴（原注：庭裕先父），早以科名，薦由臺閣，聲猷素履，亦有可嘉。昨者，吏部以爾秉心精專，請委考覆，而臨事或乖於公當，物議遂至於沸騰，豈可尚列彌綸？是宜並分符竹，善綏凋瘵，以補悔尤。技可虔州刺史，散官、勳封如故；裴可申州刺史，散官如故。'舍人杜德公之詞也。"據"早以科名"，知唐技乃由科第而入仕，然其所登科目未詳。按《舊唐書》卷一九〇下《唐次傳》載次弟名款，款"子枝。枝字已有，會昌末，累遷刑部員外，轉郎中，累歷刺史，卒"。又同上卷十八《宣宗紀上》：大中九年"三月，試宏詞舉人，漏泄題目，爲御史臺所劾……考試官刑部郎中唐枝出爲處州刺史"。又《新唐書》卷

七十四下《宰相世系表四下》載款子"技，字己有，刑部郎中"。則"唐枝"、"唐技"實爲一人。按技之兄弟輩行，名爲"扶"、"持"等，皆從手旁，則當以《東觀奏記》、《新表》爲正。

　　＊ 盧勉，《彙編》〔咸通 029〕崔碣撰咸通四年（863）五月廿九日盧逢時之妻隴西李夫人墓銘并序（周紹良藏拓本，題殘缺）云："隴西李夫人……故涇州從事盧端公逢時之妻。……一子曰勉，幼而自立，少登學科，名譽克宣，躬問乃至。"

　　＊ 裴紳，見上引《東觀奏記》。按《新唐書》卷七十一《宰相世系表一上》載裴庭裕父名紳，字子佩。據《奏記》所言"早以科名"，知裴紳乃由科第而入仕，然其所登科目未詳。

　　＊ 盧□。《補遺》册六，第 203 頁，崔就撰乾寧五年（898）八月六日《唐故□□□□□太子太師上柱國清河郡開國公食邑二千户贈開府儀同三司太尉清河崔公（安潛）墓誌銘并序》云："□諱安潛，字延之，其先東武城人也。……生三子……女三人，長適前□□盧□。次適前進士李楹。"知盧某在乾寧五年（898）之前及第。

　　＊ 知貢舉：

　　＊ 張顥，《補遺》册六，第 211 頁，盧價撰長興四年（933）十一月三十日《唐故中大夫守尚書吏部侍郎充弘文館學士判館事柱國賜紫金魚袋張公（文寶）權厝記并序》云："公諱文寶，字敬玄，清河人也。……顯考諱顥，皇任中書舍人、權知貢舉，累贈刑部尚書。"檢《全唐詩》卷七九五錄有張顥，注："官左司郎中。"錄其殘句："金殿聖人看縱筆，玉堂詞客盡裁詩。"注："贈叴光。"《舊五代史·張文寶傳》："張文寶，昭宗朝諫議大夫顥之子也。"按《記考》所錄知貢舉者無張顥。又按《南部新書》乙集："父子知舉者三家，高鍇子湘、湜，（孟按：湜，釴子。此誤）于邵子允躬、崔郾子瑤。唯崔氏相去祇二十年。"張文寶以左散騎常侍知天成五年（930）貢舉，若顥曾權知貢舉，是亦爲父子知舉也。今附此俟考。

登科記考補正卷二十八

別録上

　　唐制取士之科，多因隋舊。然其大要有三。由學館者曰生徒，由州縣者曰鄉貢，皆升於有司而進退之。其科之目有秀才，有明經，有俊士，有進士，有明法，有明字，有明算，有一史，有三史，有《開元禮》，有道舉，有童子。而明經之別有五經，有三經，有二經，有學究一經，有三禮，有三傳，有史科。按"有史科"三字疑衍，當即一史、三史也。此歲舉之常選也。其天子自詔者曰制舉，所以待非常之才焉。　　凡學六，皆隷於國子監。國子學，生三百人，以文武三品以上子孫，若從二品以上曾孫及勳官二品、縣公京官四品帶三品勳封之子爲之。太學，生五百人，以五品以上子孫，職事官五品薺親，若三品曾孫及勳官三品以上有封之子爲之。四門學，生千三百人，其五百人以勳官三品以上無封、四品有封及文武七品以上子爲之；八百人以庶人之俊異者爲之。律學，生五十人；書學，生三十人；算學，生三十人；以八品以下子及庶人之通其學者爲之。京都學，生八十人。大都督、中都督府、上州各六十人。下都督府、中州各五十人。下州四十人。京縣五十人。上縣四十人。中縣、中下縣各三十五人。下縣二十人。國子監生，尚書省補，祭酒統焉。州縣學生，州縣長官補，長史主焉。凡館二，門下省有弘文館，生三十人；東宮有崇文館，生二十人。以皇緦麻以上親，皇太后、皇后大功以上親，宰相及散官一品、功臣身食實封者，京官職事從三品、中書黃門侍郎之子爲之。凡博士、助教分經授諸生，未終經者無易業。凡生限年十四以上，十九以下。律學十八以上，二十五以下。　凡《禮記》、《春秋左氏傳》爲大經，《詩》、《周禮》、《儀禮》爲中經，《易》、《尚書》、《春秋公羊傳》、《穀梁傳》爲小經。通二經者，大經、小經各一，若中經二。通三經者，大經、中經、小經各一。通五經者，大經皆通，餘經各一。《孝經》、《論語》皆兼通之。凡治《孝經》、《論語》，共限一歲。《尚書》、《公羊傳》、《穀梁傳》，各一歲半。《易》、《詩》、《周禮》、《儀禮》，各二歲。《禮記》、《左氏傳》，各三歲。學書，日紙一幅，間習時務策，讀《國語》、《説文》、《字林》、《三蒼》、《爾雅》。凡書學，石經三體限三歲，《説文》二歲，《字林》一歲。凡算學，《孫子》、《五曹》共限一歲，《九章》、《海島》共三歲，《張邱建》、《夏侯陽》各一歲，《周髀》、《五經算》共一歲，《綴術》四歲，《緝古》三歲，《記遺》、《三等數》皆兼習之。旬給假一日，前假博士考試。讀者千言試一帖，帖三言；講者二千言問大義一條。總三條，通二爲第，不及者有罰。歲終，通一年之業，口問大義十條，通八爲上，六爲中，五爲下。併三下，與在學九歲、律生六歲不堪貢者罷歸。諸學生通二經，俊士通三經，已及第而願留者，四門學生補太學，太學生補國子學。每歲五月有田假，九月有授衣假。二百里外給程。其不帥教及歲中違程滿三十日，事故百日，緣親病二百日，皆罷歸。既罷，條其狀下之屬所。五品以上子孫送兵部，準蔭配色。每歲仲冬，州縣館監舉其成者送之尚書省。而舉選不緣館學者謂之鄉貢，皆懷牒自列於州縣，試已，長吏以鄉飲酒禮會屬僚，設賓主，陳俎豆，備管絃，牲用少牢，歌《鹿鳴》之詩，因與耆艾叙長少焉。既至省，皆疏名列到，結欵通保及所居。始由戶部集閲，而關於考功員外郎試之。　凡秀才，試方略策五道，以文理通粗爲上上、上中、上下、中上，凡四等爲及第。凡明經，先帖文,然後口試,經問大義十條,答時務策三道,亦爲四等。凡《開元禮》,通大義百條,策三道者,超資與官。義通七十,策通二者及第。散、試官能通者,依正員。凡三傳科,《左氏傳》問大義五十條,《公羊》、《穀梁傳》三十條,策皆三道。義通七以上,策通二以上爲第。白身視五經,有出身及前資官視學究一經。凡史科,每史問大義百條,策三道。義通七,策通二以上爲第。能通一史者,白身視五經、三傳,有出身及前資官視學究一經,三史皆通者獎擢之。凡童子科,十歲以下能通一經及《孝經》、《論語》,卷誦文按《玉海》引無“卷”字。十,通者予官;通七,予出身。凡進士,試時務策五道,帖一大經。經策全通爲甲第,策通四、帖過四以上爲乙第。凡明法,試律七條,令三條。全通爲甲第,通八爲乙第。凡書學,先口試,通乃墨試《説文》、《字林》二十條,通十八爲第。凡算學,録大義本條爲問答,明數造術,詳明術理,然後爲通。試《九章》三條,《海島》、《孫子》、《五曹》、《張邱建》、《夏侯陽》、《周髀》、《五經算》各一條,十通六,《記遺》、《三等數》帖讀十得九爲第。試《綴術》、《緝古》,録大義爲問答者,明數造術,詳明術理,無注者合數造術,不失義理,然後爲通。《綴術》七條,《緝古》三條,十通六,《記遺》、《三等數》帖讀十得九爲第。落經者雖通六不第。凡弘文、崇文生,試一大經、一小經,或二中經,或《史記》、《前、後漢書》、《三國志》各一,或時務策五道。經史皆試策十道,經通六。史及時務策通三,皆帖《孝經》、《論語》共十條,通六爲第。凡貢舉非其人者,廢舉者,校試不以實者,皆有罰。其教人取士著於令者,大略如此。而士之進取之方,與上之好惡,所以育才養士,招來獎進之意,有司選士之法,因時增損不同。

自高祖初入長安,開大丞相府,下令置生員,自京師至於州縣皆有數。既即位,又詔秘書外省別立小學,以教宗室子孫及功臣子弟。其後又詔諸州明經、秀才、俊士、進士,明於理體,爲鄉里稱者,縣考試,州長重覆,歲隨方物入貢。吏民子弟學藝者,皆送於京學，爲設考課之法，州縣鄉皆置學焉。及太宗即位，益崇儒術，乃於門下別置弘文館，又增置書、律學，進士加讀經史一部。十三年，東宮置崇文館。按《唐會要》，顯慶元年始於崇賢館置學士，至上元二年改崇文館。此云貞觀十三年，誤。自天下初定，增築學舍至千二百區，雖七營飛騎亦置生，遣博士爲授經。四夷若高麗、百濟、新羅、高昌、吐蕃，相繼遣弟子入學，遂至八千餘人。高宗永徽二年，始停秀才科。龍朔二年，東都置國子監。明年，以書學隸蘭臺，算學隸秘閣，律學隸詳刑。上元二年，加試貢士《老子》策，明經二條，進士三條。國子監置大成二十人，取已及第而聰明者爲之。試書日誦千言，並日試策。所業十通七，然後補其祿俸，同直官。通四經業成，上於尚書，吏部試之，登第者加一階放選。其不第，則習業如初。三歲而又試，三試而不中第從常調。永隆二年，考功員外郎劉思立建言，明經多抄義條，進士唯誦舊策，皆亡實才，而有司以人數充第。乃詔自今明經試帖粗十得六以上，進士試雜文二篇，通文律者然後策試。武后之亂，改易舊制頗多。中宗反正，詔宗室三等以下、五等以上未出身，願宿衛及任國子生，聽之。其家居業成而堪貢者，宗正寺試，送監舉如常法。三衛番下日，願入學者，聽附國子學、太學及律館習業。蕃王及可汗子孫願入學者，附國子學讀書。玄宗開元五年，始令鄉貢明經、進士見訖，國子監謁先師，學官開講問義，有司爲具食，清資五品以上官及朝集使皆往閱禮焉。七年，又令弘文、崇文、國子生季一朝參。及注《老子道德經》成，詔天下家藏其書，貢舉人減《尚書》、《論語》策而加試《老子》。又敕州縣學生年二十五以下，八品子若庶人二十一以下，通一經及未通經而聰悟有文辭史學者，入四門學爲俊士。即諸州貢舉省試不第，願入學者亦聽。二十四年，考功員外郎李昂爲舉人詆訶，帝以員外郎望輕，遂移貢舉於禮部，以侍郎主之。禮部選士自此始。二十九年，始置崇玄學，習《老子》、《莊子》、《文子》、《列子》，亦曰道舉。

其生京都各百人,諸州無常員。官秩、蔭第同國子,舉送課試如明經。天寶九載,置廣文館於國學,以領生徒爲進士者。舉人舊重兩監,後世禄者以京兆、同、華爲榮,而不入學。十二載,乃敕天下罷鄉貢,舉人不由國子及郡縣學者勿舉送。是歲,道舉停《老子》,加《周易》。十四載,復鄉貢。代宗廣德二年,詔曰:“古者設太學,教胄子,雖年穀不登,兵革或動,而俎豆之事不廢。頃年戎車屢駕,諸生輟講。宜追學生在館習業,度支給厨米。”是歲,賈至爲侍郎,建言歲方饑歉,舉人赴省者兩都試之。兩都試人自此始。貞元二年,詔習《開元禮》者舉同一經例;明經習律,以代《爾雅》。是時弘文、崇文生未補者,務取員闕以補,速於登第,而用蔭乖實,至有假市門資,變易昭穆及假人試藝者。六年,詔宜據式考試,假代者論如法。初,禮部侍郎親故移試考功,謂之別頭。十六年,中書舍人高郢奏罷。議者是之。元和二年,置東都監,生一百員。然自天寶後,學校益廢,生徒流散,永泰中雖置兩監生,而館無定員。於是始定生員,西京國子館生八十人,太學七十人,四門三百人,廣文六十人,律館二十人,書、算館各十人。東都國子館十人,太學十五人,四門五十人,廣文十人,律館十人,書館三人,算館二人而已。明經停口義,復試墨義十條。五經取通五,明經通六。其嘗坐法及爲州縣小吏,雖藝文可採勿舉。十三年,權知禮部侍郎庾承宣奏復考功別頭試。初,開元中禮部考試畢,送中書門下詳覆,其後中廢。是歲,侍郎錢徽所舉送,覆試多不中選,由是貶官,而舉人雜文復送中書門下。長慶三年,侍郎王起言:“故事,禮部已放榜,而中書門下始詳覆。今請先詳覆,而後放榜。”議者以起雖避嫌,然失貢職矣。諫議大夫殷侑言:“三史爲書,勸善懲惡,亞於六經。比來史學都廢,至有身處班列,而朝廷舊章莫能知者。”於是立史科及三傳科。大和三年,高鍇爲考功員外郎,取士有不當,監察御史姚中立又奏停考功別頭試。六年,侍郎賈餗又奏復之。八年,宰相王涯以爲禮部取士乃先以榜示中書，非至公之道。自今一委有司，以所試雜文、鄉貫、三代名諱送中書門下。

大抵衆科之目，進士尤爲貴，其得人亦最爲盛焉。方其取以辭章，類若浮文而少實。及其臨事設施，奮其事業，隱然爲國名臣者，不可勝數。遂使時君篤意，以謂莫此之尚。及其後世，俗愈媮薄，上下交疑，因以謂按其聲病，可以爲有司之責，捨是則汗漫而無所守，遂不復能易。嗚呼！乃知三代鄉里德行之舉，非至治之隆莫能行也。太宗時，冀州進士張昌齡、王公謹《昌齡傳》作“公治”。有名於當時，考功員外郎王師旦不署以第。太宗問其故，對曰：“二人者皆文采浮華，擢之將誘後生而敝風俗。”其後二人者卒不能有立。按此條誤，辨已見前。寶應二年，禮部侍郎楊綰上疏言：“進士科起於隋大業中，是時猶試策。高宗朝，劉思立加進士雜文，明經填帖，故爲進士者皆誦當代之文，而不通經史，明經者但記帖括。又投牒自舉，非古先哲王側席待賢之道，請依古察孝廉。其鄉閭孝友信義廉恥而通經者，縣薦之州，州試其所通之學送於省。自縣至省，皆勿自投牒。其到狀、保辨、識牒皆停。而所習經取大義，聽通諸家之學。〔趙校：“諸家”原作“諸經”，據《新唐書·選舉志》改。〕每問經十條，對策三道，皆通爲上第，吏部官之。經義通八，策通二爲中第，與出身。下第罷歸。《論語》、《孝經》、《孟子》兼爲一經。其明經、進士及道舉並停。”詔給事中李栖筠、李廙、尚書左丞賈至、京兆尹兼御史大夫嚴武議。栖筠等議曰：“夏之政忠，商之政敬，周之政文。然則文與忠敬，皆統人行。且謚號述行，莫美於文，文興則忠敬存焉。故前代以文取士，本文行也。由辭觀行，則及辭焉。宣父稱顏子不遷怒，不貳過，謂之好學。今試學者以帖字爲精通，不窮旨義，豈能知遷怒貳過之道乎？考文者以聲病爲是非，豈能知移風易俗化天下乎？是以上失其源，下襲其流，先王之道，莫能行也。夫先王之道消，則小人之道長，亂臣賊子由是生焉。今取士試之小道，而不以遠大，是猶以蝸蚓之餌垂海，而望吞舟之魚，不亦難乎？所以食垂餌者皆小魚，就科目者皆小藝。且夏有天下四百載，禹之道喪而商始興。商有天下六百載，湯之法棄而周始興。周有天下八百年，文、武之政廢而秦始併焉。三代之選士任賢，皆考實行，是以風俗淳一，運祚長遠。漢興，監其然，尊儒術，尚名節。雖近戚竊位，强臣擅權，弱主外立，母后專政，而亦能終彼四百。豈非舉行之效邪？魏晉以來，專尚浮侈（孟按："侈"，《新志》作"俊"），德義不修，故子孫速顛，享國不永也。今縮所請，實爲正論。然自晉室之亂，南北分裂，人多僑處。必欲復古鄉舉里選，竊恐未盡。請兼廣學校，以明訓誘。雖京師州縣，皆有小學，兵革之後，生徒流離，儒臣師氏，禄廪無向。請增博士員，厚其廪，稍選通儒碩生間居其職。十道大郡置太學館，遣博士出外，兼領郡官，以教生徒。保桑梓者，鄉里舉焉；在流寓者，庠序推焉。朝而行之，夕見其利。"而大臣以爲舉人循習，〔趙校："大臣"原作"大人"，據《新志》改。〕難於速變（孟按："速變"，原作"更變"，據《新志》改）。請自來歲始。帝以問翰林學士，對曰："舉進士久矣，廢之恐失其業。"乃詔明經、進士與孝廉兼行。先是，進士試詩賦及時務策五道，明經策三道。建中二年，中書舍人趙贊權知貢舉，乃以箴論表贊代詩賦，而皆試策三道。大和八年，禮部復罷進士議論，而試詩賦。按建中之罷詩賦，不數年即復舊。至大和七年，又欲罷詩賦。然開成元年帝謂李石曰："昨試進士，題目是朕自出，所見詩賦似勝去年。"是未曾罷。志文有脫誤。文宗從內出題，以試進士，謂侍臣曰："吾患文格浮薄，昨自出題，所試差勝。"乃詔禮部，歲取登第者三十人。苟無其人，不必充其數。是時，文宗好學嗜古，鄭覃以經術位宰相，深嫉進士浮薄，屢請罷之。文宗曰："敦厚浮薄，色色有之。進士科取人二百年矣，不可遽廢。"因得不罷。武宗即位，宰相李德裕尤惡進士。初，舉人既及第，綴行通名，詣主司第謝。其制，序立西階下，北上東向；主人席東階下，西向。諸生拜，主司答拜。乃叙齒謝恩，遂升階，與公卿觀者皆坐。酒數行，乃赴期集。又有曲江會、題名席。至是德裕奏："國家設科取士，而附黨背公，自爲門生。自今一見有司而止，其期集、參謁、曲江、題名皆罷。"德裕嘗論公卿子弟，艱於科舉。武宗曰："向聞楊虞卿兄弟朋比貴勢，妨平進之路。昨黜楊知至、鄭朴等，抑其太甚耳。有司不識朕意，不放子弟即過矣。但取實藝可也。"德裕曰："鄭肅、封敖子弟皆有才，不敢應舉。臣無名第，不當非進士。然臣祖天寶末以仕進無他岐，勉強隨計，一舉登第。自後家不置《文選》，蓋惡其不根藝實（孟按："藝實"，原作"實藝"，據《新志》改）。然朝廷選官，〔趙校：《新書》作"顯官"。〕須公卿子弟爲之。何者？少習其業，目熟朝廷事，臺閣之儀不教而自成。寒士縱有出人之才，固不能閑習也。則子弟未易可輕。"德裕之論偏異蓋如此。然進士科當唐之晚節，尤爲浮薄，世所共患也。　　所謂制舉者，其來遠矣。自漢以來，天子常稱制詔，道其所欲問而親策之。唐興，世崇儒學。雖其時君賢愚好惡不同，而樂善求賢之意未始少怠。故自京師外至州縣，有司常選之士以時而舉。而天子又自詔四方德行、才能、文學之士，或高蹈幽隱，與其不能自達者，下至軍謀將略，翹關拔山，絕藝奇技，莫不兼取（孟按："取"，原作"收"，據《新志》改）。其爲名目，隨其人主臨時所欲。而列爲定科者，如賢良方正、直言極諫，博通墳典、達於教化，軍謀宏遠、堪任將率，詳明政術、可以理人之類，其名最著。而天子巡狩、行幸，封禪太山、梁父，往往會見行在。其所以待之之禮甚優，而宏材偉論非常之人亦時出於其間，不爲無得也。　　其外又有武舉，蓋其起於武后之時。長安二年，始置武舉。其制有長垛、馬射、步射、平射、筒射，又有馬槍、翹關、負重、身材之選。翹關長丈七尺，徑三寸半，凡十舉後，手持關距，出處無過一尺；負重者，負米五斛，行二十步：皆爲中第。亦以鄉飲酒禮送兵部。其選用之法不足道，故不復書。

《新書·選舉志》

　　有唐已來出身入仕者，著令有秀才，明經，進士，明法、書、算。天寶三載，又置崇玄學，習《道德》等經，同明經例。其秀才，有唐已來無其人。秀才出身，上上第正八品上，上中第正八品下，上下第從九品上。明經出身，上上第從八品下，上中第從九品上。進士、明經出身，甲第從九品上，乙第從九品下。若通二經已外，每一經加一等。《舊書·職官志》

　　唐初，以明經、進士二科取士，初不甚相遠，皆帖經文而試時務策。但明經帖文通而後口問大義；進士所主在策，道數加於明經，以帖經副之爾。永隆後，進士始先試雜文二篇，初無定名。《唐書》自不記詩賦所起，意其自永隆始也。《避暑錄話》。　按進士試雜文，先用賦，後增以詩，皆在玄宗時。言始永隆，誤。

　　大唐貢士之法，多循隋制。上郡歲三人，中郡二人，下郡一人。有才能者無常數。凡舉司課試之法，帖經者以所習經掩其兩端，中間開惟一行，裁紙爲帖。凡帖三字，隨時增損，可否不一，或得四得五得六者爲通。後舉人積多，故其法益難。務欲落之，至有帖孤章絶句、疑似參互者以惑之。甚者或上抵其注，下餘一二字，使尋之難知，謂之倒拔。既甚難矣，而舉人則有驅懸孤絶索幽隱，爲詩賦而誦習之，不過十數篇則難者悉詳矣。其於平文大義，或多墻面焉。天寶十一載，禮部侍郎楊浚始開爲三行。不得帖斷絶疑似之言也。按令文，科第秀才與明經同爲四等，進士與明法同爲二等。然秀才之科久廢，而明經雖有甲乙丙丁四科，進士有甲乙二科，自武德以來，明經唯有丁第，按《冊府元龜》作“丙丁第”。進士唯乙科而已。先試之期，命舉人謁於先師，有司卜日宿張於國學，宰輔以下皆會而觀焉。博集群議，講論而退。禮部閲按《冊府元龜》作“關”。試之日，皆嚴設兵衛，薦棘圍之、搜索衣服，譏訶出入，以防假濫焉。其進士大抵千人得第者一二；明經倍之，得第者十一二。其制詔舉人，不有常科，皆標其目而搜揚之。試之日，或在殿廷，天子親臨觀之。試已，糊其名於中。考之文策高者，特授以美官，其次與出身。開元以後，四海宴清，士無賢不肖，恥不以文章達。其應詔而舉者，多則二千人，少猶不減千人，所取百纔有一。《通典》

諸貢舉非其人及應貢舉而不貢舉者，一人徒一年，二人加一等，罪止徒三年。非其人，謂德行乖僻，不如舉狀者。若試不及第，減二等。率五分得三分及第者不坐。《疏議》曰：依令，諸州歲別貢人。若別敕令舉及國子諸館年常送省者爲舉人。皆取方正清循，名行相副。若德行無聞，妄相推薦，或才堪利用，蔽而不舉者，一人徒一年，二人加一等，罪止徒三年。注云非其人，謂德行乖僻，不如舉狀者。若使名實乖違，即是不如舉狀。縱使試得及第，亦退而獲罪。如其德行無虧，唯只策不及第，減乖僻者罪二等。率五分得三分及第者不坐，謂試五得三，試十得六之類，所貢官人皆得免罪。若貢五得二，科三人之罪；貢十得三，科七人之罪。但有一人德行乖僻，不如舉狀，即以乖僻科之。縱有得第者多，並不合共相準折。若考校課試而不以實及選官乖於舉狀，以故不稱職者，減一等。負殿應附而不附及不應附而附，致考有升降者，罪亦同。《疏議》曰：考校，謂內外文武官僚，年終應考校功過者。其課試，謂貢舉之人藝業技能，依令課試有數。若其官司考試不以實及選官乖於所舉本狀，以故不稱職者，謂不習典憲，任以法官，明練經史，授之武職之類，各減貢舉非其人罪一等。負殿應附不附者，依令，私坐每一斤爲一負，公罪二斤爲一負，各十負爲一殿。考校之日，負殿皆悉負狀。若故違不附及不應附而附者，謂蒙別敕放免，或經恩降，公私負殿並不在附限。若犯免官以上及臟賄入己恩前獄成，仍附景迹，除此等罪。並不合附而故附，致使考校有升降者，得罪亦同，謂與考校、課試不實罪同，亦減貢舉非其人罪一等。失者各減三等。餘條失者準此。承言不覺，又減一等。知而聽行，與同罪。《疏議》曰：失者各減三等，謂意在堪貢，心不涉私，不審德行有虧，得減故罪三等。自試不及第以下、應附不附以上，失者又各減三等。餘條失者準此，謂一部律內，公事錯失，本條無失減之文者，並準此減三等。承言不覺，亦從貢舉以下承校試人言，不覺差失，從失減三等上更減一等，故云又減一等。知而聽行，亦從貢舉以下知非其人，或試不及第，考校、課試

知其不實，或選官乖狀。各與同罪，謂各與初試者同罪。　《唐律疏議》

《周禮》，鄉大夫具鄉飲酒之教，考其德行，察其道藝，三年舉賢者，貢於王庭。非夫鄉舉里選之義，源於中古乎？夫子聖人，始以四科齒門弟子，後王因而範之。漢革秦亂，講求典禮，亦解循塗方轍，以須賢俊。考德行則升孝廉而激浮俗，掄道藝則第雋造而廣人文，故郡國貢士無虛歲矣。繇是天下上計，集於大司徒府，所以顯五教於萬民者也。唐沿隋法漢，孜孜矻矻，以事草澤，琴瑟不改而清濁殊塗，丹漆不施而豐儉異致。《摭言》

永徽已前，俊、秀二科猶與進士並列。咸亨之後，凡由文學舉於有司者，競集於進士矣。繇是趙儋等嘗刪去俊、秀，故目之曰《進士登科記》。古者閭有序，鄉有庠，以時教行禮而視化焉。其有秀異者，則升於諸侯之學。諸侯歲貢其尤著者，移之於天子，升於太學，故命曰造士，然後命焉。《周禮》，大樂正論造士之秀者，以告於王，而升諸司馬，曰進士。司馬辨論官材，論進士之賢者，以告於王，而定其論。論定然後官之，任官然後爵之，位定然後祿之。若列之於科目，則俊、秀盛於漢、魏，而進士隋大業中所置也。如侯君素、孫伏伽，皆隋之進士也明矣。然彰於武德，而甲於貞觀。蓋文皇帝修文偃武，天贊神授。嘗私幸端門，見新進士綴行而出，喜曰："天下英雄入吾彀中矣。"若乃光宅四夷，垂祚三百，何莫由斯之道者也！《摭言》

進士為時所尚久矣，是故俊乂實在其中。由此而出者，終身為文人，故爭名常為時所重。其都會，謂之舉場。通稱，謂之秀才。投刺，謂之鄉貢。得第，謂之前進士。胡三省《通鑑》注曰："進士及第，而於時無官，謂之前進士。"互相推敬，謂之先輩。《演繁露》曰："唐世呼舉人已第者為先輩，其目目則曰前進士。　按魏文帝黃初五年立太學，初詣學者為門人，滿一歲試過一經者，補弟子。不通一經，罷遣。弟子滿二歲，試通二經者，補文學掌故。不通經者，聽須後試。故後世稱先試而得第者為先輩，由此也。前進士云者，亦放此也。猶曰早第進士，而其輩行在先也。"按此説非也。先輩者,不過彼此互相推敬之稱。如柳珪是韋愻門生,而韋稱珪曰柳先輩,是非謂先試而得第矣。亦曰必先,韋莊有《覽蕭必先卷詩》,尚顏有《送劉必先詩》。其解前進士亦未確,謂前此爲進士,猶今曾任某官謂之前任耳。俱捷,謂之同年。近年及第,未過關試,皆稱新及第進士。所以韓中丞儀嘗有《知聞近過關試,儀以一篇紀之》曰:"短行納了付三銓,休把新銜惱必先。今日便稱前進士,好留春色與明年。" 按謂父之同年曰同年丈人。有司,謂之座主。按座主亦曰恩地,曰恩門。座主之恩門,曰大座主。京兆府考而升者,謂之等第。外府不試而貢者,謂之拔解。然拔解亦須預托人爲詞賦,非謂白薦。將試各相保,謂之合保。群居而賦,謂之私試。造請權要,謂之關節。激揚聲價,謂之還往。既捷,列名於慈恩寺塔,謂之題名。大宴於曲江亭子,謂之曲江會。曲江大會在關試後,亦謂之關宴。宴後同年各有所之,亦謂之爲離會。藉而入選,謂之春關。不捷而醉飽,謂之打眊燥。匿名造謗,謂之無名子。退而肄業,謂之過夏。執業以出,謂之夏課。亦謂之秋卷。挾藏入試,謂之書策。此其大略也。其風俗繫於先達,其制置存於有司。雖然,賢者得其大者,故位極人臣常十有二三,登顯列十有六七。而元魯山、張睢陽有焉,劉蕡、元翱有焉。李肇《國史補》、《摭言》。

長安舉子,七月後投獻新課,並於諸州府拔解。人爲語曰:"槐花黄,舉子忙。"《南部新書》

進士科始於隋大業中,盛於貞觀、永徽之際。搢紳雖位極人臣,不由進士者終不爲美,以至歲貢常不減八九百人。其推重謂之白衣公卿,又曰一品白衫。其艱難謂之"三十老明經,五十少進士"。其負儁儻之才,變通之術,蘇、張之辨説,荆、聶之膽氣,仲由之武勇,子房之籌畫,弘羊之書計,方朔之詼諧,咸以是而晦之。修身慎行,雖處子之不若。其有老死於文場者,亦無所恨。故有詩云:"太宗皇帝真長策,賺得英雄盡白頭。"《摭言》

進士科與俊、秀同源異派,所試皆答策而已。兩漢之制,有射策、對策,二義者何? 射者,謂列策於几案,貢人以矢投之,隨所中而對之也。對則明以策問授其人,而觀其臧否也。如公孫弘、董仲舒,皆由此而進者也。有唐自高祖至高宗,靡不率由舊章。垂拱元年,吳師道等二十七人及第,後敕批云:"略觀其策,並未盡善,若依令式,及第者唯只一人。意欲廣收其材,通三者並許及第。"後至調露二年,考功員外劉思玄奏請加試帖經與雜文,文之高者放入策,尋以則天革命,事復因循。至神龍元年,方行三場試,故常列詩賦題目於榜中矣。《摭言》

隋置明經、進士科。唐承隋,置秀才、明法、明字、明算,並前六科。主司則以考功郎中,後以考功員外郎。士人所趨,明經、進士二科而已。及大足元年置拔萃,始於崔翹。開元十九年置宏詞,始於鄭昕。按"鄭"當作"蕭"。開元二十四年置平判入等,始於顏真卿。是年,考功員外郎李昂摘進士李權章句疵之,榜於通衢。權摘昂詩句之失。由是世難其事,乃命禮部侍郎主之。後有左補闕薛邕、中書舍人達奚珣、李韋、李麟、姚子彦、張蒙、高鄪、權德輿、衛次公、張弘靖、于尹躬、韋貫之、李逢吉、李程、庾承宣、賈餗、沈珣、杜審權、李璠、裴恒、王鐸、李蔚、趙騭、鄭愚,太常少卿李建,尚書蕭昕,僕射王起,常侍蕭倣,黃門侍郎許孟容、鄭顥,刑部侍郎崔樞,户部侍郎韋昭度雜主之。而弘靖不以進士顯。《唐語林》

進士者,可進受爵禄者也。《王制》曰:"大樂正論造士之秀者,以告於王,而升諸司馬,曰進士。"造士者,成士也,能習禮而成其士也。樂正者,掌國子之教,今之祭酒、司業也。司馬者,夏卿主正官也。黃帝時,常光爲大司馬,掌建邦之九法。《尚書》云:"司馬統六師,平邦國。"大樂正以造士之秀者,移居於司馬,司馬以進士之賢者,然後使官爵之。故《王制》又云:"論進士之賢者,以告於王而定論。"言各置其所長也。論定然後官之,任官然後爵之,位定然後禄之。夫秀才、茂才、孝廉之科,其來尚矣。

漢之秀才對策，故武帝有《策秀才文》。孝廉者，孝悌廉讓也，學行俱至，始得舉孝廉，漢朝顯重此科。後漢尚書令左雄欲限年四十已上方可舉察，胡廣駁之，茂才異行者不拘年限。又東漢法雄舉胡廣孝廉，京師試章奏，爲天下第一。按後漢之舉孝廉見於史傳者凡數十人，蘇氏惟舉胡廣，殊爲不備。自吳、魏、晋，皆以郡舉孝廉，察秀才。故州郡長史、別駕，皆赴舉察。漢朝又懸四科取士：一曰德行高妙，志節清白；二曰學通行脩，經中博士；三曰明達法令，足以決疑，能案章覆問，文中御史；四曰剛毅多略，遭事不惑，明足以決，才任三輔令。近代以諸科取士者甚多。武德四年，復置秀才、進士兩科。秀才試策，進士試詩賦。其後秀才合爲進士一科。《蘇氏演義》。　　按有秀才科時，進士尚未試詩賦，所言誤。

　　高宗時，劉祥道言，歲入流千五百，經學、時務比雜色人三分不及一。玄宗時，楊瑒言，流外及諸色仕者歲二千，過明經、進士十倍。是唐科目取人，不及雜色入流之衆也。然唐取士之途又有二焉，由學館曰生徒，由州縣曰鄉貢。而楊瑒言明經、進士百人，二監生千百數，當選者十之二，而得第者無幾。是言生徒不及鄉貢也。進士科不過三十人，故杜佑言進士得第者百一二，明經者十一二。是進士又不及明經多也。生徒不及鄉貢，進士不及明經，明經、進士又皆不及雜色入流，此其選數之大凡也。唐初貢舉，屬之考功，至開元移之禮部。所謂主司，皆有常人，則既預知之矣。不惟預知也，亦可預謁之。不惟預謁也，亦可預托之。貴者以勢托，富者以財托，親故者以情托，此豈復有真貢舉哉。故有因權勢以相傾奪，如牛、李之黨，由於錢徽典舉之日，至於互相磨軋者四十餘年。於是又有畏嫌自私而矯時以爲公者，則有嫌於貴而不得舉者矣，如韓退之之序齊皥是也。有嫌於富而不得舉者矣，如柳子厚與王參元書是也。幸而不出於私，則又不幸而入於矯。夫其矯者，必有所懲也。故觀其矯而思其所懲之由，則通榜取士，弊且如此。此唐名臣，多由此出彼，果何以致之邪？豈其有徇私之弊，而猶不失其收時望之利邪？若夫崔群之第緣梁蕭，杜牧之第緣吳武陵，李商隱之第緣令狐綯，盧肇之第緣李德裕，每每類此，亦何惡於請托哉！《考索續》

唐制謂衆科之目，進士尤貴，其得人亦盛。然嘗論之，以唐貢舉之員數較之他流則狹矣，以唐貢舉之條式較之今日則疎矣。然而足以得人，何哉？曰儒科之重自唐始，其狹且疎何尤焉。而其流品之別，公望之屬，抑有自來，故雖狹且疎，而猶足以得人，是儒科之所以重也。韋貫之嘗言，禮部侍郎重於宰相。憲宗問其故，對曰：“爲陛下揀宰相者，得無重乎？權德輿爲禮部侍郎，擢進士第者七十二，而登宰相者十人。其他征鎮、岳牧、文昌、掖垣之選，不可悉數。”則知其時待之之異，選之之重，有在於是。而其奮然於事業，爲國名臣者，多出於其間，前世所無也。杜牧言：“國朝自房、梁已降，有大功、立大節者，率多科第人也。”因歷數其人，謂郝處俊、來濟、上官儀、李玄義、婁師德、張柬之、郭元振、魏知古、姚元崇、宋璟、劉幽求、蘇頲父子、張説、張九齡、張巡、裴度，凡十九人，皆文武全才，傑然不世出者。然牧所言，及其時而止，間有遺者。以此見唐史得人之盛，非虛語也。《考索續》

今人但以貢生爲明經，非也。唐制有六科：一曰秀才，二曰明經，三曰進士，四曰明法，五曰書，六曰算。《大唐新語》：“隋煬帝置明經、進士二科。國家因隋制，增置秀才、明法、明字、明算，並前爲六科。”當時以詩賦取者謂之進士，以經義取者謂之明經。今罷詩賦而用經義，則今之進士乃唐之明經也。　唐時入仕之數，明經最多。考試之法，令其全寫注疏，謂之帖括。議者病其不能通經，權文公謂注疏猶可以質驗，不者儻有司率情，上下其手，既失其末，又不得其本，則蕩然矣。今之學者並注疏而不觀，殆於本末俱喪。然則今之進士又不如唐之明經也乎！《日知錄》

《舊唐書·杜正倫傳》：“正倫，隋仁壽中與兄正元、正藏，俱以秀才擢第。隋代舉秀才止十餘人，〔趙校：“隋代”原作“唐代”，據

《舊唐書》卷七十改。□正倫一家有三秀才，甚爲當時稱美。"《唐登科記》，武德至永徽，每年進士或至二十餘人，而秀才止一人、二人。《舊唐書·職官志》則云秀才有唐以來無其人。杜氏《通典》云："初秀才科第最高，試方略策五條，有上上、上中、上下、中上凡四等。貞觀中有舉而不第者，坐其州長，由是廢絕。《新唐書》："高宗永徽二年，始停秀才科。"士人所趨向，惟明經、進士二科而已。顯慶初，黃門侍郎劉祥道奏言：'國家富有四海，於今已四十年，百姓官僚，未有秀才之舉。未有今人之不如昔，將薦賢之道未至！豈使方稱多士，遂缺斯人？請六品以下，爰及山谷，特降綸言，更審搜訪。'"唐人之於秀才，其重如此。秀才字出《史記》，《賈生傳》"年十八，以能誦《詩》屬書聞於郡中，吳廷尉爲河南守，聞其秀才"；而《儒林傳》公孫弘等之議則曰"有秀才異等，輒以名聞"。此秀才之名所起。玄宗御撰《六典》言凡貢舉人，有博識高才，強學待問，無失俊選者爲秀才。通二經已上者爲明經。明閑時務，精熟一經者爲進士。《張昌齡傳》："本州欲以秀才舉之，昌齡以時廢此科已久，固辭，乃充進士貢舉及第。"是則秀才之名，乃舉進士者之所不敢當也。《册府元龜》："開元二十四年已後，復有秀才舉。其時以進士漸難，而秀才本科無帖經及雜文之限，反易於進士。主司以其科廢久，不欲拔獎，應者多落之。三十年來無登第者。至天寶初，禮部侍郎韋陟始奏請，有堪此舉者，乃令長官特考，其常年舉送者並停。"《册府元龜》又言，代宗朝，楊綰爲禮部侍郎，請制五經秀才科，事寢不行。而《舊唐書·儒學傳》，馮伉大曆初登五經秀才科，則是嘗行之而旋廢耳。又《文苑英華》判目有云："鄉舉進士，至省求試秀才，考功不聽，求訴不已。趙昌判曰：'文藝小善，進士之能；訪對不休，秀才之目。'"《文選》任昉《爲蕭揚州府薦士表》："訪對不休，質疑斯在。"是又進士求試秀才而不可得也。今以生員而冒呼此名，何也？《容齋三筆》謂秀才之名自宋、魏以後實爲貢舉科目之最，而今世俗以爲相輕之稱。《日知錄》

舉人者，舉到之人。《北齊書·鮮于世榮傳》"以本官判尚書省右僕射事，與吏部尚書袁修聿在尚書省簡試舉人"；《舊唐書·高宗紀》"顯慶四年二月乙亥，上親策試舉人凡九百人"，"調露元年十二月甲寅，臨軒試應岳牧舉人"是也。登科則除官，不復謂之舉人；而不第則須再舉。不若今人以舉人爲一定之名也。進士乃諸科目中之一科，而傳中有言舉進士者，有言舉進士不第者。孟浩然應進士不第。杜甫天寶初應進士不第。唐衢應進士，久而不第。溫庭筠大中初應進士，累年不第。吳筠舉進士不第。皇甫鎮舉進士，二十三上不中第。《五代史》亦然。敬翔乾符中舉進士不中。鄭遨唐昭宗時舉進士不中。李振常舉進士咸通、乾符中，連不中。鄭珏舉進士，數不中。司空頲唐僖宗時舉進士不中。馮玉少舉進士不中。李鏻少舉進士，累不中。賈緯少舉進士不中。但云舉進士，則第不第未可知之辭。不若今人已登科而後謂之進士也。自本人言之，謂之舉進士；自朝廷言之，謂之舉人。唐文宗開成三年五月丁巳朔敕："禮部貢院進士舉人，歲限放三十人及第。"進士舉人者，謂舉進士之人也。進士即是舉人，不若今人以鄉試榜謂之舉人，會試榜謂之進士也。《日知錄》

　　唐制，取士之科有秀才，有明經，有進士，有俊士，有明法，有明字，有明算，有一史，有三史，有《開元禮》，有道舉，有童子。而明經之別有五經，有三經，有二經，有學究一經，有三禮，有三傳，有史科。此歲舉之常選也。其天子自詔曰制舉，《唐書·選舉志》如姚崇下筆成章、張九齡道侔伊吕之類，見於史者凡五十餘科，《困學紀聞》：唐制舉之名多至八十有六。故謂之科目。今代止進士一科，則有科而無目矣。猶沿其名，謂之科目，非也。《日知錄》

　　杜氏《通典》："按令文，科第秀才與明經同爲四等，進士與明法同爲二等。然秀才之科久廢，而明經雖有甲乙丙丁四科，進士有甲乙二科，自武德以來，明經惟有丙丁第，進士惟乙科而已。"《舊唐書·玄宗紀》："開元九年四月甲戌，上親策試應制舉人於含元殿。敕曰：'近無甲科，朕將存其上第。'《楊綰傳》："天寶十三載,玄宗御勤政樓試舉人,登甲科者三人。縚爲之首,超授右拾遺。其登乙科者三十餘人。"《册府元龜》杜甫《哀蘇源明詩》曰:"制可題未乾,乙科已大闐。"然則今之進士而概稱甲科,非也。《日知録》

唐自貞觀訖開元,文章最盛,較藝者歲千餘人,而所收無幾。咸亨、上元中,嘗增其數,然亦不及百人。《續資治通鑑長編》至和二年十月王珪奏。

自隋大業中,始設進士科,至唐以來尤盛,當時每歲不過三十人。咸亨、上元中,增舊額爲七十人,尋亦復故。開成中,連數歲放四十人,旋復舊制。進士外以經術登科者,亦不及百人。《宋會要》

進士之科,起於隋大業中。始試以策,唐初因之。高宗時,雜以箴銘賦詩,至文宗始專用賦。《金史·移刺履傳》。　　按專用賦詩當在玄宗時,非高宗也。文宗嘗欲罷賦而未果。所言皆誤。

明皇時,士子殷盛,每歲進士到省者常不減千餘人。在館諸生,更相造詣,互結朋黨,以相傾奪,號之爲棚,推聲望者爲棚頭,權門貴盛無不走也,以此熒惑主司視聽。其不第者率多喧訟,考功不能禦。開元二十四年冬,遂移貢舉屬於禮部,侍郎姚奕頗振綱紀焉。舊例,試雜文者一詩一賦,或兼試頌論,而題目多爲隱僻。策問五道,舊例三道爲時務策,一道爲方略,一道爲徵事。近者方略之中或有異同,大抵非精究博贍之才,難以應乎茲選矣。故當代以進士登科爲登龍門,解褐多拜清緊,十數年間擬跡廟堂。輕薄爲之語曰:"及第進士,俯視中黃郎;落第進士,揖蒲華長馬。"又云:"進士初擢第,頭上七尺焰光。"好事者紀其姓名,自神龍以來迄於茲日,名曰《進士登科記》,亦足以昭示前良,發起後進也。《封氏聞見録》

國朝以來,州縣皆有博士。縣則州補,州則吏曹授焉。然博士無吏職,惟主教授,多以醇儒處之。衣冠俊乂,恥居此任。玄

宗時，兩京國學有明經、進士，州縣之學絕無舉人。於是敕停鄉
貢，一切令補學生，然後得舉。無何，中原有事，乃復爲鄉貢。州
縣博士學生，惟二仲釋奠行禮而已。今上登極，思弘教本。吏部
尚書顏真卿奏請改諸州博士爲文學，品秩在參軍之上，其中下州
學一事已上，並同上州。每令與司功參軍同試貢舉，並四季同巡
縣，點檢學生，課其事業。博士之爲文學，自此始也。《封氏聞見
録》。　按新、舊《書·顏真卿傳》，元載伏誅，拜刑部尚書，進吏部。則"今
上"謂代宗也。

　　自貞元後，唐文甚振，以文學科第爲一時之榮。及其弊也，
士子豪氣駡吻，遊諸侯門，諸侯望而畏之。如劉魯風、姚嵩保、柳
棠、平曾之徒，其文皆不足取。余故載之者，以見當時諸侯争取
譽於文士，此蓋外重内輕之牙孽。如李益者，一時文宗，猶曰"感
恩知有地，不上望京樓"。其後如李山甫輩，以一名第之失，至挾
方鎮劫宰輔，則又有甚焉者矣。一篇一韻，初若虚文，而治亂之
萌係焉。余以是知其不可忽也。《唐詩紀事》

　　西監，隋制。東監，龍朔元年所置。開元已前，進士不由兩
監者，深以爲恥。李華員外寄趙七侍御詩略曰："昔日蕭邵友，四
人纔成童"。又郭代公、崔湜、范履冰輩，皆由太學登第。李肇舍
人撰《國史補》亦云："天寶中，袁咸用、劉長卿分爲朋頭。按"朋
頭"即"棚頭"。是時常重兩監，爾後物態澆漓，稔於世禄，以京兆
爲榮美，同、華爲利市，莫不去實務華，棄本逐末。故天寶十二載
敕：'天下舉人，不得言鄉貢，皆須補國子及郡學生。'廣德二年
制：'京兆府進士並令補國子生。'斯乃救壓覆者耳，奈何人心既
去，雖拘之以法，猶不能勝；矧或執大政者不常其人，所立既非自
我，則所守亦不堅矣。繇是貞元十年已來，殆絕於兩監矣。"
《摭言》

　　國子祭酒、司業之職，掌邦國儒學訓導之政令，有六學焉。
一曰國子，二曰太學，三曰四門，四曰律學，五曰書學，六曰算學。

按《新書》，並廣文館爲七學。丞掌判監事，凡六學生每歲有業成上於監者，以其業與司業、祭酒試之。《舊書・職官志》：“凡教授之經，以《周易》、《尚書》、《周禮》、《儀禮》、《禮記》、《毛詩》、《春秋左氏傳》、《公羊傳》、《穀梁傳》各爲一經，《孝經》、《論語》並習之。”明經帖經，口試，策經義。進士帖一中經，試雜文，策時務，徵事。其明法，明書、算，亦各試所習業。登第者白祭酒，上於尚書禮部。其試法皆依考功，又加以口試。明經帖限通八以上，明法、明書皆通九已上。　主簿掌印，勾檢監事。凡六學生有不率師教者，則舉而免之。其頻三年下第，九年在學，及律生六年無成者，亦如之。假違程限及作樂雜戲亦同，惟彈琴、習射不禁。　國子博士掌教文武官三品以上及國公子孫、從二品已上曾孫之爲生者，五分其經，以爲之業。習《周禮》、《儀禮》、《禮記》、《毛詩》、《春秋左氏傳》，每經各六十人，餘經亦兼習之。習《孝經》、《論語》，限一年業成。《尚書》、《春秋公羊》、《穀梁》，各一年半。《周易》、《毛詩》、《周禮》、《儀禮》，各二年。《禮記》、《左氏春秋》，各三年。其生初入，置束帛一篚，酒一壺，脩一案，號爲束脩之禮。其習經有暇者，命習隸書，並《國語》、《説文》、《字林》、《三蒼》、《爾雅》。每旬前一日，則試其所習業。試讀者，每千言内試一帖。試講者，每二千言内問義一條。〔趙校：原脱“千”字，據《唐六典》卷二十一補。〕總試三條，通一及全不通者，斟量決罰。每歲其生有能通兩經已上求出仕者，則上於監。堪秀才、進士者，亦如之。　太學博士掌教文武官五品已上及郡縣公子孫、從三品曾孫之爲生者，五分其經，以爲之業，每經各百人。其束脩之禮，督課試舉，如國子博士之法。　四門博士掌教文武官七品已上及侯伯子男子之爲生者，若庶人子爲俊士生者。《禮記・王制》曰：“命鄉論秀士，升之司徒，曰選士。司徒論選士之秀者，升之學，曰俊士。”《隋書・志》曰：“舊國子學處士以貴賤。梁武帝欲招來後進，五館生皆取寒門俊才，不拘員數。即今之俊士也。”分經同太學。其束脩之禮，督課試舉，同國子博士之法。　律學博士掌教文武官八品已下及庶人子之爲生者，以律令爲專業。格式、法例，亦兼習之。其束脩之禮，督課試舉，如三館博士之法。　書學博士掌教文武官八品已下及庶人子之爲生者，以石經、《説文》、《字林》爲專業，餘字書亦兼習之。石經三體書，限三年業成。《説文》，二年。《字林》，一年。其束脩之禮，督課試舉，如三館博士之法。　算學博士掌教文武官八品已下及庶人子之爲生者，二分其經，以爲之業。習《九章》、《海島》、《孫子》、《五曹》、《張邱建》、《夏侯陽》、《周髀》，十有五人。習《綴術》、《緝古》，十有五人。其《記遺》、《三等數》，亦兼習之。《孫子》、《五曹》，共限一年業成。《九章》、《海島》，共三年。《張邱建》、《夏侯陽》，各一年。其束脩之禮，督課試舉，如三館博士之法。《唐六典》

天寶九年七月，詔於國子監別置廣文館，以舉常修進士業者，斯亦救生徒之離散也。始其春官氏擢廣文生者，名第無高下。貞元八年，歐陽詹居第三人，李觀第五人。邇來此類不乏，暨大中之末，咸通、乾符以來，率以爲末第。或曰鄉貢賓也，學生主也，主宜下於賓，故列於後也。大順二年，孔魯公在相位，思矯其弊，故特置吳仁璧於蔣肱之上。明年，公得罪去職，及第者復循常而已。悲夫！《摭言》

鄉貢里選，盛於中古乎？今之所稱，蓋本同而末異也。今之解送，則古之上計也。漢武帝置五經博士，太常選民年十八已上好學者補弟子。郡國有好文學、敬順於鄉黨者，令與計偕，受業太常如弟子。一歲輒課通經藝，補文學掌故，上第爲郎。其秀異等，太常以名聞。其下材不事學者，罷之。若等雖舉於鄉，亦由於學。兩漢之制，蓋本乎《周禮》者也。有唐貞元已前，兩監之外亦頗重郡府學生。然其時亦由鄉里所升，直補監生而已。爾後膏粱之族，率以學校爲鄙事。若鄉貢，蓋假名就貢而已。景雲之前，鄉貢歲二三千人，蓋用古之鄉貢也。咸亨五年，七世伯祖鸞臺鳳閣龍石白水按“龍石白水”當作“石泉”，見咸亨五年知貢舉下。公時任考功員外郎，下覆試十一人，内張守貞一人鄉貢。開耀二年，劉思立下五十一人，内雍思泰一人。永淳二年，劉廷奇下五十五人，内元求仁一人。光宅元年閏五月二十四日，劉廷奇重試一十六人，内康庭芝一人。長安四年，崔湜下四十一人，李溫玉稱蘇州鄉貢。景龍元年，李欽讓稱定州鄉貢附學。爾來鄉貢漸廣，率多寄應者，故不甄別於榜中，信本同而末異也明矣。大曆中，楊綰疏請復舊章，貴全乎實。尋亦寢於公族垂空言而已。《摭言》

　　唐之舉人，先藉當世顯人，以姓名達之主司，然後以所業投獻。踰數日又投，謂之溫卷，如《幽怪錄》、《傳奇》等皆是也。蓋此等文備衆體，可以見史才、詩筆、議論。至進士，則多以詩爲藝，今有唐詩數百種行於世者是也。《雲麓漫鈔》

　　江陵項氏曰：風俗之弊，至唐極矣。王公大人，巍然於上，以先達自居，不復求士。天下之士，什什伍伍，戴破帽，騎蹇驢，未到門百步，輒下馬奉幣刺，再拜以謁於典客者，投其所爲之文，名之曰求知己。如是而不問，則再如前所爲者，名之曰溫卷。如是而又不問，則有執贄於馬前，自贊曰“某人上謁”者。嗟乎！風俗之弊，至此極矣。此不獨爲士者可鄙，其時之治亂蓋可知矣。《文獻通考》

　　唐人舉進士必行卷者，爲緘軸錄其所著文以獻主司也。其式見李義山集新書序卷七〔趙校：此見程大昌書卷七唐人行卷條，原文如此。今檢義山集不見此文，疑字有脫誤。〕曰：“治紙工率一幅，以墨爲邊準，今俗呼解行也。用十六行式，言一幅解爲墨邊十六行也。率一行不過十一字。”《演繁露》

　　京兆府解送，自開元、天寶之際，率以在上十人謂之等第。必求名實相副，以滋教化之源。小宗伯倚而選之，或悉中第，不然十得其七八。苟異於是，則往往牒貢院，請放落之由。暨咸通、乾符，則爲形勢吞爵，臨制近同及第，得之者首相誇詫，車服

多侈靡，不以爲僭。仍期集人事。真實之士，不復齒矣。所以廢置不定，職此之由。《摭言》

同、華解最推利市，與京兆無異，若首送無不捷者。元和中，令狐文公鎮三峰，時及秋賦，榜云特加置五場，蓋詩詞、文賦、帖經爲五場。常年以清要書題求薦者，率不減十數人，其年莫有至者，雖不遠千里而來，聞是皆寢去。唯盧弘正尚書獨詣華請試，公命供帳酒饌侈靡於往時，華之寄客畢縱觀於側。弘正自謂獨步文場，公命日試一場，務精不務敏也。弘正已試兩場，而馬植下解，植將家子弟，從事輩皆竊笑。公曰："此未可知。"既而賦《登山採珠賦》略曰："文豹且異於驪龍，採斯疏矣；白石又殊於老蚌，剖莫得之。"公大伏其精當，遂奪弘正解元。《摭言》

荊州解送舉人，多不成名，號"天荒解"。《北夢瑣言》

舉人投牒自應之制，蓋昉於唐。謹按《周禮》，鄉大夫之職，各教其所治，三年一大比，考其德行道藝，乃獻賢能之書於王。王再拜受之，登於天府。天府者，太廟之寶藏也。蓋言王者舉賢能所以安宗社，故拜受其名，藏於廟中。其所以貴重之者如此。至漢猶有勸駕尊顯之意，賢良如公孫弘，亦必待國人固推而後出，未聞有投牒自應之舉。然則士之賤亦甚矣。葛洪《涉史隨筆》

禮部駁榜十一月出，粗駁謂有狀無解，無狀細駁謂書其行止之過。《南部新書》

每歲十一月，天下貢舉人於含元殿前見四方館舍人。當直者宣曰："卿等學富詞雄，遠隨鄉薦，跋涉山川，當甚勞止。有司至公，必無遺逸，仰各取有司處分。"再拜舞蹈訖退。《南部新書》

古之製字，卷紙題名姓，號曰名紙。大中年，薛保遜爲舉場頭角，人皆體效，方作門狀。洎後仍以所懷列於啟事，隨啟諸公相門，號爲門狀。門啟雖繁於名紙，各便於時也。書云"謹祗候起居郎某官"，即是起居在前，某官在後。至今顛倒，無人改更矣。有朝廷改之，亦美事也。《北夢瑣言》

　　禮部貢院試進士日，設香案於階前，主司與舉人對拜。此唐故事也。沈括《夢溪筆談》

　　唐制禮部試舉人，夜以三鼓爲限。本朝率用白晝，不復繼燭。《國朝事實》

　　唐進士入舉場得用燭，故或者以爲自平旦至通宵。劉虛白有“二十年前此夜中，一般燈燭一般風”之句及“三條燭盡”之説。按《舊五代史·選舉志》云：“長興二年，禮部貢院奏，當司奉堂帖，夜試進士有何條格者。敕旨：秋來赴舉，備有常程；夜後爲文，曾無舊制。王道以明規是設，公事須白晝顯行。其進士並令排門齊入就試。至閉門時試畢。內有先了者，上歷畫時，旋令先出。其入策亦須晝試。應諸科對策，並依此例。”則晝試進士非前例也。清泰二年，貢院又請進士試雜文，並點門入省，經宿就試。至晉開運元年，又因禮部尚書、知貢舉竇貞固奏：“自前考試進士，皆以三條燭爲限。並諸色舉人有懷藏書册，不令就試。”未知於何時復有更革。《白樂天集》中奏狀云：“進士許用書册，兼得通宵。”但不明言入試朝暮也。《容齋三筆》

　　《杜陽編》記舒元輿進士既試，脂炬人皆自將。以予考之，唐制如此耳。故《廣記》云，唐制舉人試日，既暮許燒燭三條。韋永貽試日先畢，作詩云：“褒衣博帶滿塵埃，獨上都堂納卷回。蓬巷幾時聞吉説，棘籬何日却重來。三條燭盡鐘初動，九轉丹成鼎未開。殘月漸低人擾擾，不知誰是謫仙才。”又云：“白蓮千朵照廊明，一片升平《雅》《頌》聲。才唱第三條燭盡，南宮風月畫難成。”而舊説亦言舉人試日已晚，主文權德輿廉下戲云：“三條燭盡，燒殘舉子之心。”而舉子遽答云：“八韻賦成，驚破侍郎之膽。”故國史《竇貞固傳》：“舊制，夜試以二燭爲限，晉長興二年改令晝試。貞固以短晝難成，奏復夜試。”周廣順中，竇儀奏復用晝。乃知本朝循周制，不許見燭。《能改齋漫録》

　　唐以賦取士，而韻數多寡，平側次叙，元無定格。故有三韻者,《花萼樓賦》以題爲韻是也。有四韻者,《蕡莢賦》以"呈瑞聖朝",《舞馬賦》以"奏之天庭",《丹甑賦》以"國有豐年",《泰階六符賦》以"元亨利貞"爲韻是也。有五韻者,《金莖賦》以"日華川上動"爲韻是也。有六韻者,《止水》、《魖魖》、《人鏡》、《三統指歸》、《信及豚魚》、《洪鐘待撞》、《君子聽音》、《東郊朝日》、《蠟日祈天》、《宗樂德》、《訓冑子》諸篇是也。有七韻者,《日再中射巳之鵠》、《觀紫極舞》、《五聲聽政》諸篇是也。八韻有二平六側者,《六瑞賦》以"儉固能廣,被褐懷玉",《日五色賦》以"日離九華,聖符土德",《徑寸珠賦》以"澤浸四荒,非寶遠物"爲韻是也。有三平五側者,《宣耀門觀試舉人》以"君聖臣肅,謹擇多士",《懸法象賦》以"正月之吉,懸法象魏",《玄酒》以"薦天明德,有古遺味",《五色土》以"王子畢封,依以建社",《通天臺》以"洪臺獨出,浮景在下",《幽蘭》以"遠芳襲人,悠久不絕",《日月合璧》以"兩曜相合,候之不差",《金柅》以"直而能一,斯可制動"爲韻是也。有五平三側者,《金用礪》以"商高宗命傅說之官"爲韻是也。有六平二側者,《旗賦》以"風日雲舒,軍容清肅"爲韻是也。自大和以後,始以八韻爲常。唐莊宗時嘗覆試進士,翰林學士承旨盧質以《后從諫則聖》爲賦題,以"堯舜禹湯,傾心求過"爲韻。舊例,賦韻四平四側,質所出韻乃五平三側,大爲識者所誚。豈非是時已有定格乎?《容齋續筆》

唐以詩取士,錢起之《鼓瑟》、李肱之《霓裳》是也,故詩人多。韓文公薦劉述古,謂舉於禮部者,其詩無與爲比。《困學紀聞》

唐及國初,策題甚簡,蓋舉子寫題於試卷故也。慶曆後,不復寫題。《困學紀聞》。　按閻若璩據《宋史·蔣之奇傳》,謂慶曆後猶寫題,則唐時寫題於卷明矣。

隋設進士之科,唐代特隆其選。歲登榜帖,不過三十,賢俊之器,將相之□,具在其中,諒不虛語,然主司慎選,弊於回撓,豪右角逐之衢,是非鋒起之場。進孤寒則道直而有悔,私權貴則道枉

而無咎。貢舉之間，因循滋弊。夏竦《議貢舉奏》

以科舉取士，入唐最盛，然唐進士良不易，科場或開或不開，每不過數十，甚或不滿十。貢士投卷，望公卿一言爲知己遇合論薦，以至伏光範不憚。其間名諱轉觸，展轉拘忌，不可勝道。非如後來糊名較藝，三歲兩科動千計，士俛起草野，倘有其命，弱冠徒步，無不驟致青雲之上。即不幸潦倒第名，薦書猶得賜袍笏。故其弊濫吹假手，僥倖冒竊，泯泯不足稱數復在此。雖欲不廢，亦不復繼也。後有作者，宜一反於此矣。其必以三代鄉舉里選爲經，以唐法贊薦試考爲緯，庶幾文字之外，以耳目得人物。元劉將孫《送吳文彬序》

凡進士入試，遇題目有家諱，謂之文字不便，即托疾下將息。狀來出云“牒：某忽患心痛，請出試院將息。謹牒”。如的暴疾，亦如是。《南部新書》

予嘗疑宋時舉子秋試，皆得詣考官而問題，意若《桯史》所載沛然雨字頭者是也，何其不禁之如是？後知唐制，禮部試詩賦題，不皆有出處也，或以己意立之。故舉子皆許進問，謂之上請。至宋亦循故事。景祐中，始詔出題必在經史，禁其上請耳。《七修類稿》

太平王崇、寶賢二家，率以科目爲資，足以升沈後進。故科目舉人相謂曰“未見王寶，徒勞漫走”。《摭言》

進士舉人，各樹名甲。元和中語曰：“欲入舉場，先問蘇張。蘇張猶可，三楊殺我。”按《摭言》：“大和中，蘇景胤、張元夫爲翰林主人，楊汝士與弟虞卿及漢公先爲文林表式。故後進相謂云云。”又見《新書·楊虞卿傳》。後有東、西二甲，按《牛羊日曆》云：“楊虞卿兄弟，上撓宰政，下干有司。常曰：‘人生一世，成童之後，精氣方壯，遽能結客交遊，識時知變，傾心面北，事三五要人，可以不下床使名譽若搏丸走坂。又何必如老書生輩，矻矻於筆硯間，暗記六經，思溺詩賦，髮白齒落，曾不沾於祿，而饑窮不暇。’如此豈在讀書業文乎！由是輕薄奔走，以關節緊慢爲甲乙，而三史、六經，曾不一面。風俗頹靡，波及舉子，分鑣競路，爭趨要害。故有東甲、西甲之説。”東呼西爲茫茫隊，言其無藝也。開成、會昌中，又曰：“魯紹瓘蒙，識即命通。”又曰：“鄭楊段薛，炙手可熱。”《新唐書·崔元略傳》：“崔鉉所善鄭魯、楊紹復、段瓌、薛蒙，頗參議論，時語曰：‘鄭楊段薛，炙手可熱。欲得命通，魯紹瓘蒙。’”又有薄徒多輕侮人，故裴侍御泌應舉，作《美人賦》以譏之。後有瓘值韋羅甲。又曰：“瑝值都雍，識即命通。”按《北夢瑣言》：“李都、崔雍、孫瑝、鄭嵎四君子，蒙其眄睞者，皆因進升，故曰：‘欲得命通，瑝嵎都雍。’”又《金華子》云：“崔雍與鄭顥同爲流品所重，舉子入事得遊歷其門鎰者，則登第必然。時人相語爲崔鄭世界。”又有大小二甲，又有注巳甲，又有四字甲，言深輝映庭也。一作“深耀軒庭”。又有四凶甲。按《摭言》四凶記三人，陳磻叟、劉子振、李沼。又芳林十哲，按《摭言》記十哲得八人：沈雲翔、林緒、鄭玭、劉業、唐珣、吳商叟、秦韜玉、鄭薰。言其與宦官交遊。若劉煜、任息、姜一作“江”。坰、李巖士、蔡鋌、秦韜玉之徒，鋌與巖士各將兩軍書題，求華州解元，時謂對軍解頭。大和中，又有杜顗、一作“顙”。竇絿、蕭嶧，極有時稱，爲後來領袖。《唐語林》

　　進士榜頭竪粘黄紙四張，以氈筆淡墨衮轉書曰“禮部貢院”四字。或曰文皇頃以飛帛書之，或象陰注陽受之狀。《摭言》

　　李紓侍郎嘗放舉人，命筆吏勒書紙榜，未及名首，貢院字吏得疾暴卒。禮部令史王昶者亦善書，李侍郎召令終其事。適值昶被酒已醉，昏夜之中，半酣揮染，筆不加墨，迨明懸榜，方始覺悟，修改不及。粲然一榜之中，字有兩體，濃淡相間，反致其妍。自後書榜，因模法之，遂爲故事。今因用氈筆淡書，亦奇麗耳。《南部新書》

　　唐大中以來禮部放榜，歲取二三人姓氏稀僻者，謂之色目人，亦曰榜花。《南部新書》

　　試官石在九耀街武安王廟前，橫卧街側，色黑而瑩。長四五尺，高二三尺。世傳唐時舉人就試，以釘釘之，卜其中否。今觀

石上有釘數十餘，釘頭皆露，亦有半入而上曲者。《長安志》

　　進士舊例於都省考試，南院放榜。南院，乃禮部主事受領文書於此。凡版樣及諸色條流，多於此列之。張榜墙乃南院東墙也，別築起一堵，高丈餘，外有壖垣。未辨色，即自北院將榜就南院張挂之。元和六年，爲監生郭東里決破棘籬，籬在壖垣之下，南院正門外亦有之。折裂文榜，因之後來多以虛榜自省門而出，正榜張亦稍晚。《摭言》

　　承天門街之東，第五橫街之北，從西第一左領軍衛，衛北有兵部選院。次東左威衛，衛北有刑部格式院。次東吏部選院，以在尚書省之南，亦曰吏部南院，選人看榜名之所也。次東禮部南院。四方貢舉人都會所也。院東安上門橫街抵此而絶。李好文《長安志圖》

　　放榜後，狀元已下到主司宅門，下馬綴行而立，斂名紙通呈。入門並叙立於階下，北上東向。主司列席褥，東面西向。主事揖狀元已下，與主司對拜。拜訖，狀元出行致詞，又退著行，各拜。主司答拜，拜訖，主司云：“請諸郎君叙中外。”狀元已下，各各齒叙，便謝恩，餘人如狀元禮。禮訖，主事云：“請狀元曲謝名第第幾人，謝衣鉢。”衣鉢，謂得主司名第。其或與主司先人同名第，即謝大衣鉢。如踐世科，即感泣而謝。謝訖，即登階，狀元與主司對座。於時公卿來看，皆南行叙座，飲酒數巡，便起赴期集院。或云此禮亦不常。即有，於都省致謝，公卿來看者或不座而即回馬也。三日後，又曲謝。其日主司方一一言及薦導之處，俾其各謝挈維之力。苟特達而取，亦要言之矣。《摭言》　　按昌黎《送牛堪登第序》云：“吾未嘗聞有登第於有司而進謝於其門者。”是明經不至主司宅謝恩，與進士異。

　　新進士放榜後，翌日排光範門，候過宰相。或云排建福門，集於四方館。昔有詩云：“華陽觀裏鐘聲集，建福門前鼓動期。”即其日也。《南部新書》

　　謝恩後方詣期集院。大凡未敕下已前，每日期集，兩度詣主司之門。然三日後，主司堅請已即止。同年初到集所，團司所由

輩參狀元後，使參衆郎君。拜訖，俄有一吏當中庭唱曰："諸郎君
就坐。"隻東雙西，其亂者罰不少。又出抽名紙錢，每人十貫文。
其斂名紙，見狀元，俄於衆中驀抽三五個，便出此錢鋪底。錢又
作"一"。自狀元已下，每人三十貫文。《摭言》

　　敕下後，新及第進士過堂。其日，團司先於光範門里東廊供
帳，備酒食，同年於此候宰相上堂後參見。於時主司亦命召知聞
三兩人，會於他處。此筵罰錢不少。宰相既集，堂吏來請名紙，
生徒隨座主過中書。宰相橫行，在都堂門裏叙立，堂吏通云："禮
部某姓侍郎領新及第進士見相公。"俄有一吏抗聲"屈主司"，乃
登階長揖而退，立於門側東西。然後狀元已下叙立於階上，狀元
出行致詞云："今月日，禮部放榜，某等幸忝成名，獲在相公陶鑄
之下，不任感懼。"在左右，下即云慶懼。言訖退揖。乃自狀元已
下，一一自稱姓名訖，堂吏云"無客"，主司復長揖，領生徒退。詣
舍人院，主司襴簡，舍人公服靸鞋，延接主司。然舍人禮貌謹敬
有加，隨事叙杯酒，列於階前。鋪席褥，請舍人登席，諸生皆拜，
舍人答拜。狀元出行致詞，又拜，答拜如初，便出。於廊下候主
司出，一揖而已。當時詣宅謝恩，便致飲席。《摭言》

　　春官氏，每歲選升進士三十人，以備將相之任。是日，自狀
元已下同詣座主之宅，座主立於庭，一一而進曰某外氏某家，或
曰甥，或曰弟，又曰某大外氏某家，又曰外大外氏某家，或曰重表
弟，或曰表甥孫。又有同宗，座主宜爲姪，而反爲叔。言叙既畢，
拜禮得申。予輒議曰：春官氏選士得其人，止供職業耳。而俊造
之士以經術待聘，獲採拔於有司，則朝庭與春官氏皆何恩於舉
子？今使謝之，則與選士之旨豈不異乎？至有海東之子，嶺嶠之
人，皆與華族叙中表從。使拜首而已，論諸事體，又何有哉！李
涪《刊誤》

　　新進士才及第，以泥金書帖子附家書中，用報登科之喜。至
文宗朝，遂寢削此儀。《開元天寶遺事》

新進士每及第，以泥金書帖子附於家書中。至鄉曲親戚，例以聲樂相慶，謂之喜信。同上

宋初王臨《登科帖》云："金花帖，高五寸許。持此者騎一人，腰鈴而走者二人。"元劉將孫《梅花阡碑》

國初循唐制，進士登第者，主文以黃花箋長五寸許，闊半之，書其姓名，花押其下，護以大帖。又書姓名於帖面，謂之榜帖，當時稱爲金花貼子。後臨軒唱名，茲制遂廢。《雲麓漫鈔》

神龍已來，杏園宴後，皆於慈恩塔下題名，同年中推一善書者。已時他有將相，則朱書之。及第後知聞或遇未及第時題名處，則爲添"前"字。故昔人有詩云："會題名處添前字，按題名添"前"字之可考者，鄭珏於乾寧四年書《升仙廟興功記》，題曰"進士鄭珏書"。至光化三年，珏及第，於碑石進士上添"前"字是也。遊出城人乞舊衣。"按《演繁露》云："張籍《送李餘及第》云：'歸去惟將新誥牒，後來爭取舊衣裳。'知新進士衣物，人取之以爲吉兆，唐俗亦既有之。"《摭言》。

鴈塔者，以雙鴈飛翔，忽殞一而下，人遂瘞雁，建塔于上，在唐慈恩寺中。杜老有《登慈恩塔詩》。至于題名之説，一云韋肇及第，偶爾題名寺塔，遂爲故事。一云張莒本寺中閑遊，戲題同年之名於塔。然人雖不同，其義其時則一也。戴埴《鼠璞》謂得唐雁塔題名石刻，細閱之，凡留題姓名，僧道士庶，前後不一，非止於新進士也。《七修類稿》。　按《廣川書跋》載李翱府送後慈恩題名，是舉子亦題名也。

長安慈恩寺塔有唐新進士題名，雖妍媸不同，然皆高古有法度，後人不能及也。宣和初，本路漕司柳珹集而刻之石，亦爲奇玩。《嬾真子》。　按柳伯和《慈恩雁塔唐賢題名》十卷，摹於宣和庚子十月，伯和有跋及樊仲恕序，載《寶刻叢編》。書已不傳，有殘拓本，見《復初齋詩集》。至唐賢題名之可見者，宋元祐戊辰所摹懷素《聖母帖》後有"左拾遺裴休、試大理評事柳乘、鄉貢進士柳槃大和四年十月十二日同登"二十九字，凡三行。柳珹摹雁塔題名殘拓本，有"大和九年四月一日前進士

蔡京、前進士李商隱”。蔡京於開成元年及第，李商隱於開成二年及第，不應於大和時稱前進士。　按題名下有“後十六年大中四年，忽見前題，黯然悽愴”云云，疑大和九年題名，至大中時重題添“前”字也。

　　士人初登第，必展歡宴，謂之燒尾。説者云，虎化爲人，惟尾不化，須得燒去乃化。又説，新羊入，群羊抵觸，須燒其尾乃定。又説，魚躍龍門，化爲龍時，必雷爲燒其尾，乃得化。《記纂淵海》引《聞見録》。

　　曲江亭子，安史未亂前，諸司皆列於岸滸。幸蜀之後，皆燼於兵火矣，所存者惟尚書省亭子而已。進士關宴，常寄其間。既撤饌，則移樂泛舟，都爲恒例。宴前數日，行市駢闐於江頭。其日，公卿家傾城縱觀於此。有若中東牀之選者十八九，鈿車珠幕，櫛比而至。《摭言》

　　曲江大會，此爲下第舉人，其筵席簡率，器皿皆隔山抛之屬，比之席地幕天，殆不相遠。邇來漸加侈靡，皆爲上列所據。向之下第舉人，不復預矣。所以長安游手之民，自相鳩集，目之爲進士團。初則至寡，洎大和、咸通已來，人數頗衆。其有何士參者，爲之酋帥，尤善主張筵宴。凡今年才過關宴，士參已備來年遊宴之費。繇是四海之內，水陸之珍，靡不畢備，時號長安三絶。南院主事鄭容、中書門官張良佐並士參爲三絶。《南部新書》：“士參卒，其子漢儒繼其父業。”　團司所由百餘輩，各有所主。大凡謝後，便往期集院，團司先於主司宅側税一大第，與新人期集。院内供帳宴饌，甲於輦轂。其日，狀元與同年相見後，便請一人爲録事，舊列，率以狀元爲録事。其餘主宴、主酒、主樂、探花、主茶之類，咸以其日辟之。主樂兩人，一人主飲妓。放榜後大科頭兩人，第一部。小科頭一人，第二部。常詰旦至期集院。常宴則小科頭主張，大宴則大科頭。縱無宴席，科頭亦逐日請給茶錢。平時不以數，後每人日五百文。第一部樂官，科地每日一千；第二部五百。見燭皆倍，科頭皆重分。逼曲江大會，則先牒教坊請奏，上御紫雲樓，垂簾觀焉。時或擬作樂，則爲之移日。故曹松詩云："追遊若遇三清樂，行從應妨一日春。"敕下後，人置被袋，例以圖障、酒器、錢絹實其中，逢花即飲。故張籍詩云："無人不借花園宿，到處皆攜酒器行。"其被袋，狀元、録事同點檢，闕一則罰金。曲江之宴，行市羅列，長安幾於半空。公卿家率以其日揀選東床，車馬闐塞，莫可殫述。洎巢寇之亂，不復舊態矣。《摭言》

世目狀元第二人爲榜眼，第三人爲探花郎。《秦中歲時記》云："期集謝恩了，從此便著被袋、篋子、騾從等，仍於曲江點檢從物，無得有闕，闕即罰錢。便於亭子小宴，召小科頭司，一作"國樂"。至暮而散。次則杏園初會，謂之探花宴。便差定先輩二人少俊者，爲兩街探花使。若他人折得花卉先開牡丹、芍藥來者，即各有罰。"《雲麓漫鈔》

先公自燕歸，得龍圖閣書一策，曰《貽子録》，有御書兩印存，不言撰人姓名。而序云："愚叟受知南平王，政寬事簡。"意必高從誨擅荆渚時，賓僚如孫光憲輩者所編。皆訓徹童蒙，其《修進》一章云："咸通中，盧子期著《初舉子》一卷，細大無遺。就試三場，避國諱、宰相諱、主文諱。士人家小子弟忌用熨斗時把帛，慮有'拽白'之嫌。燭下寫試無誤筆，即題其後云'並無揩改塗乙'注，'如有，即言字數，其下小書名'。同年小録是雙隻先輩各一人分寫。宴上長少分雙隻。相向而坐。元以東爲上，儆以西爲首。給、舍、員外、遺、補多來突宴，東先輩不遷，而西先輩避位。及吏部給春關牒，便稱前鄉貢進士。"大略有與今制同者，獨避宰相、主文諱不復講，雙隻先輩之名，他無所見。《容齋續筆》

進士張繟，漢陽王柬之曾孫也。時初落第，兩手奉《登科記》頂戴之，曰："此千佛名經也。"其企羨如此。《封氏聞見録》。"張繟"，《摭言》作"張倬"。

神龍元年已來，累爲主司者，房光庭再，太極元年、開元元年。裴耀卿再，開元五年、六年。李納四，按開元九年、十年非李納，辨見前。開元七年、八年、九年、十年。嚴挺之三，開元十四年、十五年、十六年。裴敦復再，開元十九年、二十年。孫逖再，開元二十二年、二十三年。已前並考功員外郎。姚奕再，開元二十四年、二十五年。姚奕再當作二十五年、二十六年。始命春官小宗伯主之。崔翹三，開元二十七年、二十八年、二十九年。達奚珣四，天寶二年、三年、四年、五年。李巖三，天寶六年、七載、八載。李麟再，天寶十載、十一載。陽涣再，“陽涣”當作“楊浚”。浚凡四榜，自十一載至十五載，見《摭言》。《語林》誤。天寶十二載、十五載。裴士淹再，至德二年、三年。姚子彦再，乾元三年、上元二年。蕭昕再，“再”當作“三”，寶應二年下應增廣德二年。寶應二年、貞元三年。薛邕四，大曆二年、三年、四年、五年。張渭三，“渭”當作“謂”。謂凡四榜，當增大曆九年，言三誤。大曆六年、七年、八年。蔣涣再，大曆九年、十年。常袞三，大曆十年、十一年、十二年。潘炎再，大曆十三年、十四年。鮑防三，興元二年、按興元無二年，當作“元年”。貞元元年、二年。劉太真再，貞元四年、五年。顧少連再，“再”當作“三”，應於十年上增九年。貞元十年、十四年。吕渭三，貞元十一年、十二年、十三年。按此下應補“高郢三，貞元十五年、十六年、十七年”。權德輿三，貞元十八年、十九年、二十年。停舉，永貞元年。崔邠再，元和元年、二年。韋貫之再，元和八年、九年。庾承宣再，元和十年、十一年。按當作“元和十三年、十四年”。王起四，長慶二年、三年、會昌三年、四年。楊嗣復再，寶曆元年、二年。崔郾再，太和元年、二年。鄭澣再，太和三年、四年。賈餗再，“再”當作“三”，應增大和七年。大和五年、六年。高鍇再，“再”當作“三”，應增開成三年。開成元年、二年。柳璟再，開成五年、會昌元年。按柳璟再，當作“會昌元年、二年”。陳商再，會昌五年、六年。鄭顥再，大中十年、十三年。按此下當補“崔沆再，乾符二年、三年。柳玭再，光啟三年、四年。裴贄三，大順元年、二年、乾寧五年。楊涉再，景福二年、天祐元年”。　《唐語林》。

考功員外郎，掌天下貢舉之職。開元二十四年敕，以爲權輕，專令禮部侍郎一人知貢舉。然以舊職，故復叙於此云。凡諸州，每歲貢人其類有六：一曰秀才，二曰明經，三曰進士，四曰明法，五曰書，六曰算。其弘文、崇文生，各依所習業。隨明經、進士例。其秀才，試方略策五條，文理俱高者爲上上；文高理平、理高文平者爲上中；文理俱平爲上下；文理粗通爲中上；文劣理滯爲不第。此條取人稍峻，自貞觀後遂絶。其明經，各試所習業，文注精熟，辨明義理，然後爲通，正經有九，《禮記》、《左傳》爲大經，《毛詩》、《周禮》、《儀禮》爲中經，《周易》、《尚書》、《公羊》、《穀梁》爲小經。通二經者，一大一小，若兩中經；通三經者，大小中各一；通五經者，大小並通。其《孝經》、《論語》，並須兼習。諸明經試兩經，進士一經，每經十帖，《孝經》二帖，《論語》八帖。每帖三言，通六已上然後試策。《周禮》、《左氏》、《禮記》各四條，餘經各三條。《孝經》、《論語》共三條。皆録經文及注意爲問。其答者，須辨明義理，然後爲通。通十爲上上，通八爲上中，通七爲上下，通六爲中上。其通三經者，全通爲上上，通十爲上中，通九爲上下，通八爲中上。通七及二經通五爲不第。其進士，帖一小經及《老子》，皆經注兼帖。試雜文兩首，策時務五條。文須洞識文律，策須義理愜當者爲通。若事義有滯，詞句不倫者爲下。其經策全通爲甲，策通四、帖通六已上爲乙，已下爲不第。其明法，試律令各一部，識達義理，問無疑滯者爲通。粗知綱例，未究指歸者爲不通。所試律令，每部試十帖，策試十條，律七條，令三條。全通者爲甲，通八已上爲乙，已下爲不通。其明書，則《説文》六帖，《字林》四帖。諸試書學生，帖試通訖，先口試，不限條數，疑則問之，並通然後試策。其明算，則《九章》三帖，《海島》、《孫子》、《五曹》、《張邱建》、《夏侯陽》、《周髀》、《五經》等七部各一帖，其《綴術》六帖，《緝古》四帖。録大義本條爲問答者，明數造術，辨明術理，然後通。《紀遺》、《三等數》，讀令精熟，試十得九爲第。其試《綴術》、《緝古》者，《綴術》七條，《緝古》三條。諸及第人並録奏，仍關送吏部。書、算於從九品下叙排。弘、崇生雖同明經、進士，以其資蔭全高，試亦不拘常例。弘、崇生習一大經、一小經者，兩中經者，習《史記》者，《漢書》者，《東觀漢記》者，《三國志者》，皆須讀文精熱，言音典正，策試十道，取粗解注義，經通六、史通三。其試時務策者，須識文體，不失問目義，試五得三。皆兼帖《孝經》、《論語》共十條。應簡齋郎，準貢舉例帖試。大常解申禮部勘責，十月内送考功。帖《論語》及一大經，及第者奏聞。國子監大成二十員，取貢舉及第人聰明灼然者，試日誦千言並口試，仍策所習業，十條通七然後補充。各授官依色，令於學内習業，以通四經爲限。其禄俸賜會，準非伎術直例給。業成者，於吏部簡試《孝經》、《論語》共試八條，餘經各試八條。間日一試，灼然明練精熟爲通。口試十通九，策試十通七爲第。所加經者，《禮記》、《左傳》、《毛詩》、《周禮》各加兩階，餘經各加一階。及第者放選，優與處分。如不及第，依舊任每三年一簡。九年業不成者解退。依常選例，業未成、年未滿者，不得别選及充餘使若經事。故應叙日，還令覆上。其先及第人欲加經及官人請試經者，亦准此。　《六典》。

　　禮部尚書、侍郎之職，掌天下禮儀，祠祭、燕饗、貢舉之政令。凡舉試之制，每歲仲冬，率與計偕。其科有六：一曰秀才，試方略策五條。此科取人稍峻，貞觀已後遂絶。二曰明經，三曰進士，四曰明法，五曰書，六曰算。凡正經有九，《禮記》、《左氏春秋》爲大經，《毛詩》、《周禮》、《儀禮》爲中經，《周易》、《尚書》、《公羊春秋》、《穀梁春秋》爲小經。二經者，一大一小，若兩中經。通三經者，大小中各一。通五經者，大小並通。其《孝經》、《論語》、《老子》，並須兼習。凡明經，先帖經，然後口試，並答策，取粗有文性者爲通。舊制，諸明經試，每經十帖，《孝經》二帖，《論語》八帖，《老子》兼注五帖。每帖三言，通六已上，然後試策。十條通七，即爲高第。開元二十五年敕，諸明經先帖經，通五已上，然後口試。每經通問大義十條，通六已上，並答時務策三道。凡進士，先帖經，然後試雜文及策。文取華實兼舉，策須義理愜當者爲通。舊例，帖一小經並注，通六已上，帖《老子》兼注，通三已上，然後試雜文兩道、時務策五條。至開元二十五年，依明經帖一大經，通四已上。餘如舊。凡明法，試律令，取識達義理，問無疑滯者爲通。所試律令，凡每部試十帖，策試十條，律七條，令三條。凡明書，試《説文》、《字林》，取通訓詁兼會雜體者爲通。《説文》六帖，《字林》四帖。兼口試，不限條數。凡明算，試《九章》、《海島》、《孫子》、《五曹》、《張邱建》、《夏侯陽》、《周髀》、《五經》、《綴術》、《緝古》，取明數造術，辨明術理者爲通。《九章》三帖，《五經》等七部各一帖，《綴術》六帖，《緝古》四帖。録大義本條爲問。凡此六條，求人之本，必取精究理實，而升爲第。其有博綜兼學，須加甄獎，不得限以常科。開元二十五年敕，明經、進士中除所試外，明經有兼明五經已上，每經帖十通五已上，口問大義十條，疏義精通，通五已上；進士有兼通一史，試策及口問各十條，通六已上：須加甄獎，所司録名奏聞。其進士唱及第訖，其所試雜文及策送中書門下詳覆。其明經口問，仍須對問舉人考試。其試弘文、崇文生，自依常式。其弘文、崇文館學生，雖同明經、進士，以其資蔭全高，試取粗通大義。弘、崇生習一大經、一小經，兩中經者，習《史記》者，《漢書》者，《東觀漢記》者，《三國志》者，皆須讀文精熟，言音典正。策試十道，取粗解注義，經通六，史通三。其試時務策者，皆須識文體，不失問目義，試五得三。皆兼帖《孝經》、《論語》，止十條耳。太廟齋郎，亦試兩經，文義粗通，然後補授。考滿簡試。其郊社齋郎，簡試亦如太廟齋郎。其國子監大成二十員，取明經及第人聰明灼然者，試日誦千言並口試，仍策所習業，十條通七然後補充。各授散官依色，"色"，《舊唐書·職官志》作"舊"。令於學內習業，以通四經爲限。其禄俸賜會，准非伎術直例給。業成者，於吏部簡試，《孝經》、《論語》共試八條，餘經各試八條。間日一試，灼然明練精熟爲通。口試十通九，策試十通七爲第。所加經者，《禮記》、《左傳》、《毛詩》、《周禮》各加兩階，餘經各加一階。及第者放選，優與處分。不第者三年一簡。九年業不成者解退。依常選例，業未成、年未滿者，不得別選及充餘使若經事。故應叙日，還令覆上。其先及第人欲加經及官人請試經者，皆准此。《六典》。《舊唐書·職官志》全録此文，故不重載。

　　父子知舉者三家，高鍇子相（孟按："高鍇子相"，《南部新書》乙集作"高鍇子湘、湜"。湜，鈖子）、于邵子允躬、崔郾子瑤。惟崔氏相去

只二十年。《南部新書》

　　常衮爲禮部，判雜文榜後云："他日登庸，心無不銳，通宵絶筆，恨即有餘。"所放雜文，過者常不過百人。鮑祭酒防爲禮部，帖經落人亦甚。時謂之"常雜鮑帖"。《傳載故實》

　　唐世科舉之柄，顓付之主司，仍不糊名，又有交朋之厚者爲之助，謂之通榜。故其取人也，畏於譏議，多公而審。亦有脅於權勢，或撓於親故，或累於子弟，皆常情所不能免者。若賢者臨之則不然，未引試之前，其去取高下固已定於胸中矣。韓文公《與祠部陸員外書》云："執事與司貢士者相知識，彼之所望於執事者至而無間。彼之職在乎得人，執事之職在乎進賢，如得其人而授之，所謂兩得矣。愈之知者有侯喜、侯雲長、劉述古、韋群玉，《摭言》作"紓"。此四子者，可以當首薦而極論，期於成而後止可也。沈杞、張弦、《登科記》又作"弘"。尉遲汾、李紳、張後餘、李翊，皆出群之才，與之足以收人望而得才實，主司廣求焉，則以告之可也。往者陸相公司貢士，愈時幸在得中，所與及第者皆赫然有聲。原其所以，亦由梁補闕肅、王郎中礎佐之。梁舉八人，無有失者；其餘則王皆與謀焉。陸相於王與梁如此不疑也，至今以爲美談。"此書在集中不注歲月，按《摭言》云："貞元十八年，權德輿主文，陸傪員外通榜，韓文公薦十人於傪。權公凡三榜，共放六人，餘不出五年内皆捷。"　以《登科記》考之，貞元十八年德輿以中書舍人知舉，放進士二十三人，尉遲汾、侯雲長、韋紓、沈杞、李翊登第。十九年，以禮部侍郎放二十人，侯喜登第。永貞元年，放二十九人，劉述古登第。通三榜共七十二人，而韓所薦者預其七。元和元年，崔邠下放李紳。二年，又放張後餘、張弘。皆與《摭言》合。陸傪在貞元間時名最著，韓公敬重之，其《行難》一篇，爲傪作也。曰："陸先生之賢聞於天下，是是而非非。自越州召拜祠部，京師之人造焉。先生曰：'今之用人也不詳。位於朝者，吾取某與某而已，在下者多於朝。凡吾與者若干人。'"又送其刺歙州序曰："君出刺歙州，朝廷耆舊之賢，都邑遊居之良，齋咨涕洟，咸以爲不當去。"則傪之以人物爲己任久矣。其刺歙以十年二月，權公放榜時既以去國，而用其言不替，其不負公議而采人望，蓋與陸宣公同。韓公與書時，方爲四門博士，居百寮底，殊不以其薦爲犯分。故公作權公碑云："典貢士，薦士於公者，其言可信，不以人布衣不用。即不可信，雖大官勢人交言，一不以綴意。"又云："前後考第進士及庭所策試士，踊相躡爲宰相達官，其餘布處臺閣外府，凡百餘人。"梁肅及傪皆爲後進領袖，一時龍門，惜其位不通顯也。豈非汲引善士，爲當國者所忌乎？韓公又有《答劉正夫書》（孟按："答"，原作"譽"，據《容齋四筆》卷五改，《昌黎文集》卷十八亦作"答"）云："舉進士者於先進之門，何所不往？先進之於後輩，苟見其至，寧可以不答其意耶？來者則接之，舉城士大夫莫不皆然，而愈不幸，獨有接後進名。"以是觀之，韓之留意人士可見也。《容齋四筆》

　　吏部員外於南省試判兩節，試後授春關，謂之關試。諸生謝恩，其日稱門生，謂之一日門生。自此方屬吏部矣。《摭言》

　　唐世士人初登科或未仕者，多以從諸藩府辟置爲重。觀韓文公送石洪、溫造二處士赴河陽幕序，可見禮節。然其職甚勞苦，故亦或不屑爲之。杜子美從劍南節度嚴武辟爲參謀，作詩二十韻呈嚴公云："胡爲來幕下，只合在舟中。束縛酬知己，蹉跎效小忠。周防期稍稍，太簡遂忽忽。曉入朱扉啟，昏歸畫角終。不成尋別業，未敢息微躬。會希全物色，時放倚梧桐。"而其題曰《遣悶》，意可知矣。韓文公從徐州張建封辟爲推官，有書上張公云："受牒之明日，使院小吏持故事節目十餘事來。其中不可者，自九月至二月，皆晨入夜歸，非有疾病事故，輒不許出。若此者，非愈之所能也。若寬假之，使不失其性，寅而入，盡辰而退，申而入，終酉而退，率以爲常，亦不廢事。苟如此，則死於執事之門無悔也。"杜、韓之旨，大略相似云。《容齋續筆》

　　唐制常舉人之外，又有制科，搜揚拔擢，名目甚衆。則天廣收才彥，起家拜中書舍人、員外郎，次拾遺、補闕。明皇尤加精選，下無滯才。然制舉出身，名望雖美，猶居進士之下。仕宦自進士而歷清貫有八俊者：一曰進士出身，制策不入；二曰校書、正字不入；三曰畿尉不入；四曰監察御史、殿中丞不入；五曰拾遺、補闕不入；六曰員外郎、郎中不入；七曰中書舍人、給事中不入；八曰中書侍郎、中書令不入。言此八者，尤加俊捷，直登宰相，不要歷縮餘官也。朋僚遷拜，或以此更相議弄。舉人應及第者，關檢無籍者不得與第。陳章甫制策登科，吏部放榜，章甫上書：“昨見榜云，戶部報無籍者。昔傅說無姓，商后置於鹽梅之地，屠羊隱名，楚王延以三旌之位，未聞徵籍也。范睢改姓易名爲張禄先生，秦用之霸；張良爲韓報仇，變姓名而遊下邳，漢高用之爲相。則知籍者，所以計賦耳，本防群小，不約賢路。若人有大才，不可以籍棄之；苟無良德，雖籍何爲？”所司不能奪，特諮執政收之。常舉外，復有通五經、明一史及獻文章並著述之輩，或附中書考試，亦同制舉。《唐語林》

　　漢舉賢良，自董仲舒以來皆對策三道。文帝二年，對策者百人，晁錯爲高第。武帝元光五年，對策者亦百人，公孫弘爲第一。當時未有黜落法，對策者皆被選，但有高下爾。至唐始對策一道，而有中否，然取人比今多。建中間，姜公輔等二十五人。太和間，裴休等二十三人。按當作“二十二人”。其下如貞元中，韋執誼、崔元翰、裴垍等皆十八人。按崔元翰榜只十七人。元和中，牛僧孺等，長慶中，龐嚴等，至少猶皆十四人。按龐嚴榜十六人。蓋自後周加試策論三道於禮部，每道以三千字爲率。本朝加試六論，或試於秘閣。掄選既精，士無濫進。《石林燕語》

　　京兆尹有生殺之柄，然而清要之官多輕薄之，目爲所由之司。京國士子進士成名後，便列清途，屈指以期大用。故事，若登廊廟，須曾揚歷於宇人，遂假途於長安、萬年之邑，或駕在東洛，亦爲河南洛陽之宰。數月之後，必遷居閣下，京尹不可侔也。兩縣令初欲莅事，須謁謝京尹，皆異常待。庭前鋪置茵褥，府史引一人投刺於尹，前云"某邑令某姓名讚"，兩拜而已，大尹降西廊迎之。從容便就飯會府中，遂爲體例。《中朝故事》

李唐設科擧以網羅天下英雄豪傑，三百年間號爲得人者，莫盛於進士。當是時謂南宫主文爲座主，謂登第進士爲門生。上之人榮得士之明，下之人懷藻鑑之德。揚揄品目，至於終身，敦尚恩紀，子孫不替。方其盛時，爲官掄才，志在公議，不遺分契，趨于篤厚。得君子之高誼，成風俗之佳事，斯可尚矣。厥後事變，弊沿法生，扇奔競之風，開請托之路。善謀者冒恥以苟得，恬淡者抱屈而陸沈，公道既淪，私分亦薄，徒習故事，浸成佻浮。故有受命公朝，拜恩私室之論。有識之士，以爲不然而病之。宋華鎮《上門下許侍郎書》

唐文宗議貢擧曰："子弟寒門，但取實藝。"宰相李德裕對曰："臣無名第，不合言進士之非。其祖尚浮華，不根實藝。朝廷顯官，須公卿子弟。自小便習擧業，日熟朝廷間事，臺閣儀範，不教而自成，寒士固不能習也。"夫治平之器曰政，布政之具曰文，守文之基曰道，行道之夫曰士。士之於政，由左右手焉。故有國之典，先夫取士，雖沿革異軌，而同歸求聘之塗。古者諸侯薦賢，有三適之制，射宫選士，觀五善之節。姬周受命，文物明備，郡吏獻賢能之書，登於天府；樂正論造士之秀，升於司馬。進士之名立矣，禮賢之道廣矣。暨六國行玉帛之聘，兩漢立四科之選，魏晉或表薦而登仕，齊梁或版辟而起家，故孝廉、明經之科，秀才、茂才之擧，限□限年之制，射策待詔之選，損益無常，而察德觀言之規不妄設也。李唐御統，艱厥制度。立進士之科，正名也；行辭賦之選，從時也。而天下之士誦《詩》、《書》，秉刀筆，乘仁義之道而進。朝廷闢場屋，詔宗伯，以方圓曲直而取。名材大儒，比比而有。然詩賦之制非古也。古者《國風》、《雅》謂之詩，不歌而頌

謂之賦。暨三季移統，七雄黷武，大道既隱，正音去矣。故少卿
五字以叙别，鄒、孟四言以述祖，陸、謝勵鋒於晋宋，任、范冶榮於
齊梁，詩之體失矣，頌刺之義微焉。若孫卿暢幽惻之意，屈、宋起
迂談之説，相如閎衍以前導，揚雄淫麗而後殿，賦之體隳矣，規諷
之音衰焉。唐興，文流愈甚前失，執彫飾爲規矩，正儷偶爲繩墨。
詩則協聲而合律，賦則限韻而拘字。燦然清才，而不復質矣，譬
諸柏梁、永明體，猶若秦、漢之於唐、虞也，故德裕許其浮華則可
矣。　至於言朝廷顯官須公卿子弟，斯言之玷，無乃甚歟！夫諸
侯襲封，□功繼絶，須子弟奉祭祀而爵及世也。若其靡恃門閥之
貴，屈身士大夫之間，講習仁義，延揖時譽，有《緇衣》之美，成作
述之志，雖寒士之賢，弗可知也。若其日尚輕浮之飾，馳逐豪俠
之伍，以奢僭自大，意氣相爍，不知衣食之出，而忘弓裘之業，雖
將相之世，不可任也。哀哉！堂構之業多墜，嗣興之賢甚寡。若
子弟不教而成，則堯之丹朱，舜之商均，皆可君天下也。況父母
之聖，非教不行也；國之治，非目不熟也；臣之良，非師保之無功
也。何教之而不成，目熟而不知，保傅而無補哉？蓋上智下愚之
不移也。故楊□説於史高，毋薦乳母子弟；王吉疾其驕騖，請除
任子之令。則知子弟之才，非專任之器也。《詩》曰：“其父析薪，
其子不克負荷。”《書》曰：“世禄之家，鮮克有禮。”況朝廷崇爵豐
禄，設寀分職，治亂之道不在它而在賢愚也。子弟寒士，賢治愚
亂，其揆一也。然則子弟以嗣蔭而受禄，士以歷試而頌爵，歷試
之下，黜陟章明，故士之不肖者鮮矣。至如傅説胥靡而興商，吕
望屠釣而王周，管仲商販而霸齊，由余戎狄而强秦，斯皆歷試諸
難，登將相之任，誠不讓於子弟也。故舜、湯不用三公九卿之世，
而舉皋陶、伊尹，不仁者遠矣。《易》曰：“賁於邱園。”《書》曰：“野
無遺賢。”則豈謂子弟邪？若以寒士窘急衣食，不能熟習德業，則
仲舒下帷，兒寬帶經，乃子弟邪？若以寒士杜門閭巷，不識闕朝
儀範，則仲尼正魯國之《雅》、《頌》，叔孫定漢家之儀制，亦子弟

邪？夫志士之學也，終日不食，終夜不寢，將負周、孔之戈，而春
楊、墨之喉。以聖君之道左之，生民之心右之，誓消漓薄之器於
太平之爐，故遑遑然急於行道也。雖九經之奧，必由仁義之質；
載籍之廣，必取禮樂之制。前言往行，燦燦在目，立於朝無慚色，
無愧辭也。《書》曰："學古入官。"此之謂歟？得士之道，不其偉
哉！　《詩》曰："思皇多士，生此王國。"於戲！宰製天下，代天工
也，當改正朔，易服色，制禮樂，發號令，革襲因損，頤指而行，何
不合言之有。苟以選舉之制離失中道，則以德進，以事舉，以言
揚，擇善而行，斯可也。苟謂辭賦非古，則策以時務，問以康濟，
非五經不得以對，非常道不得以言，則經緯之術，宏達之材見矣。
而德裕以吉甫餘烈，陟位國相，知簡賢附勢之旨，無幸制補袞之
德。而場屋之下，英傑間出，勳名相望，欲騁材術，專國政，不可
得矣。故將殲貢舉以杜賢路，進子弟以崇私黨，俾朝廷之人，無
能傑出己右。故宣宗制曰："委國史於愛婿之手，寵秘文於弱子
之身。洎參信書，亦引親暱。"斯乃扼其咽喉而中其膏肓矣。厥
有朱崖之貶，以謝天下，宜哉！夏竦集《李德裕非進士論》

登科記考補正卷二十九

別録中

　　＊臣聞國以得賢爲寶，臣以舉賢《舊唐書》、《文粹》並作“士”。爲忠。是以子皮之讓國僑，鮑叔之推管仲，燕昭委兵於樂毅，符堅托政於王猛。及子產受國人之謗，夷吾貪共賈之財，昭王賜《唐書》、《文粹》並作“錫”。輅馬以止讒，永固戮樊世唐諱以除譖。處猜嫌而益信，行毀謗《唐書》、《文粹》並作“間毀”。而無疑，此由識之至而察之深也。《唐書》作“此由識之委之而察之深也”；《文粹》作“此由默而識之委而察之深也”。至若宰我見遇《文粹》作“愚”。於宣尼，逢萌被知於文叔，韓信無聞於項氏，毛遂不齒於平原，此失士之故也。是以人主受不肖之士則政乖，得賢良之佐則時泰，故堯資八元而庶績其理，周任十亂則《唐書》、《文粹》並作“而”。天下和平。由是言之，則士不可不察，而官不可妄授也。何者？比來舉薦，多不以才，假譽馳聲，互相推獎，希潤身之小計，忘臣子之大猷，非所以報國求賢，副陛下翹翹之望者也。臣竊窺自《唐書》、《文粹》並無“自”字。古之取士，實異於今。先觀名行之源，考其鄉邑之譽，崇禮讓以勵己，明節義以標信，以敦朴爲先最，以雕蟲爲後科。故人崇勸讓之風，士去輕浮之行。希仕者必修貞確不拔之操，行難進易退之規。衆議以定其高下，郡將難誣於曲直。故一作“較”。計貢之賢愚，即州將之榮辱；穢行之彰露，亦鄉人之厚

顏。是以李陵降而隴西慚，干木隱而西河美。《唐書》、《文粹》並有"故"字。名勝於利，故《唐書》、《文粹》並作"則"。小人之道消；利勝於名，則貪暴之風扇。是知《唐書》作"以"。化俗之本，須擯輕誣。《唐書》、《文粹》並作"浮"。昔冀缺以蹈禮《唐書》、《文粹》並作"禮讓"。升朝，則晉人知禮；文翁以儒術化《唐書》、《文粹》並作"林獎"。俗，則蜀土崇《唐書》、《文粹》並作"士多"。儒。燕昭好馬，則駿馬來庭；葉公好龍，則真龍入室。由是言之，未有上之所好而下不從其化者也。自七國之季，雖雜縱橫，而漢代求材，《唐書》、《文粹》並作"才"。猶徵百行。是以禮節之士，毓《唐書》、《文粹》並作"敏"。德自修，里閭推高，然後爲府寺所辟。魏氏取人，尤愛放達；晉、宋之後，只重門資。獎爲《文粹》作"爲獎"。人求官之風，乖授職惟賢之義。有梁薦士，雅好《唐書》、《文粹》並作"愛"。屬詞；陳氏簡賢，特珍賦詠。故其俗以詩酒爲重，不以修身爲務。逮至隋室，餘風尚存，《唐書》作"在"。開皇中，李諤論之於文帝曰："魏之三祖，更好文詞，忽君人之大道，好雕蟲之小藝。連篇累牘，不出月露之形；積案盈箱，唯是風雲之狀。代俗以此相高，朝廷以兹擢士，故文筆日繁，其政日亂。"帝納李諤之策，由是下制，禁斷文筆浮詞。其年，泗洲刺史司馬幼之以表不典實得罪。於是風俗改勵，政化大行。煬帝嗣興，又變前法，置進士等科。於是後生之徒，復相倣效，因陋就寡，赴速邀時，緝綴小文，名之秀孝，《唐書》、《文粹》並作"策學"。不以指實爲本，而以浮虛爲貴。有唐纂曆，雖漸革於前《唐書》作"故"。非；陛下君臨，思察才於共理。樹本崇化，惟在旌賢。今之舉人，有乖茂《唐書》、《文粹》並作"事"實。鄉議決小人之筆，行修無長者之論。策第喧競於州府，祈恩不勝於拜伏。或明制纔出，試遣搜揚，驅馳府寺之門，出入王公之第。上啟陳詩，惟希咳唾之澤；摩頂至足，冀荷提攜之恩。故俗號舉人，皆稱覓舉。乃《唐書》、《文粹》並作"覓"。爲自求之意，《唐書》、《文粹》並作"稱"。未是人知之辭。察其行而度其材，則人品於兹見矣。徇

己之心切，則至公之理乖；貪仕之性彰，則廉潔之風薄。是知府
命雖高，異叔度勤勤之讓；黃門已貴，無秦嘉耿耿之辭。縱不能
挹以《唐書》作"抑己"；《文粹》作"挹己"。推賢，亦不肯待於三命。豈
與夫白駒皎皎，不雜風塵，束帛戔戔，榮高物表，校量其廣狹也！
是以耿介之士，羞自拔而致其辭；循常之人，捨其疏而取其附。
故選司補授，《唐書》、《文粹》並作"署"。喧然於禮闈；州貢賓王，靜
訟《文粹》作"紛爭"。於階闥。謗議紛《文粹》作"雜"。合，浸以成風。
夫競榮者必有競利之心，謙遜者亦無貪賄之累。自非上智，焉能
不移；既在《唐書》、《文粹》並作"在於"。中人，理由習俗。若重謹厚
之士，則懷祿者必崇德以脩名；《文粹》作"潔己"。若開趨競之門，
邀仕者皆戚施而附會。附會則百姓罹其弊，潔名《唐書》、《文粹》並
作"己"。則兆庶蒙其福。故風化之漸，靡不由茲。今訪鄉閭之
談，唯祇歸於里正。縱使名虧禮則，罪挂刑章，則《唐書》、《文粹》並
作"或"。冒籍以偷資，或邀勳與《唐書》、《文粹》並作"而"。竊級，假
其不義之賂，即《唐書》、《文粹》並作"則"。是無犯鄉閭。豈得比郭
有道之詮《唐書》、《文粹》並作"銓"。量，茅容望重，裴逸人之獎《唐
書》、《文粹》並作"賞"。拔，夏統《唐書》、《文粹》並作"少"。名高，語其
優劣也！祇如才應經邦之流，唯能《文粹》作"令"。試策；武能制
敵之例，只驗彎弧。若其文擅清奇，便充甲第，藻思微減，旋《唐
書》作"便"。即告歸。以此取《唐書》、《文粹》並作"收"。人，恐乖事
實。何者？樂廣假筆於潘岳，靈運授詞《唐書》、《文粹》並作"辭高"。
於穆之，平津文劣於長卿，子建筆麗於荀彧。若以射策爲最，則
潘、謝、曹、馬必居孫、樂之右；若使協贊機猷，則安仁、靈運亦無
裨附之益。由此言之，不可一概而取也。至如武藝，則趙雲雖
勇，資諸葛之指撝；周勃雖雄，乏陳平之計略。若使樊噲居蕭何
之任，必失《文粹》作"無"。指縱之機；使蕭何入戲下之軍，亦無免
主之效。鬥將長於摧《唐書》作"推"。鋒，謀將審於料事。是以文
泉聚米，知隗囂之可圖；陳湯屈指，識烏孫之自解。八難之謀設，

高祖退《唐書》、《文粹》並作“追”。慚於酈生；九拒之計窮，公輸息心於伐宋。謀將不長於弓矢，《文粹》作“馬”。良相寧資於射策。豈與夫元長自表，妄飾詞鋒，曹植題章，虛飛麗藻，校量其可否也！伏願陛下降明制，頒峻科。千里一賢，尚不爲少，僥冒進取，《唐書》、《文粹》並作“僥倖冒進”。須立隄防。斷浮虛之飾詞，收實用之良策，不取無稽之説，必求忠告《文粹》作“讜”。之言。文則試以效官，武則令其守禦，始既察言觀行，終《文粹》作“中”。亦循名責實，自然僥倖濫吹之伍，無所藏其妄庸。故晏嬰云：“舉之以語，考之以事；寡其言而多其行，拙於文而工於事。”此取人得賢之道也。其有武藝超絶，文鋒挺秀，有效伎之偏《文粹》作“褊”。用，無經國之大才，爲軍鋒之爪牙，作詞賦之標準。自可試陵雲之策，練穿札之功，《唐書》、《文粹》並作“工”。承上命而賦《甘泉》，稟中軍而令赴敵，既有隨材《唐書》、《文粹》並作“才”。之任，必無負乘之憂。臣謹案吳起臨戰，左右進劍，吳子曰：“夫提鼓揮枹，臨難決疑，此將軍《唐書》、《文粹》並作“事”。也。一劍之任，非將軍《唐書》、《文粹》並作“事”。也。”謹案諸葛亮臨戎，不親戎服，領《文粹》作“頓”。蜀兵於渭南，宣王持勁，《唐書》作“劍”。卒不敢當。此豈弓矢之用也！謹案楊得意誦長卿之文，武帝曰：“恨不得與此人同時。”及相如至，終於文園令，不以公卿之位處之者，蓋非其所任故也。謹案漢法，所舉士之主，終身保任。楊雄之坐田儀，《文粹》作“議”。責其冒薦；事見《方言序》。成子之居魏相，酬於得賢。賞責《文粹》作“罰”。之令行，則請謁之心絶；退讓之義著，則貪競之路銷。自然朝廷無爭祿之人，選司有撝謙之士。仍請寬立年限，容其採訪簡汰，其《文粹》作“堪”。用者令其試守，以觀能否；參驗行事，以別是非。不實免王丹之官，得人加翟璜之賞，自然見賢不隱，食祿不專。則茍或進鍾繇、郭嘉，劉陶《唐書》、《文粹》並作“隱”，非。薦李膺、朱穆，勢不云遠。有稱職者受薦賢之賞，濫舉者抵欺罔之罪，自然舉得才《唐書》、《文粹》並作“賢”。行，則君子之道長矣。薛登《論選舉疏》。見《文苑英華》卷六九六。　　孟按:原題下注"天后";薛登名下注"天授中"。

昔三代建侯,與今事異。理道損益,請自漢言之。漢朝用人,自詔舉之外,其府寺郡國屬吏,皆令自署。故天下之士,修身於家,而辟書交至。以此士務名節,風俗用修。魏氏立九品之制,中正司之,於是族大者第高,而寒門之秀屈矣。國朝舉選,用隋氏之制,歲月既久,其法益訛。夫才智因習而就,固然之理。進士者,時共貴之,主司褒貶,實在詩賦,務求巧麗,以此爲賢。不唯無益於用,實亦妨其正習;不唯撓其淳和,實又長其佻薄。自非識度超然,時或孤秀,〔趙校:"時或",《英華》卷七六五作"特成"。〕其餘溺於所習,悉昧本源。欲以啟導性靈,獎成後進,斯亦難矣。故士林鮮體國之論,其弊一也。又人之心智,蓋有涯分。而九流七略,書籍無窮,主司徵問,一作"問目"。不立程限。故修習之時,但務鈔略,比及就試,偶中是期。業無所成,固由於此。故當代寡人師之學,其弊二也。疏以釋經,蓋筌蹄耳。明經讀書,勤苦以甚,既口問義,又誦疏文。徒竭其精華,習不急之業,而當代禮法,無不面墻。及臨人決事,取辨胥吏之口而已。所謂所習非所用,所用非所習者也。故當官少稱職之吏,其弊三也。舉人大率二十人中方收一人,故沒世而不登第者甚衆,其事難其路隘也如此。而雜色之流,廣通其路也。此一彼十,此百彼千,揆其秩序,無所差降。故受官多底下之人,修業抱後時之嘆。待不才者何厚,處有能者何薄?崇末抑本,〔趙校:原作"崇本抑末",據《英華》卷七六五改。〕啟昏窒明。故士子捨學業而趨末伎,其弊四也。收人既少,則爭第急切。交馳公卿,以求汲引;毀訾同類,用以爭先。故業因儒雅,行成險薄,非受性如此,勢使然也。浸以成俗,虧損國風,其弊五也。大抵舉選人,以秋初就路,〔趙校:"初",《英華》卷七六五作"末"。〕春末方歸。休息未定,聚糧未辦,即又及秋。正業不得修習,〔趙校:"正",《英華》卷七六五作"事"。〕益令藝能淺薄，其弊六也。羈旅往來，糜費實甚，非惟妨闕正業，〔趙校：“正”，《英華》卷七六五作“生”。〕蓋亦隳其舊産。未及數舉，索然已空，其弊七也。貪寠之士在遠方，欲力赴京師，而所冀無際，以至揆度，〔趙校：“至”，《英華》卷七六五作“此”。〕遂至没身。使兹人有抱屈之恨，國家有遺才之闕，其弊八也。官司運江淮之儲，計五費其四，乃達京邑，芻薪之貴，又十倍四方。而舉選之人，每年攢會，計其人畜，蓋將數萬。無成而歸，十乃七八。徒令關中煩耗，其弊九也。爲官擇人，唯才是待，今選司並格之以年數。合格者判雖下劣，一切皆收；如未合格，而應科目者纔有小瑕，莫不見棄。故無能之士，禄以例臻；才俊之流，坐成白首。此非古人求賢審官之義，亦已明矣。其弊十也。選人不約本州所試，悉令聚於京師。人既浩穰，文簿繁雜，因此偷濫，其事百端。故俗間相傳云：入試非正身，十有三四；赴官非正身，十有二三。此又弊之尤者。今若末能頓除舉選，以從古制，且稍變易，以息弊源，則官多佳吏，風俗可變。其條例如後，謹議。趙匡《舉選議》

一，立身入仕，莫先於《禮》。《尚書》明王道，《論語》首百行，《孝經》德之本，學者所宜先習。其明經通此，謂之兩經，舉《論語》、《孝經》爲之翼助。諸試帖一切請停，唯令策試義及口問。其策試自改問時務以來，經業之人，鮮能屬綴，以此少能通者。所司知其若此，亦不於此取人。故時人云，明經問策，禮試而已。所謂變實爲虛，無益於政。今請令其精習試策，問經義及時務各五節，並以通四以上爲第。但令直書事義，解釋分明，不用空寫疏文，及務華飾。其十節總於一道之内問之，餘科准此。其口問諸書，每卷問一節，取其心中了悟，解釋分明，往來問答，無所滯礙，不用要令誦疏。亦以十分通八以上爲第。諸科亦准此。外更通《周易》、《毛詩》名四經舉，加《左氏春秋》爲五經舉。不習《左氏》者，任以《公羊》、《穀梁》代之。其但習《禮記》及《論語》、《孝經》，名一經舉。既立差等，隨等授官，則能否區分，人知勸勉。　一，明法舉，亦請不帖，但策問義並口問，准經業科。
一，學《春秋》者，能斷大事。其有兼習三傳，參其異同，商榷比擬，得其長者，謂之《春秋》舉。策問經義並口問，並准前。　一，進士習業，亦請令習《禮記》、《尚書》、《論語》、《孝經》並一史。其雜文請試兩首，共五百字以上，六百字以下。試箋表論議銘頌箴檄等，有資於用者，不試詩賦。其理通其詞雅爲上；理通詞平爲次；餘爲否。其所試策，於所習經史內徵問。經問聖人旨趣，史問成敗得失，並時務共十節。貴觀理識，不用徵求隱僻，詰以名數，爲無益之能。言詞不至陋鄙即爲第。　一，其有通《禮記》、《尚書》、《論語》、《孝經》之外，更通《道德》諸經、《通玄經》、《孟子》、《荀卿子》、《呂氏春秋》、《管子》、《墨子》、《韓子》，謂之茂才舉。達觀之士，既知經學，兼有諸子之學，取其所長，捨其偏滯，則於理道無不該矣。試策問諸書義理，並時務共二十節。仍與之言論，觀其通塞。　一，其有學兼經史，達於政體，策略深致，其詞典雅者，謂之秀才舉。經通四經，或二禮，或三家《春秋》，兼通三史以上，即當其目。其試策，經問聖人旨趣，史問成敗得失，並時務共二十節。仍與之談論，以究其能。　一，學倍秀才，而詞策同之，談論貫通，究識成敗，謂之宏才舉。以前三科，其策當詞高理備，不可同於進士。其所徵問，每十節通八以上爲第。　一，其史書，《史記》爲一史，《漢書》爲一史，《後漢書》並劉昭所注志爲一史，《三國志》爲一史，《晋書》爲一史，李延壽《南史》爲一史，《北史》爲一史。習《南史》者，兼通《宋》、《齊》志；習《北史》者，通《後魏》、《隋書》志。自宋以後史書，煩碎冗長，請但問政理成敗所因，及其人物損益關於當代者，其餘一切不問。國朝自高祖下及《睿宗實録》，並《貞觀政要》共爲一史。　一，天文、律曆，自有所司專習，且非學者卒能尋究，並請不問。惟五經所論，蓋舉其大體，不可不知。　一，每年天下舉人來秋入貢者，今年九月州府依前科目先起試。其文策通者，注等第訖，試官、本司官、録事參軍及長吏連押其後。其口問者，題策後云口問通若干，即相連印縫。並依寫解爲先後，不得參差。封題訖，十月中旬送觀察使，觀察使差人送都。省司隨遠近比類，須合程限。省司重考定訖，其入第者，二月内符下諸道諸州追之。退九月内盡到，到即重試之。其文策皆勘會，書跡詞理與州試同即收之。僞者送法司推問。其國子監舉人，亦准前例。　一，諸色身名，都不涉學，昧於廉恥，何以居官？其簡試之時，雖云試經及判，其事苟且，與不試同。諸皆令習《孝經》、《論語》。其《孝經》口問五道，《論語》口問十道。須問答精熟，知其義理，並須通八以上。如先習諸經書者，任隨所習試之，不須更試《孝經》、《論語》。其判，問以時事，取其理通。必在責其重保，以絶替代。其合外州申解者，依舉選例處分。　一，一經及第人，選日請授中縣尉之類。判入第三等及蔭高，授上縣尉之類。兩經出身，授上縣尉之類。判入第三等及蔭高，授緊縣尉之類，用蔭止於此。其以上當以才進，四經出身，授緊縣尉之類。判入第三等，授望縣尉之類。五經，授望縣尉之類。判入第三等，授畿縣尉之類。明法出身，與兩經同資。進士及三禮舉、《春秋》舉，與四經同資。其茂才、秀才，請授畿尉之類。其宏才，請送詞策上中書門下，請授諫官、史官等。禮經舉人，若更通諸家禮論及漢以來禮儀沿革者，請便授太常博士。茂才等三科，爲學既優，並准五經舉人便授官。其雜色出身人，量書判授中縣尉之類。判入第三等及蔭高者，加一等。凡蔭，除解褐官外，不在用限。　一，其今舉人所習，既從簡易，士子趨學，必當數倍往時。每年諸色舉人，主司簡擇，常以五百人爲大限。此外任收雜色。趙匡《舉選人條例》。《選人條例》不録。

　　有司或詰於議者曰：“吏曹所銓者四，謂身、言、書、判。今外州送判，則身、言闕失，如何？”對曰：“夫身、言者，豈非《洪範》貌、言乎？貌謂舉措可觀，言謂詞説合理。此皆才幹之士，方能及此。今所試之判，不求浮華，但令直書是非，以觀理識。於此既蔽，則無貌言，斷可知矣。書者，非理人之具，但字體不至乖越，即爲知書。判者，斷決百事，真爲吏所切。故觀其判，才可知矣。彼身、言及書，豈可同爲銓序哉！”有司復詰曰：“王者之盛，莫逾堯、舜。《書》稱‘敷納以言’，爲求才之通軌。今以言爲後，亦有説乎？”對曰：“夫敷納以言者，謂引用賢良，升於達位，方將詢以庶政，非言無以知之。其唐、虞官百，咨俞無幾。下及小吏，官長自求，各行敷納，事至簡易。今吏曹所習，輒數千人，三銓藻鑑，心目難溥。酬喧競之不暇，又何敷納之有乎？其茂才以上，學業既優，可以言政教，接以談論，近於敷納矣。”有司復曰：“士有言行不差，而闕於文學；或頗有文學，而言行未修。但以諸科取之，無乃未備？”對曰：“吏曹所銓，必求言行，得之既審，然後授官。則外州遥試，未爲通矣。今銓衡之下，奸濫所萃，紛争劇於獄訟，偪濫深於市井。法固致此，無如之何。豈若外州先試，兼察其行？苟居宅所在，則鄰伍知之，官司耳目，易爲採聽。古之鄉舉里選，方斯近矣。且今之新法，以學舉者一經畢收，以判選者直書可否，可謂易矣。修言行者，心當敦固，不能爲此，餘何足觀？若有志性過人，足存激勸，及躬爲惡行，不當舉用者，則典章已備，但舉而行之耳。”有司復曰：“其有效官公清，且有能政，以其短於詞判，不見褒升，無乃闕於事實乎？”對曰：“苟能如此，最爲公器。使司善狀，國有常規，病在不行耳。但令諸道觀察使每年終必有褒貶，不得僭濫，則善不蔽矣。”問曰：“試帖經者，求其精熟，今廢之，有何理乎？”對曰：“夫人之爲學，帖易於誦，誦易於講。今口問之，令其講釋，若不精熟，如何應對？此舉其難者，何用帖爲？且務於帖，則於義不專，非演智之術，固已明矣。夫帖者，童稚之事，今方授之以職，而待以童稚，於理非宜。”有司復曰：“舊法，口問並取通六。今令通八，無乃非就易之義乎？”對曰：“所習者少，當務其精。止於通六，失在鹵莽，是以然耳。”復曰：“舉人試策，例皆五通，今併爲一，有何理乎？”對曰：“夫事尚實則有功，徇虛則益寡。試策五通，多書問目，數立頭尾，徇虛多矣。豈如一策之內，併問之乎？”趙匡《舉選後論》

　　王者官人，必視國之要，杜諸戶，一其門。安平則尊經術之士，有難則貴介胄之臣。夏、殷、周選士，必於庠序，非其道者，莫得仕進。是以誘人也無二，其應之者亦一。及周之末，諸侯異政，取人多方，故商鞅患之，説秦孝公曰：“利出一孔者王，利出二孔者强，利出三孔者弱。”於是下令，非戰非農不得爵位。秦卒以是能併吞六國。漢室干戈以定禍亂，貴尚淳質。高后舉孝悌力田，文、景守而不變，故下有常業，而朝稱多士。及孝武察孝廉，置五經博士弟子，雖門閥二三，而未失道德也。逮至晚歲，務立功名，鋭意四夷。故權譎之謀設，荆楚之士進，軍旅相繼，官用不足。是以聚斂計料之政生，設險興利之臣起。番系、嚴熊羆等經管作渠，〔趙校：據《漢書・溝洫志》，“羆”字衍。〕以通漕運；東郭偃、〔趙校：據《漢書・食貨志》，當作“東郭咸陽”。〕孔僅建鹽鐵諸利策。富者冒爵射官，免刑除罪。公用彌多，而請官者徇私，上下並求，百姓不堪刑弊。故巧法憯急之臣進，而見知廢格之法作。杜周、減宣之屬，以峻文決理貴；而王温舒之徒，以鷹擊敢殺彰。而法先王之術，習俎豆之容者，無所任用。由是精通秀穎之士不遊於學，遊於學者率章句之儒也。是以昭帝之時，霍光問人疾苦，不本之於太常諸生，徵天下賢良文學以訪之。是常道不足以取人也。至於東漢，光武好學，不能施之於政，乃躬自講經。肅宗以後，時或祖效。尊重儒術，不達其意而酌其文。三公、尚書，雖用經術之士，而不行經術之道。是以元、成以降，迄於東漢，慷慨通方之士寡，廉隅立節之徒衆。無何漢氏失馭，曹魏僭竊，中正取士，權歸著姓。雖可以鎮伏甿庶，非尚賢之術，蓋尊尊之道。於時聖人不出，賢哲無位，詩道大作，怨曠之端也。洎乎晉、宋、齊、梁，遞相祖習，其風彌盛。舍學問，尚文章，小仁義，大放誕。談莊周、老聃之説，誦《楚詞》、《文選》之言。六經九流，時習閲目；百家三史，罕聞於耳。撮群鈔以爲學，總衆詩以爲資。謂善賦者廊廟之人，雕蟲者台鼎之器。下以此自負，上以此選材，上下相蒙，持此爲業。雖名重於當時，而不達於從政。故曰取人之道，可以敦化。《周書》曰："以言取人，人竭其言。以行取人，人竭其行。"取人之道，不可不慎也。原夫詩賦之意，所以達下情，所以諷君上。上下情通而天下亂者，未之有也。近之作者，先文後理，詞冶不雅，既不關於諷刺，又不足以見情。蓋失其本，又何爲乎？隋氏罷中正，舉選不本鄉曲，故閭里無豪族，井邑無衣冠。人不土著，萃處京畿；士不飾行，人弱而愚。夫古者以勳賞功，以才莅職。以才莅職，是以職與人宜。近則以職賞功，是以官與人乖。古者計人而貢士，計吏而用人，故士無不官，官無乏吏。近則官倍於古，士十於官，求官者又十於士，故士無官，後魏羽林士，今萬騎軍功是也。官乏禄，吏擾人。古者王畿千里，千里之外，封建諸侯之吏，自卿以降，各自舉任。當乎漢室，除保傅、將相，餘盡專之。州縣佐史，則皆牧守選辟。夫公卿者，主相之所任也。甸外之官吏者，又諸侯牧守之事也。然則主司之所選者，獨甸内之吏，公卿府之屬耳，豈不寡哉！所選既寡，則焉得不精？近則有封建而無國邑，五服之内，政決王朝，一命免拜，必歸吏部。按名授職，猶不能遣，何暇採訪賢良，搜核行能？即時皆共嗤其失，而不知失之所以，故備詳之。　　又曰：夫官有大小，材有短長。長者任之以大官，短者任之以小職。職與人相宜，而功與事並理。是以孟公綽爲趙、魏老則優，不可以爲滕、薛大夫。近之任官，其選之也略，其使之也備。一人之身，職無不莅，若委游、夏以政事，責冉、季以文學也，何其謬歟！故人失其長，官失其理。是以三代之制，家有代業，國有代官。孔子曰："醫不三世，不服其藥。"史墨曰："古之爲官，代守其業，朝夕思之。一朝失業，死則及焉。"是知業不代習，則其事不精，此周之所以得人也。昔羲氏、和氏掌天地，劉氏代擾龍，籍氏代司吏，庾氏、庫氏代司出納，制氏代司鑄鐘，即其事也。後代以代卿執柄，益私門，卑公室。齊奪於田氏，魯弱於三家，革代卿之失，而不復代業之制。醫工筮數，其道浸微，蓋爲此也。故老子曰：“聖人常善救人，故無棄人；常善救物，故無棄物。”不善用人者，譬若使驥捕鼠，令鷹守肉。驥之捕鼠，終不可獲，而千里之功廢矣。鷹之守肉，死有餘罪，而攫撮之效没矣。夫裁徑尺之帛，刻方寸之木，不任左右，必求良工者，裁帛、刻木非左右之所能故也。徑尺之帛，方寸之木，薄物也，非良工不能裁之。況帝王之佐，經國之任，可不審擇其人？故搆大廈者，先擇木然後擇材；理國家者，先擇佐然後守人。大匠構屋，必以大材爲棟梁，小材爲榱桷。苟有所中，尺寸之木無棄，此善理木者也。劉秩《選舉論》

　　天王三京，北都居一。其風俗遠，蓋陶唐氏之人歟？襟四塞之要衝，控五原之都邑，雄藩劇鎮，非賢莫居，則陽曲丞王公神仙之胄也。爾其學鏡千古，知周萬殊。又若少府賈公以述作之雄也，鼈弄筆海，虎攫辭場。又若石艾尹少公廊廟之器，口折黃馬，手揮青萍，咸道貫於人倫，名飛於日下。實難沈屈，永懷青霄。劍有隱而氣衝七星，珠雖潛而光照萬壑。今年春，皇帝有事千畝，湛恩八埏，大搜群才，以緝邦政。而王公以令宰見舉，賈公以王霸升聞。海激仁乎三千，天飛期於六月，必有以也，登徒然哉！有從兄太原主簿舒，才華動時，規謀匠物。乃黙翠幕，筵虹梁，瓊羞霞開，羽觴電舉。然後抗目遠覽，憑軒高吟。汾河鏡開，漲藍都之氣色；晋山屏列，橫朔塞之郊原。屏俗事於煩襟，結浮歡於落景。俄而皓月生海，來窺醉容；黃雲出關，半起秋色。數君乃輟酌慷慨，摇心促裝，望丹闕而非遠，揮玉鞭而且去。白也不敏，先鳴翰林，幸叨玳瑁之筵，敢竭麒麟之筆。請各探韻，賦詩寵行。李白《秋日於太原南栅餞陽曲王贊公、賈少公，石艾尹少公應舉赴上都序》

　　孟子以鄉舉秀才，射策甲科，二十年矣。同時中楊葉者，今或蔚爲六官亞卿,或彤襜虎符,秩二千石。而孟子猶羸馬青袍,客江潭間,遇與不遇,何其寥複也!然君子不患貧,患業不修;不患位下,患道不行。孟子言忠信,行篤敬,好學工文,令名藹然。今茲入關,有司之喜也。諸公展相遇之禮,其肯不以推之挽之爲己任?見三月、四月之交,灃、灞之間,三雎飛鳴,草木暢茂,是吾子彈冠之時也。二三子不可以不賦。獨孤及《送孟評事赴上都序》

彼馳騖乎士林者,鮮不爭九流之勝負,徇三川之聲利。而張侯獨以善閉關,乃知純白内充,天機外朗,則塵垢糠粃所不能入。癸巳歲六月,始以出處之道問仕於余。予灑然曰:"今四表文明,八絋屢頓,此志士所當登秀造而取青紫。不奮不躍,如休明何!"由是罷琴高臺,投竿舊浦,單車匹馬,是日西上。君子以爲知幾,吾見垂天之雲不復顧北溟矣。盍使居者歌吾子乎?獨孤及《送張泳赴舉入關序》

*皇太子欲臨國學行齒胄禮,(歸)崇敬以學與官名皆不正,乃建議:古天子學曰辟雍。以制言之,壅水環繚如璧然;以誼言之,以禮樂明和天下云爾。在《禮》爲澤宮,故前世或曰璧池,或曰璧沼,亦言學省。漢光武立明堂、辟雍、靈臺,號"三雍宮"。晉武帝臨辟雍,行鄉飲酒禮,別立國子學,以殊士庶。永嘉南遷,唯有國子學。隋大業中,更名國子監。今聲明之盛,辟雍獨闕,請以國子監爲辟雍省。祭酒、司業之名,非學官所宜。業者,栒簨大版,今學不教樂,於義無當。請以祭酒爲太師氏,位三品;司業爲左師、右師,位四品。近世明經,不課其義,先取帖經,顓門廢業,傳受義絶。請以《禮記》、《左氏春秋》爲大經,《周官》、《儀禮》、《毛詩》爲中經,《尚書》、《周易》爲小經,各置博士一員。《公羊》、《穀梁春秋》共準一中經,通置博士一員。博士兼通《孝經》、《論語》,依章疏講解。德行純絜、文詞雅正、形容莊重可爲師表者,委四品以上各舉所知,在外給傳,七十者安車蒲輪敦遣。國子、太學、四門三館,各立五經博士,品秩、生徒有差。舊博士、助

教、直講、經直、律館、算館助教，請皆罷。教授法。學生謁師，贄用胊脩一束、酒一壺、衫布一裁，色如師所服。師出中門，延入與坐，割脩剩酒，三爵止。乃發篋出經，摳衣前請，師爲説經大略，然後就室，朝晡請益。師二時堂上訓授道義，示以文行忠信、孝悌睦友。旬省、月試、時考、歲貢，視生徒及第多少爲博士考課上下。有不率教者，檟楚之，國子移禮部，爲太學生；太學又不變，徙之四門；四門不變，徙本州之學；復不變，繇役如初，終身不齒。雖率教，九年學不成者，亦歸之本州。禮部考試法。請罷帖經，於所習經問大義二十而得十八，《論語》、《孝經》十得八，爲通；策三道，以本經對，通二爲及第。其孝行聞鄉里者，舉解具言，試日義闕一二，許兼收焉。天下鄉貢如之。習業考試，並以明經爲名，得第授官，與進士同。《新唐書》卷一六四《歸崇敬傳》。《全唐文》卷三七九錄此文題作《辟雍議》，文字略異。

　　計近代以來，爵禄失之者久矣。其失非他，在四太而已。何者？入仕之門太多，代胄之家太優，禄利之資太厚，督責之令太薄。請徵古制以明之。管子曰：“夫利出一孔者，其國無敵。出二孔者，其兵不詘。出三孔者，不可以舉兵。出四孔者，其國必亡。”先王知其然，故塞人之養，隘其利途，使人無遊事而一其業也。而近代以來，禄利所出，數十百孔，故人多歧心，疏瀉漏失而不可轄也。夫入仕者多則農工益少，農工少則物不足，物不足則國貧。是以言入仕之門太多。《禮》曰：“天子之元子，士也。”天下無生而貴者，則雖儲貳之尊，與士伍同。故漢王良以大司徒位免歸蘭陵，後光武巡幸，始復其子孫邑中徭役。丞相之子，不得蠲戶課。而近代以來，九品之家皆不征。其高蔭子弟，重承恩獎，皆端居役物，坐食百姓，其何以堪之？是以言代胄之家太優。先王制士，所以理物也；置禄，所以代耕也。農工商有經營作役之勞，而士有勤人致理之憂。雖風猷道義，士伍爲貴，其苦樂利害，與農工商等不甚相遠也。後代之士，乃撞鐘鼓，樹臺榭，以極

登科記考補正卷二十九　　　　　1321

其歡；而農工鞭臀背，役筋力，以奉其養。得仕者如升仙，不仕者如沈泉，歡娛憂苦，若天地之相遠也。夫上之奉養也厚，則下之徵斂也重。養厚則上覬其欲，斂重則下無其聊。故非類之人，或沒死以趣上，構奸以入官，非惟求利，亦以避害也。是以言祿利之資太厚。《語》曰："陳力就列，不能者止。"昔李膺、周舉爲刺史，守令畏憚，睹風投印綬者四十餘城。夫豈不懷祿而安榮哉？顧漢之法不可偷也。自隋變選法，則雖甚愚之人，蠕蠕然第能乘一勞，結一課，獲入選敘，則循資授職。族行之言，隨列拜揖，藏俸積祿，四周而罷。因緣侵漁，抑復有焉。其罷之日，必妻孥華楚，僕馬肥腯，而偃仰乎士林之間。及限又選，終而復始。非爲巨害，至死不黜。故里語謂人之爲官若死然，未有不了而倒還者。爲官如此易，享祿如此厚，上法如此寬，下斂如此重，則人孰不違其害，以就其利者乎？是以言督責之令太薄。既濟以爲當輕其祿利，重其督責，使不才之人雖虛座設位，置印綬於旁，揖而進授之不敢受。寬其征徭，安其田里，使農商百工，各樂其業，雖以官誘之而莫肯易。如此則規求之志，不禁而息，多士之門，不扃而閉。若上不急其令，下不寬其徭，而欲以法術遮列，禁人奸冒，此猶坏土以壅橫流也，勢必不止。　夫古今選用之法，九流常敘，有三科而已：曰德也，才也，勞也。而今選曹，皆不及焉。何以言之？且吏部之本，存乎甲令，雖曰度德居官，量才授職，計勞升秩，其文具矣。然考校之法，皆在判書簿歷，言詞俯仰之間。侍郎非通神，不可得而知之。則安行徐言，非德也；麗藻芳翰，非才也；累資積考，非勞也。苟執此不失，猶乖得人，況衆流茫茫，耳目有不足者乎？蓋非鑒之不明，非擇之不精，法使然也。先朝數人以下，言之詳矣。是以文皇帝病其失而將革焉。夫物盈則虧，法久終弊，雖文武之道，亦與時張弛，五帝、三王之所以不相沿也。是以王者觀變以制法，察時而立政。按前代選用，皆州府察舉，及年代久遠，訛失滋深。至於齊、隋，不勝其弊，凡所置者，多由請托。故當時議者以爲，與其率私，不若自舉；與其外濫，不若內收。是以罷州府之權，而歸於吏部。此矯時懲弊之權法，非經國不刊之常典。今吏部之法蹙矣，復宜掃而更之，無容循默，坐守刓弊。伏以爲當今選舉，人未土著，不必本於鄉閭；鑒不獨明，不可專於吏部。謹詳度古制，折量今宜，謂五品以上及群司長官，俾宰臣進叙，吏部得參議焉。其六品以下，或僚佐之屬，許州府辟用。則銓擇之任，悉委於四方；結奏之成，咸歸於二部。必先擇牧守然後授，其權高者先署而後聞，卑者聽版而不命。其牧守、將帥，或選用非公，則吏部、兵部得察而舉之。聖王明目達聰，逖聽遐視，罪其私冒不慎舉者。小加譴黜，大正刑典，責成授任，誰敢不勉！夫如是則接名僞命之徒，菲才薄行之人，貪叨賄貨，懦弱奸宄，下詔之日，隨聲而廢。通計大數，十除八九，則人少而員寬，事詳而官審，賢者不獎而自進，不肖者不抑而自退。除隋權道，復古美制，則衆才咸得，而天下幸甚。　　或曰：“當開元、天寶中，不易吏部之法而天下砥平，何必外辟，方臻於理？”既濟以爲不然。夫選舉者，經邦之一端，雖制之有美惡，而行之由於法令。是以州郡察舉，在兩漢則理，在魏、齊則亂。吏部選集，在神龍則紊，在開元、天寶則理。當其時，久承升平，御以法術，慶賞不軼，威刑必齊。由是而理，匪用吏部而臻此也。向以此時用辟召之法，則其理不益久乎？夫議事以制不以權，當徵其本末，計其遐邇，豈時得時失之可言耶？或曰：“帝王之都，必浩穰輻輳，士物繁合，然後稱其大。若權散郡國，遠人不至，則京邑索矣，如之何？”又甚不然。自古至隋，數百千年，選舉之任，皆分郡國。當漢文、景、武帝之時，京師庶富，百廛九市，人不得顧，車不得旋，侈溢之盛，亦云極矣，豈待選舉之士爲其助哉！又夫人有定土，土無剩人，浮冗者多，則地著者少。自隋罷外選，招天下之人聚於京師，春還秋往，鳥聚雲合。窮關中地力之産，奉四方遊食之資，是以筋力盡於漕運，薪粒方於桂玉。是由斯人索我京邑，而謂誰索乎？且權分州郡，所在辟舉，則四方之人，無有遐心，端居尊業，而禄自及。禄苟未及，業常不廢。若仕進外絕，要攢乎京，惜時懷禄，孰肯安堵？必貨鬻田産，竭家贏糧，糜費道路，交馳往復，是驅地著而安爲浮冗者也。夫京師之冗，孰與四方之實？一都之繁，孰與萬國之殷？況王者當繁其天下，豈廛閈之中校其衆寡哉！或曰："仕門久開，入者已衆。若革其法，則舊名常調，不足以致身，使中才之人，進無所容，退無所習，其將安歸乎？"既濟以爲，人繫賢愚，業隨崇替。管庫之賢，既可以入仕；則士之不肖，寧愧乎出流？從古以然，非一代也。故傳云："三后之姓，於今爲庶。"今士流既廣，不可强廢，但鍵其舊門，不使新入，峻其宦途，不使濫登、十數年間，新者不來，而舊者耗矣。待其人少，然後省官。夫人之才分，各有餘裕，自爲情欲所汨，而未嘗盡焉。引之則長，縈之則短，在勉而已。故凡士族，皆禀父兄之訓，根聰明之性，蓋以依倚官緒，無湮淪墊溺之虞。故循常不修，名義罕立，此教使然也。若惟善是舉，不才決棄，前見爵禄，後臨塗泥，人懷憤激，孰不騰進？則中品之人，悉爲長材，雖曰慎選，捨之何適。沈既濟《選舉議》

　　初國家自顯慶以來，高宗聖躬多不康，而武太后任事，參決大政，與天子並。太后頗涉文史，好雕蟲之藝，永隆中始以文章選士。及永淳之後，太后君天下二十餘年，當時公卿百辟，無不以文章，因循遐久，浸以成風。以至開元、天寶之中，上承高祖、太宗之遺烈，下繼四聖理平之化，賢人在朝，良將在邊，家給户足，人無苦窳，四夷來同，海内宴然。雖有宏猷上略無所措，奇謀雄武無所奮。百餘年間，生育長養，不知金鼓之聲，烽燧之光，以至於老。故大平君子，唯門調户選，徵文射策，以取禄位。此行己立身之美者也。父教其子，兄教其弟，無所易業。大者登臺閣，小者任郡縣，資身奉家，各得其足。五尺童子，恥不言文墨焉。是以進士爲士林華選，四方觀聽，希其風采。每歲得第之人，不浹辰而周聞天下。故忠賢雋彥，韜才毓行者，咸出於是，而桀奸無良者或有焉。故是非相陵，毀稱相騰。或扇結鈎黨，私爲盟欹，以取科第，而聲名動天下。或鈎摭隱慝，嘲爲篇詠，以列於道路，迭相談訾，無所不至焉。沈既濟《詞科論》

　　一，或曰："按國家甲令，凡貢舉人本求才德，不選文詞。故律曰：'諸貢舉非其人者徒。'注云：'謂德行乖僻者也。'居州郡則廉使升聞，在朝廷則以時黜陟，用兹懲勸，足爲致理。有司因循，不修厥職，寖以訛謬，使其陵頹。今但修舊令，舉舊政，則人服矣，焉用改作？"答曰："州郡以德行貢士，禮闈以文詞揀才，試官以帖問求學，銓曹以書判擇吏，俱存甲令，何令宜修？且惟德無形，惟才不器，博之弗得，聆之弗聞。非在所知，焉能辨用？今禮部、吏部，一以文詞貫之，則人斯遠矣。使臣廉舉，但得其善惡之尤者耳，每道累歲罕獲一人。至如循常諄諄，虽駥愚鄙者，或身甚廉謹，政爲人蔽者，或善爲奸濫，秘不彰聞者，一州數十人，曷嘗聞焉？若銓不委外，任不責成，不潔其源，以道其流，而以文字選士，循資授職，雖口誦律令，手操斧鉞，以臨其人，無益也。改之不可。"　　二，或曰："昔後漢貢士，諸生試經學文史篆奏。則舉人試文，乃前王典故，而子獨非於今，何也？"答曰："漢代所貢，乃王官耳。凡漢郡國，每歲貢士，皆拜爲郎，分居三署，儲才待詔，無有常職。故初至必試其藝業，而觀其能否。至於郡國僚吏，皆府主所署，板檄召用，至而授職，何嘗賓貢，亦不試練。其遐州陋邑，一掾一尉，或津官戍吏，皆登銓上省，受試而去者，自隋而然，非舊典也。"沈既濟《選舉雜議》。　　按録十條之二。

　　文章之道取士，其來舊矣。或材不兼行，然其得之者亦已大半。故筮仕之目，以東堂甲科爲美談。潁川陳侯以色養力行之餘，輒工詩賦，長波清瀾，浩浩不窮，初未覯止也。屯田柳郎中爲予言之，且誦其佳句曰"地偏雲自起，月暮山更深"。及獲其卷，又有過於是者。跂驢驖，檟干將，恬然褒衣，以否爲泰久矣。今年秋，驅車江濆，獻賦京師，叩予柴門，惠然見別。予以鄙略，亦嘗志於文。頃年迫知己之眷，辱霑官命，故每客有爲卿大夫所薦舉計偕者，其於餞餞，或諗之以言。今於陳侯，猶前志也。權德輿《送陳秀才應舉序》

取士以孝、秀二科，古道也。家有兼者，時論多之。君之群從，皆以文藻射策，或致位郎署。今孝廉又以温清之餘，力行居業，業茂行修，西遊太學。吾知夫上第之後，衣春服，吟舞雩，東還南徐，拜慶堂下，粲粲門子，經術發身。古人有俯拾地芥之説，斯濫觴矣。權德輿《送獨孤孝廉應舉序》

古者採詩以辯志，升歌以發德，繫於時風，播爲樂章。有不類者，君子羞之。令兄能泝其末流，泳於深源，志之所之，不遷於物。以爲洙泗弟子，起予者商，而又嘉回之屢空，鄙賜之屢中，故帶經食力，耕於汝山之下。環堵蓬茨，若蔭華榱，逸韻麗藻，鏘然在聽。去歲臨汝守首賢能之書，貢於儀曹，瞻言正鵠，審固則獲。前此亦嘗失之矣，退實無愠，贏而不囂，蓋能反諸己而已，且用廉賈之道故也。今將抵洛郊，歷平陽，與賢諸侯交歡假道。然後自洛之汝，燕居中林，磅礴古昔，務諸遠大。鶯出幽谷，鵬擊南溟，將與群從叔季復修異日之賀，豈止於今耶？南宮郎有雅知兄者，且與德輿爲僚，徵詩睨別，以附其志。謹序。權德輿《送從兄南仲登科後歸汝州舊居序》

清旭燕居，有秀才鈕氏，以儒者衣冠訪我於衡門之下。用文一軸，與刺偕至，訪其行色，則曰：“將抵賢二千石陸上饒，然後自江而西，射策上國。”且上饒以偉詞邁氣待東南之士，士至必循分加禮，繇是褻衣之徒，恥不登其門。故殿中韓侍御元直工爲直詞，嘗睨若以序。故臨海守李君子從父户部，皆以文藝風騷爲師友，又睨若以詩。矧夫植文行於内，親仁賢於外，强學不倦，潔己以進。今兹行也，以桂林一枝爲己任，豈虚也哉！辱徵不腆，是用詞達。權德輿《送鈕秀才謁信州陸員外便赴舉序》

益都有司馬、揚、王遺風，生嘗薄遊西南，覽其江山，頗奮文辭，《嘆蜀》、〔趙校："嘆蜀"疑爲"難蜀"之誤。〕《解嘲》，《四子講德》之式。及夫秀士升貢，有司處之以上第，時輩歸之以高名，飄飄然有排大風、摩青天之勢。今歲後四月，謝諸朋遊，輕騎東出。且以五綵之服，拜慶於庭闈。榮哉孝乎！是往也。予將與生爲五湖之遊矣，〔趙校："將"，《英華》卷七二六作"嘗"。〕今則繫在柱下，不能奮飛送歸，如何爲愧爲羡。《大雅》云："敬慎威儀，以近有德。"蓋雖有雜佩，不如此詩，輒而爲好，以志少別。梁肅《送韋十六進士及第後東歸序》

自三閭大夫作《九歌》，於是有激楚之詞流於後世。其音清越，其氣凄厲。吾友君貺者，實能誦遺編，吟逸韻，所作詩歌，楚風在焉。初元之明年，予與君貺兄洪俱參淮南軍事。屬河外塵起，羽書狎至，每沈迷簿領之際，一見夫人清揚，則煩襟洗如也。又常愛其人也澹然其靜也，曠然其適也，泛然其無不與也。且從賓薦之禮，以赴揚名之期，又見其志也。秋氣雲暮，蕪城草衰，亭皋一望，烽戌滿目，邊馬數聲，心驚不已。感離別於茲辰，限鄉關於遠道，孰曰有情而不嘆息傷時！臨歧者得無詩乎？梁肅《送元錫赴舉序》

以明經舉者，誦數十萬言。又約通大義，徵辭引類，旁出入他經者，又誦數十萬言，其爲業也勤矣。登第於有司者，去民畝而就吏禄，由是進而累爲卿相者常常有之，其爲獲也亦大矣。然吾未嘗聞有登第於有司，而進謝於其門者。豈有司之待之也抑以公不以情，舉者之望於有司也亦將然乎？其進而謝於其門也，則爲私乎？抑無乃人事之未思，或者不能舉其禮乎？若牛堪者，思慮足以及之，材質足以行之，而又不聞其往者，其將有以哉！違衆而求識，立奇而取名，非堪心之所存也。由是而觀之，若堪之用心，其至於大官也不爲幸矣。堪，太學生也，余，博士也。博士，師屬也，於其登第而歸，將榮於其鄉也，能無説乎！韓愈《送牛

堪序》

　　伯樂之廐多良馬，卞和之匱多美玉。卓犖瓌怪之士，宜乎遊於大人君子之門也。相國隴西公既平汴州，天子命御史大夫吳縣男爲軍司馬，門下之士權生實從之來。權生之貌固若常人耳，其文辭引物連類，窮情盡變，宮商相宣，金石諧和，寂寥乎短章，舂容乎大篇。如是者，閱之累日而無窮焉。愈常觀於皇都，每年貢士至千餘人，或與之遊，或得其文，若權生者百無一二焉。如是而將進於明有司，重之以吳縣之知，其果有成哉！於是咸賦詩以贈之。韓愈《送權秀才序》

　　今年秋見孟氏子琯於郴，年甚少，禮甚度，手其文一編甚鉅。退披其編以讀之，盡其書無有不能，吾固心存而目識之矣。其十月，吾道於衡潭以之荆，累累見孟氏子焉。其所與偕盡善人長者，吾益以奇之。今將去是而隨舉於京師，雖不有請，猶將強而授之，以就其志，況其請之煩耶？京師之進士以千數，其人靡所不有，吾常折肱焉，其要在詳擇而固交之。善雖不吾與，吾將強而附；不善雖不吾惡，吾將強而拒。苟如是，其於高爵猶階而升堂，又況其細者耶？韓愈《送孟秀才序》

　　讀書以爲學，纘言以爲文，非以誇多而鬥靡也。蓋學所以爲道，文所以爲理耳。苟行事得其宜，出言適其要，雖不吾面，吾將信其富於文學也。潁川陳彤，始吾見之楊湖南門下，頎然其長，薰然其和。吾目其貌，耳其言，因以得其爲人。及其久也，果若不可及。夫湖南之於人，不輕以事接，爭名者之於藝，不可以虛屈。吾見湖南之禮有加，而同進之士交譽也，又以信吾信之不失也。如是而又問焉以質其學，策焉以考其文則何？信之有故，吾不徵於陳，亦不出於我。此豈非古人所謂可爲智者道，難與俗人言者類耶？凡吾從事於斯也，久未見舉進士有如陳生而不如志者，於其行，姑以是贈之。韓愈《送陳秀才彤序》

　　居方足下：承今冬以前，明經赴調，罷舉進士，何顚且不沛，逝而能復歟！國家設尊官厚禄，爲人民也，爲社稷也。在求其人，非與人求；在得其人，非與人得。惟道德膺厥求，惟賢能膺厥得。賢能事事而後見，道德誠誠而後信。苟須事事，苟須誠誠，則必委以務，命以職，從而核之。四海之大，億兆之衆，不可逢而委命之，是用啟稍異之間，姑致其我樂而自耀者。讀往載，究前言，則曰明經；屬以辭，賦以事，則曰進士。中夫程度者，取政事最輕小者命以始。又令公侯子孫、卿大夫子弟能力役供給者，曰千牛進馬、三衛齋郎，限以年月，終亦試之。其有成則陟陟不已，乃尊乃厚；其有敗則黜黜不已，乃戮乃亡。取之於諸科暫殊，用之於諸科則一。良未即以進士賢而明經不賢也。況目睹進士出身，十年、二十年而終於一命者有之；明經、諸色入仕，須臾而踐卿相者有之。忠與孝相生，君與父相隨。於家美即於國良，爲閨門重則爲朝廷尚。此古昔聖賢絕慮，萬不失一之得也。僕忝居方交遊，自貞元之初於今十有三祀，熟得居方之爲人。年纔弱冠，行跡如此，豈徒生哉。得之以道，爲姜、爲傅；不得以道，爲回、爲憲。時之令人，豈不善歟！歐陽詹《與鄭伯義書》

　　諸侯歲貢俊才於天子，故陳侯今年有觀光之舉。白露肅物，青天始高，雲迴鴻盤，言遵永途。吾觀夫雄心銳志，將領能事，則夷山堙谷，不盡其力，何東堂一枝，南荊一片，足塵其慮邪？勉哉陳侯，有其才，奏其試，知其成矣。歐陽詹《送陳八秀才赴舉序》

　　三折肱爲良醫。予五升詞場，四遭掎摭，是以竊知乎文。則洪氏子舉秀才，前後勝負，予得而度。夫子繡黻之性，加好勤苦之節，紡績墳典，組織篇什，觀經緯機杼，則重錦綉段，日日當成。今年秋貢士，果居首薦。歌《鹿鳴》以飲餞，想鵬搏而飭駕。金欲求鍛，玉將就磨，光鋩穎耀，朝夕以冀。迴雁賓海，秋風落山，雖難別離，向慶無恨，中鵠餘矢，猶思再發。升冬元月，期會於闕下。歐陽詹《送洪儒卿赴鄉舉序》

　　貢士有宴，我牧席公新禮也。貞元癸酉歲，邑有秀士八人，公將首薦於闕下。古者相覿相祖，有享有宴。享以昭恭儉，宴以示慈惠，二典爲用，鮮或克兼。諸侯升俊造於天子，遣之日，唯行鄉飲酒之禮，則享禮也。薦肉玄酒，莫飲莫食。公念肉不使食則仁不下浹，酒不使飲則歡不上交，方欲激邦俗於流醨，致王人乎德行，而賢者仁未伊浹，才者歡未我交，其若蚩蚩何？秋七月，與八人者鄉飲之禮既修，乃加之以宴。餚移已膳，醴出家醞。求絲桐匏竹以將之，選華軒勝境以光之。後一日，遂有東湖亭之會。公削桑梓之禮，執賓主之儀，揖讓升堂，雍容就筵。樂遍作而情性不流，爵無算而儀形有肅。鏘鏘焉，濟濟焉，於是老幼來窺，盡室盈歧。非其親懿，則其閭里，皆內訟而誓遷善焉。於戲！行其教不必耳提而口授，移其風不必門扇而戶吹，公斯宴則風移教行其間矣。真盡心竭誠，奉主化民之宰也。烟景未暮，酒德俱飽，有逡巡避位而言曰："夫詩者，有以美盛德之形容。君侯因片善，附小能，迴一邑之心，成一邑之行，而昭吾人恭儉於嘉享，示吾人慈惠於清宴。迴人心，成人行，周、孔之才也；昭恭儉，示慈惠，管、晏之賢也。不有歌詠，其如六義何？"是日人有《甘棠》《頖宮》之什，客有天水姜閱、河東裴參和、潁川陳詡、邑人濟陽蔡沼，佐贊盛事，亦獻雅章。小子公之甿，幸鼓微聲，先八人者鳴，捧豆伺徹，時在公之側。睹衆君子之作，遂從卜商之後，書其旨爲首序。歐陽詹《泉州刺史席公晏邑中赴舉秀才於東湖亭序》

澤宮送士，歲貢也。晋昌唐如晦以信誼爲良弓，文學爲茋矢，規爵祿猶衆禽，密彀持滿，溯風蟲繳者數矣。有措栝之妙，而無雙鷓之獲，韔弓收視，歸究其術。繇是跡愈屈而名愈聞，君子益多之。彼不由其術，一幸而中者，雖懸貂在庭，君子未嘗多也。歲殫矣，告予以西，余爲賦《澤宮》一章，庶見子之弓弗再張也已。劉禹錫《澤宮詩引》

來書所謂浮艷聲病之文耻不爲也，雖誠可耻，但慮足下方今不爾，且不能自信其言也。何者？足下舉進士，舉進士者，有司高張科格，每歲聚者試之，其所取迺足下所不爲者也。工欲善其事，必先利其器，足下方伐柯而捨其斧，可乎？恥之不當求也，求而恥之，惑也。今吾子求之矣，是徒涉而恥濡足也，寧能自信其言哉！來書所謂汲汲於立法寧人者，迺在位者之事，聖人得勢所施爲也，非詩賦之任也。功既成，澤既流，詠歌紀述，光揚之作作焉。聖人不得勢，方以文詞行於後。今吾子始學未仕而急其事，亦太早計矣。皇甫湜《答李生第一書》

　　生以一詩一賦爲非文章，抑不知一之少便非文章，即直詩賦不是文章。即如詩賦非文章，三百篇可燒矣。如少非文章，湯之盤銘是何物也？孔子曰“先行其言”，既爲甲賦矣，不得稱不作聲病文也。孔子曰“必也正名乎”，生既不以一第爲事，不當以進士冠姓名也。夫煥乎郁郁乎之文，謂制度，非止文詞也。前者捧卷軸而來，又以浮艷聲病爲説，似商量文詞，當與制度之文異日言也。近風教偷薄，進士尤甚，迺至有一謙三十年之説，爭爲虛張以相高自謾。詩未有劉長卿一句，已呼阮籍爲老兵矣；筆語未有駱賓王一字，已罵宋玉爲罪人矣。書字未識偏傍，高談稷、契；讀書未知句度，下視服、鄭。此時之大病，所當嫉者。生美才，勿似之也。皇甫湜《答李生第二書》

　　始湜於江陵望見王膠而異之，知其爲膠，又説其膠名之不凡。然未之諭，不忍而問諸膠，乃稱曰：“膠之爲言，猶牢固也。膠痛今之人，其始之心以利回，其始之交以利遷。將固吾初心，與吾交勿以利遷。將固吾心，與吾交〔趙校：按此下當有脱文。〕猶懼醉睡病昏之時，忽然而忘，故以膠自名。欲吾造次顛沛，起居意問，口記吾心，〔趙校：“口”字據《皇甫持正集》補。〕守與交也。膠以進士舉，進士尤輕其流，懼混然與之化，懼書紳銘坐之怠疏，故以膠自名。” 其始望見膠而異之，又悦其名而爲之交，又悦其言誠其意耳。又悦其與吾業同，遂大悦之。徵其文學，乃出累百篇，其歌詩高處用古人，其録述詞壯而有奇。然後吾與膠見其才之

全,其爲人之誠也。今侍郎韓公余之舊知,將薦膠而未具,於西行叙以先之。皇甫湜《送王膠序》

　　廬山自陶、謝洎十八賢已還,儒風綿綿,相續不絕。貞元初,有符載、楊衡輩隱焉,亦出爲文人。今其讀書屬文,結草廬於巖谷間者,猶一二十人。即其中秀出者,有彭城人劉軻。軻開卷慕孟子爲人,軻秉筆慕揚雄、司馬遷爲文,故著《翼孟》三卷,《豢龍子》十卷,雜文百餘篇。而聖人之旨,作者之風,雖未臻極,往往而得。予佐潯陽郡三年,軻每著文,輒來示余。予知軻志不息,異日必能跨符、楊而攀陶、謝。軻一旦盡齎所著書及所爲文訪予告行,欲舉進士,予方淪落江海,不足以發軻事業。又羸病無心力,不能遍致書於臺省故人。因援紙引筆,寫胸中事授軻,且曰:子到長安,持此札爲予謁集賢庚三十二補闕、翰林杜十四拾遺、金部元八員外、監察牛二侍御、秘書蕭正字、藍田楊主簿兄弟。彼七八君子,皆予文友,以予愚直,嘗信其言。苟於今不我欺,則子之道庶幾光明矣。又欲使平生故人知我形體已悴,志氣已憊,獨好善喜才之心未死。去矣。持此代書。三月三日樂天白。白居易《代書》

　　古之取士,得明經爲清選,近世即爲進士。亞之叔父獨謂古道可恃,乃曰:"我儒世家也,當勤經策義,取高第耳。"業之三貢,果得中,遂理橐言歸,亟思以賀,爲高堂之壽。嗟乎! 斯古孝廉之職,叔父盡之無愧耳。及東出都,命諸子亞之譔序,詩以贊行云。沈亞之《送叔父歸覲序》

　　前陸掾來,得韶卿書,知韶卿欲屈道以從人求京兆解送。知韶卿道在與否,固不在首解於京兆也。愚嘗謂與遊者道,韶卿膚未鷄,髮未鶴,然其心甚老。脫一旦脅肩低眉,與諸子爭甲乙於縣官,豈愚所謂甚老者邪? 韶卿曾不是思也。愚所謂首出者,謂四科首顏、閔,三十世家首太伯,七十列傳首伯夷。其爲首出,豈不多邪? 韶卿不首於是,而欲首於何哉! 僕又聞京兆等試,試官知與否？脱有知韶卿人聞，烏有不心躬嘿禮靈冠統以待之邪？夫然亦何害，小伸於知己耳。不然則東國紲臣，西山餓夫，微仲尼何傷爲展季、伯夷矣。韶卿獨不見既得者邪？豈盡爲顔子、太伯、伯夷。然幸韶卿熟思之，無以予不食太牢爲不知味者也。前月中兩寄狀，計必有一達者。過重陽當決策東去，計韶卿無以予身遠而不予思也。勉矣自愛！策名春官後，當會我於真山。劉軻《重與陸賓虞書》

　　自去歲前五年，執事者上言云："科第之選，宜與寒士。凡爲子弟，議不可進。"熟於上耳，固於上心，上持下執，堅如金石。爲子弟者，魚潛鼠遁，無入仕路。某竊惑之。科第之設，聖祖神宗所以選賢才也，豈計子弟與寒士也？古之急於士者，取盜取仇，取於夷狄，豈計其所由來？況國家設取士之科，而使子弟不得由之，若以科第之徒浮華輕薄，不可任以爲治，則國朝自房梁公已降，有大功、立大節率多科第人也。若以子弟生於膏粱，不知理道，不可與美名，不令得美仕，則自堯已降，聖人賢人率多子弟。凡此數者，進退取捨，無所依據，某所以憤懑而不曉也。堯，天子子也；禹，公子也；文王，諸侯孫與子也；武王，文王子也；周公，文王之子、武王之弟也；夫子，天子裔孫，宋公六代大夫子也。春秋時，列國有其社稷各數百年，其良臣多出於公族及卿大夫子孫也。魯之季友、季文子、叔孫穆子、叔孫昭子、孟獻子，皆出於三桓。臧文仲、武仲，出於公子彄。柳下惠，出於公子無駭。宋之良臣，多出於戴、桓、武、莊之族也。舉其尤者，華元、子罕、向戌是也。衛之良臣，亦公族及卿大夫之裔也。舉其尤者，公子荆、公叔發、公子朝，皆公族也。子鮮，公子也。史狗、史魚、寧武子，卿大夫之裔也。齊之晏嬰，晏桓子子也。曹之子臧，公子也。吳之季札，王子也。鄭之良臣，皆公孫公族也。舉其尤者，子封、子良、子罕、子展、子皮、子產、子張、子太叔是也。楚之良臣，子囊、子西、子朝，皆王子也。子庚，王孫也。其卿大夫之裔，鬬氏生令尹子文，後有鬭辛、鬭巢、鬭懷。蒍氏生蒍賈、孫叔敖、蔿啟疆、蔿子馮、蔿掩、蔿罷。屈氏生屈蕩、屈到、屈建。六國時有昭奚恤，公族也。屈原，諸屈後也。皆其祖先於武王、文王時基楚國爲霸者，用其子孫，其社稷垂九百餘年。至於晉國最爲強，其賢臣尤多，有趙氏、魏氏、韓氏、狐氏、中行氏、范氏、荀氏、羊舌氏、欒氏、郤氏、祁氏，其先皆武公、獻公、文公勤勞臣也，用其子弟，召諸侯而盟之者僅三百年。在六國，齊之孟嘗，趙之平原，魏之信陵，皆王子王孫也。齊復有司馬穰苴，亦王族也。其在漢魏已下，至於國朝，公族之子弟、卿大夫之胄裔，書於史氏爲偉人者，不可勝數。不知論聖賢才能於子弟中，復何如也？　言科第浮華輕薄，不可任用，則國朝房梁公玄齡，進士也，相太宗凡二十一年，爲唐宗臣，比之伊、呂、周、召者。郝公處俊，亦進士也，爲宰相，時高宗欲遜位與武后，處俊曰：“天下者，高祖、太宗之天下，非陛下之有。但可傳之子孫，不可私以與后。”高宗因止。來濟、上官儀、李玄義，皆進士也，後爲宰相。濟助長孫太尉、褚河南共摧武后者。後突厥入塞，免胄戰死。儀革廢武后詔，玄義助處俊，言不可以位與武后。婁侍中師德，亦進士也。吐蕃强盛，爲監察御史，以紅抹額應猛士詔，躬衣皮袴，率士屯田，積穀八百萬石。二十四年西征，兵不乏食。薦狄公爲相，取中宗於房陵，立爲太子。漢陽王張公柬之，亦進士也。年八十爲相，歐致四王，手提社稷，上還中宗。郭代公元振，亦進士也。鎮涼州僅十五年，北却突厥，西走吐蕃，制地一萬里，握兵三十萬。武氏惕息，不敢移唐社稷。魏公知古，亦進士也。爲宰相，廢太平公主謀以佐玄宗。及卒也，宋開府哭之曰：“叔向，古之遺直；子產，古之遺愛。兼而有者，其魏公乎！”姚梁公元崇，登第下筆成章舉，首佐玄宗起中興業，凡三十年，天下幾無一人之獄。宋開府璟，亦進士也。與姚唱和，致開元太平者。劉幽求登制策科，與玄宗徒步誅韋氏，立睿宗者。蘇氏父子，皆進士也。大許公爲相於武后朝酷吏中，不失其正；於中宗朝誅反賊鄭普思於韋后黨中。小許公佐玄宗朝，號爲“蘇宋”。張燕公説登制策科，排張易之兄弟，贊睿宗，請玄宗監國，竟誅太平公主。招置文學士，開内學館。玄宗好書尚古，封中太山，祀后土，因燕公也。張曲江九齡，亦進士也。排李林甫、牛仙客，罵張守珪不斬安禄山，謫老南服，年未七十。張巡，亦進士也，凡三入判等。以兵九千守睢陽城凡周歲，拒賊十三萬兵，使賊不能東進尺寸，以全江淮。元和中宰相河東司空公、中書令裴公，皆進士也，裴公仍再得宏辭制策科。當貞元時，河北叛，〔趙校：《英華》，卷六九〇作“河北背叛”，注云“背”一作“皆”。〕齊、蔡亦叛，階此〔趙校：《英華》注云，集本、《文粹》有“偕此”二字。〕蜀亦叛，吳亦叛。其他未叛者，皆高下其目，熟視朝廷，希嚮强弱而施其所爲。司空公始相憲宗，廢權倖之機牙，令不得張；收斂百職，歸於有司；命節度使出朝廷，不由兵士；拔取沈滯，各還其官。然後西取蜀，東取吳，天下仰首，始見白日。裴公撫安魏博，使田氏盡歸六州。元和中翦蔡劇賊，於洛師脅下招來常山，質其二子，以累其心。取十三城，使不得與齊交手爲寇。因誅師道，河南盡平。當是時，天下幾至於太平。凡此十九公，皆國家與之存亡安危治亂者也。不知科第之選，復何如也？　　至于智效一官，忠立一節，德行文學，不可悉數。董生云：“春秋之義，變古則譏之。”傅説命高宗曰：“監於先王成憲，其永無愆。”故殷道復興。《鴻雁》美周宣王能復先王之道。西漢魏相佐漢宣帝爲中興，但能奉行漢家故事。姚梁公佐玄宗，亦以務舉貞觀之法制耳。自古及今，未有背本棄古而能致治者。昨獲覽三郎秀才新文凡十篇，數日在手，讀之不倦。其旨意所尚，皆本仁義而歸忠信，加以辭彩遒茂，皎無塵土，況有誠明長厚之譽於千人中，儻使前五六年得進士第，今可以出入諫官、御史，助明天子爲治矣。古人云：“三月不仕則相弔。”安有凡五六年來，選取進士，施設網罟，如防盜賊；言子弟者，喑啞抑鬱，思一解布衣與下士齒，厥路

無由？於古未前聞也。某因覽三郎文章，不覺發憤，略言大槩。干觸尊重，無任惶懼。杜牧《上宣州高大夫書》

治心、治身、治友，三者治矣，有求名而名不隨者，未之聞也。治心莫若和平，治身莫若兢謹，治友莫若誠信。友治矣，非身治而不能得之。身治矣，非心治而不能致之。三者治矣，推而廣之，可以治天下，惡有求成進士名者而不得也？況有千人，皆以聖人爲師，眠而食，一無其他，唯議論是司。三人有私，十人公私半，百人無有不公者，況千人哉！古之聖賢，業大事鉅，道行則不肖懼，道不行則不肖喜，故有不公。今進士者，業微事細。如成其名，不肖未所喜懼，寧不公耶？故取之甚易耳。盧生客居於饒，年十七八即主一家骨肉之饑寒。常與一僕東泛滄海，北至單于府，丐得百錢尺帛，囊而聚之，使其僕負以歸，饒之士皆憐之。能辭明敏，而知所去就。年未三十，嘗三舉進士，以業丐資家，近中輟之。去歲九月，余自池改睦，凡同舟三千里，復爲余留睦七十日。今之去，余知其成名而不丐矣。杜牧《送盧秀才赴舉序》

夫物不得以時而發，其發必熾。風行溪谷，飀飀習習，即不得遂作，必飄忽源泉，混混然隄防陂畜，波抴壅缺，亦不可遏。其於人也亦然。潁川陳君，學積乎勤，藝高乎專，喪家途歎，志用不通，鬱然而居者有年矣。累爲連帥賓禮，貢之天子，齎咨喑嗚，輒以窮盡。今年稍始克偕計吏，黽勉上道。久憤湮鬱，一旦決發，若風波之得宣洩，吁可當邪？名光耀乎天庭，聲飛馳乎海浦，其在此行矣。然君子學道以循禄，端己以售道，不肯枉尺，以斬尋直。況突梯滑稽，以苟得與？君其勉之。樵弱弓蓬矢，難以妄斀。徒善君之引滿強勁，指期命中，於行不能無述。孫樵《送陳生舉進士序》

禹畫九州，列貢輕重，舉賢用才，咸在其中。故《周官》司馬，得俊造之名，乃進於天子，謂之進士。又天子於射宮，以擇諸侯所貢之士。若善者乃受上賞，不善者黜爵，其次削地。得預於射

宮，以射諸侯之義，而爲諸侯所舉者重，所用者大。漢法，每州若
干户，歲貢若干人，更以籍上聞。計州里之大小，材之多少，謂之
計籍。人主親試所通經業，策問理優深者乃中高第。有行著鄉
里辟選，自古而然。漢世得人，於斯爲盛。國家武德初，令天下
冬季集貢士於京師，天子制策考其功業辭藝，謂之進士，已廢於
行實矣。其後以郎官權輕，移之於禮部，大率以三場爲試。初以
詞賦，謂之雜文；復對所通經義；終以時務爲策目。雖行此擢第，
又不由於文藝矣。惟王公子弟，器貌奇偉，無才無藝者，亦冠於
多士之首。然相士之道，備嘗聞之。有門閥清貴者，有狀骨卿相
者，有容質秀麗者，有才藻可尚者，有權勢抑取者，有朋友力盛
者。機權沈密，詞辨雄壯，臧否由己，升沈在心，群衆必集其門，
若見公相。來交請友，識面爲難，動必有應，遊必有從。密處隱
會，深誠重約，朱門甲第之間，鬼神不能知者盡知之。雖名臣碩
德，高位重權，可以開闔之，可以搖動之，可以傾覆之。有司畏
之，不敢不與之者。言泉疾於波浪，舌端利若鋒鋅，所排殁九泉，
所引升霄漢。默默無言，衆必謂之長者；發中心病，時皆目之凶
人。秋風八月，鞍馬九衢，神氣揚揚，行者避路。視富貴若咳唾，
視州縣如奴僕。亦不獨高於貴冑，亦不賤彼孤介。得其術者捨
耒耜而取公卿，乖其道者抱文章而成痼疾。朝廷取士之門，於斯
爲最。衰世以來，多非其人。明廷無策問之科，有司亡至公之
道。登第之人，其辭賦皆取能者之作，以玉易石，羊質虎皮。闕
抱憤之人，〔趙校：“抱憤”上，《英華》卷七六〇有“曰”字，注“一作白”。〕汨
没塵土，天九重高，不可以叫。加以浮薄之子，遞相唱和。名第
之中，以隻數爲上，賤其雙數；以甲乙爲貴，輕彼兩科。題目之
間，增其異名。至於傅粉熏香，服飾鞍馬之費多，致匪人成於牧
宰，取資貨以利輕肥。用黨比周，交遊酒食，亂其國政，於斯爲
盛。竊願明君賢臣，悉力同心，大革其弊，復以經明行修爲急。
所謂斥彼浮華，敦其茂實，儒風免墜，不失取士之道。牛希濟《貢

士論》

　　君子所以章灼當時，焜燿來裔者，必曰進士擢第，畿尉釋褐。斯道也中朝令法，雖百王不移者也。自聖曆中興，百度漸貞，能興此美者，今始見張、郭二生矣。則知九仞之勢，千里之行，凝雲逐日，未可量也。鉉也不佞，生於先賢之後，進在二子之前，此美不兼，可以嘆息。然有事同而時異，請試論之。噫！詞場堙廢，五十年矣。故老之言議殆絶，後生之視聽懵然。今百辟有司，達於郡國吏徒，見趨走公府中一尉耳，焉知其餘哉。而二君子調高才逸，年少氣盛。將以俊造之業自重，責人以既廢之禮；又將以堯舜之道爲用，議政於俗吏之間。如是將與時大乖矣。嗚呼！彼衆我寡，或者難以勝乎？君子之道，無施不可，舒之彌四海，卷之在掌握。日磾見奇於牧馬，陽元知名於水磑，彼二人即公輔大器也，豈以恥辱爲累哉！愚願二君子，反己正身，開懷戢耀，無望人以不知，無強人以不能，如斯而已矣。今天子重文好古，諸生懷才待用，所以蒼生未蒙福者，上下之勢殊中有間耳。《大易》之義，物不終否，否極必泰。泰之時在上者，其道下降；在下者，其道上行。君臣相合，然後事業遠矣。吾以爲斯道之復不遠，吾子其勉之。句曲仙鄉，廣陵勝地，多難將弭，春物將華，琴棋詩酒，足以爲適。贈言之旨，盡於斯焉。徐鉉《送張佖、郭賁二先輩序》

登科記考補正卷三十

別録下

　　鴻鵠振羽翮，翻飛入帝鄉。朝鳴集銀樹，暝宿下金塘。日月天門近，風烟夜路長。自憐窮浦雁，歲歲不隨陽。劉希夷《餞李秀才赴舉》

　　太清聞海鶴，遊子引鄉眄。聲隨羽儀遠，勢與歸雲便。青桂春再榮，白雲暮來變。遷飛在禮儀，豈復泪如霰。王昌齡《送劉眘虛歸取宏詞解》

　　自從歸楚客，不復掃荆扉。劍共丹誠在，書隨白髮歸。舊遊經亂静，後進識君稀。空把相如賦，何人薦禮闈。劉長卿《送馬秀才移家京洛便赴舉》

　　故人西奉使，胡騎正紛紛。舊國無來信，春江獨送君。五言凌白雪，六翮向青雲。誰念滄洲吏，忘機鷗鳥群。劉長卿《送路少府使東京便應制舉》

　　適賀一枝新，旋驚萬里分。禮闈稱獨步，太學許能文。征馬望春草，行人看暮雲。遥知倚門處，江樹正氛氲。劉長卿《送孫瑩京監擢第歸蜀覲省》

　　吾觀《鵬鶵賦》，君負王佐才。惜無金張援，十上空歸來。棄置鄉園老，翻飛羽翼摧。故人今在位，歧路莫遲回。孟浩然《送丁鳳進士赴舉呈張九齡》

　　十五綵衣年，承歡慈母前。孝廉因歲貢，懷橘向秦川。四座推文舉，中郎許仲宣。泛舟江上別，誰不仰神仙。孟浩然《送張參明經舉兼向涇州覲省》

　　獻策金門去，承歡綵服違。以吾一日長，念爾聚星稀。昏定須温席，寒多未授衣。桂枝如已擢，早逐雁南飛。孟浩然《送洗然弟進士舉》

　　魯客向西笑，君門若夢中。霜凋逐臣髮，日憶明光宮。復羨二龍去，才華冠世雄。平衢騁高足，逸翰凌長風。舞袖拂秋月，歌筵聞蚤鴻。送君日千里，良會何由同。李白《魯中送二從弟赴舉之西京》

　　秀才何翩翩，王許回也賢。暫別廬江守，將遊京兆天。秋山宜落日，秀水出寒烟。欲折一枝桂，還來雁沼前。李白《同吳王送杜秀芝赴舉入京》

　　明經有清秩，當在石渠中。獨往宣城郡，高齋謁謝公。寒原正蕪漫，夕鳥自西東。秋日不堪別，淒淒多朝風。韋應物《送五經趙隨登科授廣德尉》

　　建業控京口，金陵欵滄溟。君家臨秦淮，傍對石頭城。十年自勤學，一鼓遊上京。青春登甲科，動地聞香名。解榻皆五侯，結交盡群英。按“群英”一作“時英”。六月槐花飛，忽思蓴菜羹。跨馬出國門，丹陽返柴荆。楚雲引歸帆，淮水浮客程。到家拜親時，入門有光榮。鄉人盡來賀，置酒相邀迎。閑眺北顧樓，醉眠湖上亭。月從海門出，照見茅山青。昔爲帝王州，今幸天地平。五朝變人世，千載空江聲。玄元告靈符，丹洞獲其銘。皇帝受玉册，群臣羅天庭。喜氣薄太陽，祥光徹窅冥。奔走朝萬國，崩騰集百靈。王兄尚謫宦，屢見秋雲生。孤城帶後湖，心與湖水清。一縣無諍辭，有時開道經。黄鶴垂兩翅，徘徊但悲鳴。按“但悲鳴”一作“悲且鳴”。相思不可見，空望牛女星。岑參《送許子擢第歸江寧拜親，因寄王昌齡》

井上桐葉赤，灞亭卷秋風。故人適戰勝，走馬歸山東。問君今年按"君今年"一作"君如今"。三十幾，能使香名滿人耳。君不見三峰直上五千仞，見君文章亦如此。如君兄弟天下稀，雄辭健筆皆若飛。將軍金印韠紫綬，御史鐵冠重綉衣。喬生作尉別來久，因君爲問平安否。魏侯校理復何如？前日人來不得書。陸渾山下按"山下"一作"山水"。佳可賞，蓬閣閑時日應往。自料青雲未有期，誰知白髮偏能長。壚頭青絲白玉瓶，別時相顧酒如傾。一作"酒初醒"。搖鞭舉袂忽不見，千樹萬樹空蟬鳴。岑參《送魏叔虹擢第歸東都，因懷魏校書、陸渾喬潭》

槐葉蒼蒼柳葉黃，秋高八月天欲霜。青門百壺送韓侯，白雲千里連嵩邱。北堂倚門望君憶，東歸扇枕後秋色。洛陽才子能幾人，明年桂枝是君得。岑參《送韓巽入都覲省便赴舉》

當年最稱意，數子不如君。戰勝時偏許，名高人共聞。半天城北雨，斜日灞西雲。科斗皆成字，無令錯古文。岑參《送王伯倫應制授正字歸》

巴江秋月新，闍道發征輪。戰勝真才子，名高動世人。工文能似舅，擢第去榮親。十月天官待，應須早赴秦。岑參《送嚴詵擢第歸蜀》

時輩似君稀，青春戰勝歸。名登郄詵第，身著老萊衣。稱意人皆羨，還家馬若飛。一枝誰不折，棣萼獨相輝。岑參《送薛彦偉擢第東歸》

去馬疾如飛，看君戰勝歸。新登郄詵第，更著老萊衣。漢水行人少，巴山客舍稀。向南風候暖，臘月見春輝。岑參《送蒲秀才擢第歸蜀》

送爾姑蘇客，滄波秋正涼。橘懷三個去，桂折一枝將。湖上山當舍，天邊水是鄉。江村人事少，時作捕魚郎。岑參《送滕亢擢第歸蘇州拜親》

隳官就賓薦，時輩詎争先。盛業推儒行，高科獨少年。迎秋

見衰葉，餘照逐鳴蟬。舊里三峰下，開門古縣前。李嘉祐《送嚴二擢第東歸》

清秀過終童，攜書訪老翁。以吾爲世舊，憐爾繼家風。淮岸經霜柳，關城帶月鴻。春歸定得意，花送到吳中。李嘉祐《送張惟儉秀才入舉》

當年貴得意，文字各爭名。齊唱《陽春曲》，唯君金玉聲。懸黎寶中出，高價世難掩。鴻羽不低飛，龍津徒自險。直矜《鸚鵡賦》，不貴芳桂枝。少俊蔡邕許，長鳴唐舉知。梁城下熊軾，朱戟何暐耀。才子欲歸寧，棠花已含笑。高門知慶大，子孝覺親榮。獨攬還珠美，寧惟問絹情。離筵不盡醉，摻袂一何早。馬蹄西別輕，樹色東看好。行塵忽不見，惆悵青門道。錢起《送李四擢第歸觀省》

湖山不可厭，東望有餘情。片玉登科後，孤舟任興行。月中嚴子瀨，花際楚王城。歲暮雲皋鶴，聞天更一鳴。錢起《送虞説擢第東遊》

南風起別袂，心到衡湘間。歸客楚山遠，孤舟雲水閑。愛君採蓮處，花島連家山。得意且寧省，人生難此還。錢起《送虞説擢第南歸觀省》

林表吳山色，詩人思不忘。向家流水便，懷橘綵衣香。滿酌留歸騎，前程未夕陽。愴茲江海去，誰惜杜蘅芳。錢起《送褚澡擢第歸吳觀省》

行人臨水去，新詠復新悲。萬里高秋月，孤山遠別時。挂帆嚴子瀨，酹酒敬亭祠。歲晏無芳杜，如何寄所思。錢起《送楊暐擢第歸江南》

多才白華子，初擅桂枝名。嘉慶送歸客，新秋帶雨行。離人背水去，喜鵲近家迎。別贈難爲此，衰年畏後生。錢起《送鄭巨及第後歸覲》

幾年深道要，一舉過賢關。名與玄珠出，鄉宜晝錦還。蓮舟

同宿浦，柳岸向家山。欲見寧親孝，儒衣稚子斑。錢起《送李棲桐道舉擢第還鄉省侍》

大學三年聞琢玉，東堂一舉早成名。借問還家何處好，玉人含笑下機迎。錢起《送張參及第還家》

西去意如何，知隨貢士科。吟詩向月路，驅馬出烟蘿。晚色寒蕪遠，秋聲候雁多。自憐歸未得，相送一勞歌。皇甫曾《送鄭秀才貢舉》

儒衣羞此別，去抵漢公卿。賓貢年猶少，篇章藝已成。臨流惜暮景，話別起鄉情。離酌不辭醉，西江春草生。皇甫曾《送裴秀才貢舉》

鄰家不識鬭雞翁，閉戶能齊隱者風。顧步曾爲小山客，成名因事大江公。一身千里寒蕪上，單馬重裘臘月中。寂寂故園行見在，暮天殘雪洛城東。韓翃《送王府張參軍附學及第東歸》

充賦名今遂，安親事不違。甲科文比玉，歸路錦爲衣。海運同鵾化，風帆若鳥飛。知君到三逕，松菊有光輝。獨孤及《送虞秀才擢第歸長沙》

入貢列諸生，詩書業早成。家承孔聖後，身有魯儒名。楚水通滎浦，春山擁漢京。愛君方弱冠，爲賦《少年行》。皇甫冉《送孔黨赴舉》

公車待詔赴長安，客裏新正阻舊歡。遲日未能銷野雪，晴花偏自犯江寒。東溟道路通秦塞，北闕威儀識漢官。共許郊詵工射策，恩榮請向一枝看。皇甫冉《送錢唐路少府赴制舉》

寂寞柴門掩，經過柱史榮。老夫寧有力，半子自成名。柳映三橋發，花連上道明。械書到別墅，郢曲果先成。嚴維《酬謝侍御喜王宇及第見賀不遇之作》

鄱陽中酒地，楚老獨醒年。芳桂君應折，沈灰我不然。洛橋浮逆水，關樹接非烟。惟有殘生夢，猶能到日邊。顧況《送韋秀才赴舉》

鄉賦《鹿鳴》篇,君爲貢士先。新經夢筆夜,纔比棄繻年。海雨沾隋柳,江潮赴楚船。相看南去雁,離恨倍潸然。耿湋《送郭秀才赴舉》

洛水橋邊雁影疏,陸機兄弟駐行車。欲陳漢帝登封草,猶待蕭郎寄内書。李益《中橋北送穆質兄弟應制戲贈蕭策》

年少通經學,登科尚佩觿。張馮本名士,蔡廓是佳兒。鞍馬臨歧路,龍鍾對別離。寄書胡太守,清與故人知。司空曙《送王使君小子孝廉登科歸省》

見誦《甘泉賦》,心期折桂歸。鳳雛皆五色,鴻漸又雙飛。別思看衰柳,秋風動客衣。明朝問禮處,暫覺雁行稀。劉商《送李元規昆季赴舉》

秋色生邊思,送君西入關。草衰空大野,葉落露青山。故國烟霞外,新安道路間。碧霄知己在,香桂月中攀。冷朝陽《送唐六赴舉》

隋堤望楚國,江上一歸人。綠氣千檣暮,青風萬里春。試才初得桂,泊渚肯傷蘋。拜手終悽愴,恭承中外親。李端《送楊臯〔趙校:原注:一作“皥”。〕擢第歸江東》

聖朝殊漢令,才子少登科。每見先鳴早,常驚後進多。獨居方寂寞,相對覺蹉跎。不是通家舊,頻勞文舉過。李端《贈趙神童》

長長南山松,短短北磵楊。俱承日月照,幸免斤斧傷。去年與子別,誠言暫還鄉。如何棄我去,天路忽騰驤。誰謂有雙目,識貌不識腸。豈知心内乖,著我薜蘿裳。尋君向前事,不嘆今異翔。往往空室中,寤寐説珪璋。十年居此溪,松桂日蒼蒼。自從無佳人,山中不輝光。盡棄所留藥,亦焚舊草堂。還君誓己書,歸我學仙方。既爲參與辰,各願不相望。始終名利途,慎勿罷咨殃。王建《山中寄及第故人》

四海重貢獻,珠賮稱至珍。聖朝開禮闈,所貴集嘉賓。若生在世間,此路出常倫。一士登甲科,九族光彩新。憧憧車馬徒,爭路長安塵。萬日視高天，升者得苦辛。況子當少年，丈人在咸秦。出門見宮闕，獻賦侍朱輪。有賢大國豐，無子一家貧。男兒富邦家，豈爲榮其身。煌煌文明代，俱幸生此辰。自顧非國風，難以合聖人。子去東堂上，我歸南澗濱。願君勤作書，與我山中鄰。王建《送薛蔓應舉》

杏花壇上授書時，不廢中庭趁蝶飛。暗寫五經收部帙，初年七歲著衫衣。秋堂白髮先生別，古卷青襟舊伴歸。獨向鳳城持薦表，萬人叢裏有光輝。王建《送司空神童》

客路商山外，離筵小暑前。高文常獨步，折桂及韶年。關國通秦限，波濤隔漢川。叨同會府選，分手倍依然。武元衡《送魏正則擢第歸江陵》

商山路接玉山深，古木蒼然盡合陰。會府登筵君最少，江城秋至肯驚心。武元衡《送魏正則擢第歸江陵》

馬蹄聲特特，去入天子國。借問去是誰？秀才皇甫湜。吞吐一腹文，八音兼五色。主文有崔李，郁郁爲朝德。青銅鏡必明，朱絲繩必直。稱意太平年，願子長相憶。馬異《送皇甫湜赴舉》

貢士去翩翩，如君最少年。綵衣行不廢，儒服代相傳。曉月經淮路，繁陰過楚天。清談遇知己，應訪孝廉船。權德輿《送韓孝廉侍從赴舉》

儒衣風貌清，去抵漢公卿。賓貢年猶少，篇章藝已成。臨流惜暮景，話別起鄉情。離酌不辭醉，西江春草生。權德輿《送裴秀才貢舉》〔趙校：此詩本卷重出，前引謂皇甫曾所作。《全唐詩》亦重出。〕

衛多君子魯多儒，七歲聞天笑舞雩。光彩春風初轉蕙，性靈秋水不藏珠。兩經在口知名小，百拜垂髫稟氣殊。況復元侯旌爾善，桂林枝上得鴻雛。楊巨源《送司徒童子》

春色華陽國，秦人此別離。驛樓橫水影，鄉路入花枝。日暖鶯飛好，山晴馬去遲。劍門當石隘，棧閣入雲危。獨鶴心千里，貧交酒一卮。桂條攀偃蹇，蘭葉藉參差。旅夢驚蝴蝶，殘芳怨子

規。碧霄今夜月，惆悵上峨嵋。陳羽《西蜀送許中庸歸秦赴舉》

五陵春色泛花枝，心醉花前遠別離。落羽“落羽”，王荆公《百家詩選》作“落第”。耻爲關右客，成名空羨里中兒。都門雨歇愁分處，山店燈殘夢到時。家住洞庭多釣伴，因來相賀話相思。陳羽《送友人及第歸江東》

月没天欲明，秋河尚疑白。皚皚積光素，耿耿横虚碧。南斗接，北辰連，空濛鴻洞浮高天。蕩蕩漫漫皆晶然，實類平蕪流大川。星爲潭底珠，雲是波中烟。鷄唱漏盡東方作，曲渚蒼蒼曉霜落。雁叫疑從清淺驚，鳧聲似在沿洄泊。并州細侯直下孫，才應秋賦懷金門。念排雲漢將飛翻，仰之踴躍當華軒。夜來陪餞歐陽子，偶坐通宵見深旨。心知慷慨日昭然，前程心在青雲裏。歐陽詹《賦得秋河曙耿耿，送郭季才應舉》

驚禽一辭巢，棲息無少安。秋扇一離手，流塵蔽霜紈。故侣不可追，涼風日已寒。遠逢杜陵士，別盡平生歡。逐客無印綬，楚江多芷蘭。因居暇時遊，長鋏不復彈。閲書南軒霽，絚瑟清夜闌。萬境身外寂，一杯腹中寬。伊昔玄宗朝，冬卿冠駕鸞。蕭穆升内殿，從容領儒冠。游夏無措詞，陽秋垂不刊。至今群玉府，學者空縱觀。世人希德門，揭若攀峰巒。之子尚明訓，鏘如振琅玕。一旦西上書，斑衣拂征鞍。荆臺宿暮雨，漢水浮春瀾。君門起天中，多士如星攢。烟霞覆雙闕，抃舞羅千官。清漏滴銅壺，仙厨下雕槃。熒煌仰金榜，錯落濡飛翰。古來才傑士，所嗟遭時難。一鳴從此始，相望青雲端。劉禹錫《送韋秀才道沖赴制舉》

爾生始懸弧，我作座上賓。引箸舉湯餅，祝詞天麒麟。令成一丈夫，坎坷愁風塵。長裾來謁我，自號廬山人。道舊與撫孤，悄然傷我神。依依見眉睫，嘿嘿含悲辛。永懷同年友，追想出谷晨。三十二君子，齊飛凌烟旻。曲江一會時，後會已凋淪。況今三十載，閲世難重陳。盛時一已遇，來者日日新。不知摇落樹，重有明年春。火後見琼璜，霜餘識松筠。蕭風乃獨秀，武部亦絶

倫。爾今持我詩，西見二重臣。成賢必念舊，保貴在安貧。清時
爲丞郎，氣力侔陶鈞。乞取斗升水，因之雲漢津。劉禹錫《送張盥
赴舉》

　　裴生久在風塵裏，氣勁言高少知己。注書曾學鄭司農，歷國
多於孔夫子。往年訪我到連州，無窮絶境終日遊。登山雨中試
蠟屐，入洞夏裏披貂裘。白帝城邊又相遇，斂翼三年不飛去。忽
然結束如秋蓬，自稱對策明光宮。人言策中説何事？掉頭不答
看飛鴻。彤庭翠松迎曉日，鳳銜金榜雲間出。中貴腰鞭立傾酒，
宰臣委佩觀搖筆。古稱射策如彎弧，一發偶中何時無。由來草
澤無忌諱，弩力滿挽當亨衢。憶得當年識君處，嘉禾驛後聯墻
住。垂鈎釣得王餘魚，踏芳共登蘇小墓。此事今同夢想間，相看
一笑且開顏。老大希逢舊鄰里，爲君扶病到方山。劉禹錫《送裴處
士昌禹應制舉》

　　誰憐相門子，不語望秋山。生長綺紈内，辛勤筆硯間。榮親
在名字，好學棄官班。佇俟明年桂，高堂開笑顏。劉禹錫《送李友
路秀才赴舉》

　　朝服歸來晝錦榮，《登科記》上更無兄。壽觴每使曾孫獻，勝
境長攜衆妓行。瞿鑠據鞍時騁健，殷勤把酒尚多情。凌寒却向
山陰去，衣綉郎君雪裏行。劉禹錫《贈致仕滕庶子先輩》〔趙校：原注：
時及第人中最老。〕

　　宋日營陽内史孫，因家占得九疑村。童心便有愛書癖，手指
今餘把筆痕。自握蛇珠辭白屋，欲憑鷄卜謁金門。若逢廣座問
羊酪，從此知名在一言。劉禹錫《送周魯儒赴舉》

　　又被時人寫姓名，春風引路入京城。知君憶得前身事，分付
鶯花與後生。劉禹錫《答張侍御賈喜再登科後自洛赴上都贈別》

　　湘中才子是劉郎，望在長沙住桂陽。昨日鴻都新上第，五陵
年少讓清光。劉禹錫《贈劉景擢第》

　　澹澹滄海氣，結成黄香才。幼齡思奮飛，弱冠遊靈臺。一鶚

顧喬木，衆禽不敢猜。一驥騁長衢，衆獸不敢陪。遂得會風雨，感通如雲雷。至矣小宗伯，確乎心不回。能令幽静人，聲實喧九垓。却憶江南道，祖筵花裏開。春風不能别，别罷空徘徊。孟郊《送黄構擢第後歸江南》

一意兩片雲，暫合還却分。南雲乘慶歸，北雲與誰群。寄聲千里風，相唤聞不聞。孟郊《舟中喜遇從叔簡，别後寄上，時從叔初擢第歸江南，郊不從行》

長安車馬道，高槐結浮陰。下有名利人，一人千萬心。黄鵠多遠勢，滄溟無近潯。怡怡静退姿，泠泠思歸吟。菱唱忽生聽，芸書迴望深。清風散言笑，餘花綴衣襟。獨恨魚鳥别，一飛將一沈。孟郊《感别送從叔校書簡再登科東歸》

鳳駕送舉人，東方猶未明。自謂出太早，已有車馬行。騎火高低影，街鼓參差聲。可憐早朝者，相看意氣生。日出塵埃飛，群動互營營。營營各何求？無非利與名。而我常晏起，虚住長安城。春深官又滿，日有歸山情。白居易《早送舉人入試》

莫羨蓬萊鸞鶴侶，道成羽翼自生身。君看名在丹臺者，盡是人間修道人。白居易《酬趙秀才贈新登科諸先輩》

子有雄文藻思繁，韶年射策向金門。前隨鸞鶴登霄漢，却望風沙走塞垣。獨憶忘機陪出處，自憐何力繼飛翻。那堪兩地生離緒，蓬户長扃行旅喧。李逢吉《送令狐秀才赴舉》

顔子將才應四科，料量時輩更誰過。居然一片荆山玉，可怕無人是卞和。李涉《送顔覺赴舉》

自説軒皇息戰威，萬方無復事戎衣。却教孫子藏兵法，空把文章向禮闈。李涉《送孫堯夫赴舉》

青門珮蘭客，淮水誓風流。名在鄉書貢，心期月殿遊。平沙大河急，細雨二陵秋。感此添離恨，年光不少留。鮑溶《送王損之秀才赴舉》

羅刹樓頭醉，送君西入京。秦吴無限地，山水半分程。海上

烟霞濕，關中日月明。登科舊鄉里，當爲改嘉名。姚合《送李秀才赴舉》

重重吳越浙江潮，刺史何門始得消。五字州人惟有此，四鄰風景合相饒。橘村籬落香潛度，竹寺虛空翠自飄。君去九衢須説我，病成疏懶懶趨朝。姚合《送盛秀才赴舉》

篇章動玉京，墜葉滿前程。舊國與僧別，秋江罷釣行。馬過隋代寺，檣出楚山城。應近嵩陽宿，潛聞瀑布聲。鄭巢《送人赴舉》

去住跡雖異，愛憎情不同。因君向帝里，使我厭山中。故友多朝客，新文盡國風。藝精心更苦，何患不成功。章孝標《山中送進士劉蟾赴舉》

登唐科第語唐音，望日初生憶故林。鮫室夜眠燈火泠，蜃樓朝泊曉霞深。風高一葉飛魚背，潮净三山出海心。想把文章合夷樂，蟠桃花裏醉人參。章孝標《送金可紀歸新羅》

世路闕二字。久，嗟君進取身。十年雖苦志，萬里托何人。處困非乖道，求名本爲親。惟應闕二字。意，先與化龍鱗。朱慶餘《送友人赴舉》

野店正紛泊，繭蠶初引絲。行人碧溪渡，繫馬綠楊枝。苒苒跡始去，悠悠心所期。秋山念君別，惆悵桂花時。杜牧《句溪夏日送盧霈秀才歸王屋山，將欲赴舉》

故人別來面如雪，一榻拂雲秋影中。玉白花紅三百首，五陵誰唱與春風。杜牧《送李群玉赴舉》

省事却因多事力，無心翻似有心來。秋風郡閣殘花在，別後何人更一杯。杜牧《送趙十二赴舉》

長樂遥聽上苑鐘，綵衣稱慶桂香濃。陸機始擬誇《文賦》，不覺雲間有士龍。李商隱《贈孫綺新及第》

此去幾般榮，登科鼎足名。無慚入南巷，高價聳東京。窗對嵩山碧，庭來洛水聲。門前桃李樹，一徑已陰成。劉得仁《送高湘及第後東歸覲叔》

句曲舊宅真，自産日月英。既涵岳瀆氣，安無神仙名。松桂
邐迤色，與君相送情。祝元膺《送高遂赴舉》

金榜前頭無是非，平人分得一枝歸。正憐日暖雲飄路，何處
宴迴風滿衣。門掩長淮心更遠，渡連芳草馬如飛。茂陵自笑猶
多病，空有書齋在翠微。薛逢《李先輩擢第東歸有贈送》

千峰歸去舊林塘，溪縣門前即故鄉。曾把桂誇春里巷，重憐
身稱錦衣裳。洲迷翠羽雲遮檻，露濕紅蕉月滿廊。就養舉朝人
共羨，清資讓却校書郎。趙嘏《送陳嘏登第作尉歸覲》

見君先得意，希我命還通。不道才堪並，多緣蹇共同。鶴鳴
荒苑内，魚躍夜潮中。若問家山路，知連震澤東。顧非熊《送友人
及第歸蘇州》

春月三改兔，花枝成綠陰。年光東流水，浩嘆傷羈心。酌桂
烟嶼晚，鳩鳴江草深。良圖一超忽，萬恨空相尋。上國刈翹楚，
才微甘陸沈。無鐙假貧女，有泪沾牛衾，衡岳三麒麟，各振黄鐘
音。卿雲被文彩，芳價搖詞林。夫子芸閣英，養鱗湘水潯。晴沙
踏蘭菊，隱几當青岑。明月洞庭上，悠揚挂離襟。停觴一搖筆，
聊寄生芻吟。李群玉《將離澧浦，置酒野嶼，奉懷沈正字昆弟三人聯登
高第》

幾年辛苦與君同，得喪悲歡盡是空。猶喜故人先折桂，自憐
羈客尚飄蓬。三春月照千山道，十日花開一夜風。知有杏園無
路入，馬前惆悵滿枝紅。温庭筠《春日將欲東歸，寄新及第苗紳先
輩》。○孟按：此詩題一作“《下第寄司馬札》”，見《全唐詩》卷五七八。

同家楚天南，相識秦雲西。古來懸弧義，豈顧子與妻。攜手
踐名場，正遇公道開。君榮我雖黜，感恩同所懷。有馬不復羸，
有奴不復飢。灞岸秋草綠，却是還家時。青門一瓢空，分手去遲
遲。期君轍未平，我車繼東歸。劉駕《送友人擢第東歸》

學古既到古，反求鑒者難。見詩未識君，疑生建安前。海畔
豈無家，終難成故山。得失雖由命，世途多險艱。我皇追古風，

文柄付大賢。此時如爲君，果在甲科間。晚達多早貴，舉世咸爲然。一夕顏却少，雖病心且安。所居似清明，冷竈起新烟。高情懶行樂，花盛僕馬前。歸程不淹留，指期到田園。香醪四鄰熟，霜橘千株繁。肯憶長安夜，論詩風雪寒。劉駕《送人登第東歸》

相憂過已切，相賀似身榮。心達無前後，神交共死生。承家吾子事，登第世人情。未有通儒術，明時道不行。李頻《喜友人屬圖南及第》

因爲太學選，志業徹春闈。首領諸生出，先登上第歸。一榮猶未已，具慶且應稀。縱馬行青草，臨歧脫白衣。家遥楚國寄，帆對漢山飛。知己盈華省，看君再發機。李頻《送太學吳康仁及第南歸》

粉闈深鎖唱同人，正是終南雪霽春。閑繫長安千匹馬，今朝似減六街塵。司空圖《省試詩》

豈易及歸榮，辛勤致此名。登車思往事，迴首勉諸生。路繞山光曉，帆通海氣清。秋期却閑坐，林下聽江聲。張喬《送友人及第歸江南》

都堂公試日，詞翰獨超群。品秩台庭與，篇章聖主聞。鄉連三楚樹，縣對九華雲。多少青門客，臨歧共羨君。張喬《送龐百篇之任青陽縣尉》

東風日邊起，草木一時春。自笑中華路，年年送遠人。張喬《送人及第歸海東》。　按張喬又有《送賓貢金夷吾奉使歸本國詩》，則此及第者當即金夷吾也。

得水蛟龍失水魚，此心相對兩何如。敢辭今日須行卷，猶喜他年待薦書。松桂也應情未改，萍蓬爭奈跡還疏。春風不見尋花伴，遥向青雲泥子虚。李山甫《賀友人及第》

腰劍囊書出户遲，壯心奇命兩相疑。麻衣盡舉一雙手，桂樹只生三兩枝。黃祖不憐鸚鵡客，誌公偏賞麒麟兒。叔牙憂我應相痛，回首天涯寄所思。李山甫《赴舉別所知》

鼓鼙聲裏尋詩禮，戈戟林間入鎬京。好事盡從難處得，少年無向易中輕。也知貴賤皆前定，未見疏慵遂有成。吾道近求稀後進，善開金口答公卿。李咸用《送譚孝廉赴舉》

秋風昨夜滿瀟湘，衰柳殘蟬思客腸。早是亂來無勝事，更堪江上揖離觴。澄潭躍鯉搖輕浪，落日飛鳧趁遠檣。漁父不須探去意，一枝春裛月中央。李咸用《送黃賓于赴舉》

成名年少日，就業聖人書。擢桂誰相比，籯金已不如。東城送歸客，秋日待征車。若到清潭畔，儒風變里閭。方干《送李恬及第後還貝州》

南行無俗侶，秋雁與寒雲。野趣自多愜，鄉名人共聞。吳山中路斷，淛水半江分。此地登臨慣，攄情一送君。方干《送王羽登科後歸江東》

天遣相門延積慶，今同太廟薦嘉賓。柳條此日同誰折，桂樹明年爲爾春。倚棹寒吟漁浦月，垂鞭醉入鳳城塵。由來不要文章得，要且文章出衆人。方干《送弟子伍秀才赴舉》

君辭舊里一年期，藝至心身亦自知。尊盡離人看北斗，月寒驚鵲繞南枝。書迴册市砧應絶，棹出村潭菊未衰。與爾相逢終不遠，昨聞祕監在台壖。方干《送葉秀才赴舉兼呈吕少監》

自古主司看薦士，明年應是不參差。須憑吉夢爲先兆，必恐長才偶盛時。北闕上書衝雪早，西陵中酒趁潮遲。郄詵可要真消息，只向春前便得知。方干《送王霖赴舉》

用心精至自無疑，千萬人中似汝稀。上國纔將五字去，全家便待一枝歸。西陵柳路搖鞭盡，北固潮程挂席飛。想見明年榜前事，當時分散著來衣。方干《送吳彦融赴舉》

御題百首思縱橫，半日功夫舉世名。羽翼便從吟後出，珠璣續向筆頭生。莫嫌黃綬官資小，必料青雲道路平。才子風流復年少，無愁高臥不公卿。方干《贈孫百篇》

聖世科名酬志業，仙州秀色助神機。梅真入仕提雄筆，阮瑀從軍著綵衣。晝寢不知山雪積，春遊應趁夜潮歸。相思莫訝音書晚，鳥去猶須逐日飛。方干《寄台州孫從事百篇》〔趙校：原注：登科初授華亭尉。〕

求仙不在鍊金丹，輕舉由來別有門。日暑未移三十刻，風騷已及四千言。宏才尚遣居卑位，公道何曾雪至冤。斂板塵中無恨色，應緣利祿副晨昏。方干《贈上虞胡少府百篇》

相看不忍盡離觴，五兩牽風速去檣。遠驛新砧應弄月，初程殘角未吹霜。越山直下分吳苑，淮水橫流入楚鄉。珍重郇家好兄弟，明年祿位在何方？方干《送縉陵王少府赴舉》

蘋鹿歌中別酒催，粉闈星彩動昭回。久經離亂心應破，乍睹升平眼漸開。顧我昔年悲玉石，憐君今日蘊風雷。龍門盛事無因見，費盡黃金老隗臺。羅隱《送章碣赴舉》

平楚干戈後，田園失耦耕。艱難登一第，離亂省諸兄。樹没春江漲，人繁野渡晴。閑來思學館，猶夢雪窗明。鄭谷《送太學顏明經及第東歸》

苦辛垂二紀，擢第却霓裳。春榜闕九字。名登塔喜，釀宴爲花忙。好事東歸日，高槐蕊半黃。鄭谷《賀進士駱用錫登第》

習讀在前生，僧談足可明。還家雖解喜，登第未知榮。時果曾霑賜，春闈不挂情。燈前猶惡睡，寐語讀書聲。鄭谷《贈劉神童》〔趙校：原注：六歲及第。〕

得意却思尋舊跡，新銜未切向蘭臺。吟看秋草出關去，逢見故人隨計來。勝地昔年詩板在，清歌幾處郡筵開。江湖易有淹留興，莫待春風落庾梅。鄭谷《送進士吳延保及第後南遊》

丹霞照上三清路，瑞錦裁成五色毫。波浪不能隨世態，鳳鸞應得入吾曹。秋山晚水吟情遠，雪竹風松醉格高。預想明年騰躍處，龍津春碧浸山桃。鄭谷《送進士韋序赴舉》

孤吟望至公，已老半生中。不有同人達，兼疑此道窮。只應才自薄，豈是命難通。尚激搏溟勢，期君借北風。崔塗《喜友人及第》

歸捷中華第，登船鬢未絲。直應天上桂，別有海東枝。國界波窮處，鄉心日出時。西風送君去，莫慮到家遲。杜荀鶴《送賓貢登第後歸海東》

家林滄海東，未曉日先紅。作貢諸蕃別，登科幾國同。遠聲魚呷浪，層氣蜃迎風。鄉俗稀攀桂，爭來問月宮。張蠙《送友人及第歸新羅》

十問九通離義床，今時登第信非常。亦從南院看新榜，旋束春關歸故鄉。水到吳門方見海，樹侵閩嶺漸無霜。知君已塞平生願，日與交親醉幾場。黃滔《送人明經及第東歸》

兩篇佳句敵瓊瑰，憐我三清道路開。荊璞獻多還得售，桂堂恩在敢輕回。花繁不怕尋香客，榜到應傾賀喜杯。知爾苦心功業就，早攜長策出山來。翁承贊《喜弟承檢登科》

門外報春榜，喜君天子知。舊愁渾似雪，見日總消時。塔下牡丹氣，江頭楊柳絲。風光若有分，無處不相宜。曹松《覽春榜喜孫鄩成名》

桂枝博得鳳棲枝，歡覲家僮舞翠微。僧向瀑泉聲裏賀，鳥穿仙掌指間飛。休停硯筆吟荒廟，永別燈籠赴鎖闈。《騷》《雅》近來頻喪甚，送君傍覺有光輝。李洞《送郄先輩歸覲華陰》

獻策赴招攜，行宮積翠西。挈囊秋卷重，轉棧晚峰齊。踏月趨金闕，拂雲看御題。飛鳴豈回顧，獨鶴困江泥。李洞《龍州送人赴舉》

未老鬢毛焦，心歸向石橋。指霞辭二紀，吟雪遇三朝。連席頻登相，分廊尚祝堯。迴眸舊行侶，免使負嵩樵。李洞《出山睹春榜》

*〔成名郊外掩柴扉，樹影蟬聲共息機。積雨暗封青蘚徑，好風輕透白練衣。《嘉魚》始賦人爭誦，荊玉頻收國自肥。獨坐公廳正煩暑，喜吟新詠見元微。徐鉉《和印先輩及第後獻座主朱舍人郊居之作》。　孟按：此詩之"印先輩"爲印崇粲（一作印粲），登南唐保大十二年(954)進士第。其年知貢舉者爲朱鞏。故此詩不當錄。〕

春關鳥罷啼，歸慶浙烟西。郡守招延重，鄉人慕仰齊。橘青逃暑寺，茶長隔湖溪。乘暇知高眺，微應辨會稽。無可《送邵錫及第歸湖州》

漢家招秀士，峴上送君行。萬里見秋色，兩河傷遠情。王師出西鎬，虜寇避東平。天府登名後，回看楚水清。皎然《峴山送裴秀才赴舉》

春風洞庭路，搖蕩暮天多。衰疾見芳草，別離傷遠波。詩名推首薦，賦甲擬前科。數日聞天府，山衣製芰荷。皎然《太湖館送殷秀才赴舉》

名在諸生右，家經見素風。春田休學稼，秋賦出儒宮。別路殘雲濕，離情晚桂叢。明年石渠署，應繼叔孫通。皎然《送張孝廉赴舉》

諸侯懼削地，選士皆不羈。休隱脫荷芰，將鳴矜羽儀。甲科爭玉片，詩句擬花枝。君實三楚秀，承家有清規。皎然《送陳秀才赴舉》

豈謂江南別，心如塞上行。苦雲搖陣色，亂木攪秋聲。周谷雨未散，漢河流尚橫。春司遲爾策，方用靜妖兵。皎然《送李少賓赴舉》

回也曾言志，明君則事之。中興今若此，須去更何疑。志列秋霜好，忠言劇諫奇。陸機遊洛日，文舉薦衡時。虎跡商山雪，雲痕岳廟碑。夫君將潦倒，一說向深知。貫休《送高九經赴舉》

冬暮雨霏霏，行人喜可稀。二階闕夜雪，亞聖在春闈。馬疾頑童遠，山荒凍葉飛。闍師無一事，應見麗龜歸。貫休《送黃賓于赴舉》

年年屈復屈，惆恨曲江湄。自古身榮者，多非年少時。空囊投刺遠，大雪入關遲。來歲還公道，平人不用疑。貫休《送葉蒙赴舉》

憶昨送君詩，平人不用疑。吾徒若不得，天道即應私。塵土茫茫曉，麟龍草草騎。相思不可見，又是落花時。貫休《聞葉蒙及第》

　　主聖臣賢日，求名莫等閑。直須詩似玉，不用力如山。草白
兵初息，年豐駕已還。憑將安養意，一說向曾顏。貫休《送陳秀才
赴舉兼寄韓舍人》

　　得桂爲邊辟，翩翩頗合宜。嫖姚留不住，晝錦已歸遲。島側
花藏虎，湖心浪撼棋。終朝華頂下，共禮泵身師。貫休《送友人及
第後歸台州》

　　幾載阻兵荒，一名終不忘。還衝猛風雪，如畫泠朝陽。句好
慵將出，囊空却不忙。明年公道日，去去必穿楊。貫休《送盧秀才
應舉》

　　見心知命好，一別隔湮波。世亂無全土，君方掇大科。早隨
鑾輅轉，莫戀蜀山多。必貢安時策，忠言奈爾何。貫休《聞友人駕
前及第》

　　兩河兵火後，西笑見吾曹。海静三山出，天空一鶚高。賃居
槐捻屋，行卷雪埋袍。他日如相覓，栽桃近海濤。貫休《送鄭準
赴舉》

　　詩業務經綸，新皆意外新。因知登第榜，不著不平人。句得
孤舟月，心飛九陌塵。明年相賀日，應到曲江濱。貫休《送李鉶
赴舉》

　　捧桂香如紫禁烟，遠鄉程徹巨鼈邊。莫言挂席飛連夜，見説
無風即數年。衣上日光真是火，島傍魚骨大於船。到鄉必遇來
王使，與作唐書寄一篇。貫休《送新羅人及第歸》

　　九重方側席，四海仰文明。好把孤吟去，便隨公道行。梁園
浮雪氣，汴水漲春聲。此日登仙衆，君應最後生。齊己《送孫鳳秀
才赴舉》

　　分有爭忘得，時來須出山。白雲終許在，清世莫空還。驛樹
秋聲健，行衣雨點斑。明年從月裏，滿握度春關。齊己《送人赴舉》

　　槐花館驛暮塵昏，此去分明吏部孫。才器合居科第首，風流
幸是縉紳門。春和洛水清無浪，雪洗高峰碧斷根。堪想都人齊

指點，列仙相次上昆侖。齊己《送韓蛻秀才赴舉》

烟霄已遂明經第，江漢重來問苦吟。托興偶憑風月遠，忘機終在寂寥深。千篇未聽常徒口，一字須防作者心。此日與君聊話別，老身難約更相尋。齊己《送吳先輩赴京》

兩上東堂不見春，文明重去有誰親。曾逢少海尊前客，舊是神仙會裏人。已遂風雲催化羽，却將雷電助燒鱗。明年自此登龍後，迴首荆門一路塵。齊己《送相里秀才赴舉》

雲峰滿目放春晴，歷歷銀鈎指下生。自恨羅衣掩詩句，舉頭空羨榜中名。魚玄機《遊崇真觀南樓睹新及第題名處》

人名索引

崔□　753,777,821,825,1144

崔皚　36

崔安潛　810,935

崔黯　742

崔敖　432

崔葆　1144

崔備　432,433

崔邠　445,509,525,568,600,
601,604,605,631,632,818,
819,869,870,1089,1297,
1301

崔博　740,744

崔藏之　1062

崔徹　877

崔沆　23

崔成甫　1080

崔承祐　917,1154

崔程　374

崔誠　1223

崔澄　1180

崔芻言　840,1125

崔純亮　1099

崔從　443

崔淙　355,380,381,1199

崔琮　373,374,377,380

崔瓘　1089

崔鄲　761,769,806,1089

崔澹　834,841,864,884—887

崔讜　738,740,744

崔道紀　1135

崔登　1100

崔峒　373,1113

崔瀆　839

崔諤　931

崔諤之　81

崔蕃　1205

崔秡　425

崔福　1118

崔亘　289

崔公輔　1207

崔公信　601

崔谷神　59

崔蝦　683,684,692,694—
696,723,746,1105,1108,
1110,1263

崔琯　568,603,720

崔瓘　1089

崔光表　968

崔光嗣　1251

崔珪璋　305,1258

崔龜從　674,692,696,818

崔瓖　817,818

崔袞　1118,1119

崔國輔　249,250,255,287

崔沆　832,870,876—881,
886,887,1142,1297

F

樊赤松　1050

樊端　310

樊衡　256

樊晁　1069

樊吉　986,987

樊紳　1091

樊庭觀　133,1235

樊文　1226

樊系　260

樊驤　790,793

樊陽源　568,570

樊詠　256

樊澤　256,425,428,435,468,
641

樊釗　1199

樊鑄　1076

樊宗師　256,425,641,717,
1103

范崇凱　192

范傳規　1098

范傳式　1098

范傳正　505,508,515,516,
1093

范傳質　649,650

范履冰　14,1061,1283

范詢　1206

范禹偁　993—995

范元超　859

范贊時　1257

范鄩　757,758

范質　997,1017,1037

房安禹　274

房白　334

房承先　132

房次卿　477

房從會　1263

房誕　147

房琯　239,350,1089,1239

房光庭　163,170,176,177,
192,1296

房晉　86

房寬　327

房凛　1241

房魯　1156

房千里　737,786

房式　1089

房武　477,658,1197

房興昌　1250

房逸　69

房由　159,334

房自謙　238

費冠卿　630,1101

封敖　664,665,667,670,798,
808,809,1108,1272

H

張不疑　778,1113

張采　1184

張參　400,405,754,764－766,
　1188,1189,1339,1342

張燦　1100

張冊　1132

張昌齡　27,28,34,49,1270,
　1280

張昌宗　49,51

張徹　600,638,649,1101,1103

張承休　1236

張誠　265

張楚　196,207,211,1077

張楚金　9,10,249,1073,1179,
　1241

張泚　159

張從申　1084

張從師　136,1081,1084

張湊　1051

張存　1203,1210

張存則　630,632

張大求　150

張澹　1012

張道符　791,793

張道古　893,916

張登　1247

張覿　800,802

張鼎　915,1147

張瀆　800－802

張讀　816,817,887,888,1205

張諤　158,994

張昉　1034,1035

張汾　468

張甫　240,241,244,291

張復　600,605,1101

張復魯　868,1121

張復元　496,497,500,502
　－504

張蓋　1050

張公儒　590

張公乂　655,656

張炅　1230

張貴寬　1045

張沆　993,994

張皓　462

張河　121

張弘　631,1261,1301

張弘靖　603,648－650,1277

張弘雅　49,50

張翃　263,1238,1258

張紘　136

張鴻　949

張後餘　567,568,630,631,
　1301

張懷器　1167,1233

張環　1072

後　記

　　最初的計劃，是想對唐代省試詩作一個比較系統的研究。然而當整理資料時，即感到問題十分棘手，最大的難題是現有資料尚不足以支撐此課題的完成。徐松的《登科記考》，無疑是研究這一課題的主要資料來源，但其中失誤、遺漏之處實在不少，難以盡信。於是決心縱根本上做起，開始着手對《登科記考》做全面地整理、核實、訂正和補遺的工作。有利的條件：一是自近代以來出土了大量的唐人墓誌，具有極高的史料價值；二是自岑仲勉先生以來，諸多學者陸續發表不少相關的補正文章，具很高的學術價值；三是身邊有北大圖書館這樣一座寶庫，正所謂近水樓臺。

　　然而需要查閱的相關資料當真是浩如烟海，不論是徐松已見之書或未見之書，亦不論當今學者已讀之書或未讀之書，從總集、選集到別集，從正史、野史到筆記，從墓誌、方志到家乘，從叢書、類書到姓氏之書，無不披覽蒐擇，參校甄別。雖讀書如披沙揀金，往往所獲甚微，其徒勞無力亦常所歷，然每有所得，心自怡然。

　　在北大圖書館讀書，是一件令人十分愉快的事情。不論是在過去擁擠昏暗的舊館古籍善本室，還是在如今寬敞明亮的新館古籍閱覽室，每日自携清水一罐，與館員同時上下班，涵泳玩索其間，雖不能偃仰嘯歌，心亦陶然。古籍部主任張玉範教授，嘗戲稱予爲古籍部的"第一讀者"，的確，我給他們增添的麻煩也太多了。雖然一些大型的書籍如《文淵閣四庫全書》、《四庫全書存目叢書》、《續修四庫全書》、臺灣成文版《中國地方志叢書》，以及《四部叢刊》、二十五史等皆排列在閱覽室内，可以隨手抽取翻閱，無需勞動館員。但更多的還是需要查閱大量的綫裝古籍及善本，而那些書籍又皆安卧於地下書庫，需要館員上下奔波、來回搬運，其辛苦可想而知，予内心委實不安。然而館員却説：張老師交待過，凡是孟老師要的書，一定要提來，不要耽擱。聽聞此言，内心極不是滋味，至今想起，仍不免鼻酸。故今書稿付梓之際，首先要向張老師及諸位辛勤的館員表示我最誠摯的謝意。

　　書稿的資料搜集，主要是在北大完成的，間或也到“北圖”及其他圖書館查閲。自 2001 年 4 月始，予應邀來日本東京大學，做爲期兩年的講學工作。教學之餘，亦頗清閑，故得以埋頭資料之中，加以整理、甄別、核對，以寫完書稿。其間大量利用了綱絡版《四庫全書》，此爲編輯校對帶來了極大的方便。在此期間，又從日本所藏的漢籍之中發現一些頗有價值的材料，也是令人欣慰的。原東大中文研究室的溝部良惠先生（現任教於慶應大學），在書目查詢、資料借閲等方面，給我許多幫助，感激不盡。

　　有幸的是，本書的部分内容，曾在成書前投寄刊物時承蒙傅璇琮先生審閲，傅先生提出不少珍貴意見，予皆得以承納修訂。業師袁行霈先生，對學生更是關懷備至，從書稿的内容、體例乃至於書題名稱等，無不悉心賜教，且鼓勵有加。白化文先生、許逸民先生對本書的完成和出版，也時常鼓勵、多方關懷。此皆銘刻於心，非言謝者所能盡也。在本書的清樣校對過程中，得浙江大學古籍所薛亞軍先生賜札垂教，使予又得見胡可先、王其褘、黄震雲等先生的有關文章，匆忙之間亦得以在清樣中補注説明，庶不没諸位先生之豐功。薛先生與予素昧平生，而不吝賜教、指點迷津，曷勝感戴！出版社的楊紹榮先生，爲本書的編輯、校訂以及印刷、出版等一系列繁雜的工作，付出了辛勤的勞動，其認真的態度和敬業的精神,令人十分佩服。

　　從最初搜集資料至今書稿完工,屈指算來,已越六七個春秋。寒來暑往,青燈黄卷;日復一日,蕭疎鬢斑,幾不敢偷閑半日。然而今日之結果,是否已臻當日之構想,似已無須計較。劉勰嘗云:“方其搦翰,氣倍辭前,暨乎篇成,半折心始。”(《文心雕龍·神思》)但能遺惠於學界一二,足慰此心。

　　時值仲秋之季,窗外月色皎潔,竹影婆娑,綴滿桂花的青枝,正自飄溢着沁人的馨香。

孟二冬

2002 年 9 月 23 日

於日本東京大學